L'ALGÉRIE

Imprimerie A. MOLOT et Cᴵᴱ, rue de l'État-Major, 5

L'ALGÉRIE

HISTOIRE. GÉOGRAPHIE. CLIMATOLOGIE.
HYGIÈNE. AGRICULTURE. FORÊTS. ZOOLOGIE.
RICHESSES MINÉRALES. COMMERCE ET INDUSTRIE.
MOEURS INDIGÈNES. POPULATION. ARMÉE.
MARINE. ADMINISTRATION.

PAR

A. BEHAGHEL

Membre de la Société historique algérienne
Ancien Rédacteur de l'Akhbar et de l'Observateur de Blidah
Rédacteur-correspondant du Courrier d'Oran.

———•◦✣◦•———

ALGER
TISSIER, LIBRAIRE ÉDITEUR.
1865

1864

HISTOIRE

Populations primitives. — Les Carthaginois.

L'étude d'un pays devant être nécessairement précédée de quelques notions sur son histoire, nous allons parcourir rapidement les principales phases des annales algériennes.

Ce n'est qu'avec le secours de ces données préliminaires qu'on peut, en déterminant l'influence exercée sur les races primitives par les invasions étrangères et la succession des diverses dominations, expliquer comment la réunion, ou plutôt la juxtaposition de peuples d'origines différentes, a pu amener la fusion des habitants primitifs avec les éléments résultant des émigrations ou des refoulements successifs des peuples établis d'abord en conquérants, puis chassés, à leur tour, par une nouvelle invasion.

Ce n'est qu'ainsi qu'il est possible de se rendre compte de la transformation ou de la permanence des diverses nationalités qui se partagent le sol de l'Algérie.

Rien de plus obscur que les questions relatives aux origines des premiers habitants du nord de l'Afrique.

Parmi toutes les populations qui existent aujourd'hui sur ce territoire, en est-il quelques-unes que l'on puisse regarder comme descendant plus particulièrement des autochthones ou premiers habitants du sol ? Cette question, longtemps indécise, est aujourd'hui résolue en faveur de ce groupe de populations, confondues sous les noms de *Kabyles* et de *Berbères*, qui s'étend depuis les oasis d'Audjila et Sioua jusqu'au détroit de Gibraltar, soit dans les profondeurs du désert, soit dans les régions élevées et naturellement fortifiées du littoral.

A part quelques variétés peu importantes, ces populations présentent des traits frappants de ressemblance dans la langue, la physionomie, le caractère et les habitudes ; c'est à eux que doit s'appliquer l'antique dénomination de *Lybiens* et de *Gétules* ; ce dernier nom se reconnaît encore, sous une forme légèrement altérée, dans celui de *Djedala*, tribu importante de la grande famille berbère.

Quelques-unes de ces tribus purement Lybiennes, par leur mélange avec les Perses et les Mèdes, venus d'Asie, dans une haute antiquité, donnèrent naissance aux *Numides* et aux *Mauritaniens*, races nomades, comme leurs ancêtres asiatiques, et une distinction fondamentale put dès lors être établie entre ces deux groupes de la population autochthone, partagée en tribus nomades ou sédentaires.

Au-dessous de ces groupes généraux se présentaient des associations de tribus moins importantes : telles étaient particulièrement, en allant de l'Est à l'Ouest, les *Maxyes*, les *Massiliens*, et les *Massaesiliens*, les *Macœens* et les *Maurusiens* ; puis se groupaient sur le rivage de la mer, dans le pays aride et triste qui borde les deux Syrtes, ces nations de mœurs bizarres et presque complètement sauvages, les *Lotophages* (qui se servaient du fruit du lotus pour nourriture et pour boisson), les *Psylles*, les *Nasamons*.

Plus tard de nombreuses colonies phéniciennes vinrent s'établir sur la côte d'Afrique, notamment à Utique, dont on fait remonter la fondation jusqu'à 1520 av. J.-C. ; enfin, en l'an 860 av. J.-C., Didon, sœur de Pygmalion, roi de Tyr, fonda Carthage au fond du golfe auquel Tunis a depuis donné son nom.

Jusqu'à l'époque de ses premières guerres contre Syracuse, l'histoire de Carthage est tout entière dans ses luttes avec les populations indigènes, dont elle triomphe autant par la ruse que par la force ; dans la colonisation de toute la lisière méditerranéenne et des petites îles qui lui font face ; enfin, dans l'établissement de ses premières relations commerciales avec les côtes de l'Océan.

C'est dans cette période que Carthage fonda les éléments de sa grandeur future ; l'Afrique septentrionale, presque entière, reconnut ses lois, mais les Berbères, cantonnés dans leurs montagnes, conservèrent leur indépendance.

Les Carthaginois s'étaient ouvert déjà, pour leur trafic intérieur, ces routes commerciales qui, aujourd'hui encore, sont parcourues par les caravanes. Les *Garamantes* leur fournissaient les pierres précieuses de leur pays, la poudre d'or, les dattes et surtout les esclaves noirs, ces troglodytes d'Éthiopie, qu'ils allaient, au dire d'Hérodote, chasser sur des quadriges, précisément aux mêmes lieux où les *Touareug* et les *Tibbous* de nos jours, descendants probables des Garamantes, vont encore chercher des nègres pour les Musulmans d'Égypte et de Constantinople.

Carthage dominait sur les côtes de l'Afrique et possédait la plus riche contrée de l'Europe, l'Espagne, déjà célèbre par ses mines d'or et d'argent, qui devaient se renouveler dans une autre hémisphère. Son territoire lui fournissait du blé pour sa subsistance et pour ses spéculations. Ses bois étaient très-estimés à Rome, et ses cuirs, qui ont survécu à sa ruine, nous viennent encore des mêmes rivages, sous le nom de *maroquins*. Ses navigateurs conçurent et exécutèrent les entreprises les plus hardies. Les fameuses expéditions d'Hannon et d'Himilcon agrandirent à la fois les limites du monde, la puissance de la république et l'étendue de son commerce. Hannon reconnut les côtes occidentales de l'Afrique jusqu'au cap de Bonne-Espérance; Himilcon, celles de l'Europe jusqu'aux limites de l'Angleterre; mais malheureusement le temps nous a dérobé tous les journaux originaux de ces voyages, et le mystère dont les Carthaginois s'enveloppaient toujours n'a pas peu contribué à leur donner une couleur fabuleuse. Nous n'en devons pas moins conserver une haute idée de leur puissance. Assis sur toute la côte septentrionale de l'Afrique, depuis la grande Syrte jusqu'au détroit de Cadix, ils faisaient face à l'Europe entière avec leurs trois cents villes et leur capitale peuplée de sept cent mille âmes. C'était comme un vaste camp de frontière, ayant pour fossé la Méditerranée et pour appui le désert.

« Carthage, dit Raynal, n'aurait peut-être été que commerçante s'il n'y avait pas eu de Romains. » Mais l'ambition de ce peuple souleva tous les autres ; il fallut faire la guerre au lieu de faire le commerce, et se battre au lieu de s'enrichir. Les Carthaginois s'étaient assurés de la Numidie, de la Sardaigne, d'une partie de la Sicile et des îles Baléares ; Syracuse, Agrigente, Messine étaient en leur pouvoir et les rapprochaient de Rome : Rome leur fit la guerre (264 av. J.-C.). Le génie d'Annibal et les mines d'Espagne la soutinrent longtemps, cruelle, sanglante, opiniâtre ; mais la fortune du peuple romain l'emporta. La deuxième guerre punique se termina par la défaite complète de Carthage dans les plaines de Zama, et le Sénat carthaginois dut accepter les conditions que lui dicta Scipion.

L'humiliation de la fière république ne satisfit pas la haine des Romains. Rome se sentait trop près de sa rivale pour vivre en paix avec elle ; aussi, Caton, jetant aux pères conscrits, dans le Sénat, des figues fraîches d'Afrique, pour leur rappeler la courte distance qui les séparait de leur plus grande ennemie, trouva-t-il un accord sympathique dans tous les sentiments populaires.

Enfin, après une longue et sanglante rivalité, Carthage succomba sous les armes romaines en l'an 145 av. J.-C. La ville fut rasée et du sel semé sur ses ruines. Quelques fragments de colonnes de marbre et de granit, vestiges de cirques, de théâtres et de temples, voilà tout ce qui reste de Carthage la superbe. On distingue encore le contour du vieux port Cothon, dans lequel sont enfouis des débris nombreux de colonnes de marbres de toutes couleurs que la limpidité de l'eau permet d'apercevoir.

Les commencements de Marseille se rattachent aux derniers moments de Carthage. Il y avait eu de grands débats entre ces deux puissances maritimes au sujet de la pêche : aussi lorsque les Romains firent la guerre aux Carthaginois, Marseille leur servit d'entrepôt et fut leur alliée fidèle. Cette ville était déjà toute remplie de magasins, d'arsenaux, de machines, la plupart de son invention : les Phocéens, ses fondateurs, y avaient développé de très-bonne heure l'esprit d'industrie et d'activité qui les distinguait.

Les Romains. — Caractère de l'occupation romaine.

En détruisant Carthage, Rome ne se substitua pas immédiatement à son empire ; vis-à-vis des provinces intérieures du pays et de tous les petits rois qui avaient, dans la lutte, pris parti pour l'une ou l'autre des deux républiques, le sénat romain continua de jouer le rôle de protectorat hautain auquel il les avait habitués et par lequel il préparait les voies à une domination complète. Une fois maître du territoire de Carthage et de quelques cantons limitrophes qui appartenaient à la Numidie, les Romains s'occupèrent de l'organisation du pays. Par la fondation, sur divers points d'une détermination aujourd'hui difficile, de petites colonies et de municipes, ils créèrent sur le sol africain une population romaine ; ils s'emparèrent de toutes les positions stratégiques ; ils s'appliquèrent à briser toutes les alliances, tous les rapports internationaux qui unissaient les peuplades les unes aux autres. Enfin, la défaite, par César, du parti républicain et des cavaliers de Juba son allié inaugura une longue série de victoires qui assura aux empereurs romains la domination de toute l'Afrique septentrionale.

La province d'Afrique comprenait un grand nombre de villes importantes, telles que : *Tingis* (Tanger), *Septem* (Centa), *Césarée* (Cherchell), *Icosium* (Alger), *Sitifis* (Sétif), *Igilgilis* (Djigelly), *Cirta* (Constantine), *Hippone* (Bône), *Æa* (Tripoli). Les armées romaines s'avancèrent au-delà de l'Atlas jusqu'au fleuve *Djer* (rivière de Tafilet), et construisirent, dans les hautes vallées de la *Malouia*, une ligne de fortifications destinées à protéger leurs établissements contre les incursions des nomades.

Quoique la domination romaine ait duré cinq siècles, on doit supposer qu'elle ne s'étendit jamais bien avant vers l'Est ni vers le Sud et que, le désert d'une part, de l'autre les montagnes de la Kabylie, furent pour les légions un obstacle infranchissable derrière lequel put se maintenir libre et pure une partie de l'élément berbère. Plus d'une fois, les fières populations (*Quinque gentii*) qui habitaient les montagnes du Djurjura (*Mons Ferratus*), et le voisinage du désert, lui suscitèrent de sérieux embarras en soulevant une partie des tribus soumises de l'intérieur.

Ce nom de *Quinque gentii*, donné par les Romains aux habitants du Djurjura, révèle déjà, dans cette haute antiquité, une sorte de fédéralisme analogue à celui des Kabyles actuels. Vers l'an 300, l'Empereur Maximin dirigeait en personne, contre eux, une guerre d'extermination : mais, un demi-siècle après, on les retrouvait en armes pour soutenir l'anti-César Firmus, et, depuis cette époque jusqu'à l'invasion des Vandales, aucun conquérant ne se représenta plus dans leurs montagnes.

L'insurrection de Firmus s'étendit des frontières de la Mauritanie sitifienne jusqu'au delà de Césarée, et dura trois ans. Par son esprit de ruse et par sa bravoure, Firmus se plaça au-dessus de Tacfarinas et à côté de Juguttha. Il s'était fait reconnaître comme empereur par une grande partie de la Numidie et de la Mauritaine césarienne.

Bien que plusieurs villes aient existé sur les confins de la grande Kabylie : *Auzia* (Aumale), *Ruscurrum* (Dellys), *Saldæ* (Bougie), *Byzacium* (Boghni), *Bordj Nçara* (le Fort des Chrétiens), ces vestiges de l'occupation romaine semblent moins répandus en Kabylie que sur toute autre portion du littoral ; on n'y reconnaît ni l'étendue ni la magnificence monumentale qui caractérisent de grandes cités.

L'occupation des Romains ne fut d'ailleurs, de tout temps et partout, qu'une occupation militaire. La simple inspection des ruines qui couvrent le nord de l'Afrique suffit pour le démontrer. En effet, ces ruines sont presque toujours situées sur des points déjà fortifiés par la nature, et cependant on reconnaît que des travaux considérables avaient été faits sur ces divers points pour en rendre l'accès aussi difficile que possible; toutes ces ruines sont unies entr'elles par des *voies* dont on retrouve encore aujourd'hui le tracé, et sur lesquelles sont échelonnés, à de très-courtes distances, des postes fortifiés destinés à y assurer la circulation. Ces dispositions militaires prouvent évidemment que les espaces qui séparaient les villes romaines n'étaient pas habités par un peuple ami.

Il n'est pas rare de voir des écrivains affirmer que, sous la domination romaine, l'Afrique du nord était occupée par une population nombreuse. Ainsi que l'a fait observer l'auteur de : *l'Algérie et la lettre de l'Empereur*, auquel ses savantes recherches avaient permis d'entreprendre un travail considérable sur l'occupation romaine, « il faudrait connaître au moins un peu les choses dont on parle. »

« Et d'abord aucun document, aucune donnée, aucun calcul rationnel, ne permettent d'évaluer, même approximativement, la population *européenne* de l'Afrique sous le gouvernement romain, tandis qu'on sait, par les récits de Procope et par le poème de Corippus, que la population *indigène*, non mélangée, resta très-nombreuse jusqu'après l'occupation byzantine. Les Romains se multiplièrent dans les villes, tandis que les campagnes restèrent le domaine de la race autochthone.

« D'après le témoignage de Pline, la grande propriété, dans son acception la plus absolue, fut le fait dominant dans l'Afrique proprement dite (la Tunisie); elle le fut également dans la Numidie, parce que la petite propriété, ruinée en Italie, n'avait pu, faute de capitaux, se reformer en Afrique. Quant à la partie occidentale, c'est-à-dire la Mauritanie césarienne, et même la sitifienne, la propriété y demeura, en très-grande partie, dans les mains des indigènes ; c'est ce qui résulte de nombreux documents, entr'autres des récits d'Ammien Marcellin. Donc, d'une part, grande propriété, impliquant le séjour des propriétaires et de leur famille dans les villes; d'autre part, propriété indigène.

« Grande propriété par qui cultivée? par des *esclaves*. Cette population servile était décimée par les maladies; peu importait au maître, qui comblait les vides par un recrutement continu auquel la guerre donnait un aliment inépuisable. Cette population disparaissait et se renouvelait sans que la situation générale, ni la situation particulière du maître, en fussent affectées. L'ergatule se vidait et se remplissait; le propriétaire n'en prenait aucun souci. Par suite de ce renouvellement incessant de la marchandise humaine, le nombre pouvait rester toujours considérable, sans qu'on en puisse rien conclure en faveur du climat et de la facilité d'acclimatation.

« Un élément fort important de cette population prétendue romaine, c'étaient les *indigènes du pays*. En effet, les Berbères de ce temps-là apparaissent dans l'histoire, ou sur les pierres sépulcrales, affublés de noms romains qui rendent méconnaissable leur origine nationale. Lorsqu'un barbare recevait la cité romaine, il prenait le nom de celui qui la lui avait concédée ou fait obtenir. Les traces de l'origine ne subsistaient que pendant la première et quelquefois la seconde génération. Voilà pourquoi on trouve un si petit nombre de noms indigènes dans les inscriptions latines de l'Algérie. Après l'édit de Caracalla, qui conféra le titre de citoyen à tous les sujets de l'empire, le mélange et la confusion furent bien plus grands. La part de l'autochtone dans la population dite *romaine* fut donc très-importante, et l'on est, à chaque instant, exposé à prendre pour des Européens des hommes de race berbère. »

M. Leblanc de Prébois, ex-représentant de l'Algérie à l'Assemblée Constituante, a démontré, dans un écrit intitulé : *Les Départements algériens*, que la famille romaine n'avait existé qu'à l'état d'exception.

On ne trouvait en Afrique, dit M. Leblanc de Prébois, que les familles des principaux officiers, des employés du fisc, de quelques patriciens et leurs nombreux esclaves ; et il cite, à l'appui de cette assertion, les concussions impunies de presque tous les fonctionnaires.

« Si l'Afrique n'avait pas été peuplée presque exclusivement d'esclaves, de peuples vaincus et exploités, les agents de Rome auraient-ils pu accomplir les dilapidations qu'on leur reprocha si vivement ? Si un peuple romain avait habité l'Afrique, ces dilapidations effroyables auraient-elles été possibles, et seraient-elles demeurées impunies ? Ne sait-on pas que Salluste lui-même, étant proconsul à Stora, y fit une fortune colossale ?

» Rome n'avait en Afrique que des *proconsuls*, des *maltotiers*, des *exploitateurs* et des *soldats*, elle n'y avait pas de peuple ; après sept siècles d'occupation, elle n'était pas encore installée. »

Les Romains exploitaient autrefois le nord de l'Afrique pour se procurer du blé, comme les Anglais exploitent aujourd'hui les Indes pour receuillir les précieux produits de ces riches contrées. Ce n'étaient pas plus des mains romaines qui labouraient la terre en Afrique, que ce ne sont aujourd'hui des mains anglaises qui font produire au sol hindou tous les trésors qui alimentent le commerce anglais.

Les Vandales. — Les Byzantins.

Lors du partage de l'Empire, l'Afrique suivit le sort de l'Italie ; mais un général romain, le comte Boniface, son gouverneur, jaloux d'Aétius, en qui il trouvait un rival de gloire et de fortune, appela, pour le soutenir dans sa révolte contre l'impératrice Placidie, les Vandales d'Espagne, et offrit à leur chef de partager avec lui la moitié des provinces qu'il gouvernait (429).

Genséric, à la tête de 80,000 ou, suivant d'autres, 50,000 compagnons, hommes, femmes et enfants, entra d'abord en possession de la portion de l'Afrique qui lui avait été concédée par le comte Boniface, puis étendit bientôt sa domination sur toute l'Afrique proconsulaire et sur la Byzacène, depuis les frontières de la Cyrénaïque jusqu'à l'Océan.

Après avoir ainsi fondé un royaume dont le centre était le territoire de l'ancienne Carthage, le chef Vandale organisa sa conquête; mais, ni ses créations, ni ses sages institutions ne lui survécurent longtemps, et ses successeurs virent rapidement déchoir leur puissance. Bélisaire porta en Afrique la guerre dont les Vandales menaçaient l'empire d'Orient, fit rentrer son souverain en possession des territoires que Boniface avait perdus, et compléta, par la conquête de la Sicile, l'extinction de la domination vandale (523).

Les Vandales avaient pénétré au cœur du pays, et, semblables en cela aux Arabes des guerres de propagande, ils avaient amené, dans ces terres nouvelles, leurs femmes et leurs enfants. Forcés de se retirer devant les armes de Bélisaire, ils se réfugièrent au milieu des Berbères, dans le Djurjura, et disparurent par la fusion des deux races.

L'occupation bysantine ne devait pas être de longue durée; les dépendances africaines de l'empire grec offrirent bientôt, dans toutes les parties, le spectacle d'une complète dissolution. Une administration avide et corrompue, des populations écrasées d'impôts, mécontentes, travaillées par des hérésies sans nombre; des campagnes dévastées, des villes livrées à une immoralité effrayante et perpétuellement menacées par les incursions des peuplades berbères : telle était la situation de l'Afrique greco-romaine, lorsqu'un peuple jeune, appelé pour la première fois au dehors de ses déserts à jouer un rôle sur la scène du monde, vint, sous la double inspiration du fanatisme et de la soif du pillage, envahir cette terre féconde à la conquête de laquelle tout semblait le convier.

Les Arabes.

La première apparition des Arabes dans l'Afrique septentrionale eut lieu vers le milieu du viie siècle (647). Les hordes arabes, masses de cavalerie composées de guerriers apôtres, dont la plupart n'avaient pas renoncé à l'espoir de retourner dans la Péninsule arabique, où ils avaient laissé leurs familles, trouvèrent devant elles les généraux byzantins, qui leur opposèrent soit des soldats réguliers, soit des levées faites dans les colonies européennes. Ces armées furent taillées en pièces; les Arabes firent irruption dans les villes et dans les contrées les plus prospères. Leur unique préoccupation était de ramasser du butin, de faire des prisonniers et de propager l'islamisme. Aucun ne songeait encore à organiser le pays conquis et à l'annexer à l'empire arabe. Butin et prisonniers étaient envoyés en Orient. Comme, d'après le Coran, le butin ne devient propriété réelle et personnelle du soldat que lorsqu'il est transporté en pays musulman, après chaque incursion les Arabes retournaient d'abord en Egypte, puis ils s'arrêtèrent à Barka. Ce n'est que vingt ans après la première expédition qu'ils prirent possession des villes de la Byzacène et les gardèrent.

A mesure que les conquérants s'avancèrent vers l'Ouest, ils rencontrèrent des populations berbères, moins mélangées avec les éléments étrangers amenés par les invasions romaine, grecque et vandale, moins façonnées à l'obéissance. Dès lors la lutte devint plus rude, et les généraux arabes, Okba-ben-Nafi, et plus tard Ben-Nâman, sentirent la nécessité de s'occuper du gouvernement des contrées conquises. Okba prit le premier le titre de *ouali* (gouverneur) de l'Afrikia, pénétra dans le Zab, s'empara de Bougie, arriva jusqu'à Tanger, où il établit des relations avec les Berbères de l'Ouest et fonda Kairoan, capitale de son empire, dans la Régence actuelle de Tunis. Les Berbères, rangés sous la domination étrangère, avaient embrassé depuis longtemps les différentes hérésies qui s'étaient produites en Afrique (donatistes, circoncellions, etc.), comme des occasions et des prétextes de protester contre le joug romain, vandale ou grec. Ils adoptèrent presque sans résistance l'islamisme, par suite de leur penchant aux hérésies, et peut-être aussi pour trouver auprès des conquérants nouveaux un appui contre l'ordre politique et l'état social organisés par leurs anciens dominateurs. Quant aux indigènes éloignés des centres de commandement, les uns, ceux fixés dans les monts Aurès, suivaient la religion juive ; d'autres étaient encore plongés dans l'idolâtrie, et un petit nombre seulement s'étaient plus ou moins rapprochés du christianisme.

Au moment de cette conquête militaire et religieuse, la race berbère, répandue dans l'Afrique septentrionale, était divisée en quatre groupes principaux : les Senahdja, les Masmouda, les Ghoumra et les Zenata. Leur conversion à l'islamisme ne fut pas sincère ; ils ne cherchaient évidemment qu'un moyen d'arriver à un état politique plus indépendant, et ils apostasièrent la foi nouvelle jusqu'à douze fois, saisissant tous les prétextes, même celui des hérésies musulmanes qui éclataient en Afrique, pour échapper à l'autorité des gouverneurs arabes.

Cet état d'anarchie se prolongea jusqu'au moment où les Arabes ayant franchi le détroit, emmenant avec eux en Espagne des bandes berbères considérables, fournirent ce théâtre nouveau à leur turbulence.

Cependant les tribus indigènes ne se rangèrent jamais entièrement sous l'obéissance des gouverneurs arabes ; elles profitèrent habilement des dissensions qui survinrent entre les conquérants, prenant parti, tantôt pour les uns, tantôt pour les autres. Quelques grandes familles berbères arrivèrent ainsi à une haute position et fondèrent des dynasties qui dominèrent l'Afrique entière. Lorsque le khalife fatimite Moëzz-ed-din fit la conquête de l'Égypte, il y fixa le siége de son gouvernement et choisit un chef berbère de la tribu des Senahdja pour administrer l'Afrique en son nom. Bientôt les descendants de ce berbère, restés en possession de ce gouvernement, enivrés de leur puissance, trop éloignés pour être surveillés et réprimés, se déclarèrent indépendants.

Le khalife fatimite, pour punir cette trahison, excita un grand nombre de tribus arabes qui se trouvaient alors dans la Haute-Égypte à faire irruption dans ses provinces berbères. Ces Arabes avaient été chassés de l'Yemen par une effroyable disette. Ils envahirent l'Afrique au nombre de près d'un million, menant avec eux leurs familles, leurs troupeaux et tout ce qui leur restait de biens mobiliers.

Les masses affamées, fournies par les Riah, les Zogba, les Beni-Amer et autres tribus, parcoururent l'Afrique septentrionale comme un torrent dévastateur. Elles ravagèrent les campagnes, poussant devant elles les populations berbères, dont les unes s'enfermaient dans les villes, les autres se retiraient dans les montagnes. Pour fuir les calamités dont ils étaient menacés, les Senhadja, les Ketama (fraction des Masmouda) et les Haouara (fraction des Zenata), établis dans la province de Constantine, cherchèrent un refuge dans les montagnes du littoral et particulièrement dans les parties les plus inaccessibles du Djurjura. Depuis longtemps déjà les Zouaoua, issus des Ketama, occupaient le territoire sur lequel Bougie est bâtie, et n'acceptaient que nominalement l'autorité des maîtres politiques de cette partie de l'Afrique ; mais le froid et la neige, la pauvreté du sol, n'avaient pas pu attirer dans ces contrées une population nombreuse. L'espèce de cataclysme social déterminé par l'invasion des tribus arabes créait en quelque sorte une circonstance de force majeure qui obligeait les Berbères à trouver un asile où ils fussent à l'abri des attaques de la race ennemie. Or, disent les historiens arabes eux-mêmes, les envahisseurs ne purent les poursuivre dans des contrées où la nature du terrain ne permettait pas aux chameaux de pénétrer. On se serra ; la nécessité rendit industrieux ; le travail multiplia les ressources précaires qu'offrait le sol. Comme ces tribus, quoique toutes berbères, appartenaient à des origines diverses, chacune conserva son indépendance.

De la fusion des Arabes avec les anciennes populations mauritaniennes et des divisions qui éclatèrent successivement entre les chefs des principales tribus, résulta la fondation de plusieurs États indépendants, dans lesquels on peut voir le germe des différents États Barbaresques qui ont subsisté jusqu'à nos jours.

Premières expéditions des puissances chrétiennes.

La période arabe, pleine de guerres et de révolutions, obscure d'ailleurs et d'une authenticité douteuse dans ses détails les plus essentiels, fut marquée par les conquêtes de l'Espagne (714) et de la Sicile (824); par de nombreux soulèvements des Berbères qui, à diverses époques, reprirent momentanément possession du Maghreb tout entier, enfin par les premières expéditions chrétiennes en Afrique. Ce fut à l'époque où les Normands venaient de délivrer du joug des Arabes le midi de l'Italie et la Sicile qu'eut lieu la première expédition européenne en Afrique. Une puissante flotte, armée par les Pisans, ravagea toutes les côtes depuis Tunis jusqu'à Bône (1035). Cinquante ans plus tard, le pape Victor III organisa une sorte de croisade, à laquelle tous les peuples d'Italie fournirent des contingents, et qui se termina par le sac de Mahdia. Vers le milieu du siècle suivant, Roger, roi de Sicile, porta de rudes coups aux princes africains et chercha à créer des établissements dans les villes dont il s'empara. Les Siciliens occupèrent Djigelly, l'île de Kerkena et Tripoli en 1146; l'année suivante, Roger se rendit maître de Mahdia; Zouila, Sfax, Souza et plusieurs villes firent acte de soumission avant d'avoir été attaquées. Un État chrétien se trouva dès-lors constitué en Afrique. L'ordre et la justice furent partout rétablis. L'administration du roi de Sicile, quoique ferme, fut conciliante et paternelle pour ses sujets musulmans. Malheureusement son successeur, prince faible et pusillanime, se laissa enlever ces conquêtes si glorieuses (1162).

En 1270, le roi Louis IX, désireux d'assurer la liberté du commerce dans la Méditerranée et d'affranchir les chrétiens d'Orient, dirigea une expédition considérable contre Tunis. Le débarquement s'effectua sans opposition de la part des Arabes le 17 juillet 1270; mais, après quelques succès, l'armée fut arrêtée par la peste. La mort du roi, un des premiers atteints (25 août), fut suivie d'un traité conclu par Charles d'Anjou, et les croisés s'embarquèrent le 18 octobre. Une chapelle a été élevée, au lieu même où campaient les croisés, pour perpétuer le souvenir de cette croisade qui coûta si cher à la France, mais qui força les musulmans à reconnaître une fois de plus la supériorité des armées chrétiennes.

Sept ans après, le roi d'Aragon, Pierre III, envoyait une flotte ravager les côtes de l'Afrique, et cinq ans plus tard ses troupes s'emparaient de Collo qu'elles abandonnaient au bout de quelques jours; cette dernière expédition n'ayant eu d'autre objet que de dissimuler le but des armements faits par le prince espagnol pour enlever la Sicile aux Français. Plus tard, en 1309, les Castillans et les Aragonais opérèrent un débarquement à Ceuta, et se rendirent maîtres de cette ville; mais ils ne gardèrent pas leur facile conquête ; ils en firent don à un chef indigène qui leur avait rendu des services. Les Aragonais reparurent de nouveau sur les côtes d'Afrique en 1432, saccagèrent Djerba et l'île de Kerkena sans y fonder d'établissement, et, en 1481, s'emparèrent de la ville de Melila qu'ils occupèrent. Après la chute du royaume maure de Grenade, les entreprises de l'Espagne contre l'Afrique devinrent plus sérieuses. Les Maures, que Ferdinand le Catholique était parvenu à chasser du sol espagnol, avaient établi une puissante colonie à Oran, et, de ce point rapproché, ils faisaient de fréquentes incursions sur une terre à l'abandon de laquelle il leur coûtait tant de se résigner. En 1505, une flotte considérable fut envoyée pour mettre un terme à ces attaques continuelles ; elle prit Mers-el-Kébir et Oran (1505), le Penon de Velez (1508), Bougie (1510), et infligea aux vaincus des châtiments exemplaires. La plupart des villes du Maghreb, frappées d'épouvante, reconnurent la suzeraineté de l'Espagne, s'engagèrent à lui payer tribut et à mettre en liberté les esclaves chrétiens. Enfin, pour empêcher les Beni Mezeghenna d'Alger de continuer leurs importants armements pour la course, Pierre de Navarre fit bâtir sur un îlot situé en face de cette ville, une forteresse, le Penon d'Alger, d'où les Espagnols pouvaient battre la place de leur artillerie et commandaient l'entrée du port.

Les Portugais avaient aussi fait, depuis 1415, diverses tentatives pour s'établir sur les côtes de l'Afrique et avaient occupé successivement Ceuta, Arzilla, Tanger, Azemmour, Safi, Mazagran.

Enfin, les Génois s'étaient emparés de Djijelly.

Aux relations amicales qui avaient existé par le commerce entre les Européens et les Musulmans avaient succédé de violentes hostilités sur toute l'étendue des côtes. Après avoir dépossédé l'islamisme de toutes les contrées qu'il avait envahies, lorsque l'ardeur toute jeune du prosélytisme l'entraînait à des expéditions lointaines, les peuples de l'Europe chrétienne faisaient à leur tour irruption en Afrique et précipitaient, par leurs entreprises et par leurs conquêtes, le morcellement des États musulmans.

La population de l'Afrique était d'ailleurs en ce moment dans un grand état de confusion. Les races berbères s'étaient usées et affaiblies dans des luttes incessantes, soit contre les souverains, soit contre les Arabes. Ceux-ci, qui avaient relevé depuis peu la suprématie de leur race dans les provinces du centre, n'avaient pas su constituer un État. La présence des négociants européens dans quelques villes, des esclaves chrétiens, des troupes européennes entretenues par plusieurs princes, enfin des descendants des anciennes hordes kurdes venues d'Egypte en 1172, augmentait encore le morcellement et les divisions de la population. Il était impossible de trouver au milieu de tant d'éléments si divers, hostiles les uns aux autres, un point d'appui pour un mouvement de reconstitution. C'est du dehors que vint la force qui, en donnant une impulsion plus énergique au fanatisme et aux instincts de rapine et de brigandage, parvint à fonder une puissance nouvelle.

Les Turcs.

Deux aventuriers turcs, nés à Métélin, *Baba-Aroudj* (dont les Européens ont fait par corruption Barberousse) et *Khaïr-El-Din* (Chereddin), excités par les succès qu'obtenaient à cette époque les armements en course dirigés par les villes du littoral maghrebin contre les galères d'Espagne, s'étaient emparés de Djigelly sur les Génois, afin de pouvoir s'élancer de là sur les bâtiments chrétiens, et s'y appuyer, au besoin, contre leurs compétiteurs musulmans. De là ils menaçaient tout à la fois Oran et les rois musulmans de Tlemcem.

Le cheikh de la plaine de la Mitidja, Selim-ben-Temi, chef des Beni-Mezeghenna, dont Alger était la capitale, ayant résolu de chasser les Espagnols de leur formidable position du Penon, appela à son aide les Turcs de Djigelly. Aroudj accourut, et, s'il ne put prendre le Penon aux Espagnols, il délivra du moins la ville du tribut qu'elle était condamnée à leur payer. Admis dans le palais de Sélim, comblé de faveurs et d'honneurs, le célèbre corsaire se débarrassa bientôt du prince arabe en le faisant assassiner, et s'imposa aux Algériens comme leur chef nécessaire.

L'avènement d'Aroudj et de l'*odjak* (milice) turc, en mettant fin dans les provinces centrales du Maghreb au règne des petites dynasties indigènes qui se partageaient le territoire, marqua le terme de l'indépendance arabe et amena la formation d'un nouvel État, sous le nom de Régence d'Alger.

Khaïreddin qui succéda à son frère, affermit sa puissance, força les Espagnols à évacuer le Penon, qu'il fit raser, et reçut du sultan de Constantinople, avec l'investiture du pachalik, le droit réservé d'y faire battre monnaie (zekka). Il avait quitté Alger pour rentrer à Constantinople, où il avait été rappelé par le sultan, lorsqu'eut lieu, en 1541, la fameuse expédition tentée par Charles-Quint, dans le but de délivrer les captifs chrétiens. Cette expédition, marquée par les plus terribles désastres, ne fit que redoubler l'insolence des écumeurs de la Méditerranée. Aussi un long cri d'indignation s'éleva-t-il dans toute l'Europe chrétienne, à la nouvelle que le roi de France avait appelé à Toulon, pour faire le siége de Nice, le célèbre corsaire Khaïreddin, alors capitan-pacha des flottes du sultan Soliman.

L'hivernage de Khaïreddin à Toulon, en 1543, dura six mois. Après une attaque dirigée contre Nice, de concert avec l'armée française, l'amiral turc revint sur notre territoire avec toute sa flotte. A son arrivée, la ville était déserte ; un ordre du roi avait imposé l'exil à tous ses habitants. Les pirates s'établirent dans les maisons, et le Conseil de ville dut pourvoir à leurs dépenses, tandis que l'ambassadeur de France à Constantinople suspendait son départ pour faire office de commissaire du roi auprès de Khaïreddin, et qu'un prince du sang, que devait illustrer plus tard la victoire de Cerizolles, le duc d'Enghien, s'honorait de l'amitié du corsaire, après avoir associé sa bannière à la sienne en Italie. Les pirates profitèrent de la protection du roi de France pour ravager les côtes d'Espagne et faire des razzias d'esclaves chrétiens ; ils n'épargnèrent pas davantage la population de la Provence, qui contribua pour une large part à peupler leurs sérails. Ce fait inaugura dans notre histoire une période d'humiliations qui se continua plus de trois siècles. C'est ainsi que, lorsque Richelieu fit explorer les côtes de la Méditerranée, on trouva la population réfugiée sur les hauteurs, veillant jour et nuit à sa propre défense, le commerce impossible, les ports ouverts à chaque instant aux insultes et aux déprédations des Barbaresques.

Haroudj et Khaïreddin sont les véritables fondateurs de la constitution oligarchique conservée par la Régence algérienne jusqu'en 1830, constitution à la faveur de laquelle s'exerça, sous la dépendance presque nominale du sultan de Constantinople, la souveraineté du chef (*pacha*), de la milice turque (*odjack*). Le principe fondamental de cette constitution était la concentration entre les mains des Turcs de tous les pouvoirs militaires et l'*exclusion rigoureuse des indigènes* de toute participation au commandement. L'institution du *maghzen*, milice arabe, ne fit exception à cette règle que pour les rangs subalternes de la hiérarchie, dans lesquels les chefs arabes étaient plutôt les intermédiaires que les dépositaires de l'autorité.

Les Turcs s'établirent au milieu des Arabes par la ruse et parvinrent à les dominer par la violence, en s'aidant de tous les moyens familiers à la politique orientale, mais ils n'arrivèrent jamais à asseoir leur autorité sur la Kabylie proprement dite. Les forts qu'ils construisirent n'amenèrent aucun résultat, car ils ne purent être portés assez loin dans le pays kabyle. Les plus avancés qui restassent en 1830 étaient : sur le versant septentrional, Bordj-Sebaou et Bordj-Tizi-Ouzou ; sur le versant méridional, Bordj-el-Boghni, et dans le district de Hamza, Bordj-Bou-Ariridj.

Au début de la domination turque, trois principautés berbères existaient à l'Est d'Alger : celle des *Zouaoua*, dont Kouko (ville aujourd'hui détruite), était le chef-lieu ; celle des *Beni-Abbés*, dans le haut de l'Oued-Sahel ; celle des *Beni-abd-el-Djebar*, la plus rapprochée de Bougie. Mais les dénominations par lesquelles les tribus berbères distinguaient leurs souches diverses avaient cessé d'être employées ; on ne citait plus ni les Senahdja, ni les Ketama, ni les Zenata, ni les Haouara, comme grandes divisions de la race berbère. Les guerres, les émigrations volontaires, les dissensions intestines les avaient dispersés et mélangés, depuis Tripoli jusqu'au rivage de l'Océan. Deux mots nouveaux, qu'on ne lit dans aucun historien antérieur au xvi° siècle, apparaissent alors : *Kebaïl* et *Chaouia*. La première appellation s'applique aux groupes établis dans les montagnes, formés surtout des débris des Senahdja et des Ketama ; la seconde désigne les Berbères qui occupent les plaines et qui sont issus plus particulièrement des Zenata et des Haouara. Ces distinctions ne sont pas absolues, puisque les montagnards de l'Aurès sont Chaouïa, et que, d'un autre côté, nous avons vu les Zenata se réfugier dans les montagnes du littoral ; mais ces indications doivent être acceptées comme exactes dans un sens général.

Privés de l'assistance pécuniaire du gouvernement ottoman et de l'appui qu'ils auraient pu trouver dans une population coloniale turque, réduits à une armée assez faible, qu'ils n'avaient pas d'intérêt à augmenter, parce qu'il fallait la payer, les Turcs durent pourvoir aux diverses nécessités de leur établissement par la création de colonies militaires, dont ils empruntèrent les éléments au pays lui-même.

Suivant leur origine, leur nature, leur rôle spécial, ces colonies s'appelaient *Smoul*, *Douaïr*, *Abid*, *Mkahlia*, *Azara* ; souvent aussi elles portaient le nom de la tribu qui en avait formé le noyau : telles étaient les *Sahara*, sur l'Hilhil ; les *Gherajha-Gheraba* à Aïn-Turk ; les *Asammia*, à Sétif ; les *Hachem*, à Bordj-Bou-Ariridj.

Les *Zmoul*, *Douaïr*, *Mkahlia*, *Azara* étaient formés de familles empruntées à diverses tribus, qui venaient s'établir sur des terres appartenant au Domaine, soit par droit de confiscation, soit par droit de vacance. Les colonies *abid* (nègres) étaient ainsi appelées parce qu'elles avaient été composées de nègres affranchis. Outre les colonies formées d'éléments indigènes, il en existait enfin quelques-unes composées des *Kolouglis*, nés des alliances contractées par les Turcs dans le pays.

Véritables tribus administratives, toutes ces colonies étaient presque toujours établies autour d'un bordj ou fortin, commandé par un kaïd turc et occupé par une petite garnison turque. Attachées à la population par leur origine et leurs habitudes, au gouvernement par les priviléges qui leur étaient accordés, elles favorisaient l'action de l'autorité centrale sur toutes les classes de la population.

A la fois paysan et gendarme, le colon arabe recevait, avec la terre et les instruments de travail, un cheval et des armes ; il était exempté de la contribution en espèces, représentative du loyer de la terre, et n'était assujéti qu'à la redevance en nature, signe de la dépendance ; il devait prendre les armes toutes les fois qu'il en était requis par le kaïd turc. Moyennant la concession de la terre, qui non seulement ne lui coûtait rien, mais lui rendait encore la dîme des produits, l'État disposait ainsi d'une gendarmerie nombreuse, mobile, aguerrie, qui maintenait l'ordre sur tous les points du territoire, et assurait l'exercice de la justice et la perception de l'impôt.

Au commencement du xviie siècle, une révolution importante vint modifier, dans ses bases essentielles, le gouvernement algérien. La domination oppressive des pachas envoyés de Constantinople était devenue odieuse non seulement aux Arabes, mais à la milice turque elle-même. L'odjack, irrité de voir détourner au profit des pachas une partie des richesses qu'il regardait comme sa propriété, envoya près du Sultan des députés, qui lui exposèrent combien les vexations de ses représentants compromettaient l'existence même de la domination turque dans la Régence. Le Sultan consentit, parce qu'il ne pouvait l'empêcher, à ce qu'il fût créé, à côté du *Pacha* délégué de la Porte-Ottomane, un second chef de la Régence destiné, sous le nom de *Dey* (oncle ou patron), à être plus particulièrement le représentant des intérêts de la milice.

Dans cette organisation nouvelle, le Dey était élu par l'odjak et chargé de la levée des tributs, de l'administration des finances et de la solde des troupes. Le Pacha garda ses titres honorifiques et ses revenus particuliers ; mais son intervention dans le gouvernement dut se borner à une sorte de contrôle, le plus souvent fictif ; il ne parut plus dans le divan que pour sanctionner des mesures auxquelles, par le fait, il restait complètement étranger.

Bientôt une lutte permanente s'établit entre ces deux hauts dignitaires. La milice turque, maîtresse de se donner elle-même un chef, toujours confirmé dans ses pouvoirs, en changea sans cesse, suivant son caprice et ses intérêts. D'autre part, le Sultan ayant, en 1627, conclu avec la maison d'Autriche une trêve de vingt-cinq ans, les pirates africains résolurent de briser les liens qui les unissaient à la Porte, plutôt que d'accepter une paix qui entravait leurs rapines. Il fut décidé à Alger, Tunis et Tripoli, qu'on fonderait trois États indépendants, et que les traités conclus par la Porte avec les puissances étrangères n'engageraient nullement les États barbaresques. Le Sultan subit ces nouvelles conditions et continua à envoyer des pachas, reçus avec respect, lorsqu'on avait intérêt à ménager la Porte, mais dont on s'embarrassait peu dans les autres circonstances.

Après cette résolution prise, les courses sur les chrétiens recommencèrent avec plus de fureur ; mais l'accord ne fut pas pour cela plus parfait entre les deux chefs de la Régence. Dans les conflits sanglants que soulevait presque constamment l'élection des deys, les pachas tentèrent plus d'une fois de ressaisir leur ancienne autorité, jusqu'au moment où Baba-Ali, pour mettre un terme à ces dissensions, fit enlever et transporter à Constantinople, en 1710, le pacha qui lui était opposé, en le menaçant de le faire étrangler s'il reparaissait dans la Régence. Des députés de l'odjak, envoyés au Sultan, lui exposèrent que l'existence simultanée de deux chefs était une source de troubles et de révolutions, et Sa Hautesse supprima les fonctions de pacha. La nomination du Dey, chef unique, fut abandonnée au choix de la milice, et ne donna plus lieu, de la part du Sultan, qu'à une sorte de sanction illusoire.

Relations de la Régence avec les puissances chrétiennes.

L'histoire des relations de la Régence avec les puissances chrétiennes, de 1600 à 1830, présente une série non interrompue d'audacieuses tentatives et de brigandages odieux. Il n'est pas un peuple d'Europe qui n'ait eu, dans ces temps désastreux, quelques-uns de ses enfants captifs dans les bagnes d'Alger; pas de côte qui ait été à l'abri de quelque invasion soudaine. En 1637, les Algériens s'emparaient du Bastion de France, construit par les Marseillais pour la sécurité de leur commerce avec les Maures et les Arabes; l'année suivante ils menaçaient le trésor de Notre-Dame-de-Lorette; enfin, ils allaient lever tribut jusque sur les lointains rivages de l'Islande. Violant les traités qu'on faisait avec eux, ils ne respectaient pas même les pavillons qui s'étaient rachetés à prix d'argent. Vaincus parfois et châtiés, ils reparaissaient bientôt, plus entreprenants, plus exigeants, plus cruels.

Les guerres intestines qui divisaient l'Europe, et le souvenir de la fatale expédition de Charles-Quint empêchèrent, pendant plus d'un siècle, toute tentative contre les États barbaresques. Ce fut la France qui rouvrit la voie qu'elle devait si glorieusement fermer, en 1830, par une conquête définitive. Parmi les défenseurs de l'humanité et de la liberté des mers qu'elle mit à la tête de ses flottes et qui laissèrent trace de leur passage sur les côtes barbaresques, il faut citer de Beaufort, Tourville, d'Hocquincourt, sans oublier, bien qu'ils aient combattu sous un pavillon étranger, l'Anglais Spragge et le Hollandais Ruyter. Duquesne, enfin, prouva qu'Alger n'était pas invincible. Les cruautés qui souillèrent la résistance du Dey Mezzomorto sont à peine croyables ; il attacha les prisonniers à la bouche de ses canons, mit le corps du consul français dans une énorme pièce, connue depuis sous le nom *de pièce du consul* et déposée actuellement à l'arsenal de Brest, et l'envoya avec un boulet sur la flotte assiégeante. Duquesne, vainqueur, ne s'éloigna qu'après avoir brûlé tous les vaisseaux qu'il trouva dans le port, ruiné et détruit toute la ville basse et les deux tiers de la ville haute. Cette expédition n'eut toutefois d'autres résultats que la disparition de Mezzomorto, qui s'enfuit à Constantinople, et une ambassade pompeuse dont se paya la vanité de Louis XIV. Telle fut la mauvaise foi qui présida aux mensongères assurances des députés barbaresques, que, quatre ans après, d'Estrées et Tourville durent venir encore une fois bombarder Alger. Cette leçon n'amoindrit en rien la puissance des Algériens, car nous les voyons, en 1708, reprendre Oran aux Espagnols. Les nouvelles tentatives faites par d'autres nations européennes restèrent, comme les précédentes, sans résultat positif, à l'exception de celle du comte de Montemar, en 1732, qui rendit Oran à l'Espagne. Celle-ci conserva cette place jusqu'en 1790, époque à laquelle un tremblement de terre effroyable ayant renversé une partie de la ville, les Espagnols l'évacuèrent définitivement et en firent la remise au pacha turc établi à Mascara. Ces diverses expéditions avaient si peu dompté l'insolence des forbans que, quatre mois après la prise de la Bastille, Louis XVI, ainsi que le constate un acte authentique, autorisait son ministre, M. de la Luzerne, à payer au dey d'Alger 1,814,417 fr., pour un brick corsaire algérien détruit aux îles d'Hyères par un vaisseau napolitain. Le détail des indemnités y est très curieux : la vie d'un pirate est estimée 11,000 fr., et on donne 5,500 fr. pour la blessure d'un Turc. L'orgueil des

Algériens fut enfin durement humilié par l'expédition de lord Exmouth, en 1816. Menacé à la fois par la flotte anglaise et par les révoltes incessantes des siens, le dey Omar dut souscrire aux conditions que lui imposait l'amiral anglais, et qui stipulaient particulièrement l'abolition absolue de l'esclavage des chrétiens et la délivrance, sans rançon, des captifs de toutes les nations européennes. Cette expédition, couronnée d'un plein succès, aurait dû mettre fin à la piraterie algérienne, si l'on avait eu affaire à des ennemis moins incorrigibles; mais ceux-ci ne tardèrent pas à recommencer leurs brigandages, qui ne devaient finir qu'avec la domination turque. C'est ici le lieu d'observer qu'il y aurait une souveraine injustice à rendre, comme l'a fait l'*Akhbar*, les populations indigènes de l'Algérie responsables des méfaits que nous reprochons aux forbans des États barbaresques. Les pirates, réunion de Turcs et de renégats, écume de tous les pays, n'étaient point une nation; et, en tant que races, les Arabes et les Kabyles ne méritent aucune des imprécations que l'Europe chrétienne a lancées contre les corsaires algériens.

A la France était réservée la gloire de venger l'honneur de toutes les nations civilisées et de rétablir la sûreté des mers. Elle n'avait pas seulement à châtier les forbans, elle devait relever les *Concessions françaises* de l'Afrique septentrionale et venger les insultes réitérées faites à son pavillon.

Les concessions françaises en Afrique. — Causes de l'expédition de 1830.

L'établissement des Français sur la côte d'Afrique remonte à une époque très-reculée. Il serait difficile d'en assigner la date précise; quelques personnes la font remonter jusqu'à la grande expédition que Louis de Clermont, duc de Bourbon, dirigea en 1390 contre les Maures ; et, effectivement, plusieurs chartes, bulles et diplomes parlent déjà, dans le xv⁵ siècle, des possessions du roi de France en Mauritanie ; mais ce n'est que depuis 1450 qu'on peut suivre, sans interruption, l'histoire de nos établissements sur cette côte.

A cette époque deux marchands de Marseille, Thomas Linches et Carlin Didier, avaient installé quelques français dans le pays ; et, afin de leur procurer une plus grande sécurité vis-à-vis des indigènes, ils avaient consenti à payer à ces derniers quelques légères redevances. Leur droit de possession, acheté ainsi primitivement des Arabes, avait été reconnu en 1518, 1692, 1694, par les sultans turcs, suzerains du dey d'Alger, et par le dey lui-même.

La situation avantageuse des *Concessions d'Afrique* (nom que l'on donna à nos établissements, par confusion avec les priviléges commerciaux qui nous étaient concédés), leur richesse en grains, bestiaux, laine, cire, miel, etc. ; la facilité de répandre les marchandises de fabrique française dans l'intérieur de l'Afrique ; enfin, les produits de la pêche du corail ; assurèrent d'importants bénéfices aux compagnies qui, avant la Révolution, exploitèrent les concessions. Le commerce devint languissant et presque nul durant les longues guerres de la République et de l'Empire.

Lors de l'invasion de l'Egypte par les Français, en 1798, la Porte contraignit les Algériens à déclarer la guerre à la France. Antérieurement à cette rupture, nous avions abandonné et laissé tomber en ruines les forts du cap Rose, du Bastion, du cap Roux, du cap Nègre, et une vingtaine de canons seulement garantissaient la porte du *Moulin* et *La Calle*, dont la garnison régulière ne montait plus qu'à 200 hommes environ. Les Algériens s'emparèrent alors de nos établissements et en ruinèrent les fortifications. En 1801, après la paix d'Amiens, ces postes nous furent rendus ; mais nous n'avions pas eu le temps d'en relever les fortifications que déjà ils nous étaient enlevés de nouveau (1806), et la pêche du corail concédée à l'Angleterre, qui en jouit exclusivement jusqu'en 1814.

La France réclama alors l'exécution des anciennes conventions, en vertu desquelles lui avait été concédée la côte comprise entre la rivière la Seybouse et la frontière de Tunis ; ses points principaux étaient le *Bastion de France*, le fort de *La Calle*, le *cap Roux*, le *cap Rose*, le *cap Nègre*. Un traité du 26 avril 1817 nous en remit en possession et rétablit notre redevance de 60,000 fr., qui, trois ans après, fut portée à 200,000 fr. Le paiement annuel d'une somme aussi considérable diminuait déjà beaucoup les avantages que nous retirions de nos établissements d'Afrique ; d'autre part, nous avions retrouvé nos comptoirs dans une situation déplorable ; les forts étaient ruinés, les magasins et les édifices dégradés ; de plus, les indigènes ne trouvant plus à vendre les produits des terres environnantes, avaient cessé de les cultiver. Pour rendre de l'importance à nos possessions, il nous eût fallu la sécurité et la confiance dans l'avenir, et nous ne pouvions en avoir, d'après les intentions annoncées par le dey de nous exclure de la côte d'Afrique aussitôt que les circonstances le lui permettraient.

Hussein-Dey, élevé au pouvoir en 1818, ne craignait pas de manifester hautement ses mauvaises dispositions à notre égard. En 1818, le brick français le *Fortuné* avait été attaqué et pillé par les habitants du territoire de Bône, sans que l'on eût pu obtenir du Dey aucune réparation. En 1819, le Dey avait répondu à la sommation collective de l'amiral français Jurien et de l'amiral anglais Freemantle, qui étaient venus, par suite des résolutions arrêtées au congrès d'Aix-la-Chapelle, l'inviter à renoncer à la piraterie : « Qu'il prétendait se réserver le droit de mettre en esclavage les sujets de toutes les puissances qui n'avaient pas de traités avec lui et qui n'entretiendraient pas dans ses États des consuls, par les mains de qui les redevances ou tributs lui seraient payés. » En 1825, contrairement au droit des gens et malgré la teneur expresse des traités, des perquisitions avaient été exercées dans la maison consulaire de France à Bône, sous le faux prétexte de contrebande à saisir. En 1826, des navires appartenant à des sujets du Saint-Siége, mais couverts du pavillon français, avaient été injustement capturés, et la restitution en avait été refusée ; enfin, des propriétés françaises, saisies à bord d'un navire espagnol, avaient été confisquées. Ainsi furent *violés* les deux principes qui avaient constamment servi de base à nos transactions avec les Régences d'Afrique : *Que le pavillon français couvre la marchandise, quelle qu'elle soit, et que la marchandise française est inviolable, même sous le pavillon ennemi.* Ces infractions successives au droit des gens et aux traités conclus donnèrent lieu à de nombreuses réclamations auprès du Dey, dont le ressentiment contre la France tenait d'ailleurs à une cause particulière.

Deux banquiers juifs de la Régence d'Alger, Jacob Coëns-Bacri et Michel Busnach, avaient fait au gouvernement français, de 1793 à 1798, des fournitures considérables pour l'approvisionnement de nos armées d'Italie et pour l'expédition d'Égypte. La plus grande partie des paiements avaient été faits au fur et à mesure des consignations ; mais plusieurs chargements de blé ayant été trouvés avariés, on suspendit les paiements, et les demandes des fournisseurs furent longtemps contestées. Le dey d'Alger réclama aussi, en faisant connaître qu'il était propriétaire d'une partie de ces approvisionnements, qui provenaient des magasins de la Régence et des impôts qu'on lui payait en nature.

Le désir de mettre un terme à ces contestations et de maintenir la paix entre les deux États détermina la signature d'une transaction avec les négociants et le vote par les Chambres françaises d'un crédit de sept millions destiné à les désintéresser. Toutefois une réserve était faite en faveur des créanciers français des sieurs Bacri et Busnach.

Les créances françaises, discutées devant les tribunaux français, ayant absorbé les sept millions, qui ne suffirent même pas à les acquitter, le Dey, principal créancier en faveur duquel on avait signé la transaction, se trouva frustré de la part qui aurait dû lui revenir. Comme il n'avait donné sa signature que dans l'ignorance de nos lois et des formes de nos liquidations, croyant que la réserve faite ne comprenait que des sommes légères, il fut vivement irrité de cette solution.

Un nouveau sacrifice fut alors consenti par les Chambres, et c'est ce traité du 24 juillet 1820 qui porta à 200,000 fr. les redevances des concessions d'Afrique. On voulait ainsi assurer au Dey une rente annuelle considérable, qui devait lui tenir lieu du capital dont il était privé ; mais ce prince n'en fut nullement satisfait, et demanda, comme condition du maintien de ses relations avec la France, le paiement immédiat des sept millions.

M. le baron de Damas, ministre des affaires étrangères, croyant de la dignité du gouvernement qu'il représentait de ne pas répondre à la lettre hautaine du souverain de la Régence, chargea M. Deval, consul de France à Alger, de s'en expliquer avec le Dey.

Le consul n'avait pas encore reçu la dépêche ministérielle quand il se rendit, suivant l'usage, au palais du Dey, le 30 avril 1827, la veille des fêtes musulmanes. Dès que notre représentant s'approcha du Dey, celui-ci lui demanda s'il n'était pas chargé de lui remettre une réponse à sa lettre, et M. Deval ayant répondu négativement, le Dey lui porta subitement plusieurs coups d'un chasse-mouches qu'il tenait à la main, en lui ordonnant de sortir de sa présence, et en accompagnant cet ordre de gestes et de paroles de mépris contre le chef de notre nation et contre les chrétiens en général.

Le gouvernement français, informé de cette insulte, envoya au consul l'ordre de quitter Alger, et, celui-ci étant parti le 15 juin, le Dey ordonna aussitôt de détruire les établissements français en Afrique, et notamment le fort La Calle, qui fut livré au pillage et ruiné de fond en comble, après que les Français l'eurent évacué, le 21 juin.

Satisfaction fut demandée au Dey, et, sur son refus, le blocus du port d'Alger fut ordonné. Ce blocus, entretenu durant trois années, fut moins nuisible aux Algériens qu'à la France, a laquelle il coûta vingt millions, plusieurs bâtiments perdus sur des côtes sans abri, un grand nombre de marins, et, entre autres, le commandant de l'escadre, le brave contre-amiral Collet, qui succomba aux fatigues de cette croisière, aussi difficile que dangereuse.

L'insuffisance du blocus étant reconnue, la dignité du gouvernement français exigeait qu'on cherchât à obtenir une réparation par des moyens plus efficaces. De nouvelles propositions, modérées et honorables pour les deux parties, furent portées au Dey par le capitaine de La Bretonnière. Le Dey les repoussa ; et, comme le lendemain 3 août 1829, M. de La Bretonnière se disposait à s'éloigner du port, les batteries les plus voisines firent feu toutes à la fois sur le bâtiment parlementaire, à un signal parti du château même occupé par le Dey. Le feu dura une demi-heure, jusqu'à ce que le bâtiment se trouvât hors de la portée du canon.

Tel est l'exposé succinct des faits qui déterminèrent l'expédition de 1830 : violation des principes du droit des gens; infraction aux traités et aux conventions; exactions arbitraires; prétentions insolentes opposées aux lois du royaume et préjudiciables aux droits des sujets français; pillage de nos bâtiments; violation du domicile de nos agents diplomatiques; insulte publique faite à notre consul; attaque dirigée contre le pavillon parlementaire : le Dey semblait avoir voulu tout épuiser pour rendre une guerre inévitable. La France était directement provoquée; la guerre était un devoir pour le gouvernement français. Il le comprit, et, sa résolution prise, il l'exécuta avec énergie.

La conquête.

Le ministère Polignac conçut, prépara, accomplit cette belle conquête, qui a été, comme l'a dit M. Alfred Nettement, le testament de la Restauration.

Le 15 février 1830, l'expédition était décidée; trois mois après, les préparatifs terminés; et, le 25 mai, la flotte mettait à la voile. Le 14 juin 1830, l'armée toucha le sol de l'Afrique, et le 5 juillet de la même année elle avait atteint le but de sa mission, après vingt jours de campagne, signalés par le combat de Staouëli et la prise du fort l'Empereur. Le pavillon français vengé flottait sur les murs d'Alger; la Méditerranée était affranchie, la piraterie détruite, la civilisation triomphante : l'œuvre que quatre siècles avaient appelée de leurs vœux se trouvait accomplie. La capitulation d'Alger, dernier acte de la domination turque, signée le 5 juillet, inaugura pour l'histoire de l'Afrique septentrionale une période nouvelle.

Quant au général en chef qui avait dirigé cette brillante campagne, où il avait gagné un bâton de maréchal et perdu un fils chéri, il quitta trois mois plus tard, en fugitif, sur un bâtiment étranger, cette terre d'Afrique, théâtre de sa gloire, emportant pour seul trésor le cœur de son fils. Il épargnait ainsi à ce dernier l'outrage infligé au corps que ce noble cœur avait animé, et dont les agents du fisc, à Marseille, fouillèrent les entrailles pour chercher l'or qu'ils supposaient y avoir été caché. Les administrateurs qui, un mois auparavant, se signalaient auprès du maréchal Bourmont par les adulations les plus serviles, lui refusèrent insolemment passage sur un navire français.

Par un des plus frappants exemples des vicissitudes humaines que la Providence ait donné en spectacle dans l'histoire, les vaincus et les vainqueurs se rencontrèrent, quelques jours après, confondus dans une commune infortune. Le maréchal Bourmont se trouvait à Palma avec les débris de la milice d'Alger; le ministre de la marine, baron d'Haussez, qui avait préparé cette grande expédition et formé une des plus belles flottes que la France ait jamais équipées, se dérobait, sous un déguisement, à la mort qui le menaçait, et passait la mer sur une barque; enfin, presque le même jour où le Dey vaincu, abordant à Naples, déclarait à notre ambassadeur qu'il se mettait sous la protection du roi Charles X, son vainqueur, ce prince s'embarquait à Cherbourg et faisait voile pour l'Angleterre.

On a contesté souvent à la Restauration le mérite de la conception de cette mémorable entreprise qui devait préparer la réalisation partielle de cette grande pensée de l'empereur Napoléon Ier : Faire de la Méditerranée un lac français. On a dit que « c'était *sans le vouloir* que Charles X avait fait la conquête d'Alger. » C'est là un de ces mensonges historiques que propage l'esprit de parti, trouvant toutes les armes bonnes lorsqu'il s'agit de dénigrer ceux qu'il combat. Assez de griefs sérieux peuvent être formulés contre le gouvernement du dernier souverain de la maison de Bourbon, pour qu'on ne lui marchande pas la part de gloire qui lui revient dans l'occupation de l'Algérie par nos armes, en faisant de la conquête d'Alger un résultat qui n'aurait été ni dans les vues, ni dans les desseins du cabinet des Tuileries.

Il est souverainement injuste d'attribuer aux ministres de Charles X des vues étroites et des résolutions vagues au sujet de l'expédition d'Alger. Ils savaient parfaitement ce qu'ils faisaient : ils voulaient suivre leur œuvre avec fermeté et en avaient mesuré par avance tous les résultats. Il ne serait pas nécessaire d'en donner d'autre preuve que la véhémence avec laquelle l'Angleterre, prenant la défense des pirates algériens, protesta contre le projet d'expédition qui lui fut officiellement dénoncé par le gouvernement français ; mais nous aimons mieux corroborer ce témoignage moral d'une preuve toute matérielle tirée d'un document authentique déposé aux archives de la chancellerie française.

L'Angleterre voyant le roi Charles X décidé à ne tenir aucun compte de ses protestations, demanda des explications expresses et des engagements écrits portant que la France n'occuperait pas définitivement le territoire que ses armes allaient conquérir.

Le cabinet des Tuileries se contenta de faire passer à celui de Saint-James cette noble réponse :

« L'honneur et les droits de la France ont été mé-
« connus ; elle ne réclame les secours d'aucune puis-
« sance pour se faire respecter ; elle ne portera pas
« seulement la guerre au Dey d'Alger, mais à tous les
« Etats barbaresques ; elle aura seule la gloire de dé-
« truire, au profit du monde entier, la piraterie et
« l'esclavage des chrétiens, et elle SAURA CONSERVER,
« POUR PRIX DE SES SACRIFICES, LA CONQUÊTE QUE LUI
« ASSURERONT SES ARMES. Enfin, ce que jusqu'à ce jour
« les nations européennes ont vainement entrepris,
« elle le fera. »

Devant une déclaration aussi nette et aussi positive du ministre qui dirigeait alors nos relations extérieures, il nous semble difficile de mettre en doute l'intention formelle du roi Charles X d'occuper définitivement la Régence d'Alger.

Les premières années de l'occupation furent perdues en demi-mesures par le Gouvernement de Juillet, flottant entre le secret désir d'abandonner l'Algérie et l'opinion publique qui se prononçait énergiquement pour la conquête. Chaque jour les attaques les plus violentes contre la conservation de la colonie tombaient du haut de la tribune législative, et un ministre, M. de Broglie, disait avec une légèreté incroyable que l'Algérie n'était pour la France qu'une loge à l'Opéra.

Ce n'est que dans les derniers mois de 1841 que le gouvernement adopta à l'égard de l'Algérie la politique franche et vigoureuse dont le maréchal Bugeaud fut le plus ferme soutien. Cette seconde période de l'occupation fut marquée par la prise de possession des places de l'intérieur et de postes avancés sur la limite du Tell; enfin par la soumission d'Abd-el-Kader.

La soumission de l'émir fut, comme le dit le duc d'Aumale, une véritable révolution et causa une sensation profonde chez les indigènes; la cause de l'indépendance arabe était vaincue et ne devait plus trouver désormais pour la soutenir que de véritables aventuriers dont les entreprises partielles seraient bientôt étouffées. Cet événement important n'eut lieu que quelques semaines avant le 24 février; de sorte que la chute de Louis-Philippe ne fut précédée que de quelques jours par la pacification de l'Algérie, comme celle de Charles X l'avait été par la conquête d'Alger.

La tâche de l'armée d'Afrique n'était pas terminée: c'est au cri de *Vive l'Empereur!* que devaient tomber dans la Kabylie et dans le Sahara les dernières barrières de la résistance. De 1852 à 1857, des expéditions partielles détachèrent, l'un après l'autre, de nombreux éléments du faisceau formé par les tribus kabyles du

Jurjura, et établirent nos troupes sur divers points du Sahara où les Romains avaient à peine passé sans s'arrêter : à Tuggurt, à Laghouat, à Géryville. Enfin, en 1857, la Kabylie toute entière fut soumise; et la création du fort Napoléon chez les Beni-Raten, au centre même du pays compris entre la mer et le sommet du Jurjura, permit d'asseoir d'une manière inébranlable notre autorité souveraine.

Notre drapeau flottait dans toutes les parties de l'ancienne Régence : le Tell, pays de la culture et des cours d'eau; le Sahara algérien, pays des plateaux et des pâturages; la région des oasis, transition entre le Tell et le désert; la Kabylie, asile de montagnards jusqu'alors indomptés, obéissaient également à nos lois. L'Empire avait gagné une immense province peuplée de trois millions d'âmes, « un vaste royaume à assimiler à la France. »

La lettre de l'Empereur du 6 février 1863. Le sénatus-consulte du 13 avril.

En nous appropriant l'Algérie, nous avons accepté ses habitants; nous les avons admis dans notre grande unité politique. D'après la belle pensée exprimée par l'Empereur dans le discours prononcé à Alger, le 19 septembre 1860, la conquête ne signifie pas pour nous le châtiment du peuple vaincu, mais sa rédemption par la civilisation. Relever des populations courbées pendant trois siècles sous un joug abrutissant, réveiller en elles une intelligence et des vertus qui ont brillé en leur temps d'un vif éclat, les former peu à peu à nos idées, leur apporter les bienfaits de notre civilisation; telle est la haute mission confiée par la Providence à l'honneur de la France et pour l'accomplissement de laquelle l'Empereur a eu la gloire de poser les premiers jalons dans sa mémorable lettre du 6 février 1863.

Le premier pas à faire était d'établir la propriété,

base fondamentale de toute civilisation. « Comment, en effet, compter sur la pacification d'un pays lorsque la presque totalité de la population est sans cesse inquiétée sur ce qu'elle possède ? Comment développer sa prospérité lorsque la plus grande partie de son territoire est frappée de l'impossibilité de vendre et d'emprunter. »

Depuis quelques années, on avait conçu le projet de résoudre la question par un expédient que l'on a nommé : « *le cantonnement des Arabes.* » Il consistait à restreindre les territoires occupés actuellement par les tribus indigènes, sous prétexte qu'elles n'y avaient que des droits de possession collective contestables, et à les contraindre, par là, à abandonner, pour être livrées à la colonisation européenne, de vastes étendues de terrains. On faisait de grands frais d'érudition en droit musulman pour démontrer que, sous l'administration des deys, ces territoires appartenaient au *beylick* (domaine public), et que la France, héritière des anciens souverains, avait le droit de s'en emparer.

Arguments de juristes, plutôt que d'hommes politiques, et peu dignes de la grandeur et de la puissance de la France. Jamais l'intérêt ne justifie la violation ni la négation d'un droit. Lorsque la France, en 1830, a pris possession de l'Algérie, elle a promis solennellement de respecter les personnes, la religion, les propriétés des indigènes. Or, l'État n'a jamais eu aucun droit sur les terres *arch*, et la nue propriété, si elle existait, appartenait à la tribu. Aucun doute ne saurait s'élever, à ce sujet, et des documents authentiques, en établissant que les Turcs ont quelquefois acheté des terres *arch* pour les faire entrer dans le domaine de l'État, prouvent suffisamment que ces terres ne faisaient pas auparavant partie de ce même domaine.

Dépouiller des gens qui possèdent et travaillent, pour

donner leurs terres à d'autres, tel était le but du *cantonnement*, aussi le projet de loi préparé pour sanctionner ce projet de spoliation fut-il unanimement repoussé par le conseil d'Etat.

Le premier, M. le baron David protesta, à la tribune du corps législatif, contre ce projet de loi agraire, en faisant observer que nous ne pouvions pas, pour civiliser l'Algérie, emprunter nos moyens d'action à la barbarie que nous cherchons à combattre ; il démontra victorieusement que si nous voulions constituer la propriété individuelle, afin d'arriver à la liberté des transactions, il n'était pas besoin pour cela de prélever un droit de courtage sur les terres indigènes.

« Le cantonnement était jugé ; il l'eût été par le cœur de la France, si les grands pouvoirs de l'Etat ne l'eussent flétri et condamné. »

Aussi lorsque l'Empereur, posant les grands principes de la conquête moderne, rappela, dans sa lettre du 6 février, les solennels engagements de la France envers les indigènes, et abritant les vaincus contre la spoliation, invoqua le droit imprescriptible du travail et de la propriété, sa parole trouva de l'écho dans tous les cœurs français et son programme fut accueilli par les applaudissements de la France entière.

« Nous devons, disait l'Empereur, convaincre les Arabes que nous ne sommes pas venus en Algérie pour les opprimer et les spolier, mais pour leur apporter les bienfaits de la civilisation. Or la première condition d'une société civilisée c'est le respect du droit de chacun. » L'Empereur terminait sa lettre en chargeant le maréchal Randon de préparer un projet de sénatus-consulte sur la constitution de la propriété dans les territoires occupés par les Arabes.

Ce sénatus-consulte, voté le 13 avril 1863, par 117 voix contre 2, a assis la propriété du sol en Algérie sur des bases inattaquables, en rendant « les tribus ou fractions de tribus propriétaires incommutables des terrains qu'elles occupaient à demeure fixe, au moment de sa promulgation, et dont elles avaient la jouissance traditionnelle, à quelque titre que ce fût. » Inspiré par une pensée de généreuse équité et d'impartiale justice, cet acte constitutif concilie les droits séculaires des indigènes avec les besoins légitimes des immigrants ; il fixe les Arabes sur l'étendue de leurs droits et réserve au gouvernement la faculté de rendre libres les terrains nécessaires à l'extension des cultures européennes ; enfin, en faisant disparaître les inconvénients et les dangers inhérents à l'instabilité de la propriété, il affermit 'a conquête et prépare les indigènes à subir plus fructueusement l'influence de notre civilisation.

Un acte aussi important doit évidemment être un puissant élément de progrès ; mais il est certain aussi qu'on n'atteindra les grands résultats politiques, économiques et moraux auxquels il doit conduire, qu'autant que les administrateurs, chargés de l'exécution du sénatus-consulte, travailleront sans arrière pensée à assurer le succès de l'œuvre qui leur est confiée.

ANNALES

DE LA CONQUÊTE

1830-1857

1830

Commandement du général de Bourmont. — 14 juin, débarquement à Sidi-Ferruch. — 19 juin, bataille de Staouëli. — 24 juin, combat de Sidi-Khraleff, dans lequel un des fils du général de Bourmont est tué. — 4 juillet, prise du fort l'Empereur. — 5 juillet, reddition d'Alger; capitulation entre le général de Bourmont et le Dey d'Alger (1). — 23 juillet, reconnaissance sur Blidah. — Du 26 juillet au 18 août, première occupation de Bône par le général Danrémont.

Commandement du général Clauzel. — Nommé par décision du 12 août 1830 au commandement de l'armée d'Afrique, le général Clauzel arrive à Alger le 2 septembre. — 17 novembre, première occupation de Blidah. — 21 novembre, passage de l'Atlas et combat du

---

(1) Le trésor public trouvé dans les caves de la Casbah s'élevait à 55,684,527 francs. Les frais de l'expédition étant de 48,500,000 francs, le produit net fut de 7,184,527 francs.

col de Teniah (maréchal Clauzel). — 2 novembre, première occupation de Médéah ; installation du Dey Mustapha-ben-Omar. — 10 décembre, première occupation d'Oran par le général Danrémont. — 14 décembre, occupation de Mers-el-Kebir,

1831

4 janvier, évacuation de Médéah. — Négociations pour céder les provinces d'Oran et de Constantine au Bey de Tunis ; désapprobation du ministre des affaires étrangères et rappel du maréchal Clauzel.

Commandement du général Berthézène. — 30 juin, deuxième expédition sur Médéah ; Ben-Omar, notre Bey, revient avec la colonne expéditionnaire. — 17 juillet, combat sur l'Arrach. — 17 août, occupation définitive d'Oran par le général Boyer. — 13 au 29 septembre, occupation de Bône par le commandant Houder et le capitaine Bigot, à la tête d'une compagnie de zouaves indigènes ; massacre du détachement et de ses chefs par les indigènes. — Décembre, Sidi-Embarek, de Koléah, est nommé notre aga, avec un traitement de 70,000 francs. — 25 décembre, le général Berthézène est rappelé en France.

1832

Commandement du général duc de Rovigo. — 5 mars, expédition de Bône ; prise de la Kasba de Bône par les capitaines d'Armandy et Yusuf. — 10 avril, destruction de la tribu d'El-Ouffia, près de la Maison-Carrée. — 5 mai, combat sous Oran ; occupation de Bône par le général Monk d'Uzer. — Juillet, le Sahel est couvert de camps et de blockaus. — 2 octobre, combat de Boufarik (général Faudoas) ; reconnaissance de Koléah par le général Brossard. — 22 novembre, reconnaissance de Blidah par le général de Faudoas. — 22 novembre, Abd-el-Kader-ben-Mahi-ed-Din est proclamé émir par les Arabes dans la plaine d'Eghris.

1833.

Intérim du général Avizard (3 mars-29 avril). — Le duc de Rovigo, atteint de la maladie à laquelle il devait succomber, rentre en France.

Intérim du général Voirol (29 avril-27 juillet 1834). — 8 mai, Abd-el-Kader attaque Oran. — 3 juillet, occupation d'Arzew par le général Desmichels. — 29 juillet, occupation de Mostaganem par le général Desmichels. — 23 août, l'armée commence les routes du Sahel et de la Mitidja. — 29 septembre, prise de Bougie par le général Trezel. — 1er octobre, Abd-el-Kader battu à Aïn-Bedha, dans la plaine de Melata, par le général Desmichels. — 3 décembre, Abd-el-Kader battu à Tamzouat, chez les Smélas, par le général Desmichels.

1834.

26 février, traité signé entre le général Desmichels et Abd-el-Kader. — 18 mai, combat livré aux Hadjoutes par le général Bro.

Gouvernement général du général Drouet d'Erlon (27 juillet 1834 — 8 juillet 1835). — Septembre, reconnaissance sur Blidah — la place de Bougie est défendue pendant toute l'année par le colonel Duvivier.

1835.

Du 6 au 9 janvier, expédition chez les Hadjoutes, commandée par les généraux Rapatel et Bro. — Mars, établissement du camp d'Erlon à Boufarik. — 16 mars, établissement du camp de Maelma. — 28 mars, expédition de la Chiffa.

Intérim du général Rapatel (8 avril-8 juillet). — 23 avril, défense de Bougie par le colonel Lemercier. — 16 juin, les Douairs et les Smélas, commandés par

Mustapha-ben-Ismaïl, se rallient à nous. — 26 juin, combat livré dans la forêt de Muley-Ismaïl, sur la route de Mascara, par le général Trézel ; le colonel Oudinot y est tué.

Gouvernement général du maréchal Clauzel (8 juillet 1835-12 février 1837). — Du 28 août au 6 octobre, combats de Mostaganem. — 18 octobre, combats livrés par le maréchal Clauzel sur la Chiffa et sur l'Oued-Djer — 18 octobre, occupation de l'île de Rachgoun. — 30 octobre, le général Monk d'Uzer chez les Beni-Salah, dans la province de Constantine. — Du 7 au 29 novembre, défense de Bougie par le colonel Rochette. — 1er décembre, combats dans le Sahel. — Du 1er au 9 décembre, expédition de Mascara, commandée par le maréchal Clauzel et suivie par le duc d'Orléans ; prise de Mascara, le 5; évacuation de la ville par nos troupes, le 8, après destruction de l'artillerie et du matériel trouvés dans la place (Mascara fut repris de nouveau, le 30 mai 1841, par le général Bugeaud.)

1836

13 janvier, première occupation de Tlemcem par le maréchal Clauzel ; un bataillon de 500 hommes est organisé sous le commandement du capitaine du génie Cavaignac, pour la garde de cette place. — 23 au 25 février, reconnaissance sur le Sig, l'Habra et le Chéliff, par les généraux Perregaux et Moustafa-ben-Ismaïl. — 30 mars au 8 avril, expédition du Titeri, commandée par le maréchal Clauzel — Le maréchal Clauzel se rend à Paris pour la session de la Chambre des députés.

Intérim du général Rapatel (13 avril-29 août 1836). — Du 7 au 25 avril, expédition du général d'Arlanges dans la province d'Oran ; 25 avril, combat de la Tafna ; le général d'Arlanges bloqué dans le camp de la Tafna. — 6 mai, établissement du camp de Dréan, entre Bône et Constantine. — Juin, le camp de la Tafna débloqué par le général Bugeaud. — 6 juillet, combat de la Sikkak et ravitaillement de Tlemcem par le général Bugeaud. — 15 juillet, occupation de La Calle par le commandant Yusuf.

Rentrée du maréchal Clauzel (29 août). — Du 4 octobre au 30 novembre, ravitaillement de Tlemcem par le général de Létang. — Du 8 octobre au 24 novembre, première expédition de Constantine, commandée par le maréchal Clauzel, qui a sous ses ordres le duc de Nemours ; 8, départ de Bône ; 21, à Mansourah ; 22 au 24, deux attaques contre la ville ; 24, retraite et combat d'arrière-garde par le commandant Changarnier ; 30, retour à Bône.

1837

12 janvier. — Le maréchal Clauzel est rappelé.

Gouvernement général du général Danrémont (12 février-12 octobre 1837). — La première moitié de l'année se passe en engagements partiels dans le Sahel et la Mitidja ; dans le courant d'avril, le général Danrémont s'avance jusqu'à Blidah, reconnaît le cours de la Chiffa, Koléah et l'embouchure du Mazafran. — Etablissement d'un poste à Boudouaou. — 3 mai, camp de Nechmeya ; le colonel Bernelle. — 20 mai, ravitaillement de Tlemcem par le général Bugeaud. — 26 mai, expédition contre les Issers et les Amraouas. — 30 mai, traité de la Tafna entre le général Bugeaud et Abd-el Kader, par lequel la France ne garde que le littoral de l'Algérie. — 17 juillet, camp à Medjez-Hamar. — Du 1er au 13 octobre, deuxième expédition de Constantine, généraux Danrémont, duc de Nemours, Valée, Perregaux. — 1er octobre, départ de Medjez-Hamar ; 5, combat de Méhéris, livré par le commandant Dubern ; 6, arrivée devant Constantine ; 7, établissement des batteries ; 9, ouverture du feu ; 12, le général Danrémont est tué, le général Perregaux est blessé à mort, le général Valée prend le commandement ; 13, assaut et prise de Constantine, le colonel Combes est tué.

Intérim du général Négrier (octobre-1er décembre 1837).

Gouvernement général du maréchal Valée (1er décembre 1837-29 décembre 1840).

1838

Janvier et avril, reconnaissance de Constantine à Stora et à Msila par le général Négrier. — 26 mars, camp sous Koléah, commandant Cavaignac. — 3 mai, établissement de deux camps à l'est et à l'ouest de Blidah, sous les ordres du colonel Duvivier. — 30 septembre, camp à El-Arrouch. — 7 octobre, création de Philippeville, sur l'emplacement de Skikda, par le maréchal Valée ; 8 octobre, occupation de Stora par le général Galbois. — 12 décembre, occupation de Djemilah; et 15 décembre, occupation de Sétif par le général Galbois. — Belle défense de Djemilah.

1839

5 février, occupation de Blidah par le colonel Duvivier. — Avril, reconnaissance entre Bône et Philippeville par le général Galbois. — 13 mai, occupation de Djigelly par le commandant de Salles. — Du 16 octobre au 2 novembre, expédition des Bibans ou *Portes de fer*, au sud de la Kabylie, entre Alger et Constantine : le maréchal Valée, le duc d'Orléans et le général Galbois. — 16 octobre, départ de Constantine; Milah; Djemilah ; 21, arrivée à Sétif ; 25, départ de Sétif; 28, passage du défilé des Portes de Fer ; 2 novembre, entrée à Alger. — 19 novembre, combat de la Chiffa. — 20 et 21, massacres d'Oued-el-Halleg. — 11 décembre, combat du camp de l'Arbâ, colonel Lafontaine. — 14 décembre, combat de Blidah, géné-

ral Rulhière. — 27 décembre, reconnaissance sur Cherchell. — 31 décembre, défaite du bataillon de l'émir à Oued-el-Halleg par le maréchal Valée.

1840

Du 2 au 6 février, défense de Mazagran par le capitaine Lelièvre. — 12 mars, combat de Ten-Salmet, colonel Yusuf. — 15 mars, prise de Cherchell par le maréchal Valée. — 11 avril, expédition chez les Haractas, général Galbois. — 28 avril, combat de l'Affroun ; duc d'Orléans. — du 9 au 20 mai, expédition de Médéah ; maréchal Valée, duc d'Orléans et duc d'Aumale ; 9 mai, départ de la ferme de Mouzaïa ; 12 mai, passage du col de Mouzaïa ; 17, entrée à Médéah, où le général Duvivier est laissé avec une garnison de 2,400 zouaves, commandés par le lieutenant-colonel Cavaignac ; 20, retour du corps expéditionnaire sur Blidah ; combat du bois des Oliviers ; 21, arrivée à la ferme de Mouzaïa. — Du 7 au 15 juin 1830, expédition de Milianah, dirigée par le maréchal Valée ; le 8, occupation de la ville, où une garnison est laissée sous les ordres du lieutenant-colonel d'Hillens ; le 15, combat du col de Mouzaïa. — 2 juillet, échec d'Abd-el-Kader devant Médéah. — 5 au 10 novembre, ravitaillement de Milianah par le général Changarnier. — Décembre, expédition du général Guingret chez les Beni-Salah.

1841

Rappel du maréchal Valée, qui est remplacé par le général Bugeaud (ordonnance du 29 décembre 1840).

Intérim du général Schramm (du commencement de janvier au 22 février). — 14 janvier, combat du Sig ; général Lamoricière.

Gouvernement général du général Bugeaud (29 décembre 1840 au 11 septembre 1847). — 3 avril, ravitaillement de Médéah par le général Bugeaud. — 29 avril au 9 mai, ravitaillement de Médéah et Milianah par le général Bugeaud, le duc de Nemours, les généraux Duvivier et Changarnier. — 18 au 25 mai, expédition commandée par le général Baraguay-d'Hilliers; ravitaillement de Médéah; destruction de Boghar et de Taza; ravitaillement de Milianah. — 18 mai au 15 juillet, expédition de Takdemt et de Mascara par les généraux Bugeaud, duc de Nemours, Lamoricière et Levasseur; 25 mai, prise de Tagdemt; 30 mai, occupation de Mascara. — 29 mai, occupation de Msilah par le général Négrier;— 27 septembre au 12 octobre, ravitaillement de Milianah par le général Baraguay-d'Illiers. — 9 au 30 octobre, ravitaillement de Médéah par le général Changarnier. — 8 octobre, combat sur les bords de l'Hillil; généraux Bugeaud et Lamoricière; ravitaillement de Mascara; destruction du fort de Saïda.

1842

30 janvier, arrivée du général Bugeaud devant Tlemcem, évacué la veille par Abd-el-Kader. — 9 février, destruction de Sebdou; 15 février, occupation de Tlemcem par le général Bedeau. — 23 avril, combat de Bab-el-Thaza; général Bedeau. — Mai et juin, opérations du gouverneur général et du général Changarnier, de l'Isser à Cherchell; 6 juin, combat contre les Beni-Menasser.—17 juin, reconnaissance du général Négrier sur Tebessa. — 25 août, belle défense de Bougie par le commandant Ducourthial.—Septembre et octobre, expédition en Kabylie, dans laquelle le colonel Leblond est tué — Expédition entre le Chélif et la Mina, chez les Beni-Ourar et dans l'Ouarsenis: le gouverneur général, le duc d'Aumale, les généraux Changarnier, Lamoricière et Gentil; combats livrés par le général Changarnier sur l'Oued-Fodda dans as

gorges de l'Ouarsenis, les 19 et 20 septembre. — Novembre et décembre, nouvelle expédition dans l'Ouarsenis ; reconnaissance sur Ténès par le général Changarnier.

1843

17 février au 11 mars, expédition du général de Bar chez les Beni-Menasser. — 13 mars, le colonel de Saint-Arnaud chez les Beni-Menad. — 27 mars, fondation de Temet el Hâad par le général Changarnier. — 31 mars au 20 avril, expédition du colonel de Ladmirault entre Cherchell et Milianah. — 1er avril, au 23 mai, expédition du général Cavaignac chez les Oulad-Sidi-Cheikh de l'Ouest. — 13 au 29 avril, expédition du général Renault chez les Oulad-Sidi-Cheikh de l'Est. — 21 avril, occupation de Tiaret par le commandant Devaux ; fondation des postes de Tiaret et Ammi-Moussa. — 26 avril au 20 mai, fondation du poste d'El-Esnam, devenu plus tard Orléansville ; occupation de Ténès ; création du poste de Boghar ; expédition dans l'Ouarsenis, dirigée par les généraux Bugeaud, Gentil, Pélissier. — 14 mai, combat de Sidi-Rached ; capitaine Favas. — 16 mai, prise de la Smala d'Abd-el-Kader, à Aïn-Taguin, par le duc d'Aumale. — D'avril à décembre, la province d'Oran est particulièrement agitée par la guerre ; Abd-el-Kader fuit devant les colonnes des généraux Lamoricière, Bedeau, Gentil, Tempoure, et du colonel Géry. Le 22 mai, le général Mustafa-ben-Ismaïl est tué dans un combat chez les Cheurfas ; le 22 juin, le colonel Gery surprend et enlève le camp d'Abd-el-Kader à Medrissa-el-Arbia ; le 11 novembre, le général Tempoure surprend et enlève, près de l'Oued-Malah, le camp du khalifa Ben-Allal-ben-Embarek, qui est tué dans le combat ; Abd-el-Kader se retire dans le Maroc.

1844

Février à mars, camp de Batna; colonel Buttafocco. — 4 mars, prise de Biskra par le duc d'Aumale. — 15 mars, combat de Mehounesch ; duc d'Aumale. — 24 et 25 mars, soumission des Ngaous et des Oulad-Soltan. — 1er mai, soumission du Bellezma. — 5 au 17 mai, première expédition du maréchal Bugeaud dans la Grande-Kabylie ; 13 mai, combat de Taourga ; 17 mai, combat d'Ouarez-Eddin; prise de Dellys; soumission des Flissa et des Amraoua. — 25 mai, première occupation de Laghouat par le général Marey-Monge. — 30 mai, agression des Marocains, repoussée par le général Lamoricière. — 15 juin, combat de l'Oued-Mouila ; général Bedeau. — 6 août, bombardement de Tanger. — 14 août, bataille d'Isly ; le maréchal Bugeaud ; les généraux Lamoricière, Bedeau ; les colonels Pélissier, Morris, Yusuf, Tartas, Cavaignac du 32e, Gachot. — 15 et 16 août, bombardement de Mogador. — 17 au 28 octobre, série de combats livrés aux Flisset-el-Bahar par le général Comman.

1845

30 janvier, attaque du poste de Sidi-bel-Abbès. — Avril, apparition de Bou-Maza dans le Dahra. — 14 avril, combat du Djebel-Krenença ; colonel Saint-Arnaud. — 17 mai, expédition chez les Oulad-Sidi-Cheikh ; prise de possession des villages de Stitten et de Brizina ; colonel Géry. — 21 mai, combat de Sidi-Abbed ; colonel Saint-Arnaud. — Mai, soumission des tribus de l'Ouarsenis par le maréchal Bugeaud ; le duc de Montpensier commandait l'artillerie du corps expétionnaire. — Du 1er mai au 21 juin, expédition du général Bedeau dans l'Aurès. — 18 au 19 juin, destruction des Ouled-Riah, dans les grottes du Dahra, par le colonel Pelissier, et soumission du Dahra. —

7 septembre, soumission des Beni-Raten par le maréchal Bugeaud.

Intérim du général Lamoricière, du 4 septembre au 13 octobre, pendant un voyage en France du maréchal Bugeaud. — Abd-el-Kader reparait et soulève le territoire de Tlemcem ; une levée générale de boucliers a lieu dans la province d'Oran. — 22 septembre, combat de Sidi-Brahim ; le colonel Montagnac est tué ; le commandant Courby de Cognord est fait prisonnier. — 26 septembre, défense du marabout de Sidi-Brahim ; capitaine de Geraux. — 2 octobre, combat de Bab-el-Thaza ; général Cavaignac. — 13 octobre, combat de l'Oued-Talata ; général Lamoricière.

Rentrée du maréchal Bugeaud à Alger, le 13 octobre. — Expédition du maréchal dans l'Ouarsenis ; destruction de Goudjila. — Octobre, expédition du général Lamoricière dans le Traras. — 7-14 décembre, soumission des Hachem-Gherraba dans l'Eghris, par le général Lamoricière. — 16-30 décembre, soumission du Hodna par le général Levasseur. — 23 décembre, combat de l'Oued-Temda ; général Yusuf.

1846.

22 janvier, soumission des Flittas par le colonel Pelissier. — Combat livré à Bou-Maza par le colonel Canrobert aux environs de Ténès. — 7 février, combat de Cherg-el-Tebboul ; général Gentil ; Abd-el-Kader et Ben-Salem se réfugient en Kabylie. — 7 mars, combat de Ben-Nahr ; colonel Camou. — 13-20 mars, expédition du général Yusuf dans le Djebel-Amour. — 24 mars, défaite d'un nouveau sultan à Terni, par le général Cavaignac. — 8 avril, combat de l'Oued-Fodda ; duc d'Aumale. — 22-23 avril, expédition du colonel Canrobert dans le Dabra. — 27 avril, massacre des prisonniers détenus dans la déira de l'émir. — Avril, soumission des Ouled-Nayl par le général d'Arbou-

ville. — Mai, expédition du général Randon chez les Hanencha. — Mai, expédition du colonel Renault chez les Oulad-Sidi-Cheikh. — 10 juin, combat de Sidi-Bouchama; colonel Eynard. — 15 novembre, fondation d'Aumale.

1847

10 janvier, défaite des Oulad-Djellal et fuite de Bou-Maza; général Herbillon. — 7 février, soumission d'une partie des Nememcha; commandant de Saint-Germain. — 27 février, Ben-Salem et Bel-Kassem ou-Kassi font leur soumission à Aumale, entre les mains du maréchal Bugeaud. — 3 février au 7 mars, expédition du général Marey-Monge chez les Ouled-Naïl-Gharraba. — 13 avril, Bou-Maza se rend au colonel de Saint-Arnaud. — Avril, le général Cavaignac, à la tête d'une colonne, visite les oasis de Asla, Tiout, Aïn-Seufra, Sfissifa, Moghar-Tantania, Moghar-Foghani. — 28 avril, combat de Moghar-el-Foghani. — 13-24 mai, expédition du maréchal Bugeaud et du général Bedeau en Kabylie; 16 et 17, combats contre les Beni-Abbas; 16, 17, 18, combats contre les Gheboula et les Ourtilans; général Bedeau. — 31 mai, combat contre les Beni-Yala; général Bedeau. — 5 juin, le maréchal Bugeaud rentre en France.

Intérim du général de Bar, du 5 juin au 20 juillet. — Du 14 au 30 juin, expédition du général Bedeau de Mila à Collo; 21 et 22 juin, combats contre les Ouled-Aïoun.

Intérim du général Bedeau, du 20 juillet au 5 octobre.

Gouvernement général du duc d'Aumale, du 15 octobre 1847 au 3 mars 1848. — Nommé gouverneur général par ordonnance royale du 11 septembre, le duc d'Aumale arrive à Alger le 5 octobre. — 23 décembre, Abd-el-Kader se rend au général Lamoricière, à Sidi-Brahim.

1848

3 mars, le duc d'Aumale et le prince de Joinville quittent Alger pour se rendre en Angleterre.

Intérim du général Changarnier, du 3 au 10 mars. — 7 mars, soumission à Aumale du chérif Moulaï-Mohammed, qui avait soulevé la Kabylie, entre Bougie, Sétif et Djigelly, l'année précédente.

Gouvernement général du général Cavaignac, du 10 mars au 11 mai. — 30 avril, expédition du général Pélissier chez les Beni-Ouragh. — 1er mai, combat contre les Matmata; général Pélissier. — 9 mai, expédition du général Marey-Monge chez les Ouled-Naïl.

Gouvernement général du général Changarnier, du 11 mai au 22 juin. — 17 mai, expédition du général Marey-Monge et du général Pélissier chez les Flittas. — 5 juin, soumission d'Achmet, ex-bey de Constantine, cerné par le colonel Canrobert et le commandant de Saint-Germain.

Intérim du général Marey-Monge, du 22 juin au 20 septembre. — 6 juillet, combat contre les Mzaïas-Fouagas; général Gentil. — 14 août, combat du Zouagba; colonel Jamin. — 5 septembre, expédition chez les Beni-Senous; général de Mac-Mahon. — 9 septembre, combat contre les Kabyles de Ben-Azzedin; général Herbillon. — 22 septembre, combat contre les Beni-Achour; général de Mac-Mahon.

Gouvernement général du général Charon, du 20 septembre 1848 au mois de juin 1850. — 22 septembre, combat contre les Beni-Achour; général de Mac-Mahon.

1849

Mars. — Les Ouled-Soltan et les Beni-Hilen châtiés par le colonel Daumas. — Du 24 mars au 15 mai, expédition du général Pélissier dans les ksour de la province d'Oran. — 19 mai au 12 juin, expédition des généraux Saint-Arnaud et de Salles en Kabylie. — 24 mai, combat contre les Beni-Sliman ; général de Salles. — 18 mai au 26 juin, expédition du général Herbillon chez les Zouagha. — 19 mai au 2 juin, expédition du général Blangini chez les Guechtoula et les Oustani, en Kabylie. — 12-22 juin, expédition du général de Ladmirault chez les Ouled-Naïl-Gharaba. — 14 juillet, le colonel Carbuccia à Biskra, et le 16, devant Zaatcha. — 17 septembre, combat de Seriana ; le commandant de Saint-Germain est tué. — Du 7 octobre au 26 novembre, siége et prise de Zaatcha ; le général Herbillon, les colonels Canrobert, de Barral, de Lourmel, Petit (tué). — 27 octobre au 15 novembre, soumission de Bou-Saada ; colonel Daumas.

1850

3-15 janvier, prise de Nahra et de Branès ; les colonels Canrobert et Carbuccia. — Avril, le général de Mac-Mahon sur les frontières du Maroc. — 3 mai au 12 juin, expédition dans l'Aurès ; général Saint-Arnaud et colonel Eynard. — 14 mai au 27 juin, expédition en Kabylie, de Sétif à Bougie ; le général de Barral tué, le 21 mai, chez les Beni-Immel ; le colonel de Lourmel le remplace et bat les Beni-Meraï, le 25 juin.

Gouvernement général du général d'Hautpoul, du 22 octobre 1850 au 25 avril 1851.

1851

19 mars, apparition d'un nouveau chérif, Bou-Baghla, dans la Kabylie.

Intérim du général Pélissier, du 25 avril au 11 décembre. — 11 mai au 22 juin, expédition entre Bougie et Collo ; généraux de Saint-Arnaud et Camou. — 20 juin, combat contre les Beni-Amran ; général de Saint-

Arnaud.— 28 juin, soumission des Achachas; général de Salles.

Gouvernement général du général Randon, du 11 décembre 1851 au 25 juin 1857.

1852

Expédition du général de Mac-Mahon à l'Oued-Kebir et à l'oued-Guebli. — 21 mai, combat de Mlili, commandant Collineau. — 24 juin, expédition contre les Beni-Snassen du Maroc; général Cousin-Montauban. — Novembre, création du poste de Djelfa; général Yusuf.— 4 décembre, prise de Laghouat; généraux Pélissier, Yusuf, Bouscarin (tué).

1853

Mai, expédition en Kabylie, généraux Randon, de Mac-Mahon et Bosquet; 21 mai, combat de Tizi-Zekka. - 3 juillet, combat contre le chérif Bou-Seba, colonel de Tourville. - 23 décembre, expédition d'Ouargla. — 23 décembre, Bou-Baghla tué chez les Beni-Mellikeuch.

1854

Mai, expédition en Kabylie, généraux Randon, Yusuf et Deligny; 20 juillet, prise de Taourirt. — 29 novembre, combat de Meggarin, commandant Marmier. — 2 décembre, combat de Tuggurt, commandant Marmier. — 5 décembre, entrée du général Desvaux à Tuggurt; il visite Temacin et le Souf.

1855

11 janvier, combat de Figuig, capitaine de Colomb. — 16 novembre, combat contre les Guefaff, capitaine Chabaud. — 28 novembre, combat contre les Nememcha, commandant Bonvalet.

1856

2 juin, combat contre les Kherrata des Babors, général Maissiat. — 2 et 4 septembre, expédition en Kabylie, à Dra-el-Mizan. — 28 septembre, combat contre les Beni-bou-Addou, maréchal Randon. — 16 octobre, combat contre les Ouled-Moumen, général Périgot. — 6 novembre, combat contre les Hamyan-Chafâa, capitaine de Colomb. — 10 novembre, combat contre les Beni-Snassen, général Beaufort d'Hautpoul.

1857

Mai, juin et juillet, expédition de la grande Kabylie, maréchal Randon, généraux de Mac-Mahon, Renaul et Yusuf : 24 mai, combat contre les Beni-Raten, maréchal Randon ; 14 juin, le maréchal pose la première pierre du fort Napoléon ; 24 juin, combat d'Icheriden, général de Mac-Mahon ; 30 juin, enlèvement du village d'Aguemount-Isem, général de Mac-Mahon ; 2 juillet, combat contre les Beni-Menguillet, généraux Renault et de Mac-Mahon ; 11 juillet, combat contre les Beni-Touragh, généraux de Mac-Mahon et Yusuf.

OPÉRATIONS MILITAIRES

DE 1857 A 1863.

1858-1859

Troubles dans l'Aurès. — Août 1858, le marabout Si-Saddok-bel-Hadj, de l'Ahmar Khaddou, prêche la guerre sainte dans l'Aurès.

Troubles dans l'Oued-el-Kebir. — Insurrection dans les montagnes comprises entre Djijelly, Collo, El-Miliah. — Expédition dirigée par le général Gastu. — Occupation d'El-Miliah. — Soumission de toutes les tribus de la Kabylie orientale (30 novembre).

Expédition dans l'Aurès, sous les ordres du général Desvaux. — 23 décembre, réunion à Chetma. — 10 janvier, départ de Chetma. — 13, enlèvement des mamelons de Tounegaline. — 14, prise du village d'El-Ksar, zaouia de Sidi-Saddok. — 15, prise de Guelâa-Djedida et des magasins de Sidi-Saddok. — Sidi-Saddok est livré avec toute sa famille par les indigènes eux-mêmes.

Deuxième semestre de 1859.

Campagne dans le Maroc contre les Beni-Snassen. — Août 1859, incursions des Angades et des Maïa, tribus marocaines. — Soulèvement des Beni-Snassen excités par le marabout Mohammed-ben-Abdallah. — Combat de Zouia. — Attaque de Sidi-Zaher par Mohammed-ben-Abdallah. — Insurrection générale sur toute la frontière du Maroc, de Gar-Rouban aux mines de Maziz.

Expédition du général de Martimprey, commandant supérieur des forces de terre et de mer. — 21 octobre, le général quitte le camp du Kyss. — 22, arrivée à Sidi-Mohammed ou Berkan. — Le choléra se déclare dans les rangs de l'armée et frappe en cinq jours trois mille hommes, le cinquième de l'effectif du corps expéditionnaire. — 27, les généraux Estherazy et Deligny enlèvent le col d'Aïn-Tafforalt; le général Yusuf, les villages redoutables des Tagma. — Soumission des Beni-Snassen. — 5 novembre, combat contre les Maïa et les Angades. — Le marabout Sidi-Hamza-Muley-Teguefait et les chefs des Beni-Yala, des Angades et des Maïa se rendent à discrétion et livrent des otages.

3 novembre. — Dans le sud, le commandant de Colomb, du cercle de Géryville, surprend les Beni-Guil, châtie les Ouled-Brahim, Ouled-ali-ben-el-Haïssin, Ouled-Ramdan et Ouled-Mouloud.

1860

Troubles dans le Hodna en mars 1860; prompte répression par le général Desmarest, commandant la subdivision de Sétif, et le colonel Pein, commandant la subdivision de Bathna.

Mai. — 2 août 1860, expédition du général Desvaux, commandant la division de Constantine, dans la Kabylie orientale, où plusieurs fractions de tribus avaient, en 1859, refusé le paiement de l'impôt. — Soumission des Beni-Mimoun, des Beni-Yahia, des Beni-Ameur, des Beni-Ftah, des Beni-Rizelli, des Beni-Toufout, et enfin des Arb-Tesquif, de la tribu des Oulad-Aïdoun.

1861

TROUBLES DANS LE SUD. — Le chérif Mohammed-ben-Abdallah, le vaincu de Laghouat (1852), successivement chassé de Ouargla (1852), puis battu à Megarin (1854), avait fui en Tunisie, où il vécut ignoré jusqu'en 1858. A cette époque il passa dans le Touat, y rassembla un millier d'hommes, Touaregs, Chambas et Touatis; et, dans les premiers jours de septembre 1861, pénétrant dans le Sahara, il attaqua Ouargla et les ksour environnants, pilla les caravanes et s'avança jusqu'à Laghouat. Poursuivi par Cheik Ali, caïd de Laghouat, il se retira sur Ouargla. Si-Lala et Si-Bou-Beker, ce dernier fils du khalifa Si-Hamza, accourus à la tête des goums du sud de la province d'Oran pour appuyer Cheikh-Ali, s'élancèrent sur les traces du chérif, et Si-Bou-Beker l'ayant atteint sur les rochers des Orega, la grande zone des dunes de sable, le battit et le fit prisonnier.

1862 et 1863

On n'a eu à signaler, pendant les années 1862 et 1863, aucun mouvement insurrectionnel, aucune opération militaire.

INSURRECTION D'AVRIL

1864.

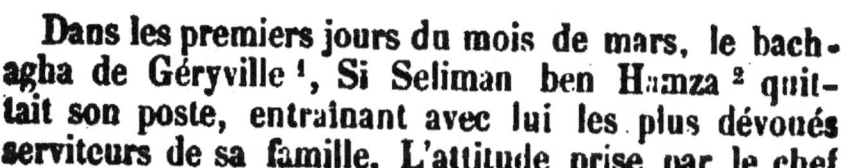

Dans les premiers jours du mois de mars, le bach-agha de Géryville [1], Si Seliman ben Hamza [2] quittait son poste, entraînant avec lui les plus dévoués serviteurs de sa famille. L'attitude prise par le chef

---

(1) *Géryville*, chef-lieu d'un cercle dépendant de la subdivision de Mascara, est située à 346 kil. d'Oran, sur la route d'Oran aux Oulad-Sidi-Cheikh, près de la rencontre du 34° de latitude N. avec le 1° de longitude à l'O. du méridien de Paris. C'est une redoute renfermant une caserne, un pavillon d'officiers, des magasins et un hôpital. Près de la redoute sont la maison de commandement du khalifa des Oulad-Sidi-Cheikh et une douzaine de maisons occupées par quelques Français, Juifs et Mzabis, qui se livrent exclusivement au commerce. Géryville a pris son nom du colonel Géry qui, le premier, parut dans le pays à la tête de nos colonnes, en 1845, prit les villages de Stitten et Brizina et força Abd-el-Kader à rentrer dans le Maroc.

(2) La famille des Hamza descend d'un saint très-illustre, et jouit d'une sorte de papauté héréditaire dont l'action s'étend

HISTOIRE

des Oulad-Sidi-Cheikh [1] était d'autant plus inquiétante qu'elle coïncidait avec des tentatives que Sidi Cheikh ben Taieb, émigré depuis quinze ans au Maroc,

depuis la Tunisie jusque dans le Maroc. Les tribus soumises à son influence forment ce qu'on appelle *la rose des Oulad-Sidi-Cheikh*.

Le père de Sliman, Si-Hamza, notre khalifa dans le sud de la province d'Oran, s'empara d'Ouargla à notre profit, en 1853. Appelé à Alger en 1860, pour répondre aux accusations portées contre lui et son frère Sid-Zoubir, devenu agha d'Ouargla, par une réunion de brouillons mécontents, Si-Hamza mourut subitement aux bains maures, le lendemain de son arrivée à Alger.

Si Bou-Beker, son fils, lui succéda comme héritier de sa puissance religieuse et fut nommé bach-agha de Géryville. C'est lui qui fit prisonnier les armes à la main, après l'avoir bloqué pendant deux jours sur une dune de sable, le chérif Mohammed-ben-Abdallah (1861). Agé de 25 ans seulement, officier de la Légion d'honneur pour son beau fait d'armes de la prise du chérif. Si Bou-Beker était appelé par sa position, sa bravoure chevaleresque et son amour des voyages, à se faire un nom européen. Façonné à nos usages et à nos habitudes, il connaissait l'importance que nous attachions à des relations avec l'intérieur de l'Afrique, et il rêvait d'ouvrir un jour, au moyen de son influence religieuse et de son sabre, la route du Soudan par Insala. Quelques jours de fièvre suffirent pour anéantir tous ces projets, en nous enlevant un des hommes les plus brillants de l'aristocratie indigène et des plus dévoués à nos vues humanitaires et commerciales.

Seliman fut nommé à sa place bach-agha de Géryville.

(1) *Les Oulad-sidi Cheikh*, tribut de marabouts très-vénérés, descendent en ligne directe du prophète. A 406 kil. d'Oran par Géryville, au bord du Désert, dans une plaine qui peut avoir dix lieues de long sur une largeur moindre, s'élève la Koubba (chapelle) de Sidi-Chikh, le grand saint du pays, qui vivait au XVIIe siècle et descendait de Si-Mameur. Ce dernier, riche tunisien, descendant lui-même de l'oncle du Prophète, était venu s'établir il y a trois siècles et demi (1400-1410) dans la vallée où s'élève aujourd'hui la Koubba. Cette koubba est la terre sacrée du Sahara, le but de pélerinages infinis. Autour d'elle sont groupés, sur de petites buttes, les six *ksour* (villages) des Oulad-sidi-Cheikh, qui ont tous ensemble une

faisait pour pousser à l'insurrection les nomades du cercle de Sebdou [1].

Rallié par ses deux oncles, Si-Lala et Si-Zoubir, le jeune marabout Si-Seliman ne tarda pas à entraîner dans sa défection la majeure partie des Oulad-Sidi-Cheikh.

Cependant des dispositions avaient été prises pour comprimer le mouvement, ou du moins pour l'empêcher de se propager dans l'Est. Le commandant supérieur de Sebdou s'était porté à El-Aricha [2] avec des forces suffisantes pour en imposer aux coureurs marocains. A l'Ouest, le colonel Beauprêtre, commandant supérieur du cercle de Tiaret [3] avait reçu l'ordre de se diriger sur le Djebel-Amour [4] avec 100 hommes d'infanterie, un escadron de spahis et des goums ; le

---

population de 2,000 âmes. L'autorité morale et traditionnelle des Oulad-sidi-Cheik s'étend sur les différents ksours du Sahara algérien de l'O qui constituent quatre groupes distincts : les ksours du Djebel-Amour, les ksours des Oulad-sidi-Cheik, les ksours des Harrars et des Larouât du Ksal, les ksours des Hamian. Ces groupes subissent à un tel degré l'influence des Ouled-sidi Cheik, qu'ils sont communément regardés comme en faisant partie.

(1) *Sebdou*, poste militaire, à 165 kil. d'Oran par Tlemcen, et à 50 kil. des frontières du Maroc.

(2) *El-Aricha*, village à 214 kil. d'Oran, à l'entrée du *Goor*, vastes plaines dont la végétation est réduite à quelques espèces de plantes seulement.

(3) *Tiaret* (la Station), à 226 kil. d'Oran, par Mostaganem, et à 205 kil. de la même ville par la route de Mascara ; poste militaire fondé le 21 avril 1843, sur les limites du Tell et des hauts plateaux, a une population de 700 âmes environ, dont 274 européens.

(4) *Le Djebel-Amour*, groupe de montagnes, sur les limites des deux provinces d'Alger et d'Oran, se rattache par des chaînes de moindre relief, mais d'une altitude cependant considérable, au Djebel-Aurès de la province de Constantine, et projette des ramifications vers le Maroc, à travers le bassin des Ouled-Sidi-Cheikh.

poste de Géryville avait été renforcé et approvisionné.

Le 7 avril, le colonel Beauprêtre était campé avec sa colonne à Aïn-bou-Beker, à cinq lieues à l'est de Géryville. Le 8, à quatre heures du matin, son camp fut attaqué par des bandes nombreuses de cavaliers et de fantassins, à la tête desquels était Si-Seliman. Les Oulad-Sidi-Cheikh avaient avec eux les contingents du Djebel-Amour, les Trafis, les Châmbas, les Harrars; les fantassins de Stitten et de quelques autres ksours, enfin, les tribus de la Iagoubia et les Hamyan. Surpris par les insurgés, abandonné par le goum des Harrars; le colonel Beauprêtre succomba avec sa troupe et un grand nombre d'indigènes, Oulad-Khrelif et autres,

Quelques jours avant, le 17 mars, dans la province de Constantine, un millier de Kabyles, conduits par un mokhaddem de l'ordre de Mouley-Abderrahman, s'étaient jetés sur le bordj de Zeraïa, résidence du caïd du Zouagha. Leur but était d'assassiner ce chef indigène, de compromettre ainsi les populations et de les entraîner dans une insurrection, en leur promettant l'appui d'une armée tunisienne, dont ils annonçaient l'arrivée très prochaine.

Le refus de concours des tribus du cercle de Djigelli et de l'annexe d'El-Miliah, la vigueur et l'énergie des caïds, qui prirent des mesures pour empêcher la violation de leur territoire, jetèrent le découragement et la désorganisation chez les insurgés. Ceux-ci se dispersèrent bientôt, et le mokhadem Mohamed fut arrêté. D'après ses révélations, on procéda aussi immédiatement à l'arrestation de divers marabouts qui cherchaient à organiser le soulèvement des tribus de la Kabylie orientale. Des mesures furent prises pour que toute tentative de révolte pût être promptement et vigoureusement réprimée.

A la même époque, des troubles graves éclataient dans la Régence de Tunis, à l'ouest de la Syrie, dans le pays d'Assyr et au nord de l'Yémen ; des mouvements de mauvais augure se produisaient aux Indes et dans l'Affghanistan ; une surprise avait lieu au Sénégal ; les tribus algériennes étaient émues sur un grand nombre de points.

Le hasard seul ne produit pas de semblables coïncidences. La simultanéité de ces mouvements accuse une corrélation évidente entre eux, et révèle l'action constante des *kouans*, associations semi-politiques, semi-religieuses, sortes de sociétés secrètes, dont les ramifications, très difficiles à surveiller, s'étendent au loin dans les tribus, et dont la source remonte trop haut pour pouvoir être atteinte par nous. Il est certain que la *guerre sainte*, que le fanatisme religieux voulait rallumer en Algérie, n'était pas seulement un accident local restreint à une de nos provinces, mais bien le résultat d'une entente entre les diverses populations musulmanes. C'est à la Mecque et pendant le cours de l'automne dernier que l'insurrection fut ourdie, alors que les affaires d'Europe semblaient grosses d'une guerre générale, dont l'échéance était fixée au printemps de cette année.

Un mouvement régulier et incessant amène de toutes les parties du monde musulman, dans cette cité célèbre de la Mecque, les flots de population du Sénégal, du Maroc, de l'Algérie, de la Tunisie, de l'Asie-Mineure et des Indes. Ces races diverses d'origine, mais unies par le lien religieux, y viennent retremper leur foi dans les exercices d'un sévère ascétisme, c'est-à-dire y puiser de nouveau la haine des croyances et des dominations étrangères, et y subir l'influence des intelligences les plus puissantes et des volontés les plus énergiques de l'Islam. Ce n'est un secret pour personne, en Orient, que la réunion permanente à la Mecque des hommes à la fois les plus savants et les plus fanatiques des pays musulmans. Ils y forment une sorte de gouvernement spirituel, dont les conseils et les inspirations sont rapportées par les pèlerins au lieu de leur départ et deviennent le sujet habituel de leurs entretiens sous la tente. C'est à la Mecque qu'est le cœur de l'islamisme ; c'est là que s'ourdissent les grands projets et que sont choisis les principaux agents des séditions préparées de longue main.

D'un autre côté, on ne saurait se dissimuler, comme l'a constaté le *Moniteur universel*, que « depuis 1858 tous les chefs musulmans militaires ou religieux ont dû se trouver plus d'une fois profondément blessés par les attaques incessantes dont ils ont été l'objet. » Effrayés moins peut-être par les attaques elles-mêmes que par les tendances qu'elles signalaient, ils se sont demandé sans doute si ces attaques n'étaient pas le prélude d'un plan général ayant pour but de les exclure systématiquement d'un sol qu'ils cultivent depuis des siècles, de père en fils, et pour la défense duquel, mêlés à nos soldats, ils n'ont point été avares de leur sang. Les questions brûlantes de refoulement, de partage de propriétés ont été agitées au grand jour en Algérie ; doit-on s'étonner que les échos nous rendent des accents de colère et de haine ? Peut-on supposer que les chefs indigènes aient entendu avec plaisir les insultes qui leur ont été prodiguées, et qu'on ait encouragé leur dévouement en les accusant sans cesse de vol, de pillage, de trahison ? N'est-il pas naturel que les populations indigènes, sans cesse menacées dans leurs propriétés, aient été en proie à une inquiétude profonde jusqu'au moment où la lettre de l'Empereur est venue les rassurer ? Les colères mal dissimulées qui ont accueilli cette mémorable lettre n'ont-elles pas dû, en mettant mieux en lumière certaines convoitises non satisfaites, éveiller la défiance des populations indigènes et les disposer à céder aux excitations des marabouts, agens de l'insurrection ?

Enfin, il faut reconnaître que depuis quelques années on a eu le grave tort d'amoindrir les moyens de prompte et efficace répression, et d'oublier que notre surveillance doit être incessante. Autrefois des colonnes pacifiques avaient l'habitude de parcourir les tribus, d'y frapper les yeux et les esprits par le déploiement de notre force et de notre discipline. Pour céder à je ne sais quelles insinuations, pour ne point laisser supposer peut-être que l'armée était encore nécessaire à la sécurité de la colonie, on a renoncé à ces marches si favorables aux soldats, dont elles entretenaient la santé et la mobilité; aux officiers, dont elles complétaient l'instruction pratique et la connaissance du pays; si utiles enfin à notre politique, parce qu'elles nous montraient vigilants et armés.

C'est sous l'influence de ces causes diverses qu'éclata l'insurrection, dont le massacre d'Aïn-bou-Beker fut le premier acte.

Le choix du territoire des Oulad-Sidi-Cheikh, comme point de départ de l'insurrection, était des plus habiles. Le chef religieux le plus important des Oulad-Sidi-Cheikh habitait, en effet, avec un groupe nombreux de dissidents, le Sud marocain, près de notre frontière, et il pouvait offrir là, au besoin, un lieu de refuge au reste de sa tribu. Son influence était grande, et après la mort de Si-Hamza et de Bou-Beker, elle s'était étendue à la famille même de ces chefs et à Si-Seliman, qui leur avait succédé. Nul terrain n'était donc mieux préparé pour une rébellion, dont la retraite semblait assurée, et qui, d'ailleurs, avait le temps de grandir et de se développer avant d'être atteinte par nos colonnes.

Les chefs réels du mouvement ont donné une autre preuve de prévoyance. Au prix de sacrifices certainement considérables, ils ont su réunir des ressources assez grandes en vivres, armes et munitions, tant dans le Djebel-Amour que dans des lieux plus éloignés, Ouargla [1], Brezina [2], Metlili [3]. Ce n'est évidemment que grâce à ces ressources que des populations agglomérées ont pu vivre sur des plateaux dénudés, et que les combattants ont pu venir en grand nombre se présenter devant nos troupes. Rien ne peut démontrer d'une manière plus certaine que l'insurrection avait été préparée avec beaucoup de soin et de longue main.

Peu de jours après le massacre d'Aïn-Bou-Beker, la forte tribu des Oulad-Chaïb, du cercle de Boghar [4], qui se trouvait alors aux environs de Ta-

---

(1) *Ouargla*, à 800 kil. d'Alger, par le 31° degré de latitude Nord et le 2° de longitude Est, est située dans un immense fond de dattiers (150,000 environ), qui, par des effets de mirage fréquents dans le désert, semblent se balancer au-dessus d'une belle nappe d'eau, resplendissante de lumière; effets produits par des flaques d'eau salée, un chott et le sol couvert d'un sel aussi blanc que la neige, et que les femmes des Chaamba-ben-Rouba portent au marché. Les habitants de Ouargla ont la couleur et les traits de la race nègre; ils sont au nombre de 7,000, répartis dans 700 à 800 maisons.

La ville d'Ouargla est la porte du désert, par laquelle les voyageurs qui viennent du Zab doivent passer, quand ils veulent se rendre dans le Soudan avec leurs marchandises.

(2) *Brézina*, à 506 kil. d'Oran, à l'extrémité d'une oasis, dont les 12 à 15,000 dattiers ombragent de nombreux jardins séparés par de petits murs de clôture en pisé, et plantés d'arbres fruitiers de toute espèce. C'est le point d'arrivée et de départ des caravanes qui vont dans les oasis des Beni-Mzab.

(3) *Metlili*, à 656 kil. d'Alger et 200 kil. de Laghouat, sur la route que suivent les caravanes, est peuplée de 1,600 habitants. Les palmiers de cette oasis, qui sont au nombre de 30,000 environ, produisent la *deglet-en-noura*, la datte la plus estimée du Sahara.

(4) *Boghar* (La Grotte), à 140 kil. d'Alger, dans la subdivision de Médéah, a une population de 400 habitants. Ce poste est à l'entrée de la vallée par laquelle le Chéliff pénètre dans les terres cultivées, et qui est une des voies de communication les plus fréquentées par les tribus du Sahara, lorsqu'elles viennent dans le Tell.

guin¹, fit défection et repoussa de ce dernier poste où un ordre inexécuté l'avait compromis, un escadron de spahis. Un peloton de cet escadron, attaqué dans des circonstances analogues à celles dans lesquelles avait été massacré le détachement du colonel Beauprêtre, perdit les deux tiers de son effectif. Tous les petits détachements qui se trouvaient dans les mêmes contrées furent surpris et assaillis par de nombreux ennemis. Quelques-uns parvinrent, après des efforts surhumains, à se dégager. C'est ainsi que des cavaliers attachés à la station d'étalons d'Aïn-Ousseugh (cercle de Tiaret), se voyant entourés par les Harrars, se réfugièrent dans une kouba (petite chapelle), y percèrent des créneaux, et soutinrent le siége jusqu'au moment où les Beni-Median vinrent les délivrer. Sur un autre point, 40 hommes environ du bataillon d'infanterie légère d'Afrique, occupés, sous la conduite du sous-lieutenant Marsot, au forage d'Aïn-Guettouta, s'ouvrirent, à coups de fusil, un passage à travers les tribus révoltées, et rentrèrent à Tiaret, n'ayant perdu que trois hommes, après une marche de 40 lieues en 36 heures, sans un instant de repos, sans vivres, et exposés aux attaques incessantes de l'ennemi.

Dès que le général Deligny, commandant la province d'Oran, reçut la nouvelle des troubles qui venaient d'éclater dans le sud de sa division, il partit aussitôt d'Oran avec la plus grande quantité de troupes qu'il put réunir sous sa main, et, donnant ordre à tous les commandants des Cercles d'avoir soin de se tenir en communication avec lui, il marcha en toute hâte sur le foyer de l'insurrection pour refouler devant lui les tribus rebelles, qui déjà avaient gagné les hauts plateaux. Une colonne, sous les ordres du général Marti-

---

(1) *Taguin*, où le duc d'Aumale s'empara de la smala d'Abd-el-Kader, le 14 mai 1843, est à environ 290 kil. d'Alger.

neau, poussa droit sur Géryville, à l'encontre des principaux contingents des insurgés, réunis entre ce point et Saïda [1]. A cette hauteur, les [deux colonnes devaient faire leur jonction et enlever ainsi à l'insurrection, par ce mouvement simultané, toute possibilité de développement de ce côté.

Le général Yusuf, commandant la province d'Alger, était, de son côté, parti d'Alger, ralliant à lui les troupes de Médéah et de Milianah ; il se dirigea vers Laghouat [2] pour se mettre par sa droite en communication avec le général Deligny et tenir en échec l'aghalik du Djebel-Amour, pendant que le général Liébert gagnait Taguin.

La province de Constantine, d'abord fortement émue après l'attaque du bordj de Zeraïa, reprit bientôt une apparence plus calme, à la suite de quelques mesures vigoureuses du général Desvaux. Des arrestations importantes dans le Tell et l'envoi rapide à Tuggurt d'une colonne, sous les ordres du colonel Seroka, rassurèrent nos partisans. Les Zibans, célèbres par la résistance de Zaâtcha, en 1849, ne bougèrent pas ; et, grâce aux habiles dispositions prises par le général Desvaux, qui observait lui-même notre frontière, l'insurrection tunisienne, tout en réclamant notre sérieuse attention, ne se traduisit point, comme cela était à craindre, par des incursions armées sur notre territoire.

Le général Martineau-Deschenez, après avoir dépassé Saïda, rencontra les insurgés, le 26 avril, à Aïn-Legta, près de Khreneg-Azir. [3] Ceux-ci essayèrent de défen-

---

(1) *Saïda*, poste militaire et centre de population européenne, à 176 kil. d'Oran, par Mascara.

(2) *Laghouat*, ville de 4,000 âmes, à 456 kil. d'Alger, au milieu d'une oasis remarquable par la richesse de sa végétation. On y compte à peu près 25,000 palmiers.

(3) *Khreneg-Azir* (la gorge des Romains), à 287 kil. d'Oran

dre le passage, mais ils furent mis en déroute, après un engagement, dont la cavalerie, par plusieurs charges heureuses, décida le succès. Le lendemain, le général était à Géryville, et, le 4 mai, il allait rejoindre le général Deligny à Guétifa à la pointe est du Chott-Chergui [1]; de là il se dirigea sur Tiaret, en passant par Frenda [2], tandis que le général Deligny se portait en avant, vers Khreneg-es-Souk [3]. Le 12 mai, le général Deligny quittait Khreneg-es-Souk, après avoir assuré la défense de ce point, et campait, le soir, à la koubba de Sidi-Nasseur [4].

Le 15, après avoir fait une grande halte à Aïn-Kerchab, il s'était remis en route, serrant son convoi et marchant avec la plus grande prudence, lorsqu'un tumulte de cris et de détonations d'armes à feu se firent entendre sur les hauteurs en avant de Sidi-Nasseur, au point nommé Chabet-el-Ahmar. Les troupes prirent aussitôt leur position de combat. A droite et à gauche, 4,000 cavaliers, sous les ordres du marabout

---

et 29 kil. de Géryville, sur la rive gauche d'une petite rivière, l'Oued-el-Abiod, dont le bassin se trouve subitement étranglé en cet endroit par des collines d'un côté, et de l'autre, par une montagne aux flancs rocheux et abruptes.

(1) On appelle *chott*, en arabe, des terres que les eaux pluviales couvrent pendant l'hiver et qui restent à sec tout l'été, n'offrant çà et là que quelques marécages. Le *chott Chergui*, ou chott de l'Est a une longueur de 140 kil. sur une largeur variable de 10 à 20. Sa surface est composée d'un mélange de sable et de détritus visqueux.

(2) *Frenda*, poste militaire à 272 kil. d'Oran par Tiaret et Mostaganem.

(3) *Khreneg-es-Souk* (le défilé du marché), à 362 kil. d'Oran, par Tiaret et Frenda, et à 58 kil. de Géryville.

(4) La *Kouba de Sidi-Naceur*, autour de laquelle sont groupés les Oulad-Sidi-Naceur, familles de marabouts qui comptent 300 tentes, est à 14 kil. de Khreneh-es-Souk et à 44 kil. de Géryville. L'Oued-Sidi-Naceur est un torrent souvent à sec qui se jette dans le Chott-el-Chergui.

Si-Mohammed-ben-Hamza, cherchaient à nous déborder, appuyés par un millier de fantassins environ.

Nous avions devant nous tous les contingents du Djebel-Amour, les Oulad-Yacoub, les Oulad-Chaïb, les Laghouat du Ksel, les Trafis, les Harars, etc., etc. Furieusement attaqué, d'abord, de tous côtés, le général Deligny fit prendre l'offensive sur toutes les faces, et les insurgés, perdant tout espoir de succès, prirent la fuite, en laissant sur le terrain plus de 200 morts, des chevaux, des armes et un drapeau.

Les Arabes se retirèrent sur Stitten,[1] où ils devaient, disait-on, se défendre à outrance, le marabout Mohammed-ben-Hamza ayant juré sur les cendres de son père qu'il ne laisserait pas avancer la colonne française. Le général Deligny connût cette résolution par des Harars qui, dans la soirée, avaient demandé à entrer en pourparlers de soumission.

Quoique le général ait, en quittant Khreneg-es-Souk, réduit son convoi au strict nécessaire, ce convoi l'embarrassait et rendait difficile une offensive sérieuse;

---

(1) *Stitten*, à 433 kil. d'Oran par Tiaret, et à 14 kil. de Géryville, village situé dans l'enfoncement formé par l'un des débouchés de *Teniet-Guetarnia* sur *l'Oued-Stitten*, affluent de l'Oued-Sidi-Naceur. Il est entouré d'une muraille, en pierres sèches, haute de 2 m. 50 sur 30 à 40 c. d'épaisseur et flanquée de quatre tours informes. Au S. règne un fossé, à l'E. et au N. un escarpement, et à l'O., du côté de la montagne, quelques constructions en forme de Kasba, qui semblent placées là pour protéger le *ksar* (village). Stitten contient environ 200 masures, mises en communication par des ruelles tortueuses. Les habitants se livrent à la fabrication du goudron et tissent des étoffes de laine. Les jardins sont ensemencés d'orge et plantés de nombreux arbres fruitiers et de vignes. Stitten est la station du Sahara la plus rapprochée, en droite ligne, en venant du Tell : elle est intermédiaire au Djebel-Amour, aux Makna, aux Ouled-Sidi-Naçeur, aux Hamian-Cheraga et aux Harrars, dont le territoire s'étend jusqu'à son voisinage.

mais, d'autre part, l'ennemi nous ayant supposé l'intention d'aller à Stitten, nous perdions tous les fruits du succès de la veille, si nous refusions le combat, en allant à Géryville y déposer nos blessés et notre convoi, sauf à revenir ensuite à Stitten.

Le général Deligny résolut de marcher immédiatement sur Stitten, et, par une habile manœuvre, tourna la difficulté. Il feignit d'abord de prendre la route de Géryville; puis, après deux heures de marche, tournant rapidement à gauche, il enleva avec un bataillon de tirailleurs les crêtes qui couronnent les défilés des Maghraoua, et engagea ensuite toute sa colonne dans ces défilés, qui dominent immédiatement Stitten à l'ouest et ouvrent un accès facile sur la ville. Les insurgés, très nombreux sur ses derrières, rejoignirent son arrière-garde; mais, vigoureusement reçus, ils renoncèrent tout d'un coup au combat. Quand le général arriva sur le sommet du Ksel [1], il les vit qui fuyaient dans toutes les directions; quelques fantassins seulement occupaient la ville lorsque nos soldats y entrèrent.

De Stitten, le général Deligny envoya à Aïn-bou-Beker le colonel de Montfort, avec des députations de tous les corps de sa colonne, rendre les derniers devoirs aux restes des victimes du 8 avril.

Le surlendemain 16, au moment où la colonne, quittant Stitten, s'engageait dans le défilé des Ouled-

---

(1) Le *Ksel* est un groupe de hauteurs du massif saharien qui se joint à l'Est au Djebel-Amour. On le dirait composé de longues murailles parallèles, courant invariablement vers le Sud-Ouest avec l'inflexibilité d'une ligne droite, rocheuses, nues, abruptes, tantôt jaunes, tantôt rougeâtres, laissant entre elles des vallées qui ressemblent à de longs défilés.

Pour comprendre la difficulté des opérations dirigées par le général Deligny, il faut remarquer que la résistance s'était concentrée dans les plis rocheux d'un pâté montagneux qui s'étend parallèlement au Ksel, sur une profondeur de quinze lieues, formant la véritable limite du Sahara.

Aza, un goum d'un millier de chevaux, Harars et Trafis, menaça son flanc gauche. Le général Deligny lança contre eux ses quatre escadrons de chasseurs, précédés d'un escadron de spahis, pendant qu'une compagnie de zouaves se portait au pas de course vers l'extrémité Est de la colline qu'occupait le goum. Abordés trois fois avec une extrême vigueur, les insurgés perdirent successivement trois positions étagées, puis furent poursuivis pendant environ six kilomètres.

La déroute complète des insurgés sur les lieux mêmes où s'étaient réunis les plus forts contingents et les tribus les plus fanatisées, l'occupation de Stitten et le brillant combat de cavalerie des Ouled-Aza produisirent une grande impression, d'autant plus que le général Yusuf, près d'atteindre Laghouat, tenait en échec les Ouled-Nayl et menaçait les habitants du Djebel-Amour, s'ils se hasardaient à quitter leurs montagnes. Aussi on vit reparaître à Guementa et à Aïn-Madhi les tribus qui s'étaient éloignées pour se joindre aux insurgés.

Pendant que ces évènements se passaient dans le sud de la province d'Oran, le Tell était entamé par l'insurrection. La majeure partie des Flittas, de la subdivision de Mostaganem [1], faisait défection et des marabouts excitaient sourdement à la révolte les tribus voisines. Alliés des Oulad-Sidi-Cheikh, les Flittas avaient été, dès le début de l'insurrection, travaillés par de nombreux émissaires du Sud et avaient fini par se laisser entraîner dans le mouvement.

Cette alliance des Oulad-Sidi-Cheikh avec les Flittas et les Harars remonte à une époque très-reculée. Bien qu'ils aient été, pour ainsi dire, complètement in-

---

[1] *Mostaganem*, chef-lieu d'une subdivision et d'une sous-préfecture, ville de 8,600 habitants, à 86 kil. d'Oran, sur le littoral, au fond d'un golfe.

dépendants pendant des siècles et que leurs *ksours* (villages) n'aient jamais subi l'influence des dominateurs de la côte, les Oulad-Sidi-Cheikh n'en entraient pas moins dans le système, si intéressant à étudier et si peu connu, des alliances des tribus des Hauts plateaux et du Tell. Avant notre domination en Algérie et par une bizarre ressemblance avec ce qui s'est passé au moyen-âge en Italie, les tribus arabes aussi bien que les Kabyles formaient des ligues basées tantôt sur des conditions de culture et de défense, tantôt sur d'autres affinités dont on retrouve la trace dans les récits des indigènes. C'est dans ces conditions que se nouèrent les liens étroits qui unissent les Flittas aux Oulad-Sidi-Cheikh.

Ainsi s'explique le retentissement que le mouvement séditieux, organisé dans le Sud, a eu autour de Tiaret et dans la plaine de la Mina, jusqu'à Zamora [1] et à Relizane [2], un de nos plus importants centres de colonisation.

Dès les premiers jours de mai, une certaine inquiétude s'était manifestée chez les Flittas, mais elle ne s'était encore traduite par aucun acte hostile, quand

---

(1) *Zamora*, village récemment fondé au pied de montagnes couvertes de forêts de sumac, à 163 kil. d'Oran, par Mostaganem. Sur l'une de ces montagnes, on a élevé une kouba en l'honneur du général Moustapha-ben-Ismaïl, le chef des douair et des zméla, notre allié fidèle depuis 1835, tué à 80 ans, non loin de Zamora, en voulant ramener ses cavaliers saisis d'une incroyable panique.

(2) *Relizane*, à 54 kil. de Mostaganem. On y compte aujourd'hui cent cinquante maisons habitées par 600 colons environ. Assise sur un petit mamelon dominant l'une des plus belles plaines de l'Algérie, et située au centre, pour ainsi dire, des belliqueuses tribus des cercles d'Orléansville, Mascara, Ammi-Moussa et Tiaret, cette petite ville est des plus importantes au point de vue de la colonisation. Cette dernière s'est considérablement développée, surtout depuis l'année dernière, par la culture du coton qui y réussit à merveille.

tout-à-coup, le 13, le colonel Lapasset, commandant la subdivision de Mostaganem, qui revenait de conduire un convoi à Tiaret, fut attaqué à son bivouac de Sidi-Mohammed-ben-Aouda par un parti de 4 à 500 cavaliers et 1,500 à 2,000 fantassins. L'action engagée le matin, au point du jour, dura jusqu'à une heure de l'après-midi.

A la suite de cette affaire, les insurgés se portèrent sur Zamorah, dont ils saccagèrent les maisons et brûlèrent les récoltes ; mais leurs attaques successives contre la redoute qui domine le village furent infructueuses, et ils ne purent empêcher le colonel Lapasset, qui était rentré le 14 à Relizane, de ravitailler la place dans la nuit du 15 au 16.

Si-Lazereg, le chef du mouvement, se vengea de cet échec en allant attaquer, dans la matinée du 21 mai, le caravansérail de Rahouia [1], qu'occupaient alors huit cavaliers de la remonte et une vingtaine d'indigènes. Cavaliers et indigènes se défendirent héroïquement pendant près de douze heures, et ce ne fut qu'en incendiant une meule de foin placée près du caravansérail, et dont la fumée étouffa les assiégés, que les insurgés triomphèrent de leur résistance, après avoir eu dans cette attaque 45 tués et 60 blessés. Des vingt-huit défenseurs du caravansérail, un seul put s'échapper.

Chaque jour l'insurrection gagnait du terrain. Le marabout Si-Lazereg, voyant ses contingents grossis par la plus grande partie des Beni-Ouragh, des Beni-Meslem et des Mekhnessa, marcha sur Ammi-Moussa [2],

---

(1) *Rahouia* est chez les Oulad Ameur, à 55 kilomètres de Relizane, sur la route de Mostaganem à Tiaret.

(2) *Ammi-Moussa* ou le *Kramis des Beni-Ouragh*, à 211 kilomètres d'Oran par Mostaganem, fondé en 1840, chef-lieu d'un cercle dans la subdivision de Mostaganem, au pied du mamelon sur lequel est élevé le fort, une centaine de colons se sont

qu'il attaqua (27 mai). Repoussé après avoir perdu une centaine d'hommes, il se retira à un kilomètre du bordj et fit le lendemain une nouvelle tentative. Les insurgés pillèrent et détruisirent le village, dont tous les habitants avaient été heureusement recueillis dans l'enceinte du bordj, et parvinrent jusqu'au pied des murs de ce poste, cherchant, avec des pioches, à pratiquer des brèches; mais apprenant les mouvements de concentration des colonels Lallemand et Lapasset, commandants des subdivisions d'Orléansville et de Mostaganem, et l'arrivée du général Rose avec de nouvelles forces, découragé d'ailleurs par la résistance énergique du capitaine Maréchal, du 11ᵉ chasseurs, le marabout Si-Lazereg reprit précipitamment, avec ses bandes, le chemin des Flittas et se retira à Guelt-bou-Zid. De ce point, trois cents cavaliers descendirent de nouveau, trois jours après, dans la plaine de Relizane, où ils pillèrent trois fermes ; mais le colonel de La Chaise, du 82ᵉ de ligne, ayant immédiatement dirigé contre les insurgés un bataillon et une pièce rayée, quelques coups de canon suffirent pour les disperser et les mettre en fuite.

Toute la partie du Tell de la subdivision de Mostaganem, comprise entre la Mina et le Riou, était en état de révolte. L'arrivée des renforts venus de France et embrigadés sous le commandement du général Rose, sauva évidemment Relizane et arrêta de ce côté les progrès menaçants de l'insurrection.

Néanmoins, on constatait chez les tribus turbulentes du Dahra, au milieu desquelles Bou-Maza trouva si longtemps un refuge, une certaine agitation qui se manifestait par des actes de désobéissance. Des faits analogues se produisaient jusque chez les Beni-Menasseur, c'est-

---

installés dans les beaux jardins créés par les premières garnisons, sur le flanc ouest de la vallée de l'Oued-Riou.

à-dire dans la partie orientale du cercle de Cherchell [1]; et, au même moment, les Beni-Boudouaou, les Beni-Tighrin, Hallouïa, etc., c'est-à-dire les tribus habitant les massifs des hautes montagnes voisines de l'Ouarsenis, compris entre l'Oued-Rouina et l'Oued-Riou, étaient fortement ébranlées.

Dans la prévision des éventualités qui pouvaient surgir, le ministre de la guerre envoya plusieurs régiments dirigés en toute hâte les uns sur Alger, les autres sur certains points de la côte.

Grâce à l'arrivée de ces renforts importants et à notre action persistante et vigoureuse dans le Sud, la situation ne tarda pas à s'améliorer ; mais on voit que le moindre échec subi par une de nos colonnes pouvait faire naître de très sérieuses complications dans les trois provinces.

Le général Deligny refoula dans le Sud-Est les tribus insurgées qui n'habitent pas les hauts plateaux et qui s'étaient réunies entre Rassoul [2] et Brezina [3], au sud de Géryville. Le général Yusuf se rapprocha de Laghouat, tenant toujours bien les Ouled-Nayl, prêt à harceler les habitants du Djebel-Amour pour les forcer à garder leurs montagnes. Quelques centaines de cavaliers du Djebel-Amour tentèrent cependant une incursion dans l'Est. Ils attaquèrent, en vue d'Aïn-Madhi [4],

---

(1) *Cherchell*, à 114 kil. d'Alger, sur le bord de la mer, chef-lieu d'un cercle de la subdivision de Miliana, et d'un commissariat-civil dépendant de la sous-préfecture de Blidah, a une population de 3,250 habitants.

(2) *Rasoul*, Ksar des Oulad-sidi-Cheikh, à 54 kil. de Géryville.

(3) *Brezina*, Ksar des Oulad-sidi-Cheikh, à 86 kil. de Géryville.

(4) *Aïn-Madhi*, à 48 kil. de Laghouat et au S.-E. du Djebel-Amour, est une petite ville située sur un mamelon, dans une plaine légèrement ondulée. Elle doit toute son importance aux

un détachement de 50 spahis et de 50 tirailleurs indigènes, commandé par le capitaine Pellas, et chargé d'escorter un convoi; mais le capitaine Letellier, chef du bureau arabe de Laghouat, qui revenait en ce moment de Tadjerouna [1] avec un goum de 400 chevaux, s'étant rapidement porté au secours du détachement, les assaillants se trouvèrent pris entre deux feux, et, chargés vigoureusement par les spahis et par le goum, ils s'enfuirent en désordre vers la montagne, laissant sur le terrain plus de 150 morts, 172 fusils, des sabres, des pistolets et un drapeau.

Pendant que, forcés par le manque d'eau à se diviser, plusieurs contingents des tribus insurgées du Sud renonçaient à la lutte armée et entraient en pourparlers avec le général Deligny pour traiter des conditions auxquelles l'*aman* (pardon) leur serait accordé, le général Yusuf se porta sur El-Gricha, village principal du Djebel-Amour, afin de déterminer les tribus de la montagne à demander l'aman et à livrer des otages. L'agha Eddin et tous les combattants demandèrent grâce et mirent bas les armes.

Les renforts arrivés de France dans la subdivision de Mostaganem avaient permis de prendre une vigoureuse offensive contre l'insurrection, qui ne tarda pas à être localisée dans les cercles d'Ammi-Moussa et de Zamorah. Le colonel Lapasset, après avoir vigoureusement repoussé, le 3 juin, une attaque de Si-Lazereg, se porta chez les Amamra et les Oulad-Sabeur, dont il détruisit

---

Tedjini, famille de marabouts, dont l'influence s'étend jusque dans l'Afrique centrale.

(1) *Tadjerouna*, oasis, sans verdure et sans palmiers, dont la seule richesse consiste en quelques labours que les crues de l'Oued-Melh arrosent. Un barrage dans cette rivière permet, lors des grosses pluies, d'inonder l'oasis; la terre imbibée est aussitôt mise en culture, et deux mois font germer et jaunir les moissons.

les récoltes, et auxquels il prit quinze cents têtes de bétail. En même temps, le général Liébert se portait sur Aïn-Touthna pour châtier les Beni-Tighris et empêcher l'insurrection de s'étendre à l'est de l'Ouarensenis. Le général Rose, arrivé le 3 juin à Zamorah, se dirigeait sur Dar-ben-Abdallah [1] pour de là se mettre en rapport avec le général Martineau, qui était à Aïn-el-Kriva, chez les Ouled-Ameur.

Le 5 juin, le général Rose fut attaqué dans son camp de Dar-ben-Abdallah par des forces considérables. Les fantassins, conduits par le marabout Si-Lazereg, s'avancèrent résolument, soutenus par une nombreuse cavalerie, tandis que les hauteurs voisines se couvraient de femmes, animant les contingents par leurs cris aigus. Le général, dont les dispositions étaient prises, laissa les insurgés avancer à une demi-portée de fusil; puis, après avoir, par un feu de mitraille et de mousqueterie bien nourri, jeté le désordre dans leurs rangs, il les chargea à la baïonnette et les dispersa. Grâce à l'impétuosité de l'attaque, nos pertes furent insignifiantes; tandis que les rebelles eurent plus de 200 hommes tués, parmi lesquels Si-Lazereg.

La mort du marabout porta un coup sensible à l'insurrection, qu'elle désorganisa. Les Ouled-Sabeur, les Ouled-Gaïch, les Ouled-bou-Riah et sept tribus des Beni-Ourag vinrent se mettre entre les mains du colonel Lapasset.

Dans le Sud, le général Deligny, après avoir reçu de

---

(1) *Dar-ben-Abdallah*, poste et fermes isolés, à 40 kil. d'Ammi-Moussa, et à 3 kil. de Zamora. La première moitié de la route d'Ammi-Moussa à Dar-ben-Abdalla, traverse le fameux territoire de *Guerboussa*, si longtemps impénétrable. Des montagnes affreusement déchirées, des ravins succédant aux ravins, des bois épais ; des cavernes étroites disparaissant au milieu des taillis et des terres grisâtres, tel est le pays qui a toujours servi de refuge aux Flittas lorsqu'ils se sont soulevés.

nombreuses soumissions, se porta de Géryville sur El-Abiod-Sidi-Cheikh, où il espérait atteindre le foyer de l'insurrection. Les tribus encore insurgées, manquant d'eau et de vivres, accablées par la misère, se retirèrent devant lui sans essayer de combattre. Le marabout Mohamed-ben-Hamza s'étant enfui au Maroc avec les Oulad-Sidi-Cheikh, le général détruisit El-Abiod et rentra, le 20, à Géryville. La résistance dans le Sud était brisée. L'agha Eddin, du Djebel-Amour, accepta toutes les conditions qui lui furent imposées; les Ouled-Si-Nasseur et les Ouled-Sidi-Mansour demandèrent l'aman.

Afin de hâter autant que possible, en combinant les mouvements de nos colonnes, la réduction des fractions de tribus que le fanatisme ou la crainte du châtiment retenait sous les armes, le général de Martimprey, Gouverneur général par intérim [1], se rendit lui-même à Ammi-Moussa, au centre du pays occupé par les tribus rebelles, et prit la direction des opérations (15 juin).

Après avoir fait signifier à toutes les fractions des Flittas qu'elles devaient se réunir, avec leurs tentes et leurs troupeaux, dans la vallée de l'Oued-Menassa, et que là il leur fixerait les conditions auxquelles elles devraient se soumettre pour obtenir l'*aman*, le général de Martimprey se porta chez les Meknassa, avec les colonnes Liébert, Martineau et Lapasset. L'infanterie du général Liébert et du colonel Lapasset, fouillant les ravins qui descendent vers l'Oued-Riou, chassa devant elle les populations et les troupeaux qui allèrent tomber: partie entre les mains du colonel Tilliard, du 1er de hussards, qui avait sous ses ordres la cavalerie des trois colonnes, partie entre celles du général Martineau

---

[1] Le maréchal Pélissier duc de Malakoff, gouverneur général de l'Algérie, étant mort à Alger, le 22 mai, M. le général de division de Martimprey, sous-gouverneur, fût chargé du gouvernement général de l'Algérie, par intérim.

(17 juin). Le soir même, les Meknassa demandèrent l'aman et acceptèrent toutes les conditions qui leur furent imposées. Le surlendemain, le général Rose, qui depuis le 15 juin n'avait pas cessé d'opérer vigoureusement dans la région de *Guerboussa* [1], recevait la soumission des Ouled-Souit.

Comme le général Rose, après avoir été se ravitailler à Zamorah, revenait à Dar-ben-Abdallah, il fut attaqué par un contingent de 400 Flittas, cavaliers et fantassins. Attirés d'abord par notre goum, les insurgés furent chargés par la cavalerie, culbutés et mis en fuite.

Le 22, les quatre colonnes occupèrent les points qui leur avaient été assignés par le Gouverneur général, afin d'enserrer tout le pays insurgé dans un vaste réseau de troupes communiquant entre elles, de façon à ce que rien ne pût échapper à leur active surveillance. Dès le début des opérations, un tiers environ de la grande tribu des Flittas se réunit dans la vallée de la Menesfa, que le Gouverneur général avait indiquée aux populations comme terre d'*aman*. Le nombre des soumissions alla en s'augmentant jusqu'à l'expiration du délai accordé aux rebelles par le général de Martimprey et fixé au 23 juin. Ce délai passé, une opération combinée à laquelle prirent part les quatre colonnes Rose, Liébert, Martineau, Lapasset, et la cavalerie, réunies sous les ordres du Gouverneur général, amena la réduction complète des fractions encore en état de révolte. Forcées dans leurs derniers retranchements, elles se rendirent à merci. Quatre mille prisonniers restèrent entre nos mains comme gages de soumission.

Le 28, le Gouverneur général remit au général Deligny, qui venait d'arriver à Relizane, la direction des affaires de cette partie de sa division, et le 29 il s'embarqua à Mostaganem pour rentrer à Alger.

---

(1) *Guerboussa*. Voir plus haut, page 79, note 1.

Tel est l'historique de cette révolte, suscitée par le fanatisme religieux ; elle a donné l'occasion à nos troupes de montrer une fois de plus les qualités d'énergie et d'infatigable activité qui les distinguent.

Les tribus qui se sont laissé tromper par les bruits de guerre qui devaient, leur assurait-on, paralyser notre action, ont vu avec quelle rapidité la France peut, au moindre signe, jeter en Algérie les forces nécessaires pour rendre impuissante toute tentative d'insurrection.

HISTOIRE

DOCUMENTS OFFICIELS

Ordre de la division d'Oran.

Soldats de la division d'Oran !

Une situation grave a surgi spontanément dans le sud de la Division.

Des marabouts fanatiques ont prêché la révolte ; des populations sahariennes ont prêté l'oreille à leurs impostures.

Cette insurrection a eu pour début une infâme trahison, un de ces actes de félonie qui dépassent en traîtrise tout ce que l'histoire de la conquête au temps des luttes les plus ardentes a pu enregistrer.

Endormis dans la confiance, surpris dans leur sommeil, plus d'une centaine de nos frères d'armes ont été égorgés sur un seul point. Ils ont héroïquement succombé en vendant chèrement leur vie.

Dans les mêmes contrées, tous nos petits détachements ont été surpris et assaillis par de nombreux ennemis. Ils ont fait des efforts surhumains pour se dégager ; quelques-uns y sont parvenus.

Dans ces tristes situations, pas un soldat français n'a failli. Tous ont fait noblement leur devoir, honoré leur patrie et l'uniforme. Bon nombre de soldats indigènes ont tenu aussi une conduite des plus belles. Un ordre ultérieur fera connaître les noms des uns et des autres.

En face de pareils événements, notre rôle à nous est tout tracé : protéger le pays et venger nos frères d'armes!

C'est vers ce double but que vous marchez depuis plusieurs jours et que je marche avec vous. Ayez confiance dans le succès, il ne se fera pas attendre.

Au quartier-général, à Mascara, le 17 avril 1864.

Le Général commandant la Division,
Signé : DELIGNY.

—

Alger, le 21 avril 1864.

Le maréchal Pélissier, duc de Malakoff, Gouverneur général, à la totalité des populations arabes et kabyles.

Des troubles ont éclaté dans le sud de la division d'Oran, et Si-Seliman, le bach-agha des Ouled-Sidi-Cheikh, sortant de la voie qu'ont honorablement suivie Si-Hamza, son père, et Si-Bou-Beker, son frère, s'est fait le chef du mouvement.

Le commandant du cercle de Tiaret, qui, avec un détachement d'infanterie et des goums, s'était porté à Ain-bou-Beker, a été surpris par les insurgés. Une partie des goums l'a abandonné, et cet officier supérieur a succombé avec le peu de monde qu'il avait.

Si-Seliman a été tué dès le commencement du combat, mais son jeune frère lui succédant, a, comme lui, appelé les populations à la révolte !

Plusieurs tribus du Sud ont répondu à son appel, et des chefs, qui depuis longtemps marchaient sous le drapeau de la France, se sont mis à leur tête.

HISTOIRE

Des troupes sont aujourd'hui en marche et l'insurrection sera bientôt comprimée. Il ne peut venir à l'idée de personne que la France ne châtie pas une trahison et ne maintienne pas son autorité là où elle l'a établie et où elle l'exerce avec justice et bienveillance.

Cependant ces événements, les commentaires auxquels ils donnent lieu, peuvent jeter de l'inquiétude dans l'esprit des chefs et des populations.

Il est des gens qui répètent sans cesse que le peuple arabe doit cesser d'exister, et que le moment est proche où les bach-aghas, aghas, caïds, cheiks, cadis et autres disparaîtront complètement.

Ces paroles sont sans portée. Elles ne sont point l'expression de la pensée du gouvernement français.

Que les chefs indigènes se rassurent, que les tribus restent calmes !

Est-ce au moment où l'abondante récolte de l'année dernière, où l'espoir d'une récolte plus belle encore cette année, rendent à tout le monde le bien-être et la prospérité, qu'il faut, en recommençant des désordres, des insurrections, des guerres, s'exposer aux malheurs de toute sorte qui en sont la conséquence ?

Si les populations, oublieuses du passé, n'avaient point confiance dans le présent, qu'elles relisent la lettre que l'Empereur m'a adressée le 6 février 1863.

Elles verront combien sont bienveillantes les intentions du Gouvernement à leur égard ; elles trouveront un gage certain pour l'avenir dans ces paroles de Sa Majesté :

« Je suis aussi bien l'Empereur des Arabes que l'Empereur des Français. »

Le Gouverneur-Général de l'Algérie,
Maréchal PÉLISSIER, DUC DE MALAKOFF.

HISTOIRE

COLONNE EXPÉDITIONNAIRE DU SUD DE LA DIVISION D'ALGER.

Aïn-Guémenta, le 6 juin 1864.

Ordre du jour.

Soldats,

Nous quittons les montagnes du Djebel-Amour, où votre présence avait pour but d'attirer à vous une bonne partie des ennemis qui étaient en face du général Deligny.

A votre seule apparition, tout le Djebel-Amour, composé de vingt-deux tribus, et trois tribus du cercle de Géryville, sont venues se rendre à vous à discrétion.

Vous n'avez pas encore eu de combats ; mais quand on a d'abord en vue le bien général, on peut être bien fier déjà d'obtenir par sa présence le résultat que je viens de dire.

Ne croyez pas cependant votre tâche terminée ; il nous reste beaucoup à faire, mais ce sera ailleurs que dans ce pays de feu.

Signé : Yusuf.

Dépêche télégraphique.

Alger, le 9 juin 1864.

Le Sous-Gouverneur à M. le général Yusuf, Laghouat.

Le Ministre m'écrit à la date du 6 juin :

« J'attendais avec impatience, et j'ai appris avec grand

plaisir l'heureux résultat de l'expédition tentée par le général Yusuf contre les tribus insurgées du Djebel-Amour.

« C'est un coup de main hardi, qui aurait pu rencontrer de sérieuses difficultés, et dont les conséquences doivent être importantes au point de vue de l'ordre et de l'obéissance.

« J'ai mis sous les yeux de l'Empereur la dépêche du général Yusuf, et Sa Majesté m'a chargé de lui faire parvenir l'expression de sa satisfaction de ce succès obtenu. »

Cette expression, mon cher Général, je suis heureux de vous la transmettre, pour vous, pour vos excellents soldats.

Ordre de la division d'Oran.

Au quartier-général, à Zamorah, le 2 juillet 1864.

Soldats de la division d'Oran !

Par mon ordre du 18 avril, daté de Mascara, je vous annonçais les sinistres débuts d'une redoutable insurrection religieuse ; je vous indiquais le but assigné, dès lors, à nos communs efforts, et vous faisais entrevoir de rapides succès.

Les épreuves ont été rudes ; la cruauté de vos ennemis, servie par la trahison, excitée par un fanatisme brutal et une haine implacable contre notre domination, ont donné à la lutte un caractère d'acharnement et de persistance jusqu'ici sans exemple.

Votre courage habilement guidé, votre énergie dans les longues marches au milieu des privations, votre bonne attitude en tous lieux ont sauvé le pays.

Soyez fiers de vos travaux !

Sa Majesté l'Empereur daignera les apprécier, et j'ai le ferme espoir qu'ils seront largement récompensés.

HISTOIRE

Vous allez passer dans le repos le mois des fortes chaleurs.

Les uns rentreront dans leurs garnisons, les autres seront établis sur des points stratégiques, non loin du théâtre des derniers événements, mais tous mettront à profit ce temps de repos pour se préparer à entrer de nouveau en campagne en automne.

Désormais et toujours, n'ayez d'autre préoccupation que celle d'être constamment prêts à marcher.

Le général commandant la division,
Signé : Deligny.

Ordre général.

Au quartier-général à Alger, le 4 juillet 1864.

Soldats,

L'heure est venue de vous féliciter des résultats qu'au prix de votre sang et des plus rudes fatigues, votre courage et votre persévérance viennent d'obtenir. Partout l'insurrection est vaincue. La circulation se rétablit au milieu des tribus naguère en armes, — la confiance renaît avec l'ordre ; les rapports commerciaux, les travaux de toute nature tendent à reprendre leur cours.

Des mesures sévères, de justes réparations garantiront dans l'avenir le maintien de votre œuvre. Pendant sa réalisation, les regards de l'Empereur vous ont constamment suivis. — Vos succès, votre bien-être, les soins dont vous étiez l'objet n'ont cessé d'intéresser la sollicitude Impériale. Bientôt elle se manifestera par des récompenses pour lesquelles des propositions ont été demandées par le ministre de la Guerre, dans sa bienveillance pour cette armée qu'il a longtemps commandée.

Mais, même à cause du prix qu'elles doivent conserver, ces récompenses sont toujours rares et elles ne suffiraient pas à soutenir les vertus militaires des troupes, si dans l'armée française, il n'existait un ressort plus puissant, dans le sentiment d'avoir accompli son devoir, conquis quelque gloire et bien servi sa patrie.

Soldats, que cette pensée fasse battre vos nobles cœurs d'un légitime orgueil !

Le Gouverneur-Général par intérim,
E. DE MARTIMPREY.

Ordre de la Division.

Au quartier-général, à Oran, le 9 juillet 1864.

Soldats de la division d'Oran !

En vous annonçant de Zemmorah que la campagne commencée en avril était terminée, je vous faisais pressentir que S. M. l'Empereur daignerait apprécier à leur valeur les services que vous avez rendus au pays.

Mon espoir a été dépassé.

Sa Majesté a bien voulu m'écrire à cette occasion une lettre que je m'empresse de vous communiquer, sachant bien que la part d'éloges qui m'y est attribuée vous revient en entier :

« Fontainebleau, le 5 juillet 1864.

« Mon cher général, je ne veux pas tarder à vous féliciter de

HISTOIRE

l'heureuse campagne que vous venez de terminer. J'avoue que j'ai été quelquefois inquiet de vous savoir si loin dans le Sud par une si grande chaleur, mais j'avais confiance dans les talents et l'énergie du général qui commandait la colonne.

« Exprimez aux troupes sous vos ordres ma satisfaction, et croyez, mon cher général, à mon amitié.

« NAPOLÉON. »

Le Général commandant la Division,
Signé : DELIGNY.

LISTE CHRONOLOGIQUE

Des généraux en chef, gouverneurs généraux, commandants supérieurs des forces de terre et de mer, et commandants de provinces.

Depuis la prise d'Alger on a compté : du 5 juillet 1830 au 27 juillet 1834, quatre commandants en chef de l'armée d'occupation et deux intérimaires, dont l'un a exercé plus d'un an ; du 27 juillet 1834 au 1er juillet 1858, onze gouverneurs généraux se sont succédé, donnant accès à onze intérimaires ; du 1er juillet 1858 au 24 novembre 1860, pendant la durée du ministère de l'Algérie, il y a eu trois commandants supérieurs ; enfin, le 24 novembre 1860, le gouvernement général a été rétabli. Les maréchaux et généraux qui ont occupé ces diverses positions sont :

COMMANDANTS EN CHEF.

Général comte de Bourmont, du 5 juillet au 2 septemb. 1830.
Général Clauzel, du 2 septembre 1830 à février 1831.
Général Berthézène, de février 1831 au 25 décembre 1831.
Général duc de Rovigo, du 25 décembre 1831 au 3 mars 1833.
Général Avizard (intérimaire), du 3 mars 1833 au 29 avril 1833.
Général Voirol (intérimaire), du 29 avril 1833 au 27 juil. 1834.

GOUVERNEURS GÉNÉRAUX.

Général Drouet d'Erlon, du 27 juillet 1834 au 8 juillet 1835.
Général Rapatel (intérimaire), du 8 avril 1835 au 8 juillet 1835.
Maréchal Clauzel, du 8 juillet 1835 au 12 février 1837.
Général Rapatel (intérim), du 13 avril 1836 au 29 août 1836.
Général Damrémont, du 12 février 1837 au 22 octobre 1837.
Général Négrier (intérim.), d'oct. 1837 au 1ᵉʳ décemb. 1837.
Général Valée, du 1ᵉʳ septembre 1837 au 29 décembre 1840.
Général Schramm (intérim.), de janv. 1841 au 22 févr. 1841.
Général Bugeaud, du 29 décemb. 1840 au 11 septemb. 1847.
Général Lamoricière (intérim.), du 4 sept. 1845 au 13 oct. 1845.
Général de Bar (intérim.), du 5 juin 1847 au 20 juillet 1847.
Général Bedeau (intérim.), du 20 juillet 1847 au 5 oct. 1847.
Duc d'Aumale, du 5 octobre 1847 au 3 mars 1848.
Général Changarnier (intér.), du 3 mars 1848 au 10 mars 1848.
Général Cavaignac, du 10 mars 1848 au 11 mai 1848.
Général Changarnier, du 11 mai 1848 au 22 juin 1848.
Général Marey-Monge (intérimaire), du 22 juin au 20 sept. 1848.
Général Charon, du 20 septembre 1848 au 22 octobre 1850.
Général d'Hautpoul, du 22 octobre 1850 au 25 avril 1851.
Général Pélissier (intérim.), du 25 avril 1851 au 11 déc. 1851.
Général Randon, du 11 décembre 1851 au 25 juin 1857.
Général Renault (intérimaire), du 25 juin 1857 au 31 août 1858.

COMMANDANTS SUPÉRIEURS DES FORCES DE TERRE ET DE MER

Sous les ministères du prince Napoléon (du 24 juin 1858 au 7 mars 1859) et du comte de Chasseloup-Laubat (du 7 mars 1859 au 24 novembre 1860).

Général de Mac-Mahon, du 31 août 1858 au 24 avril 1859.
Général Gueswiller, du 24 avril 1859 au 25 août 1859.
Général de Martimprey (Sous-Gouverneur actuel), du 25 août 1859 au 10 décembre 1860.

GOUVERNEURS-GÉNÉRAUX.

Maréchal Pélissier duc de Malakoff, du 10 décembre 1860 au 22 mai 1864.

Général de Martimprey (Gouverneur-Général par intérim), du 22 mai 1864 au 4 juillet 1864.
Général Morris (Gouverneur-Général par intér.), 4 juillet 1864.

Province d'Alger.

La province d'Alger a été pendant plusieurs années sous les ordres directs du commandant en chef, puis du Gouverneur général, qui délégua plus tard une partie de ses attributions au général commandant les troupes.

Les généraux qui ont commandé les troupes ou la province, depuis 1837, sont :

1837 — baron Rapatel.
1838 — Rulhières.
1840 — duc d'Orléans.
1841 — de Bar.
1842 — vicomte de Rumigny.
— — Baraguey-d'Hilliers.
— — de Bar.
1843 — Changarnier.
— — de Bar.
1847 — Levasseur.
— — Changarnier.
1848 — Levasseur.
— — De Saint-Arnaud.
— — Blangini.
1852 — Camou.
1855 — Gasin.
— — Yusuf (commandant actuel).

Province d'Oran

Les généraux qui se sont succédé dans le commandement de la province d'Oran, depuis le 17 août 1831, date à laquelle nous primes définitivement possession d'Oran, sont :

1831 général de Faudoas.
— — Boyer.
1831 — Desmichels.
1835 — Trezel.
1836 — de Létang.
1837 — de Brossard.
1838 — Guéhéneuc.
1840 — de Lamoricière.
1848 — Cavaignac.
— — Pélissier.
1854 — de Montauban.
1857 — de Martimprey.
1860 — Walsin-Estherazy.
1861 — Deligny (commandant actuel).

Province de Constantine.

La province de Constantine a été commandée depuis 1837 par douze généraux :

1837 général Négrier.
1838 — Galbois.
1841 — Négrier.
1843 — Baraguay d'Hilliers,
— — duc d'Aumale.
1845 — Bedeau.
1848 — Herbillon.
1850 — de Saint-Arnaud.
1852 — de Mac-Mahon.
1855 — Maissiat.
1857 — Gastu.
1859 — Desvaux (commandant actuel).

GÉOGRAPHIE

Situation. — Étendue. — Limites.

L'Algérie, qui embrasse une partie de la Numidie et les deux Mauritanies sitifienne et césarienne, s'étend sur les côtes de la Méditerranée, entre la Régence de Tunis et l'empire du Maroc, sur une longueur d'environ 900 kilomètres et une largeur moyenne de 5 à 600 kilomètres. Elle est située entre les 32° et 37° degrés de latitude Nord, et les 6° 30' de longitude Est et 4° de longitude Ouest. Elle se trouve, par conséquent, renfermée à peu près entre les mêmes méridiens que la France. En effet, La Calle tombe sous le méridien d'Ajaccio, et Nemours (Djema-Ghazaouat), sous le méridien qui contient Cherbourg, Rennes, Nantes, La Rochelle et Bayonne. Ajoutons à cette dernière particularité que le méridien de Paris passe à quelques lieues seulement à l'ouest d'Alger.

La distance moyenne de Marseille à l'Algérie est de huit cent quatre kilomètres. La plus grande distance, celle d'Oran, est de neuf cent quatre-vingt-dix kilomètres. La plus courte, celle de Bougie, est de sept cent six kilomètres. Au reste, la distance absolue n'est pas le seul élément qui mesure la facilité des communications entre notre frontière maritime de France et notre frontière maritime d'Algérie. Elle dépend encore de la fréquence et de la direction des vents. Dans le bras de mer qui sépare la Provence de la côte d'Afrique, les vents régnants sont ceux de la partie Est et de la partie Ouest; on les désigne par le nom de *traversiers*; ils poussent également d'Europe en Afrique et d'Afrique en Europe. Mais les vents de la partie Ouest l'emportent de beaucoup sur les autres, et, parmi les différentes directions dans lesquelles ils soufflent, c'est celle du Nord-Ouest qui domine, autant par la fréquence que par l'intensité; or, cette direction est beaucoup plus favorable pour naviguer du Nord au Sud que du Sud au Nord. Il en résulte un fait assez remarquable, c'est qu'il est plus facile d'aller en Algérie que d'en revenir.

On évalue la superficie de l'Algérie à 600,000 kilomètres carrés, soit 37,500 lieues géographiques, ou 60,000,000 d'hectares, ce qui représente une superficie plus grande d'un huitième que celle de la France.

Bornées à l'Est par le cours de l'*Oued-Helal*, qui se jette dans le Sebka-Melrir, et par celui de l'*Oued-Zena*, qui se jette dans la Méditerranée, en face de l'île de Tabarca, les possessions françaises de l'Afrique septentrionale ont pour frontière, à l'Ouest, une ligne conventionnelle fixée par le traité conclu, le 18 mars 1845, entre M. le général comte de La Rue, plénipotentiaire de la France, et Sidi-Ahmida-ben-Ali, plénipotentiaire de l'empereur du Maroc. Cette ligne passe, dans le Sud, à vingt-cinq kilomètres à l'est de l'oasis marocaine de Figuig; dans le Nord, à dix kilomètres de la ville marocaine d'Ouchda, et vient aboutir sur la côte, près de l'embouchure de la petite rivière du Kis, à vingt-cinq kilomètres à l'ouest de Djema-Ghazaouat ou Nemours, qui est notre dernier établissement maritime de ce côté. Les limites de l'Algérie, au nord et au sud, ont été tracées par la nature. La Méditerranée baigne ses côtes au nord, suivant une ligne inclinée généralement à l'est-nord-est: de sorte que les deux points extrêmes du littoral algérien présentent une différence assez considérable en latitude (2 degrés ou 200 kilomètres); au sud, la limite est formée par le désert, sur la ligne septentrionale duquel sont échelonnées six oasis unies entre elles par des relations journalières : l'*Ouad-Souf* (méridien de Philippeville), l'*Ouad-Rir* et *Temacin* (méridien de Djigelli), *Ouargla* (méridien de Bougie), l'*Ouad-Mzab* (méridien d'Alger), et enfin les *Oulad-Sidi-Cheikh* (méridien d'Oran).

Aspect général.

Le sol algérien présente un aspect tout particulier; lorsque l'on y aborde, on rencontre d'abord une côte élevée, abrupte, offrant rarement un abri aux navires, découpée par des golfes ouverts à tous les vents. Après avoir remonté avec peine à travers un pays de difficile accès, coupé de massifs montagneux (Petit-Atlas), entre lesquels on voit de riches vallées, des rivières torrentueuses et des gorges profondes, on arrive dans de vastes plaines arides, où l'eau douce ne se trouve plus que dans des puits ou des mares fort éloignées; les parties boisées de ces vastes plaines sont coupées par des marais salées nommés *Chott* ou *Sebkhas*, que le soleil couvre en été d'une couche de sel éblouissante. A l'horizon de ces plaines, au sud, se dessine une ligne bleuâtre que dominent çà et là quelques pics décharnés, mais qui n'offre cependant sur tout son développement que des ondulations presque insensibles; ce sont d'autres montagnes (le Grand-Atlas) très élevées vers l'Orient, où elles forment un groupe énorme, le Djebel-Aurès, mais qui s'abaissent, ainsi que les premières, à mesure qu'elles se dirigent vers l'Occident. Des défilés longs, sinueux, où la marche est embarrassée et lente, permettent de s'y engager; ils s'ouvrent quelquefois entre deux murailles de rocs perpendiculaires, qui leur ont fait donner le nom arabe de *báb* (porte). A leur sortie, l'œil étonné du voyageur va se perdre au loin dans une immense plaine jaunâtre et raboteuse, couverte de cailloux et de sable, coupée de ravins et de bas-fonds, entre lesquels courent des bourrelets semblables à des vagues immobilisées; cette plaine de 400 lieues c'est le Désert. Cependant le Désert ne commence pas immédiatement à la sortie des montagnes; il ne mérite ce nom qu'au-delà de la ligne des six oasis qui, ainsi que nous l'avons dit, limitent l'Algérie au Sud.

Division naturelle.

Considérée sous le rapport de la nature du sol, du climat et des productions, l'Algérie présente deux grandes divisions essentielles basées sur les contrastes les plus frappants et indiquées par une ligne intermédiaire qui traverse le pays de l'est à l'ouest.

Ces deux divisions sont le Tell au nord et le Sahara au midi.

Le Tell est la terre cultivable; c'est l'*alma tellus nutrix hominum*; c'est la région des céréales. Suivant M. Mac-Carthy, le mot Tell, pluriel Telloun, les Tels, est un mot arabe qui signifie butte, monticule, et, par extension, colline, petite montagne, et c'est cette dénomination indigène que les Romains ont traduit par tellus. M. le général Daumas propose une autre étymologie. Sahara viendrait de *sehaur*, moment difficile à saisir, qui précède le point du jour, et pendant lequel on peut, en temps de jeûne, encore manger, boire et fumer; Tell viendrait de *tali*, qui veut dire dernier. Le Sahara serait donc le pays vaste et plat, où le sehaur est plus facilement appréciable, et, par analogie, le Tell serait le pays montueux où le sehaur n'apparaît qu'en dernier.

Quoi qu'il en soit de ces diverses étymologies, le Tell algérien est une zone montagneuse qui a de 80 à 120 kilomètres de largeur, et qui se compose non de chaînes distinctes, mais de groupes très tortueux et très confus, coupés par des brèches à travers lesquelles s'échappent des cours d'eau torrentueux. Cette zone est entrecoupée de petites vallées fertiles, de pentes douces, de plaines magnifiques; le sol des plaines est léger et sablonneux; celui des vallées gras et humide; les flancs des montagnes sont couverts d'oliviers et de petits bois. C'est un des pays les plus fertiles du monde: il était l'un des greniers de l'empire romain.

La ligne qui sépare le Tell du Sahara n'a rien d'apparent, rien qui la signale aux regards du voyageur, lorsqu'il ignore la série des points que la tradition locale reconnaît pour lui appartenir. Quelques-uns de ces points portent le nom de *Foum es-Sahara* (la bouche du Sahara). Telle est la gorge étroite et profonde à l'issue de laquelle est situé le village d'*El-Kantara*, sur la route de Constantine à Biskara. En général, la ligne de séparation du Tell et du Sahara suit le pied des versants méridionaux d'une double chaîne dirigée au sud-est dans la partie orientale, et à l'est-nord-est dans la partie occidentale de nos possessions. Elle est marquée principalement par les points suivants: *Tebessa, Biskra, Thaya, Tiaret, Saïda, Daya, Sebdou*. La distance de cette ligne à la mer est, on le voit, très variable; c'est sous le méridien de Bône qu'elle est la plus grande. A la hauteur de cette ville, le Sahara ne commence qu'à 290 kilomètres du littoral; Constantine, quoique située dans l'intérieur des terres, se trouve encore éloignée de 180 kilomètres de la limite du Tell. Alger n'en est qu'à 110 kilomètres, et Oran à 90. Ainsi le Sahara est trois fois plus rapproché de la côte sous le méridien d'Oran que sous celui de Bône.

Le Sahara algérien n'est point un désert de sable nu, infécond, maudit, parcouru par des bêtes féroces, c'est un pays de landes, de pâturages, d'oasis, de ruisseaux, de ravins et de mamelons, qui renferme des populations sédentaires ou nomades également attachées au sol natal. Il est divisé en deux parties par les groupes du grand Atlas; la partie septentrionale est un pays de landes, généralement infertile, inhabité, traversé par de rares cours d'eau qui vont se perdre dans des lacs salés qu'on appelle *chott* et *sebkha*. La partie méridionale est un pays abondant en eaux souterraines et rempli d'oasis; elle se compose de grandes plaines et de larges bassins dont le fond est occupé par des lacs marécageux et salés. On la subdivise en pays des Ksour et pays des Zibans. Rattachées aux populations du nord par les premières nécessités de la vie, car leurs habitants viennent chaque année acheter dans la zone septentrionale la provision de blé nécessaire à leur consommation, les oasis sont séparées des populations du sud par les habitudes, les besoins et par un abîme de sables arides et inhabités qui commence au pied même de leurs palmiers. La ligne des oasis forme donc comme une crête naturelle de partage où commence, à proprement parler, le désert, vaste solitude parcourue plutôt qu'habitée par les redoutables *Touareugg* qu'elle sépare à la fois de la race blanche et de la race noire. Au midi de cette ligne, les premières villes que l'on rencontre sont Ghadamès, sur la route du *Fezzan* et *El Goléa*, sur la route du Touat. L'oasis algérienne la plus voisine d'El Goléa est l'Oued-Mzab; elle en est éloignée de 290 kilomètres en ligne droite. L'oasis algérienne la plus voisine de Ghadamès est l'Ouad-Souf; elle en est éloignée de 400 kilomètres.

Cette description sommaire des deux grandes zones que nous avons indiquées suffit pour faire comprendre l'influence capitale que cette division naturelle doit exercer sur l'existence et les destinées de l'Algérie. Les populations sahariennes n'ayant pas de blé, ou n'en obtenant que des quantités insignifiantes, se trouvent dans la nécessité d'en acheter aux tribus du Tell. Cette obligation les amène chaque année dans la zone septentrionale et les rend inévitablement tributaires du pouvoir qui l'occupe.

Configuration du sol.

Lorsque l'on cotoye le rivage de l'Algérie, depuis la frontière de Tunis jusqu'à celle du Maroc, on voit se dérouler une série de montagnes qui bornent l'horizon à une distance variable, mais toujours assez rapprochée. Le plus souvent elles bordent le littoral, et viennent se terminer aux falaises abruptes dont la Méditerranée baigne la base; quelquefois le rideau s'éloigne et dessine le fond des golfes à une distance de trente à quarante kilomètres.

Cette zone montagneuse occupe dans la direction du sud au nord une profondeur moyenne d'environ vingt lieues. Elle est traversée par les différents cours d'eau qui, sur des pentes en général fort raides, descendent à la Méditerranée. La physionomie fortement accidentée de ce massif donne aux vallées qui le sillonnent une forme généralement tortueuse; elle produit certaines anfractuosités étroites et profondes qui signalent les principales d'entre elles : celles du Chéliff, près de Médéah, du Bou-Selam, près de Sétif, du Roumel, à Constantine, et de la Seybouse près de Guelma.

Quelques auteurs admettent dans le Tell deux chaînes de montagnes distinctes : le *Petit Atlas* et le *Moyen Atlas*, et donnent le nom de Grand Atlas à la série de montagnes qui, s'étendant de la frontière orientale à la frontière occidentale de l'Algérie, laisse au-delà et à une petite distance les oasis des Ziban, Biskra, Laghouat. Bouillet, dans son dictionnaire de géographie, divise l'Atlas en deux : le petit et le grand ; le premier voisin de la Méditerranée, le second rapproché du désert. La plus grande confusion règne encore quant à la détermination des masses auxquelles on a donné les noms de grand, de petit et de moyen Atlas. Du reste, c'est à tort qu'on a appliqué aux montagnes de l'Algérie ce nom d'Atlas. L'Atlas, d'après les auteurs anciens, se trouve dans le Maroc ; c'est là que sont des montagnes (patrie des neiges éternelles, 4,000 mètres, près de Fez) dont l'altitude a donné lieu à la personnification majestueuse que la Fable nous a transmise. Pour les anciens, Atlas était un guerrier fameux chargé de garder les frontières de l'Afrique qui reçurent son nom pour prix de ses services, ou bien un héros métamorphosé soutenant le ciel sur ses robustes épaules. Certains pics élevés, portant au-dessus des nues leurs têtes hérissées, couverts de neiges et entourés de nuages dus à la condensation des vapeurs, ont seuls pu jadis être regardés comme supportant la voûte céleste et contribuer à cette fiction, à l'époque où l'Atlas passait pour le point le plus élevé du globe. Notons aussi qu'à une époque bien éloignée, l'océan Atlantique était divisé transversalement par une île nommée terre des Atalantes, qu'un affreux bouleversement fit disparaître, et dont les Açores et les Antilles sont peut-être des vestiges. Quelques individus survécurent cependant à ce cataclysme, selon la tradition, et donnèrent leur nom originel (Atlas) aux montagnes du pays le plus voisin où ils se retirèrent, tandis que la nouvelle mer prit celui d'Atlantique, comme dernier souvenir du peuple qu'elle avait anéanti presque complètement.

Quoi qu'il en soit, nous ne saurions admettre les distinctions de petit Atlas et moyen Atlas, car les diverses montagnes qui couvrent le Tell, séparées en quelques endroits, se réunissent souvent entre elles et forment plutôt un immense réseau de montagnes et de vallées que deux chaînes distinctes.

Les principales masses qui forment le bourrelet méditerranéen sont situées les unes sur le littoral, les autres sur une seconde ligne tracée à quelque distance de la mer.

Celles qui bordent le littoral et dominent les vallées basses sont, en marchant de l'Est à l'Ouest :

Le *Ghorra*, près de La Calle ;

L'*Edough* (hauteur, 972 mètres), entre Philippeville et Bône ;

Le *Goufi* (1,670 mètres), entre Djigelli et Collo ;

Le *Babor* (1,890 mètres), au nord de Sétif ;

Le *Tamgout*, entre Dellys et Bougie ;

Le *Chenoua*, près de Cherchell ;

Le *Dahra*, entre Mostaganem et Ténès ;

Le *Karkar* (615 mètres), entre Arzew et Oran ;

Le *Mediouna*, entre Oran et la Tafna ;

Le *Traras* (850 mètres), près de Djemâ-Ghazaouat ;

Le *Filhaoucen*, entre Nedroma et le Maroc.

Les masses qui s'éloignent du littoral et dominent les vallées hautes sont :

Le *Djebel-Beni-Salah*, au sud de Bône ;

Le *Mahouna*, près de Guelma,

Le *Guerioun*, au sud de Constantine ;

Le *Bou-Taleb*, au sud de Sétif ;

Le *Djurjura*, au sud-est d'Alger, qui a une hauteur de 2,126 mètres, occupe une étendue de vingt-deux lieues, et se rattache, par les ramifications dont il couvre la grande Kabylie, au mont Tamgout ;

Le *Dira* (1,800 mètres), au sud d'Aumale ;

Le *Djebel aïn-Talazid* (1,650 mètres), au sud de Blidah ;

Le *Mouzaïa* (1,600 mètres), entre Blidah et Médéah, qui domine la grande plaine de la Mitidja ;

Le *Zakkar* (1,600 mètres), au nord de Milianah, dans le pays des Beni-Menacer;

L'*Ouenseris* ou *Ouarensenis* (1,800 mètres), au sud d'Orléansville;

Le *Chareb-er-Rieh* (lèvre du vent), (1,000 mètres), au nord de Maskara;

L'*Oum-el-Debban*, entre l'Habra et la Mekerra;

Le *Djebel-Beni-Smiel*, au sud-est de Tlemcem.

Quoique généralement montueuse et ravinée, la zone du littoral renferme quelques plaines assez étendues, qui forment exception à sa constitution générale et contribuent, comme toutes les exceptions, à la mettre en relief. Telles sont la plaine de Bône, celle de la Mitidja, la vallée plate et longue du Chéliff inférieur et, enfin, la plaine d'Oran.

Au-delà de cette première zone, formée d'une longue agglomération de montagnes, la configuration du sol change d'aspect et de caractère.

De l'est à l'ouest, depuis la frontière de Tunis jusqu'à celle du Maroc, règne une autre zone presque aussi large que la première, formée d'une suite d'immenses plaines.

Ici les eaux, arrêtées par le bourrelet montagneux du littoral, ne trouvent pas d'issues à la Méditerranée; elles s'acheminent par des déclivités assez douces vers de grands lacs salés appelés *chott* ou *sebkha*, qui occupent le fond des plaines.

Il n'existe qu'une seule exception à cette règle; c'est le Chéliff, qui traverse à la fois et la zone plane de l'intérieur et le bourrelet montueux du littoral.

Cette série de bassins fermés, larges et plats, en y joignant la vallée supérieure du Chéliff, détermine cinq régions que les indigènes désignent par les noms suivants : les Sbakh, le Hodna, le Zarez, le Sersou, les Chott.

La plaine des *Sbakh* s'étend entre les montagnes

d'où sort la Medjerda (rivière de Tunis) et le plateau de la Medjana, d'où sort le Bou-Sellam (rivière de Sétif et de Bougie). Elle comprend une série de petits lacs salés adossés aux trois plateaux de la Seybouse, du Rummel et du Bou-Sellam. Le *Hodna* est la grande plaine formée par le lac salé de Msila. Le *Zarez* est la plaine formée par les deux lacs salés du même nom. Le *Sersou* est la plaine traversée par le Haut-Chéliff. La plaine des *Chott* est celle que déterminent les deux lacs salés désignés sous les noms de Chott-el-Gharbi (Chott de l'ouest) et Chott-el-Chergui (Chott de l'est), à l'extrémité occidentale de nos possessions.

Cette seconde zone, quoique formée en général de vastes plaines, est cependant traversée par quelques montagnes qui marquent la séparation des bassins. Les principales exceptions de ce genre sont : le massif du *Bellezma*, entre la plaine des Sbakh et celle du Hodna ; la chaîne de *Seba-el-Khider*, entre le Zarez, le Sersou et le Hodna ; la chaîne du *Nador*, entre le Sersou et les Chott.

L'horizon de cette vaste région plane est borné au sud par un long rideau de montagnes, désignées quelquefois sous le nom général de *Grand-Atlas*, tendu à la frontière occidentale de l'Algérie. Le *Djebel-Aurès*, au sud des Sbakh ; le *Djebel-Bou-Kahil*, au sud du Hodna ; le *Djebel-Sahari*, au sud du Zarez ; le *Djebel-Amour*, au sud du Sersou ; le *Djebel-Ksan* et le *Djebel-Roundjaïa*, au sud des Chott, sont les six masses les plus remarquables de ce second bourrelet. Au massif de l'Aurès appartient le *Djebel-Chelliia*, la plus haute montagne de l'Algérie, qui atteint 2,812 mètres.

La configuration généralement montagneuse de ce second pli offre deux exceptions dignes d'intérêt : le large plateau qui couronne l'*Aurès*, la grande plaine d'El-Mehagyen, située au pied du Bou-Kahil.

7

Au sud de ce second bourrelet de montagnes s'étend une seconde zone de plaines, plus vaste encore que la première ; elle se compose, comme celle-ci, de bassins fermés, au fond desquels règnent de larges lacs de sels. Les principaux de ces bassins sont : 1° celui du lac *Melrir* qui borde les versants méridionaux de l'Aurès, du Bou-Kahil, du Djebel-Sahari et du Djebel-Amour ; 2° celui des *Oulad-Sidi-Cheikh*, dont les eaux descendent des versants méridionaux de la chaine du Roundjaïa et du Djebel-Ksan, et vont aboutir à un vaste lac salé, situé dans le Sahara marocain ; 3° celui de *Ouargla*, auquel appartient l'Oued-Mzab.

Cette seconde zone de plaines renferme exceptionnellement encore quelques massifs de montagnes, mais ceux-ci sont plus rares et moins élevés que dans la première. Les principaux sont les montagnes sablonneuses de l'*Ouad-Souf* ; le *Djebel-Tala*, dans l'Ouad-Rir ; le *Djebel-Mellala*, près de Ouargla, et enfin le *Djbel-Mzab*.

C'est l'arrière-scène du Sahara, et, pour ainsi dire, le vestibule du Désert. Cette seconde nappe va se terminer dans le Sud, à la ligne d'oasis qui forme la limite naturelle de nos possessions.

Ainsi, dans sa configuration orographique, l'Algérie se partage, du nord au sud, en quatre zones sensiblement parallèles à la côte : deux zones généralement montueuses et deux zones généralement plates.

Presque toutes les eaux qui traversent le premier massif vont aboutir à la Méditerranée ; au contraire, presque toutes les eaux qui traversent le second massif restent captives dans l'intérieur des terres et vont aboutir à des bas-fonds sans issue. Tels sont les caractères physiques distinctifs des deux zones montueuses. On peut donc appeler la première *massif méditerranéen*, et la seconde, *massif intérieur*.

Quant aux deux zones plates, elles contiennent l'une

et l'autre d'immenses espaces dépourvus d'eau ; c'est là leur caractère commun ; mais la première reste livrée à son aridité, ne comporte en général que peu de culture et n'admet guère que le régime du parcours. Le caractère physique particulier à la seconde zone consiste, au contraire, dans l'abondance des eaux souterraines qui se trouvent à peu de profondeur, qui, en certains points, jaillissent du sol par l'opération du forage et donnent naissance aux nombreuses oasis répandues sur la surface de cette contrée. On exprime donc le caractère distinctif de chacune de ces deux zones en appelant la première *zone des landes*, et la seconde, *zone des oasis*.

Ainsi, la configuration générale de l'Algérie présente l'aspect de deux larges sillons qui la traversent de l'est à l'ouest sur toute sa longueur ; le massif méditerranéen et le massif intérieur en forment les parties saillantes ; la zone des landes et celle des oasis en forment les parties creuses.

Cette division que déterminent les ondulations matérielles du sol rentre dans celle que nous avons donnée plus haut et qui est fondée sur la différence des produits.

Le massif méditerranéen appartient exclusivement au Tell, et la zone des oasis au Sahara. Les deux bandes intermédiaires, la zone des landes et le massif intérieur offrant, en raison même de leur situation, un caractère moins prononcé, appartiennent, dans l'Est, à la région du Tell, et dans l'Ouest, à la région du Sahara.

Ainsi, dans le massif méditerranéen, il n'y a point un seul endroit où la datte mûrisse. Dans la zone des oasis, au contraire, partout où l'industrie de l'homme peut obtenir de l'eau, le palmier donne des fruits.

Dans la zone des landes, la région orientale (plaine des Sbakh) ne produit pas de dattes, mais elle donne assez de céréales pour la consommation de ses habitants. C'est pour cela que les Arabes la comprennent dans le Tell ; tandis qu'ils classent dans le Sahara la région centrale (plaine du Hodna), parce que cette dernière produit des dattes. Msila, un des bourgs du Hodna, à 123 kilomètres au sud de Bougie, est le point le plus rapproché de la côte où la datte mûrisse. Enfin, la région occidentale de la zone des landes, formée des plaines de Zarez, de Sersou et des Chott, ne produit ni dattes, ni blé ; mais les pâturages dont se couvrent ces landes ingrates pendant la saison des pluies leur assigne une place naturelle dans le domaine des peuples pasteurs et dans la circonscription générale du Sahara.

Hydrographie.

Les côtes de l'Algérie sont généralement élevées, abruptes et rocheuses ; elles sont découpées par de nombreuses échancrures ouvertes à tous les vents, ne renferment que des rades médiocres et offrent peu de mouillages sûrs. Les principaux golfes sont ceux de *Bône*, de *Stora* (sinus numidicus), de *Bougie*, d'*Alger*, d'*Arzew* et d'*Oran*. Les caps sont nombreux : *Rosa*, de *Garde*, de *Fer*, *Bougaroni* ou *Boujaroune*, *Cavallo*, *Carbon*, *Corbelin*, *Bengut*, *Matifou*, *Caxine*, *Ténès*, *Magroua*, *Ivi*, *Ferrat*, *Falcon*, *Figalo*, *Mlouia*.

Ce qui forme le caractère général de la côte de l'Algérie c'est l'encaissement des vallées et la raideur d'inclinaison des lignes d'écoulement qui aboutissent à la Méditerranée. Ainsi, Blida, située au fond de la plaine de la Mitidja, à cinq lieues et demie seulement de la côte, en ligne droite, domine cependant de deux cent soixante mètres la surface des eaux ; Constantine, séparée de l'embouchure du Rummel par une distance en ligne droite de dix-sept lieues, est à six cent quarante-quatre mètres au-dessus du niveau de la mer ; le plateau de Sétif, situé dans les mêmes conditions de distance, domine la mer de onze cents mètres; il en est de même du plateau de Médéa; enfin, Miliana, Mascara, Tlemcem occupent des régions hautes de huit à neuf cents mètres. Relativement à nos côtes de France et surtout aux côtes d'Amérique, où les grands fleuves ont des pentes sensibles [1], la côte de l'Algérie se présente à celui qui l'aborde par le Nord comme une muraille rugueuse sur laquelle les eaux roulent et se précipitent avec impétuosité; c'est pourquoi elle n'a pas de fleuves navigables.

Les rivières n'ont donc pas la même importance et ne jouent pas le même rôle qu'en Europe : ce sont des accidents physiques d'un ordre secondaire. Elles ont presque toutes un cours très-borné, aucune n'est navigable; la plupart ne sont que des torrents à sec pendant l'été. Elles ne forment pas de grands bassins, n'ont pas de ceinture nettement déterminée, ne traversent pas de larges vallées; mais elles roulent confusément dans des pays tourmentés, sans direction, sans lit, même sans nom, en contournant péniblement les montagnes qui brisent leur cours; elles n'ouvrent pas de routes naturelles; elles n'ont pas de ces profondes em-

---

(1) Voici un parallèle qui nous paraît mettre en relief ce caractère spécial des côtes de l'Algérie. Constantine est séparé de l'embouchure du Roumel par une distance en ligne droite de dix-sept lieues; Paris est séparé de l'embouchure de la Seine par une distance en ligne droite de trente-cinq lieues. Si les pentes étaient égales, la hauteur du Roumel à Constantine serait la moitié de la hauteur de la Seine à Paris; et comme le niveau de la Seine au pied du pont de la Tournelle est supérieur de vingt-quatre mètres cinquante centimètres à celui de l'Océan, la différence entre le niveau du Roumel à Constantine et celui de la Méditerranée devrait être d'environ douze mètres : elle est de quatre cent quatre-vingt-quinze mètres. La place du Palais-Royal, à Paris, domine de trente-deux mètres cinquante centimètres le niveau de l'Océan; la place de la Kasba, à Constantine, domine le niveau de la Méditerranée de six cent quarante-quatre mètres.

bouchures où les ports s'établissent facilement ; enfin, elles ont rarement des villes sur leurs bords, et n'appellent ni la population, ni la culture.

Pendant les grandes pluies, le cours rapide de ces torrents se porte avec violence sur les bords, en provoque l'éboulement et contribue ainsi à l'élargissement et à l'élévation du lit de la rivière, double circonstance qui favorise les inondations. Quand les berges sont garnies de roseaux, de broussailles ou d'arbrisseaux plus ou moins développés, l'effet est le même. Ces obstacles brisent le courant et arrêtent les débris que les eaux amènent avec elles ; le niveau de l'eau se trouve alors élevé à cause du rétrécissement du lit de la rivière, ce qui constitue une nouvelle cause de débordement.

Les barrages établis dans certains endroits pour arroser le sol produisent le même résultat : si l'on n'a pas ménagé une pente facile aux eaux, elles se répandent sur les terres et forment des marais temporaires. Il est vrai que ceux-ci disparaissent aux premières chaleurs et sont moins nuisibles que les autres ; mais les eaux, en se retirant, laissent toujours un terrain humide et bourbeux, ou de la fange renfermant une foule d'animaux aquatiques, foyer d'émanations dangereuses.

On rencontre aussi des marécages dans quelques points élevés des vallons. Cela tient au faible volume des sources qui, n'étant pas assez considérables pour se creuser un lit, coulent lentement et donnent lieu à un abondant développement de plantes constituant un obstacle à la marche des eaux ; le liquide gagne alors les parties voisines, dont il baigne une plus ou moins grande surface, ainsi convertie en un véritable marais.

Un autre effet des cours d'eau est l'influence qu'ils exercent sur la direction des vents, et, par suite, sur le transport des miasmes. Ainsi s'explique l'apparition de la fièvre intermittente dans certaines localités éloignées de toute cause d'infection.

Il y a en Algérie de nombreuses sources salées ; les principales coulent dans les environs de Ténès, du Rio-Salado, des Beni-Melah, des Beni-Mohali. Depuis longtemps on exploite des mines de sel gemme : la saline d'Arzew est très importante. Le Sahara renferme des Chott ou lacs salés qui se convertissent chaque année en une couche de sel. Près de Biskra, de Milah, de Bougie, de Djelfa et de Médéah se trouvent des montagnes de sel. Oran a dans son voisinage une nappe d'eau salée étendue. Toutes ces salines naturelles sont dûes aux eaux qui découlent des sites de sel gemme, ou proviennent des sels répandus dans les terrains tertiaires. Sans influence quand elles ont une certaine profondeur, ces surfaces liquides, lorsqu'elles se dessèchent partiellement ou en totalité, occasionnent, par la putréfaction des plantes et des animaux qui vivent et meurent dans ce milieu, des émanations fétides ou *effluves*, principales causes des fièvres intermittentes et d'autres maladies, en apparence différentes par leurs formes et leurs types, mais dont l'intensité est toujours en rapport avec le degré de chaleur.

L'Algérie est partagée, par les montagnes qui la couvrent, en trois versants : le versant méditerranéen, qui regarde l'Europe et s'étend de la mer aux cimes de la chaîne atlantique la plus rapprochée du littoral ; le versant du Plateau central, versant intérieur ou du Sahara, qui s'étend en travers de toute l'Algérie, de l'est à l'ouest, entre les deux chaînes de l'Atlas, et s'affaisse de loin en loin, en immenses cuvettes, qui sont le fond des lacs ; enfin le versant saharien subdivisé en deux pentes, l'une à droite, l'autre à gauche, dirigées par ondulations irrégulières vers le désert. Les eaux qui en découlent vont ou se perdre dans les sables, ou former des lacs dont l'étendue est variable avec les saisons.

Versant méditerranéen.

Au versant méditerranéen appartiennent en allant de l'est à l'ouest : la *Mafrag*, la *Seybouse*, le *Saf-Saf*, le *Rummel*, l'*Oued-Sahel*, le *Sebaou*, l'*Isser*, le *Corso*, le *Hamise*, l'*Arrach*, le *Mazafran*, le *Nador*, le *Chélif*, la *Macta*, l'*Oued-el-Melah*, la *Tafna* et l'*Adjeroud*.

La *Mafrag* (le *Mathul* de Salluste) a son embouchure à 5 lieues à l'est de Bône.

La *Seybouse* (le *Rubricatus* de Ptolémée), qui s'appelle *Oued-Cherf* dans la partie supérieure de son cours, prend sa source dans le plateau des Sbakh, arrose le pays des Haractas, contourne les groupes du moyen Atlas, passe à Guelma (ancienne *Suthul*), traverse les ruines d'Hippone, et se jette à la mer près de Bône, après un parcours d'environ 40 lieues ; à son embouchure, elle a environ 100 mètres de largeur ; de légères embarcations peuvent la remonter l'espace de deux lieues. C'est une des rares exceptions de ce genre que présente la côte de l'Algérie.

Le *Saf-Saf*, ou *Oued-el-Arouch*, prend sa source près de Smendou, passe à El-Arouch et finit près de Philippeville.

Le *Rummel* (l'ancien *Ampsaga*) prend sa source dans le Djebel-Guerioun, qui appartient au plateau des Sbakh, traverse des montagnes très-âpres et très-tourmentées, passe à Constantine après avoir reçu le *Bou-Merzoug*, au pied de l'escarpement rocheux sur lequel la ville est bâtie. Immédiatement après sa réunion au Bou-Merzoug, le Rummel s'engouffre dans un précipice d'une centaine de pieds, sort avec fracas, blanc et écumeux, de cet antre grandiose taillé comme la voûte d'une cathédrale gothique, se précipite de cascade en cascade sur des rochers abrupts, atteint la vallée située immédiatement au-dessous de la ville et reprend son cours normal. Il laisse à gauche Milah, et, après avoir traversé les montagnes de la petite Kabylie, va finir dans la mer, à 7 lieues est de Djigelli, après un cours de 30 lieues.

L'*Oued-Sahel* naît dans le Djebel-Dira, passe à Aumale, coule dans une vallée assez nettement marquée, enceinte, à gauche, par le Djurjura, à droite, par les Bibans, laisse à gauche Bord-el-Hamza (ancienne *Auzea*), arrose le pays des Beni-Mansour, reçoit le Bou-Sellam, traverse ensuite une contrée montagneuse habitée par les Kabiles et va finir près de Bougie. — Son affluent, le *Bou-Sellam*, naît dans le Djebel-bou-Taleb, parcourt la plaine de la Medjana, reçoit un petit affluent qui passe à Sétif, arrose Aïn-Turk, traverse le pays des Guergour et des Ben-Aïdel, et se jette dans l'Oued-Sahel sous un angle presque droit.

Le *Sebaou* traverse la partie la plus peuplée de la Kabylie. Cette contrée à reliefs escarpés sur toute la circonférence, mais qui représente au centre une vallée assez large, est certainement un des plus beaux pays du monde.

L'*Isser* a sa source dans les flancs de l'immense plateau des Beni-Sliman entre Médéah et Aumale; il coule au nord-est dans des gorges profondes qui, en s'élargissant à mesure qu'elles s'approchent de la mer, forment la riche vallée de l'Isser. Dans la partie moyenne de son cours, l'Isser s'appelle *Oued-Zitoun* (rivière des Oliviers) à cause des belles forêts d'arbres de cette essence qui ombragent ses bords. Sur cette rivière est le pont de Ben-Hini, une des portes de la Kabylie.

Le *Hamise* naît dans les montagnes de l'Atlas, sur le territoire des Beni-Moussa, débouche dans la Mitidja, au-dessous du Fondouk, dont il irrigue et traverse le territoire, et se rend, après de nombreuses et lentes sinuosités, dans la baie d'Alger, à l'ouest du cap Matifou.

L'*Arrach* naît sur le revers méridional du petit Atlas,

derrière les montagnes des Beni-Moussa et des Beni-Messaoud ; simple torrent dans les montagnes, où il coule du sud au nord-est, il devient une rivière importante, ayant quelquefois 80 mètres de largeur, dans la plaine de la Mitidja qu'il traverse de sud au nord ; se heurtant contre le massif du Sahel d'Alger, il en suit le pied en obliquant à l'est, et se jette dans la baie d'Alger à deux lieues de cette ville, par une embouchure de 40 mètres de large. Cette embouchure est souvent obstruée par les barres de sables que les vagues y forment et que les eaux de rivière emportent tous les ans à l'époque des pluies. Le cours de l'Arrach est très-lent ; sa rive droite très-fertile, sa rive gauche très-marécageuse. Ses affluents sont, à droite, l'*Oued-Smar* et l'*Oued-Djema*, qui descendent de l'Atlas ; à gauche, l'*Oued-Kerma*, qui coule du Sahel.

Le *Mazafran* (Maa-el-Zafran) est formé par la réunion de la *Chiffa* et de l'*Oued-Jer* en une seule rivière, au pied du Sahel, dans la partie occidentale de la Mitidja. La Chiffa descend du revers méridional du mont Mouzaïa qu'elle contourne, et court du sud au nord, dans des gorges profondes de la plus sauvage beauté, traversées par la route de Blida à Médéa, et rendues célèbres par plusieurs glorieux combats. Débouchant ensuite dans la Mitidja, elle coule sur un lit de sables et de graviers, souvent à sec pendant l'été ; arrivée au pied du Sahel, elle baigne les collines sur lesquelles s'élève Koléa, et se joint à l'Oued-Jer pour former le Mazafran. Le principal affluent de la Chiffa est l'*Oued-Sidi-el-Kebir* (et par abréviation Oued-el-Kebir), ainsi appelé moins à raison du volume de ses eaux qu'à cause des trois marabouts situés dans l'étroit vallon où il coule. — L'*Oued-Jer* prend naissance au pied du Zakkar, traverse les montagnes, ombragées de forêts, de Soumata, et débouche dans la plaine, sur le territoire des Hadjoutes. Arrivé au pied du Sahel, il le contourne de l'ouest à l'est, et va se joindre à la Chiffa pour former le Mazafran. Sur sa droite, il reçoit le *Bou-Roumi*. — Le Mazafran se grossit de l'*Oued-Fatis*, le ruisseau de Boufarik, qui naît dans les ravins de l'Atlas, reçoit l'*Oued-Tlata*, pénètre dans le Sahel par une profonde coupure, parcourt une belle et riche vallée, et se jette dans la mer, au nord-est de Koléa, à deux lieues de Sidi-Ferruch. De Mokta-Nçara à son embouchure, le Mazafran est navigable ; sa largeur moyenne est de 60 à 80 mètres.

Le *Nador*, qui porte dans son cours inférieur le nom de *Oued-Gourmat*, est formé par les eaux qui descendent des pentes orientales du Chenoua ; il baigne la vallée qui relie la Mitidja au territoire de Marengo et se jette dans la mer auprès des ruines de Tipasa.

Le *Chélif (Azar)* est le principal cours d'eau de l'Algérie et même de toute l'Afrique septentrionale. Seul de tous les cours d'eau du versant méditerranéen, il prend naissance dans le massif intérieur. Sortant des flancs du Djebel-Amour, sous les noms d'*Oued-Sebgag* et d'*Oued-el-Beïda*, il traverse la zone entière des landes dans la haute vallée du Sersou, suivant une direction oblique du sud-ouest au nord-est ; il passe à Taggnin, lieu célèbre par la prise de la Smala d'Abd-el-Kader en 1843, coule entre le Djebel-Nador et le Djebel-Meksen, dans le pays des Ouled-Chaïb, reçoit les eaux du Djebel-Nador et celles du versant sud des kef du Tell, sous les noms de *Sebaïn-Aioun* (les 70 sources) et *Oued-Nador-Ouacel*, après quoi il prend définitivement le nom de Chéliff, coule de l'ouest à l'est pendant l'espace d'environ 15 lieues, tourne brusquement la montagne et se dirige du sud au nord sur une étendue de 16 lieues ; puis, comme les montagnes qui s'élèvent entre Médéa et Miliana lui font obstacle, il change encore une fois de direction, et coule de l'est à l'ouest l'espace de 40 lieues parallèlement à la côte, traverse Orléansville et une plaine très-fertile, et tombe dans la mer, à 10 kilomètres au nord de Mostaganem, après un cours d'environ 100 lieues. — Parmi les affluents de gauche, les plus importants sont: l'*Oued-Ourek*, l'*Oued-Dardar*, l'*Oued-Riou*. Ce dernier descend des plateaux de Tiaret et des versants méridionaux de l'Ouarensenis, passe à Ammi-Moussa et se jette dans le Chéliff, un peu au-dessous de la petite ville arabe de Mazouna. La *Mina* qui prend sa source dans le Djebel-Nador, traverse un pays très-montueux occupé principalement par les Flittas et passe à Sidi-bel-Hacel. Les seuls affluents de droite, qui méritent d'être mentionnés, sont l'*Oued-Harbil*, l'*Oued-Had* et l'*Oued-el-Hakoum*, qui arrosent, dans le Titteri, les plus riches terres à blé de l'Algérie.

La *Macta* est formée de deux rivières: l'Habrah et le Sig. L'*Habrah*, qui porte dans son cours supérieur le nom d'*Oued-el-Hammam* (eaux chaudes), est formé par sept ou huit grands torrents qui viennent des montagnes de *Djafra* et dont deux passent l'un à Saïda et l'autre à Daya. Il traverse ensuite le pays des Hachem, laisse sur sa droite et sur l'un de ses affluents Mascara, traverse la plaine de Cirat et se joint au Sig à peu de distance de la mer, dans de vastes marais auxquels la Macta donne son nom. — Le *Sig* prend source, sous des noms divers, dans le pays des Angad, traverse la plaine de Mekerra, arrose Sidi-bel-Abbès, passe dans le pays des Beni-Amber, traverse de belles et fertiles plaines, arrose Saint-Denis et joint le Sig dans les marais de la Macta. — La rivière de la Macta finit dans le golfe d'Arzew.

L'*Oued-el-Melah* ou *Rio-Salado*, traverse la riche plaine de Zeïdour et finit entre le cap Figalo et l'île Rachgoun. C'est sur ses bords que périt le fameux Aroudj (Barberousse) dans un combat contre les Espagnols.

La *Tafna*, célèbre par le traité de ce nom, conclu

sur ses bords le 30 mai 1837, naît dans le pays des Angad, arrose Sebdou, traverse les groupes du Djebelaïa-Tlemcen, longe les montagnes des Traras et finit par une assez large embouchure en face de l'île Rachgoun. — Elle reçoit : l'*Oued-Abbas* qui passe à Lalla-Maghnia, premier poste français sur la frontière du Maroc ; le *Mouilah* qui se grossit de l'*Isly*, passant près de Ouchda, petite ville marocaine, et sur les bords duquel se livra la bataille du 13 août 1844 ; l'*Oued-Isser*, grand cours d'eau qui se grossit de la *Sikkak*, passe près de Tlemcen et traverse les riches prairies des Ouled-Mimoun.

L'*Adjeroud* est moins remarquable par l'étendue de son cours que comme limite entre la France et le Maroc ; il se jette dans la mer entre le cap Moulouïa et l'Oued-Moulouïa ; dans la partie supérieure de son cours, il se nomme aussi le *Kiss*.

Lacs. — Le littoral de la Méditerranée présente quelques lacs assez remarquables : le *Guerat-el-Malah*, le *Guerat-el-Oubeïrah* et le *Guerat-el-Hout*, près de La Calle ; ce dernier communique avec la mer ; près de Bône est le lac *Fezzara* qui occupe une surface de 10 lieues carrés, enfin près d'Oran se trouve la Sebka d'Oran et les salines d'Arzew.

Versant du plateau central.

Au plateau central appartiennent les fleuves ou plutôt les cours d'eau qui vont se perdre dans les cinq peuvent servir à désigner les bassins. Ces cinq bassins lacs intérieurs des Sbakh, de Chott-Saïda, de Zarez, de Chott-Chergui et de Chott-Gharbi, dont les noms constituent les hauts plateaux, que couvrent de beaux pâturages visités périodiquement par les tribus nomades. Le principal cours d'eau de cette région est le *Nador* qui passe à Géryville et se jette dans le Chott-el-Chergui.

Versant saharien.

Les principales rivières du Sahara sont : l'Oued-Djeddi, l'Oued-Mia, l'Oued-Nsa, l'Oued-Mzab, l'Oued-Seggar ou Brizina.

L'*Oued-Djeddi*, qui descend du Djebel-Amour, coule de l'Ouest au Sud-Est, passe à Aïn-Mahdi, à Laghouat, traverse un pays à peine habité et parcouru par les tribus nomades, arrive dans les Zibans où elle reçoit une multitude de petits cours d'eau descendus de l'Aurès et dont deux arrosent l'un Zaatcha et l'autre Biskra. Après avoir traversé les Zibans, l'Oued-Djeddi, après un cours de 500 kil., se jette dans le grand lac salé de Melghirgh, qui a plus de 160 myriamètres carrés de superficie.

L'*Oued-Mia* naît dans le Djebel-Baten et finit dans la Sebkha d'Ouargla.

L'*Oued-Nsa* coupe en deux le Mzab et finit à Ngoussa.

L'*Oued-Mzab* descend du Djebel-Mahiguen et va, comme l'Oued-Nsa, se perdre à Ngoussa.

L'*Oued-Seggar* ou *Brizina*, principal fleuve du Sahara au Sud-Ouest, traverse des pays presqu'entièrement inconnus et parcourus par des tribus nomades ; il finit dans un lac intérieur de l'empire du Maroc.

D'autres rivières coulent souterrainement pendant une partie de leur cours, disparaissant à un point pour reparaître à plusieurs kilomètres de là, alimentent les puits artésiens et vont se perdre, directement ou élargis en lacs, dans les sables du désert. Telles sont l'Oued-Rir, l'Oued-Souf, l'Oued-Itel, l'Oued-Oussen.

DESCRIPTION TOPOGRAPHIQUE.

Nous allons maintenant décrire l'Algérie dans l'ordre suivant : 1° Côtes ; 2° Versant méditerranéen ; 3° Versant du Plateau central ; 4° Sahara.

Côtes.

Les ports et défenses de la côte sont :

La Calle. — Petite place située sur un rocher isolé au fond d'une baie. C'est le centre des pêcheries de corail que la France a établies sur cette côte depuis le xvi° siècle. Elle fut abandonnée pendant la révolution, occupée par les Anglais de 1807 à 1816, détruite par les Turcs en 1827, rétablie et occupée par les Français en 1836. La Calle est située à 80 kil. de Bône et à 15 kil. environ de la frontière de Tunisie ; elle a 2,227 habitants, dont la principale industrie est la pêche du corail. Les quantités de corail pêchées annuellement sont évaluées, en moyenne, à 25,000 kilogrammes, produisant 8 à 10 millions de francs. Aux environs, sont les mines de fer de l'*Oued-el-Arough*, les mines de plomb de *Kef-oum-Theboul*, et plusieurs forêts de chênes-liége en pleine exploitation.

Bône. — 12,533 habitants, dont 4,119 indigènes, petite ville avec un bon port, située sur la côte orientale du golfe de ce nom, et construite par les Arabes avec les ruines d'*Hippone*, qui était à 2 kil. de là, sur la Seybouse. Une citadelle (Kasbah), située à 300 m. de la ville, commande la rivière et la rade ; quatre autres forts en gardent les approches. Bône a été occupée définitivement par les Français en 1832. Elle est à 156 kil. de Constantine et à 84 kil. de Philippeville. Bône est une des plus jolies villes de l'Algérie. Son territoire est fertile et suffisamment irrigué, riche en mines de fer et en forêts. La culture cotonnière y a pris aujourd'hui une grande extension. Le commerce de Bône consiste principalement dans l'exportation des céréales, huiles, cuirs, laines, cires, bestiaux, et minerais de fer aussi beaux que ceux de la Suède.

Philippeville, 8,137 habitants, est située non loin de l'embouchure du Saf-Saf, sur le littoral, entre Djigelli et Bône, à 83 kil. de Constantine et à 375 kil. d'Alger. Elle a été fondée en 1838, par le maréchal Valée, sur les ruines de Rusicada, cité romaine très-importante. C'est le lieu de transit et d'entrepôt de la plus grande partie du commerce entre la France et l'est de l'Algérie. Les objets exportés consistent notamment en grains, huiles, bois, liéges, bestiaux, laines, cuirs, minerais de fer, marbres, parmi lesquels ceux de *Filfila*, similaires de ceux de Carrare. Les environs de Philippeville, sont très-pittoresques et très-fertiles.

Stora, 895 habitants, petite bourgade à 5 kil. de Philippeville dont son mouillage a été longtemps le seul port.

Collo (*Collops magnus*), bourgade habitée par 300 Indigènes et quelques Européens, est défendue par un mauvais château ; son port servait, avant la fondation de Philippeville, de débouché à Constantine, mais aujourd'hui le commerce y est presque nul.

Djigelli, 1,959 habitants, à 105 kil. de Constantine et à 280 kil. d'Alger, petite ville forte sur une presqu'île rocheuse, près de laquelle débarquèrent les

Français en 1664, quand Louis XIV voulut fonder un établissement en Afrique ; elle a un bon mouillage. La France en a pris possession le 13 mai 1839. A peu près détruite par le tremblement de terre du 21 août 1856, Djigelli se relève aujourd'hui de ses ruines. Centre d'un commerce assez actif en laines, tissus, cuirs, bois et grains, elle deviendra sans doute une ville importante quand elle aura un port et des routes qui faciliteront l'exploitation de ses richesses forestières et métallurgiques.

Bougie, 2,518 habitants dont 958 indigènes, à 229 kil. de Constantine et 210 kil. d'Alger, petite ville fortifiée avec un bon port, ancienne capitale du royaume des Vandales, a appartenu aux Romains, sous le nom de *Saldœ*; puis aux Berbères sous celui de *Bedjaïa*, et a été dans le moyen âge une des villes saintes de l'islamisme ; prise en 1509 par les Espagnols, qui y bâtirent le fort Moussah et la Casbah, elle tomba en 1555 au pouvoir des Turcs et fut prise par les Français en 1833. Elle est dominée par le mont *Gouraya* (670 m.), sur lequel nous avons construit une forteresse.

Petite Kabylie. — Tout le pays, compris entre Bougie et Collo, forme ce qu'on appelle la Petite Kabylie. Il est couvert d'un réseau de montagnes généralement boisées et desquelles descendent une foule de ruisseaux. Aux flancs de ces mêmes montagnes sont bâtis de nombreux villages habités par une population indigène active et industrieuse.

Dellys, 3,552 habitants, à 110 kil. d'Alger, avec un port qui est le débouché d'une partie de la Kabylie occidentale et fait un assez grand commerce d'huiles et de fruits secs. Cette ville, qui existait déjà en l'an 1088, avait été bâtie par les Arabes sur les ruines de *Ruscurrum*, ancienne et importante cité romaine.

A Dellys, se rattache le fort de Tizi-Ouzou (col des genêts), destiné à couvrir la vallée de l'Oued-Sebaou et qui en est à 40 kilomètres.

Grande Kabylie. — Entre Dellys et Bougie, Sétif et Aumale, s'étend la Grande Kabylie, qui comprend une étendue de côtes d'environ cent quarante kilomètres. Elle est limitée au Sud par l'Oued-Akbou, qui coule au pied du Djurjura et va, sous le nom de Bedjaïa, jeter ses eaux à la mer sous les murs de Bougie. C'est aussi au pied du Djurjura que passe la grande communication de Constantine à Alger. La distance du cours supérieur de l'Akbou à la côte, c'est-à-dire la profondeur de la Kabylie, est de soixante kilomètres.

Alger. — Depuis le jour où, d'après la légende, les vingt compagnons d'Hercule le Lybien fondèrent le hameau d'*Icosium* (*Eikosi*, vingt), dont les Romains firent la capitale de la Mauritanie Césarienne, jusqu'au jour où Barberousse établit dans cette cité, relevée par les Berbères après avoir été détruite par les Vandales, le siége de sa domination; bien des siècles se sont écoulés, pendant lesquels le nom obscur d'Alger (*El Djezaïr*) a été éclipsé par ceux de Bougie, de Cherchell, d'Oran. Sa destinée politique commence au XVIe siècle avec le corsaire Baba-Aroudj, qui en devina la force et la future grandeur. Son frère Khaïr-ed-Din, en joignant la terre ferme aux îlots (el Djezaïr) du Nord, créa sa véritable puissance. En lui assurant un port, il en fit pour trois siècles le plus redoutable foyer de la piraterie.

Alger s'élève en amphithéâtre sur le versant oriental d'une ramification du Sahel, au fond d'une vaste baie, dont les caps Matifou et Pescade sont les extrémités, et qui n'est pas abritée contre les vents du Nord; elle figure une sorte de triangle équilatéral, d'une superficie de 50 hectares; un des côtés s'appuie sur la mer, et à l'angle opposé est la Casbah ou citadelle qui domine la ville, à 118 mètres au-dessus de la mer.

Son port, situé au fond d'une des plus belles rades de la Méditerranée, est presque tout entier une création des Français. Le *vieux port* que nous ont légué les Turcs n'a que 3 hectares d'étendue et ne pouvait par conséquent suffire au mouvement de la navigation de l'État et du commerce. Après de longues études, de regrettables hésitations n'ont pas permis de donner au port actuel toute l'étendue qu'il aurait dû avoir (*Extrait d'un rapport à l'Empereur.*); il se trouve pourtant dans des conditions assez satisfaisantes ; il a une superficie de quatre-vingt-dix hectares limitée par deux jetées dont l'une, celle du Nord, partant de l'ancien port turc, mesure 700 mètres, tandis que celle du Sud, partant du fort Bab-Azoun ou Ras-Tafoura, en a 1,235 ; il peut contenir 30 bâtiments de guerre et 300 navires marchands de 100 à 150 tonneaux. Un bassin de radoub et les magasins voûtés, docks gigantesques, qui supportent le boulevart de l'Impératrice, complètent le port.

Les fortifications d'Alger consistent en une enceinte bastionnée qui part du sommet de la Casbah et descend vers la mer sur deux lignes dont l'une, au N.-O., de 1,600 mètres, va à la plage Bab-el-Oued, au-dessus du Fort-Neuf, et l'autre, au S.-O. de 1,500 mètres, se termine au fort Bab-Azoun. Cette ligne de défense a un circuit de plus de trois quarts de lieues.

Entre le Fort-Neuf et le fort Bab-Azoun, s'étend le *Boulevart de l'Impératrice*, longeant la mer sur une ligne de 2,000 mètres. La première pierre de ce boulevart a été posée par S. M. l'Impératrice, le 18 septembre 1860, lors du voyage de LL. MM. à Alger.

Des forts et des batteries défendent la côte à l'Est et à l'Ouest d'Alger. Ce sont : le fort l'Empereur, la Maison-Carrée, le fort de l'Eau, le fort Matifou, le fort des Anglais, le fort de la Pointe-Pescade, les batteries et le poste-caserne de Sidi-Ferruch.

Alger, vu de la mer, offre tout d'abord à l'œil du voyageur un amas confus de maisons blanches, avec leurs terrasses pittoresques, s'étageant en amphithéâtre sur les flancs d'un contrefort du mont Bouzaréah que couronne la Casbah et dont la base est baignée par la mer, tandis qu'il se relie au Sahel par des croupes mamelonnées au Sud, et par les verdoyants coteaux de Mustapha à l'Est. A droite, la Salpétrière et l'hôpital du Dey déploient leurs vastes bâtiments et le quartier Bab-el-Oued étale ses nombreuses usines; à gauche, le quartier de l'Agha prolonge fort loin sur la côte l'ancien faubourg dont les constructions importantes, comprises aujourd'hui dans Alger, s'arrêtent au fort Bab-Azoun, assis sur un écueil; au-dessus apparaît au loin le fort l'Empereur. Au second plan se dessinent les monts Mouzaïa et les cimes neigeuses du Djurjura.

La ville se compose de deux parties bien distinctes: la ville haute, conservant encore son cachet arabe, qui disparaît cependant de jour en jour, et la ville basse, bâtie à la française.

Alger possède une industrie indigène et une industrie européenne assez développées; on y voit quelques usines remarquables: minoteries, fonderies, fabriques de tabac, brasseries.

Elle n'est pas seulement l'entrepôt du commerce de la province, mais encore celui d'une grande partie de l'Algérie. Les principaux éléments de ce commerce consistent dans l'importation des tissus, des vins, de la houille et des bois, et dans l'exportation des céréales en grains ou en farine, des tabacs, des huiles, des légumes, des bêtes à laine et des peaux brutes.

Sa population s'élève à 45,000 habitants dont 17,000 indigènes.

Distances d'Alger : à Paris, 1,644 kil.; à Marseille, 800 kil.; à Oran, 410 kil.; à Constantine, 422 kil.

Le massif sur le flanc oriental duquel Alger est bâtie est composé de collines régulières formant une sorte de presqu'île montagneuse presque circulaire dont le mont Bouzaréah est le point culminant, et qui sépare les embouchures de l'Arrach et du Mazafran. Ce massif est sillonné de ravins et de vallons fertiles et pittoresques, au milieu desquels sont disséminées de nombreuses maisons de campagne. Quelques beaux villages : Saint-Eugène, la Pointe-Pescade, au *Nord*; Mustapha-Inférieur, Mustapha-Supérieur, où se trouve la belle résidence d'été des Gouverneurs généraux; Hussein-Dey, au *Sud*; El-Biar, à l'*Ouest*, sont comme la banlieue d'Alger.

LA MITIDJA. — Au Sud du massif d'Alger est la plaine de la *Mitidja*, qui s'étend de l'Ouest à l'Est, du pied du mont Chenoua jusqu'au-delà du cap Matifou, sur une longueur de 96 kilomètres et une largeur moyenne de 22, ce qui lui donne une superficie d'environ 2,000 kilomètres carrés, soit 125 lieues carrées ou 200,000 hectares.

« On a beau, dit M. E. Fromentin, la parcourir à la française, sur une longue chaussée civilisée par des ornières, y trouver des relais, des villages, et de loin en loin des fermes habitées, c'est encore une vaste étendue solitaire où le travail de l'homme est imperceptible, où les plus grands arbres disparaissent sous le niveau des lignes, très-mystérieuses comme tous les horizons plats, et dont on ne découvre distinctement que les extrêmes limites. »

M. Mac-Carthy divise la Mitidja en trois parties très-distinctes : la *partie orientale*, limitée par l'Harrach, où se trouvent Rovigo, l'Arba, Rivet, le Fondouk, Bou-Hamedi, la Maison-Blanche, le Fort-de-l'Eau, Rouïba, la Reghaia, l'Alma, et dont le territoire est occupé en outre par les Khrachna et les Beni-Moussa; la *partie centrale*, où l'on trouve Blidah, Boufarik, Joinville, Montpensier, Dalmatie, Beni-Mered, Souma, Bouinan, Chebli, Birtouta, les Quatre-Chemins et l'Oued-el-Halleg; sa population indigène forme la tribu des Beni-Khrelil; la *partie occidentale* comprend les villages de la Chiffa, Mouzaïaville, Bou-Roumi, El-Affroun, Ameur-el-Aïn, Marengo, tous placés au pied de l'Atlas; les Hadjoutes occupent le milieu de cette troisième partie.

Sidi-Ferruch est une petite presqu'île célèbre par le débarquement des Français en 1830. Près d'elle et dans le massif d'Alger est Staoueli, où les Français battirent les Algériens, le 19 juin 1830, et où les trappistes ont fondé en 1843 un établissement agricole.

Cherchell (*Julia Cæsarea*), à 90 kil. d'Alger par mer et à 114 kilomètres par Blidah, petite ville avec un port assez bon, bâtie auprès des ruines de la ville romaine qui commandait la Mauritanie centrale. Elle est occupée par les Français depuis 1840.

Population: 3,266 habitants, dont 2,134 indigènes.

Cherchell est le marché maritime d'une partie de la Mitidja et de la vallée du haut Chélif, l'entrepôt de Milianah et de Teniet-el-Hâd et de toute la petite région kabyle qui s'étend des extrêmes limites occidentales de la Mitidja à l'Oued-Dahmous.

Ténès (*cartennœ*), à 80 kil. de Cherchell, à 53 kil. au nord d'Orléansville et à 140 kil. est-nord-est de Mostaganem; 2,300 habitants.

Placé à l'entrée du col par lequel la vallée du Chélif communique à la mer, Ténès est l'entrepôt naturel d'Orléansville et de Tiaret, deux marchés très importants. Ténès fait un grand commerce de grains, et il existe sur son territoire des mines de cuivre dont l'exploitation finira par être une de ses richesses principales.

Le Dahra (*nord*, en arabe). — C'est aux confins de la province d'Alger et d'Oran, entre Ténès, la mer et le Chélif, qu'est située cette contrée montagneuse, longue d'environ 25 lieues et large de 10, et habitée par des Kabyles. Les terres, remarquables par leur fertilité, sont bien cultivées ; la principale branche du commerce consiste dans l'exportation de figues sèches.

Mostaganem. — Ville très-commerçante, à 1 kil^s. de la mer, à 76 kil. d'Oran. Population 10,820 habitants. Bien que l'absence de tout mouillage pour les navires nuise beaucoup à son commerce, le rivage formé par des falaises rocheuses n'offrant aucune crique et étant battu par tous les vents du large, cependant cette ville exporte beaucoup de bestiaux, de grains, de laines, de peaux, de raisins et de figues. On y trouve quelques établissements industriels importants : minoteries, fabriques de pâtes alimentaires, tanneries, briqueteries, fabriques de tissus indigènes.

A 4 kil. de Mostaganem est *Mazagran*, célèbre par l'héroïque défense d'une compagnie du 1er bataillon d'Afrique, du 3 au 6 février 1840.

Arzew, à 37 kil. d'Oran, 1,033 habitants, petite ville fortifiée, avec une très-bonne rade, est occupée depuis 1837. La baie d'Arzew offre un excellent mouillage en toutes saisons. Autour de cette ville se trouvent réunis de sérieux éléments d'activité : plusieurs centres agricoles, les belles plaines du Sig et la vaste saline d'Azi-Bazin, à 14 kil. sud du port, qui donne au commerce, chaque année, plusieurs millions de kilogrammes de sel.

Oran, à 410 kil. d'Alger, ville bâtie sur un ravin qui la divise en deux parties, au fond d'une baie grande, mais peu profonde ; elle est entourée d'une forte muraille flanquée de tours, et est dominée à l'Ouest par le mont *Ramnra* (500 m.) qui a sur son sommet le fort *Sainte-Croix* en ruines, sur son flanc septentrional, les forts *Saint-Grégoire* et la *Moune*, voisins de la mer, et sur son flanc méridional une forte lunette; de plus la ville se termine de ce côté par la vieille Casbah. A l'est, on trouve la nouvelle Casbah, qui commande la basse ville et la rade, et au midi de cette forteresse le fort *Saint-André*, avec deux lunettes qui en défendent les approches. Plus loin, et dans la direction du ravin, est encore le fort *Saint-Philippe*, qui, uni au fort Saint-André par une muraille, commande une plaine de 28 à 32 kil. laquelle s'étend à l'est de la ville. Toutes ces fortifications, qui font d'Oran une place redoutable, sont l'ouvrage des Espagnols, qui ont pris cette ville en 1509, l'ont perdue en 1708, l'ont reprise en 1732, l'ont évacuée en 1791. Elle a été occupée définitivement par l'armée française le 17 août 1831. Depuis l'occupation, nous y avons construit de nouvelles défenses, des casernes, un arsenal, des magasins, etc. Sa population est de 17,370 habitants, dont 7,610 Espagnols et 3,898 Indigènes.

A l'exception du territoire dépendant de Mostaganem, toute la province envoie ses produits à Oran : grains, farines, pâtes alimentaires, laines, cuirs et peaux; tabacs en feuilles, coton, sparterie, garance, sumac, kermès. Oran a un petit port de commerce; mais ce port offre un mouillage peu sûr et ne sera fréquenté que lorsqu'on aura terminé les travaux importants dont on a, depuis plusieurs années, commencé l'exécution. Les gros navires et les bâtiments de l'Etat s'arrêtent à Mers-el-Kebir.

Mers-el-Kebir, le *Portus magnus* des Romains, 1,600 habitants, à 8 kil. d'Oran, est séparée de cette ville par la pointe de la Moune et lui est reliée par une belle route en partie taillée dans les rochers du rivage. Sa rade vaste et sûre, qui n'a pas d'égale sur toute la côte africaine, peut abriter cent vaisseaux de guerre. Elle est défendue par un fort triangulaire élevé sur un rocher proéminent dans la mer, et qui croise si bien ses feux sur ceux des forts Grégoire et la Moune, que son entrée ne peut être forcée. Avec Mers-el-Kebir, Oran est la meilleure station maritime et la position militaire la plus importante de l'Algérie; elle et pourrait devenir un second Gibraltar, surtout à cause de son voisinage de Carthagène, dont elle n'est éloigné que de 160 kil.

Nemours, 1,000 habitants, appelée aussi de son nom arabe *Djemma-Ghazaouat* (le nid des pirates), est située à 150 kil. d'Oran et à 34 kil. des frontières du Maroc, au fond d'une petite baie sur laquelle s'ouvre une longue et belle vallée. Elle est dominée au Sud par des roches abruptes sur lesquelles court son mur de défense, et à l'Est par un gros morne appelé *Montagne de Touent*, dont le sommet porte les ruines du village des anciens écumeurs de mer. Le commerce des grains y est devenu depuis quelques années assez considérable; il faut y ajouter l'exportation des produits des mines de Gar-Rouban et de Maziz; malheureusement le mouillage de Nemours n'est pas toujours d'un facile accès. Le port est néanmoins très-fréquenté par les balancelles espagnoles qui apportent de nombreux produits comestibles.

A 10 kil. S.-O. de Nemours, est le marabout de Sidi-Brahim, célèbre par la résistance héroïque d'un détachement français, en 1844, et par la soumission d'Abd-el-Kader en 1847.

A 12 kil. se trouve l'embouchure de la Tafna, vis-à-vis de laquelle s'élève l'*île de Rachgoun*, presque entièrement formée d'une masse de pouzzolane qui a été activement exploitée pour les constructions hydrauliques du port d'Oran. Sa superficie est de 1,600 hectares.

Versant méditerranéen.

Les principales villes et les localités les plus remarquables de cette région sont :

Souk-Ahras (le marché du bruit), 1,429 habitants, à 156 kil. de Constantine, à 100 kil. de Bône, à 76 kil. de Guelma, à 35 kil. de la Tunisie, au centre de la tribu des Hanencha, a été créé en 1856, par la seule initiative des colons qui vinrent se fixer autour du poste militaire établi sur ce point. L'heureuse position de Souk-Ahras, sur la jonction des routes de Tunis à Constantine et de Constantine à Bône, l'importance du commerce qui s'effectue avec la régence de Tunis, la quantité de grains et de bestiaux que fournit cette contrée, l'étendue des forêts environnantes, bois de construction et liége, un marché très-important, des terres de qualité supérieure, de grandes facilités pour l'élevage du bétail, des cours d'eau abondants et un climat des plus salubres : tels sont les avantages qui expliquent le développement rapide de ce centre.

Près de Souk-Ahras sont les ruines de *Thagaste*, où naquit saint Augustin, évêque d'Hippone.

Tebessa (Thevesta), petite ville d'origine romaine, habitée par 1,000 Arabes et 200 Européens, est située à 188 kil. de Constantine, à 226 kil. de Bône et à 16 kil. O. de la frontière de Tunisie, dans le pays des Nemencha, au pied des derniers mamelons N. du *Djebel-Ozmour*, contre-fort du *Djebel-Doukkan*, qui lui-même est une des nombreuses ramifications de la grande chaîne de l'Aurès, dans une belle et riche vallée arrosée par d'abondantes eaux. Les environs sont fertiles, les montagnes environnantes sont couvertes de forêts. Il s'y fait un grand commerce de laine, de bétail et de tissus indigènes.

L'*Aurès*, l'*Aourasious* des anciens, qui s'étend en partie au S.-E. de la route de Constantine à Tebessa, est un pâté montagneux d'une superficie d'un million d'hectares. Cette contrée fournit beaucoup de bois de construction, des fruits de toute espèce et surtout des noix renommées. Les parties centrale et orientale de l'Aurès sont, comme toutes les régions kabyles, parsemées de nombreux villages qui garnissent le fond de leurs longues vallées.

Guelma, 3,090 habitants, à 66 kil. de Bône, sur la rive droite de la Seybouse et à 100 kil. de Constantine, sur l'emplacement d'un camp permanent établi en 1836, non loin des ruines de la *Kalama* des Romains. Les terres sont d'excellente qualité et peuvent être facilement irriguées. Le marché aux bestiaux est le plus important de l'Algérie, et les trois provinces y envoient des acheteurs ; on y amène chaque année de 40 à 50 mille bœufs. L'industrie principale consiste en minoteries, tanneries et briqueteries.

A 14 kil. O. sont les eaux d'*Hammam-Meskhoutine* (le bain des maudits).

Aïn-Beïda (la source blanche), 500 habitants, au centre de la grande tribu des Haracta, à 106 kil. S.-E. de Constantine.

Constantine, l'ancienne *Cirtha*, en arabe *Ksentina*, est bâtie sur une presqu'île contournée par le Rummel et dominée par les hauteurs de Mansoura et de Sidi-Mecid, qui appartiennent à la chaîne limite du Tell et des grandes plaines centrales (les steppes). Le plateau sur lequel elle est assise a la forme d'un trapèze régulier qui a son angle le plus aigu tourné vers le midi, tandis que les trois autres font exactement face aux trois autres points cardinaux. La plus grande diagonale de ce plateau, dirigée du N. au S., présente une inclinaison de 110 mètres. Sur les deux faces du sud-est et du nord-est, ce plateau a été séparé du massif auquel il appartient par une déchirure profonde dans laquelle coule le Rummel. Sur le troisième côté, le terrain est très-escarpé. Le quatrième côté est le seul par lequel la ville soit facilement abordable.

La population s'élève à 35,000 hab., dont 6,000 Européens.

Centre politique d'un pays considérable, Constantine doit à sa position au milieu de la province et sur la route qui unit les oasis du sud-est de l'Algérie au littoral de la mer, d'en avoir toujours été le centre commercial. On évalue à 15 ou 16 millions de francs la valeur des transactions qui s'y opèrent chaque année. Sur son seul Marché aux grains, qui est le plus important de l'Algérie, il se fait annuellement pour 9 ou 10 millions d'affaires, et le droit de mesurage ne rapporte pas moins de 250,000 fr. par an à la municipalité.

En dehors du commerce fait par les Européens et les Indigènes, deux grandes industries se partagent en quelque sorte la population indigène de Constantine : la fabrication des ouvrages en peau, qui occupe des tanneurs, des selliers et des cordonniers; la fabrication des tissus de laine, qui est plus importante encore que la précédente, et comprend cinq sortes de produits : les haïks, les burnous, les gandouras, les tellis et les tapis. On peut évaluer à 50,000 le nombre des haïks et à 25,000 celui des burnous fabriqués annuellement à Constantine. En somme, on doit dire qu'il n'existe pas de ville en Afrique dont la population soit plus laborieuse et plus active.

MILAH, 2,500 hab., ville encore tout arabe, qui représente l'ancienne *Mileum* des Romains, dans une fraîche vallée, à 36 kil. N.-O. de Constantine, sur la route de Sétif. Poste militaire.

DJEMILAH, sur les ruines de l'ancienne *Cuiculum*, à 92 kil. de Constantine et 32 de Sétif. Poste militaire.

SÉTIF, ville toute moderne, élevée sur les ruines de *Sitifis*, l'une des capitales de l'Afrique romaine, à 130 kil. O. de Constantine et 82 kil. S.-E. de Bougie.

Sa position est aussi remarquable au point de vue stratégique qu'au point de vue économique ; au point de vue stratégique, elle est, avec Aumale, la clé des grandes communications entre l'occident et l'orient du Tell algérien ; elle est, avec Bougie, Djigelli et Constantine, l'un des nœuds du réseau qui entoure les massifs de la petite Kabylie ; elle surveille enfin toutes les parties du Sahara situées entre les routes de Constantine à Biskra, de Boghar à Laghouat. Au point de vue économique, elle est l'entrepôt des fertiles plaines de la Medjana et du Hodna, et elle voit se dérouler autour d'elle une vaste et fertile région qui est propre aux cultures les plus variées. Sur ce territoire sont établis les villages de la Compagnie genevoise.

La population de Sétif est de 3,500 hab., dont 1,200 indigènes.

Grand commerce de chevaux, mulets, moutons, grains, et de tous les produits du Hodna et de la grande Kabylie.

BORDJ-BOU-ARIRIDJ, à 215 kil. d'Alger, à 62 kil. O. 1/4 S.-O. de Sétif, sur la route d'Aumale, à peu près au centre du bassin de la *Medjana*, formé de plaines plates ou ondulées, et connu depuis des siècles pour sa fertilité proverbiale.

Ce poste, autour duquel sont groupés 500 habitants, dont la moitié Européens, commande la route des Portes de fer.

Les *Biban* ou *Portes de fer*, à 40 kil. N.-O. de Bordj-bou-Ariridj, sur la route de Constantine à Alger par Sétif, sont formées par des roches verticales au fond desquelles coule l'*oued Mekhlou*. C'est le 28 octobre 1839, qu'une colonne composée de 3,000 hommes, sous les ordres du maréchal Valée et du duc d'Orléans, effectua le passage de ces redoutables roches que les Turcs n'avaient franchies qu'en payant tribut, et où n'étaient jamais parvenues les légions romaines.

AUMALE, 2,875 hab., à 111 kil. d'Alger et à 112 kil. de Médéah, bâtie en 1846 au pied N. du Djebel-Dira, sur les ruines de l'ancienne *Auzea*, dont l'enceinte avait reçu des Arabes le nom de *Sour-el-Gozlan* (le fort des gazelles). Elle est très-importante par sa position à l'entrée de la Grande Kabylie et sur la grande route du Djurjura aux Ouled-Naïl. C'est la voie de communication la plus courte entre Alger et ce qu'on appelle le petit désert.

Il se fait à Aumale un commerce très-important de chevaux, mulets, bestiaux, ainsi que de laines, tissus, cuirs et peaux.

D'Aumale dépendent le BORDJ-BOUIRA (fort du petit puits) et le BORDJ DES BENI-MANSOUR, deux postes installés dans la grande et belle vallée de l'Oued-Sahel. Le premier est situé à 35 kil. au N.-N.-E. d'Aumale, au pied du Djurjura et sur un plateau qui domine la rive gauche de la rivière ; le second est à 40 kil. plus bas, sur la rive droite du fleuve.

FORT-NAPOLÉON. — La première pierre du Fort-Napoléon a été posée par M. le maréchal Randon, le 14 juin 1857, anniversaire du débarquement de l'armée française en Algérie. Il est placé au centre du pays des Beni-Iraten, sur un plateau élevé de plus de 800 mètres au-dessus de la mer, à 25 kil. de Tizi-Ouzou, au lieu dit en arabe *Souk-el-Arba*, d'un grand marché qui s'y tient le mercredi.

A 10 kil. S. du Fort-Napoléon, sur la rive gauche de l'oued Beni-Aïssi, chez les *Beni-Yenni*, est AÏT-LHASSEN, grand village habité par 4 à 5,000 Kabyles, renommés dans tout le pays comme fabricants d'armes et de bijoux.

DRA-EL-MIZAN (le contre-fort de la balance), au S.-S.-O. de Tizi-Ouzou, dans la vallée de l'Oued-Tamdirat, à 25 kil. du gué de l'Isser, sur la route de Dellys, et à 95 kil. d'Alger, a été créé en 1855 pour surveiller la Kabylie occidentale.

BOUFARIK, 4,000 hab., au centre de la Mitidja, entre Alger et Blidah, à 34 kil. S. de cette dernière ville. Sol d'une fertilité rare, céréales, tabacs, vignes, oliviers, mûriers. Grand commerce de bestiaux.

BLIDAH, 6,912 hab., est située à l'extrémité S. de la plaine de la Mitidja, à 48 kil. d'Alger, sur les pentes d'un renflement du sol appartenant à la base des montagnes voisines, à l'entrée de la profonde vallée de l'Oued-Sidi-el-Kebir, dont elle borde le large ravin.

On y voit de nombreuses orangeries dont les produits sont, avec les grains, les farines, les bestiaux et le plâtre, l'objet d'un commerce important.

MÉDÉAH (*El-Media*, corruption du mot berbère Lemdia), 7,500 hab., à 90 kil. d'Alger et à 42 kil. de Blidah, sur un plateau incliné au S.-E., dont le sommet s'élève à 940 mètres au-dessus du niveau de la mer. Elle doit à sa grande élévation une végétation qui n'a rien d'africain et qui est, au contraire, tout européenne : les ormes, entr'autres, y sont très-nombreux. Ses environs, d'ailleurs charmants, sont couverts de vignobles qui donnent des vins déjà renommés et dont la qualité s'accroît tous les jours. La culture des céréales y est aussi fort belle et alimente plusieurs minoteries.

Ancienne capitale de la province de Titeri, Médéah est restée le principal entrepôt des bestiaux, des laines et des grains de la contrée.

A 10 kil. N.-O. est le village de MOUZAÏA-LES-MINES, 370 hab., au pied du versant méridional de l'Atlas, entre les gorges profondément déchirées de la Chiffa, à l'Est, et les rampes ravinées du *Teniah* (col) de Mouzaïa, à l'Ouest. Il a été créé par l'industrie métallurgique dont l'établissement principal le commande. Le *teniah* ou col de Mouzaïa, haut de 1,043 mètres, a été le théâtre de plusieurs glorieux mais sanglants combats, de 1840 à 1841, contre les bataillons réguliers d'Abd-el-Kader.

KOLÉAH 2,700 hab., à 37 kil. d'Alger, sur un plateau qui domine toute la Mitidja, à quelque distance du Mazafran, dans un des plus beaux sites de la province. C'est la *ville sainte* de l'Algérie centrale.

BOGHAR (La Grotte), 400 hab., poste militaire à 50 kil. de Médéah, sur la pente rapide des parties supérieures d'une montagne qui forme à l'ouest l'entrée de la vallée du Chélif dont elle commande les abords, à 900 mètres au-dessus de la mer.

Vis-à-vis de Boghar est BOUKHRARI (et non Boghari) village indigène cramponné sur un rocher aride à 200 mètres au-dessus du Chélif. Il sert de comptoir et d'entrepôt aux nomades, et il est naturellement devenu le centre des affaires qui se font entre cette partie du Tell et le Sahara.

MILIANAH, 5,300 hab., dont les deux tiers indigènes, sur un plateau que forme le flanc sud du Zakkar, à 900 mètres environ au-dessus du niveau de la mer, à 118 kil. d'Alger. Au sud de la ville s'étend la fertile vallée du Chélif. Le territoire de Milianah est un des plus abondamment arrosés de l'Algérie. La multiplicité des chutes d'eau y a favorisé le développement de l'industrie minotière.

A 60 kil. S.-S.-O. de Milianah est TENIET-EL-HAD (le col du marché du Dimanche), poste militaire assis sur un mamelon, à 10 kil. des plateaux de Sersou. Près de là est une magnifique forêt de cèdres remarquables par leurs gigantesques dimensions (5 à 6 mètres de circonférence sur 18 à 20 mètres de hauteur).

ORLÉANSVILLE, 1,500 habitants, création toute française, sur un sol plan qui domine la rive gauche du Chélif à 210 kil. d'Alger, 92 de Milianah et 55 de Ténès. Elle est à l'une des extrémités de cette partie de la vallée du Chélif qui, semblable à un détroit, joint les deux bassins du fleuve. Son marché arabe réunit tous les dimanches environ 10,000 indigènes, qui amènent des chevaux, des bestiaux, et apportent des denrées de l'Ouarensenis, et du sel venant du Sud. L'apport de chaque marché peut être estimé à 300,000 fr.

Tiaret (*La Station*), 700 habitants, fondée le 21 avril 1843, sur un groupe qui appartient aux dernières pentes du Djebel-Guezzoul, à 124 kil. de Mascara et à 226 d'Oran.

Maskara, 7,500 habitants dont 2,500 européens, à 96 kil. S.-E. d'Oran, et à 74 au sud de Mostaganem, sur le versant méridional de la première chaîne de l'Atlas, appelé *Chareb-er-Rih, la lèvre du vent*, de ce que les brumes de l'hiver et les brises du Nord n'y arrivent qu'après avoir franchi cette chaîne qui cache les horizons de la mer. Le sol et le climat y sont également favorables à la culture des céréales, du tabac, de la vigne et de l'olivier. La culture de la vigne surtout a pris de grands développements et fournit un vin renommé. Le commerce des farines, des huiles, de la laine et des chevaux y est également important. On fabrique à Maskara des burnous noirs, dits *zerdani*, qui ont conquis dans toute l'Algérie une juste réputation d'élégance et de solidité.

Au S. de Maskara est la belle plaine de l'*Eghris*, occupée par les Hachem.

Saïda (*L'Heureuse*), 300 habitants, est située à 80 kil. sud de Maskara, à la base des longues crêtes qui limitent vers le Nord les hauts plateaux, au milieu d'un riche pays de terres labourables et de bois. Ce poste a été créé en 1854.

Saint-Denis-du-Sig, 2,250 habitants, petite ville fondée par un arrêté du 20 juin 1845, à 52 kil. d'Oran vers l'E.-S.-E., sur la rive droite du Sig, et à 2 kil. et demi au dessous d'un beau et grand barrage en maçonnerie qui, par des canaux de plus de 30,000 mètres de développement, permet d'arroser en hiver 3,200 hectares et, en été, 800 hectares. Foyer d'activité de la plaine qu'arrose et fertilise le Sig, Saint-Denis est devenu naturellement un important marché où affluent chaque dimanche 7 à 8,000 Arabes et les Européens des centres voisins.

Dans les environs est la forêt de *Bou-Ziri*, d'une contenance de 4,000 hectares.

Sidi-bel-Abbès, 5,000 habitants, jolie ville créée en 1849, dans une vaste plaine, sur la rive droite de la *Mekerra*, au S.-E. du Djebel-Tessala, au milieu des *Beni-Amer*.

Daïa (*La Mare*), à 71 kil. S. de Sidi-bel-Abbès, au milieu d'une forêt de pins et de chênes, à la tête des eaux de l'Habra, occupée depuis le 24 avril 1845, est un poste-magasin, sur la route d'occupation des hauts plateaux, entre Sebdou et Saïda.

Aïn-Temouchent (l'ancienne *Timici* des Romains), 990 habitants. Petite ville fondée en 1851, sur un plateau au pied duquel coule l'Oued-Senán, à 70 kil. d'Oran et à 60 de Tlemcem. Le pays environnant se nomme Zidour et appartient aux Ouled-Khralfa.

A 20 kil. d'Aïn-Temouchent est le village d'*Aïn-Takbalet*, près duquel sont des carrières de travertin calcaire ou marbre onyx translucide.

Tlemcem, ville de 17,500 âmes dont 3,000 Européens, à 130 kil. d'Oran, est assise sur un plateau, premier gradin des montagnes de Lella Setti, qui la dominent au Midi, au dessus d'une belle plaine qu'ombragent çà et là les plus vastes plantations d'oliviers qu'il y ait dans les trois provinces. Tlemcem est jusqu'à présent une ville spécialement agricole; elle fait un commerce important en grains, huiles, laines. Elle était autrefois la capitale d'un royaume qui, s'étendant jusqu'à la rivière de Bougie, embrassait toute la moitié occidentale de l'Algérie.

Sebdou (*La Lisière*), à 35 kil. au sud de Tlemcem, au milieu d'une vallée qu'embellissent de grands bois.

C'est entre ce premier poste à l'O. et Teniet-el-Hâd à l'E., que sont jalonnées, sur la route dite des Hauts-Plateaux : Daïa, Saïda, Tiaret.

LALLA-MAGHNIA, 600 hab., à 14 kil. E., 10 kil. N.-E. de la frontière marocaine et à 24 kil. N.-E. d'*Ouchda*, à 54 kil. O.-N.-O. de Tlemcen et à 38 kil. S. de Nemours, est placée au pied Sud d'une chaîne de petites montagnes séparées du massif du Filaoucen par la vallée de la Moulouïa. Elle fait un grand commerce de laines, de tissus, de céréales, de chevaux, de mulets et surtout de bestiaux.

Sur la frontière même du Maroc sont les mines de Gar-Rouban, dont les exportations se font par le port de Nemours.

Versant du plateau central.

BATHNA (le *Bivac*), 2,000 hab. dont 500 indigènes, à 120 kil. de Constantine et à 1,021 mètres au-dessus du niveau de la mer, dans une vaste plaine qu'enveloppent les montagnes boisées de l'Aurès et des Ouled-Soltan, a été élevée par les Français en 1844, pour dominer le massif de l'Aurès et la principale route du Tell au Sahara.

A 5 kil. de Bathna est une magnifique forêt de cèdres de 4,000 hectares.

A 10 kil. S.-E. est le petit village de LAMBÈSE, où se trouve une maison centrale de détention pour les condamnés indigènes.

BOU-SAADA, 3,000 hab., ville indigène à 160 kil. de Sétif et 320 kil. de Constantine, prise par les Français le 15 novembre 1849, est située dans le bassin du Hodna. Elle est en relation journalière avec Alger par Aumale et entretient de plus une correspondance active avec Médéah, Constantine, Biskra, Tougourt, Laghouat, etc.; son marché donne lieu à un roulement d'affaires annuelles de 5 à 600,000 francs.

Msila, petite ville de 250 à 300 maisons, à 45 kil. de Bordj-bou-Ariridj, à 75 kil. N.-E. de Bou-Saada et à 115 kil. d'Aumale. Ses habitants fabriquent des haïks et des burnous légers ; la sellerie qu'ils confectionnent est aussi très-estimée.

Djelfa, au centre des Ouled-Nayl, à 314 kil. d'Alger et à 111 kil. de Laghouat, est placée à 1,100 mètres au-dessus du niveau de la mer, dans le bassin du Zarez, sur une pente peu inclinée à l'est du Djebel-Senalba, couvert de vastes forêts, et du Zebdeba, aujourd'hui connu sous le nom de *Redoute Lapasset*.

Ain-bel-Khrelil, à 320 kil. d'Oran, derrière le Chott de l'Ouest. Cette redoute, située dans une plaine, à 1,100 mètres d'altitude, a été élevée pour assurer la tranquillité d'un pays fréquemment troublé, en attendant que nous puissions occuper Figuig, le véritable angle Sud-Est de l'Algérie.

Versant saharien.

Entre le pied du flanc méridional de l'Aurès, celui des montagnes du massif saharien qui leur fait suite, le cours inférieur de l'Oued-Djedi et les bas fonds où s'infiltrent ces dernières eaux, s'étend la plaine des Zâbs ou Zibân, qui a une longueur de 150 kil. sur 18 à 45 de largeur. Les Zibân se composent de 38 villes et villages et de 18 tribus, dont la population peut être évaluée à 100,000 hab. Biskra en est le chef-lieu.

Biskra (ancienne Oueker des Romains), 4,000 hab., à 26 kil. de Batkna, au milieu d'une forêt de 140,000 palmiers et de 6,000 oliviers, entre lesquels les indigènes font du jardinage et un peu de céréales.

Les Zibân appartiennent à la lisière du Sahara ; en passant l'Oued-Djedi et poussant droit au sud de leur partie centrale, on pénètre de plus en plus au sein de cette région extraordinaire, et à 96 kil. de Biskra on aborde les premières oasis de l'Oued-Rir.

L'*Oued-Rir* est une suite d'oasis situées très-près les unes des autres sur une largeur de 130 kil., jusqu'à Temacin; elle comprend 70 villages et hameaux dont les principaux sont :

Tougourt, 3,000 hab., au milieu d'une plaine légèrement ondulée, à 220 kil. sud de Biskra.

Temacin, 3,000 hab., au milieu d'un épais bois de dattiers, à 16 kil. de Tougourt. Elle est entourée comme cette dernière, d'un mur à peu près circulaire d'un développement d'environ 1,500 mètres.

A 152 kil. de Tougourt et à 800 kil. d'Alger, au centre d'une vaste forêt de palmiers, est Ouargla, une des plus célèbres cités de l'Afrique septentrionale. Depuis le xe siècle, tous les écrivains arabes en parlent, et son nom est inscrit sur nos plus vieilles cartes. Sa population, qui s'est élevée jadis à 20 ou 25,000 âmes, est à peine aujourd'hui de 7,000 habitants, presque tous ayant les couleurs et les traits de la race nègre.

A 100 kil. E.-N.-E. de Tougourt est l'oasis de l'*Oued-Souf*. C'est un ensemble formé d'une petite ville El-Oued, ayant 400 maisons, et de six villages de 150 à 200 habitations, dispersées au milieu de dunes de sable où l'on a installé les plantations de palmiers, qui font, avec le commerce, toute la richesse d'une population de 36 à 38,000 âmes. Les *Soufa*, les gens du Souf, sont d'ailleurs d'intrépides négociants que l'on rencontre sur toutes les routes du désert.

Dans la province d'Alger, les steppes s'étendent jusqu'aux crêtes qui dominent Laghouat. C'est à Laghouat que l'on entre dans le vrai Sahara, le Sahara oasien, et on y est toujours jusqu'aux dernières limites de la province jusqu'à 125 ou 150 kil. au-delà d'El-Goléa, le chef-lieu des Châmba, jusqu'aux confins du Touât et des territoires Touâregs.

La confédération des Laghouatis comprend, outre

Laghouat, les cinq ksours de Tadjemout, Aïn-Madhi, El-Haoueta, El-Assafia, Ksar-el-Haïran.

Laghouat, 4,000 hab., à 456 kil. d'Alger et à 250 kil. de Boghar, au milieu de vastes jardins de palmiers (25,000 pieds environ). Première grande étape de la route de Tombouctou et des régions de l'Afrique intérieure, cette ville est l'entrepôt d'un commerce assez considérable.

A 128 kil. S.-E. de Laghouat, on rencontre la première des villes du Mzab. Le Mzab est un immense filet de rochers et de rocailles dont les mailles sont formées en relief par des crêtes découpées en tout sens. Il n'y a un peu de végétation que le long des ravins; le reste est d'une aridité complète. Les Mzabis sont les descendants des *Bibadites*. Ceux-ci, que leurs doctrines signalaient à la haine fanatique des populations arabes orthodoxes, ayant été chassés du Tell, au XIe siècle, à la suite de guerres acharnées, vinrent chercher une retraite au milieu des vallées sinueuses et de difficile accès où se cachent les premières eaux de l'Oued-Mzab, dont ils prirent le nom.

Gardeaïa, chef-lieu de la confédération de l'Oued-Mzab, à 620 kil. d'Alger, est une ville d'au moins 10 à 12,000 âmes, qui dispose d'environ 3,000 fusils. Les jardins de dattiers (80,000 pieds environ) et les champs d'orge sont arrosés par des puits quelquefois très-profonds (40 mètres). L'industrie et le commerce ont une certaine importance.

Au-delà des Beni-Mzab, il y a encore quelques lieux habités, tels que Metlili et El-Goléa, appartenant aux Chamba, tribu arabe qui, par sa merveilleuse connaissance des solitudes Sahariennes, son audace et son courage, a tenu en échec, pendant de longues années, les puissantes populations touarègues.

Metlili est à 34 kil. S. de Gardeïa, et El-Goléa à 200 kil. S.-S.-O. de Metlili. De même que dans l'Est

Ghadamès est un point de relâche pour arriver aux oasis du Fezzan et à Rât, chez les Touâreg, de même dans l'Ouest El-Goléah est une des grandes étapes par lesquelles on arrive aux oasis du Touât et à Tombouctou.

La partie du massif Saharien comprise dans la province d'Oran forme, à son extrémité orientale, ce pâté montagneux, coupé de vallées sinueuses, d'environ 700,000 hectares de superficie, appelé *Djebel-Amour*.

Dans le reste de son développement, ce massif semble composé de longues murailles parallèles, courant invariablement vers le sud-ouest, avec l'inflexibilité d'une ligne droite, rocheuses, nues, abruptes, tantôt jaunes, tantôt rougeâtres, laissant entre elles des vallées qui ressemblent à de longs défilés.

Les principales localités de cette région sont :

Géryville, à 150 kil. S. de Saïda et à 180 kil. de Laghouat; Stitten, à 14 kil. de Géryville; Rassoul, Brezina.

CLIMATOLOGIE.

On appelle *climat* d'un lieu la réunion des phénomènes atmosphériques, terrestres, maritimes, etc., qui, combinés avec la position astronomique, déterminent la température de ce lieu. Si la terre était parfaitement homogène, les différences de température n'auraient d'autre cause que les différences de latitude ; mais le degré de la chaleur solaire, la constitution géologique du terrain, son élévation au-dessus du niveau de la mer, sa pente naturelle et son exposition, la disposition de ses montagnes par rapport aux points cardinaux, le rapport de la terre ferme aux eaux, la proximité ou l'éloignement de la mer, la nature particulière et la direction des vents, enfin l'état de la culture du sol, apportent au climat des modifications importantes.

Cette notice est extraite, pour la plus grande partie, de l'*Hygiène de l'Algérie*, par M. le docteur Marit, médecin principal de l'armée d'Afrique, professeur de pathologie médicale à l'École de médecine d'Alger. Nous avons aussi emprunté de nombreux renseignements à l'intéressant ouvrage de M. le docteur E. Bertherand, intitulé : *Médecine et hygiène des Arabes*.

On a beaucoup trop souvent jugé le climat de nos possessions algériennes d'après les observations premières relevées sur le littoral. Il faut tenir compte de la nature des trois régions qui divisent le pays et des caractères qui sont propres à chacune d'elles. Ces trois zones distinctes, auxquelles correspondent trois climats, sont : 1° celle du littoral et des plaines basses où prédominent les affections scorbutiques et les fièvres intermittentes ; 2° celle des montagnes où les affections cutanées sont prédominantes ; 3° celle des versants montagneux et des plaines du Sud où les ophtalmies et les affections cérébrales sont très-fréquentes.

La chaleur augmente à mesure qu'on se rapproche de l'équateur, de même qu'elle diminue suivant la hauteur. L'influence de l'élévation du sol est telle qu'on a vu dans cette Algérie, au nom de laquelle s'attache toujours l'idée d'une chaleur torride, nos soldats avoir moins à lutter contre les Arabes que contre les raffales de neige et contre un froid assez intense pour geler les pieds, les mains, les lèvres d'un grand nombre d'entr'eux (première expédition de Constantine, en novembre 1836 ; expédition du Bou-Taleb, en décembre 1845).

Pour constater la température d'un pays, on se contente généralement d'observer un thermomètre à l'ombre et au nord, la colonne de mercure indique alors le degré de chaleur. Cette manière de faire est insuffisante, en ce que la place où est fixé l'instrument est précisément celle où se trouvent le moins souvent les personnes qui habitent les pays chauds, et, si un petit nombre peut profiter des bienfaits d'une semblable exposition, il ne constitue qu'une faible minorité au milieu d'un peuple que des occupations nombreuses exposent aux diverses impressions atmosphériques. Qu'importe au cultivateur, au soldat, de savoir qu'il y a 30 degrés à l'ombre et au nord, quand il est exposé une partie de la journée, à une température qui varie de 45 à 50 degrés et même plus. Evidemment, un semblable procédé ne peut convenir qu'aux oisifs et aux personnes que leurs travaux n'exposent jamais aux effets d'une insolation prolongée, catégorie qui ne constitue malheureusement pas la majorité de la population. Aussi nous avons indiqué, autant que possible, la température propre aux différentes conditions où se trouvent les Européens en Afrique.

Quand, à l'ombre et au nord, le thermomètre marque 26 degrés, au soleil et à l'air il monte à 36 et 40 degrés, tandis qu'à une exposition sud il s'élève à 50 et 55. Ces différences sont encore plus marquées dans les plaines basses et encaissées, où la chaleur est étouffante le jour, ainsi que dans les régions sablonneuses. Au mois d'août 1853, à Laghouat, le thermomètre oscillait à l'ombre entre 46 et 48 degrés, tandis qu'à l'extérieur il atteignait, au soleil, près de 70 degrés. A Djigelli, le thermomètre qui marque 30° à l'ombre, donne 55 à 60° au soleil, dans un lieu abrité.

Sur les lieux élevés et ne ressentant pas le souffle de la brise, les variations sont grandes; ainsi, le 3 octobre 1853, le thermomètre marquant, à Laghouat, à quatre heures du matin, 13 degrés, était, à midi, à 36 degrés. A Aïn-Turc, à sept lieues à l'ouest de Sétif, en 1840, on a constaté, dans l'espace d'une heure, une variation de température de 23°; à deux heures de l'après-midi, le thermomètre marquait 38°; à trois heures, un orage éclatait, il tombait une grêle abondante, et le thermomètre descendait à 15°. A Biskra, M. le docteur E. Berthorand a constaté, dans une même journée, plus de 20° de température entre le minimum de huit heures du matin et le maximum de une à deux heures; et le docteur Verdalle a évalué de 30 à 32° le changement de température que l'on y supporte dans un espace de douze heures, en mai et juin, de trois heures de l'après midi à trois heures du matin. A Ouargla, au mois de février, on a vu le thermomètre qui marquait, à huit heures du matin, 7 degrés monter, le même jour, à deux heures de l'après-midi, sous les palmiers, à 55°. Dans l'expédition de mars 1853, aux environs de Tuggurt, on a eu des nuits extrêmement fraîches (jusqu'à 5°), et le thermomètre montait dans le jour jusqu'à plus de 52° à l'ombre. Dans un bivouac, aux tournieî de l'Oued-bou-Sellam, le 25 mai 1840, à six heures du matin, on trouvait la rosée de la nuit congelée sur l'herbe ; à onze heures, on avait à l'ombre 25° ; et trois heures après, 32° 50. A Zurich, colonie agricole du district de Cherchell, le docteur Fontez a vu le thermomètre centigrade monter, à midi, jusqu'à 60° et n'en marquer que 16 ou 20 à cinq heures du matin. A Mostaganem, les maxima et minima mensuels, observés à dix heures du matin et à quatre heures du soir, donnent en mars et en octobre une différence de 18° environ. A Oran, cette différence a été de plus de 18° dans les mois de mars, juillet et octobre. Dans la plaine de la Mitidja, on a vu le thermomètre, au soleil, à 56° ; et, pendant les nuits les plus chaudes, c'est tout au plus s'il se maintient à 18°, 24° ; différence, en quelques heures, de 30 à 35°.

Ces chiffres sont importants à connaître, parce que le séjour, nous le répétons, à l'ombre et au nord, n'est pas la condition ordinaire de la plupart des habitants de l'Algérie ; aussi les moyennes ont de grands inconvénients, et l'observation, pour avoir de bons résultats, doit surtout faire connaître les dispositions extrêmes de l'air, ainsi que leur durée, aux diverses époques de l'année.

La fréquence et l'intensité des variations de température nous expliquent pourquoi les Arabes portent constamment des vêtements de laine, et pourquoi, ce qui étonne très-fort certains petits journaux de l'Algérie, ils n'adoptent pas les vêtements européens. Les indigènes ont depuis longtemps très-bien remarqué que les Européens supportent difficilement les grandes chaleurs du pays. Aussi Abd-el Kader, montrant le soleil à ses soldats, s'écriait, en juillet 1836 : « Voilà le plus fatal ennemi des chrétiens. »

Outre la variation régulière qui constitue en moyenne une élévation de 5 à 6 degrés, entre le matin et le milieu du jour, il y a encore de brusques oscillations dans les hautes régions et même sur le littoral ; souvent elles sont instantanées et produisent une sensation peu en rapport avec le thermomètre.

La chaleur, avons-nous dit, varie selon l'exposition et la configuration du sol. Insupportable au milieu des sables et dans quelques plaines basses et fermées, la température est douce sur le rivage et glacée sur les montagnes et plateaux qui restent couverts de neige une partie de l'année. Ce n'est qu'en juillet que les fortes chaleurs se font sentir.

Voici quel est le maximum de la chaleur dans diverses stations de l'Algérie :

LOCALITÉS.	ALTITUDES.	MAX. DE TEMP.
Alger	25 mètres	32 degrés
Biskara	80 —	50 —
Blidah	250 —	40 —
Bône	littoral	38 —
Bouçada	580 —	43 —
Constantine	644 —	40 —
Guelma	300 —	40 —
Koléah	150 —	36 —
Lagbouat	750 —	47 —
Mascara	600 —	38 —
Médéah	900 —	36 —
Milianah	750 —	38 —
Oran	55 —	30 —
Orléansville	150 —	45 —
Sétif	1100 —	38 —
Tlemcen	800 —	35 —
Tuggurt	10 —	50 —

Ainsi, sur la côte, le maximum ne varie habituellement que de 30 à 32; mais, cependant, il s'élève à 35 et même 40 degrés quand souffle le siroco. Dans l'intérieur, sur les plateaux élevés, le maximum est de 38°, tandis que dans les plaines, il est de 45°. Enfin, dans le Sahara, il atteint 50°.

Sur les côtes, la température est assez uniforme, c'est-à-dire qu'elle varie peu d'un jour à l'autre pendant les diverses saisons, à cause du vent de mer qui raffraîchit l'air et du voisinage de la Méditerranée dont les eaux s'échauffent lentement en été et enlèvent une partie du calorique de l'atmosphère pour se mettre en équilibre avec elle. On trouve cependant des exceptions à cette règle générale ; elles dépendent de l'altitude et de l'exposition du sol ; d'autres circonstances (l'état du ciel et la direction des vents) n'y sont pas étrangères.

Ainsi, quand souffle le nord-ouest poussant sur le littoral les vapeurs condensées sous formes de nuages, les abaissements de température sont très-prompts.

Lorsque le temps se couvre subitement, on éprouve un froid humide qui réclame les mêmes précautions que la sensation de fraîcheur consécutive au coucher du soleil.

Ces variations sont souvent sensibles, en hiver, alors que l'état du ciel et une lumière resplendissante appellent les habitants à jouir de ces belles journées qui n'ont pas d'équivalents en Europe.

Fréquentes dans l'intérieur, ces vicissitudes sont plus rares sur le littoral. Là où les vents du nord et la brise ne se font pas sentir, la température est plus élevée, parce qu'au calorique propre du soleil se joint celui dû au rayonnement.

L'altitude exerce une grande influence sur la chaleur ; ainsi, les points élevés sont des lieux agréables en été, à cause des courants qui renouvellent sans cesse l'atmosphère.

L'air des plaines et des montagnes est encore en rapport avec leur exposition au vent du sud ou à celui du nord. Les vallées, disposées pour recevoir la brise, ont plus de fraîcheur que celles qui sont ouvertes au sirocco.

Si les plateaux maritimes jouissent d'une température assez égale due à la proximité de la mer; par contre, les lieux éloignés du rivage, en raison de leur altitude et de leur rapprochement du sud, sont exposés aux états les plus extrêmes. Ainsi, Milianah, abrité du côté du nord par le Zakkar, est très chaud en été et froid en hiver. A Médéah, la température est moins chaude l'été, mais plus froide l'hiver. Dellys, Bougie, Bône, villes maritimes, perdent en partie les bienfaits de leur position à cause des montagnes qui les garantissent au nord-ouest.

Les Maures n'ignoraient pas ces circonstances, car c'est au nord et sur des points élevés, près du bord de la mer, qu'ils construisaient leurs campagnes, et cela, à l'exemple des Romains qui n'occupaient que les versants des montagnes.

Dans les vallées resserrées entre des montagnes élevées, où l'air ne peut se renouveler facilement, la chaleur est excessive en été; elle dépasse souvent 45 degrés à l'ombre et 60 ou 65 au soleil, ce qui rend les variations très-grandes; ainsi, on a vu, dans la plaine de la Mitidja, le thermomètre marquant 55 degrés au soleil descendre, pendant la nuit, jusqu'à 18 degrés centigrades.

Cette différence a la plus grande action sur le développement des maladies parmi les populations destinées à subir ces transitions dont rendent compte : 1° la durée du soleil sur l'horizon qui, par ses rayons, ne cesse de communiquer, à la surface du sol, une grande quantité de calorique; 2° la direction presque verticale de cet astre pendant l'été, et 3° le refroidissement prompt de la terre, après le crépuscule, puisque nous savons qu'à la fin du jour l'abaissement de la température est très-rapide.

Les phénomènes que nous venons d'observer sont particuliers à la *saison chaude* qui commence en mai et finit en octobre.

La *saison tempérée*, qui s'établit insensiblement, commence en octobre ou novembre et finit en mai ; elle permet à l'économie fatiguée par l'uniformité des chaleurs de se relever de sa prostration. Mais les pluies pénètrent bientôt le sol desséché et hâtent la putréfaction de tous les débris organiques qu'il renferme ; il en résulte des émanations dangereuses, surtout dans les plaines ; de là le développement et la recrudescence des fièvres intermittentes, des diarrhées et des dyssenteries qui signalent le début de la belle saison, comme nous l'appelons, et dont les conséquences peuvent être très-graves pour les Européens.

Il n'est pas possible d'assigner aux pluies une époque fixe ni une durée déterminée ; les premières se montrent en octobre, alors que la chaleur est encore assez élevée à cause de l'influence du vent du sud ; quelquefois, cependant, en septembre, éclate un violent orage qui clôt la saison chaude. Souvent novembre et décembre sont fort beaux, ainsi que le commencement de janvier ; mais février et mars se signalent ordinairement par des pluies abondantes pendant lesquelles la température atteint son maximum ; avril et mai ont encore des jours brumeux, mais en petit nombre.

Cet ordre de choses est loin d'être invariable : le mois d'octobre est souvent agréable par sa douce température que les pluies rares d'abord et plus fréquentes ensuite abaissent à peine.

Mais l'eau ne tombe pas continuellement (deux fois seulement on a vu, depuis vingt ans, une série de pluie de 56 à 60 jours), et l'on a fréquemment une suite de beaux jours qui rappellent le printemps de France : le sol est humecté et l'air rafraîchi ; au milieu du jour le thermomètre s'élève à 20 degrés, pour descendre le soir à 15 ou 16.

Les auteurs sont peu d'accord sur le nombre de jours de pluie en Algérie : quelques-uns n'en admettent que 40, 50 ou 60, d'autres 95 ; ceux-ci 85 et ceux-là 90 : ces dissidences résultent de la situation des lieux, des périodes plus ou moins longues qui ont servi aux expérimentations, et aussi de ce que quelques-uns comptent comme jours pluvieux tous ceux qui donnent la plus petite quantité d'eau appréciable à l'udomètre et que d'autres négligent.

D'après le *Bulletin de la Société d'Agriculture*, n° 8, qui comprend vingt années, la moyenne des jours pluvieux est de 88 à Alger. Cette moyenne n'est pas celle de la plupart des points de l'Algérie, où le nombre des jours de pluie va en diminuant lorsqu'on approche de sa limite sud, bien qu'il tombe plus d'eau à mesure qu'on s'éloigne de la Méditerranée.

Selon les observations faites à l'arsenal d'artillerie, le minimum des jours pluvieux a été de 52 en 1858 et le maximum de 107 en 1857 ; moyenne : 87. Suivant M. Mitchell, elle serait de 95, dont 23 seulement pendant le semestre d'été.

A Koléah, les jours pluvieux sont annuellement de 65 à 75 ; à Orléansville, de 60 à 65 ; à Arzew, de 50 à 55 ; à Tlemcen, de 50 à 60. Ainsi, les pluies varient avec les zones et l'altitude des lieux ; elles tombent de préférence pendant le jour ; cependant la quantité d'eau que reçoit le sol est plus considérable la nuit.

La moyenne de l'eau pluviale varie de 800 à 900 millimètres.

Il résulte d'un travail de l'ingénieur Don :

Qu'en 1838, la quantité a été de 863 millimètres.
1839, — — 720 —

Qu'en 1840, la quantité a été de 803 millimètres
1841, — — 895 —
1842, — — 899 —
1843, — — 765 —
1844, — — 1046 —
Moyenne, 856 millimètres.

D'après M. Mac-Carthy, la moyenne serait de 930 à 950 millimètres.

Le *Bulletin d'Agriculture* donne comme :

Minimum .... 557 millimètres.
Maximum .... 1073 —
Moyenne .... 799 —

La pluie est donc plus abondante ici qu'à Paris, bien que le nombre de jours pluvieux soit plus considérable en France. Ceci donne une idée de la violence des pluies de l'Algérie : ce sont de courtes mais fréquentes averses qui pénètrent partout; quelquefois, l'eau tombe avec force pendant plusieurs jours; les ruisseaux, les rivières deviennent des torrents qui interceptent toute communication. La force du vent est quelquefois telle, qu'elle ébranle les arbres et détache des montagnes des quartiers de rocher qui roulent avec fracas dans les ravins.

Ces pluies causent une sensation de froid à laquelle on est très-sensible, parce que la chaleur a affaibli les forces vitales et diminué la puissance de réaction.

A ces averses, qui arrivent à des intervalles irréguliers, succèdent généralement des jours sereins, pendant lesquels les eaux rentrent dans leur lit, et l'hiver est plus ou moins beau, selon que le soleil l'emporte sur la pluie ou que l'on observe le contraire. On voit souvent cet astre se lever radieux; mais la pureté de l'air est bientôt troublée par des vapeurs légères qui, rapidement condensées, se convertissent en ondées passagères, occasionnant toujours des variations atmosphériques dont il est prudent de se garantir.

Quand les pluies sont légères et éloignées, elles

communiquent à l'air une fraîcheur qui tend à équilibrer les températures diurne et nocturne, condition des plus favorables à la marche régulière des affections contractées pendant les chaleurs, et dont le rétablissement des malades ou des convalescents est le principal bienfait.

C'est pendant les derniers mois de l'année que cette révolution s'opère; mais il n'est malheureusement pas rare de voir, sous l'influence du siroco, un temps chaud alterner avec des jours humides; la constitution médicale s'aggrave alors, la persistance des causes inhérentes au sol prolonge la durée des affections et leur imprime un cachet particulier d'adynamie.

Le *siroco* est un vent brûlant qui varie du sud-sud-est au sud-sud-ouest, et dont les effets sont souvent funestes. A son approche, le ciel se couvre et devient gris, la chaleur augmente rapidement et avec elle la sécheresse.

Lorsqu'il arrive sur le rivage méditerranéen, ce souffle du sud, que les Arabes appellent *simoun*, a beaucoup perdu de son ardeur en traversant le Tell; cependant, sa température s'élève encore à 32 et 40 degrés à l'ombre. C'est un air brûlant qui agit sur toutes les constitutions. Par lui les tempéraments sanguins sont exposés aux congestions; généralement, on est sans force et sans énergie, souvent anxieux, somnolent et toujours très-irritable. Les malades surtout éprouvent l'effet de cette brûlante haleine qui frappe d'un coup mortel la plupart des hommes très-affaiblis, et produit le même résultat que les premiers froids sur ceux qui sont atteints de maladies chroniques. Il étend son empire sur tout ce qui existe; les végétaux comme les animaux, ressentent sa pernicieuse influence.

Partout on respire son souffle embrasé; la dilatation de l'air cause un malaise, une angoisse inexprimables.

Pendant ces journées étouffantes, les sensations sont troublées, l'affaissement est considérable et la volonté fortement affaiblie. Dans quelques circonstances on a vu des hommes frappés de délire ou de congestion cérébrale, et d'autres chercher à échapper par le suicide à ces souffrances : triste conséquence de l'anéantissement physique et moral, causé par la température élevée et surtout par les bouffées de chaleur qui frappent le visage. L'atmosphère est rouge, l'air n'a plus sa transparence, et les objets éloignés apparaissent à travers un voile couleur de feu ; ce changement paraît tenir au sable qui est en suspension et à la poussière qui réfléchissent les rayons solaires. Malheur à ceux qui se livrent alors à de rudes travaux ou à de longues marches. Ce qu'il y a de plus fatigant, ce sont les nuits sans sommeil et privées de toute fraîcheur ; le siroco, alors même qu'il souffle le moins fort, donne toujours lieu à de la lassitude et à de la céphalalgie.

Accablant quand il se fait sentir aux époques les plus chaudes de l'année, le siroco est bien plus pénible encore en septembre ou en octobre, alors que l'économie affaiblie et énervée ne peut réagir contre cette température anormale qui amène une prompte résolution.

Quand le siroco règne pendant quelques jours, il cause de l'ardeur en desséchant tous les tissus ; la peau est rugueuse et la soif inextinguible ; on prend alors des boissons aqueuses en excès; l'exhalation et l'absorption modifient l'état de l'organisme, de là des troubles fonctionnels et la débilité dus à cet abondant lavage; la poitrine est oppressée, la respiration saccadée et bruyante ; l'hématose incomplète occasionne de la céphalalgie, des éblouissements, des tintements d'oreille. Le ralentissement des fonctions et l'affaiblissement du système nerveux plongent l'économie dans un état voisin de la défaillance.

Il est rare que le siroco ne dure que quelques heures ; le plus souvent, il règne deux ou trois jours sans intermittence ; quelquefois il se fait sentir plus longtemps. C'est pendant les mois d'août et septembre qu'il souffle le plus fréquemment et avec le plus d'intensité. Si, après y avoir été exposé, on rentre dans un appartement, on en trouve l'air plus frais, malgré ses 30 ou 32 degrés centigrades.

Les vents les plus fréquents en hiver sont ceux de l'ouest et du nord-ouest, rarement de l'est. Les premiers sont chargés des émanations de l'Océan et transportent une grande quantité d'eau ; aussi, quand la sensation du froid est subite, la pluie n'est pas éloignée. La prédominance des vents d'ouest et de nord-ouest est des plus favorables, parce que ces courants sont frais en été et un peu chauds pendant la période froide de l'année. Les vents nord et nord-est soufflent au commencement de la saison chaude et durent pendant une partie des chaleurs.

En Algérie, l'abaissement de température est donc dû aux pluies et aux vents du nord-ouest. Sur le rivage, la moyenne de minima étant de 8 et 9 degrés centigrades (Bône, Alger, Oran, la moyenne s'abaisse à mesure qu'on va de l'est à l'ouest), le froid sec et vif du nord de l'Europe ne s'y fait jamais sentir, mais les chaleurs de l'été diminuent la puissance de réaction et l'organisme est très-sensible à 12 et 15 degrés au-dessus de zéro, à cause de la grande humidité.

Sur le littoral, la neige est rare : sa présence est une exception, puisqu'on ne l'a observée que trois ou quatre fois depuis l'occupation, en 1842, 1845, 1860, 1862. On rapporte cependant qu'en 1692 il en tomba tant dans la Mitidja que, près de Blidah, il y en avait jusqu'à hauteur d'homme.

Plus fréquente sur les plateaux et dans les villes de l'intérieur, la neige tombe, dans certaines localités, plusieurs mois de suite (à Sétif, de novembre à fin février ; 55 centimètres le 28 novembre) et reste gelée pendant une quinzaine de jours (Tlemcem 1836 ; le 17 février 1853, on y voyait plus de 30 centimètres de neige). Le 23 mars 1853, il y avait 15 à 16 pouces de neige à Constantine. Les pics élevés du Djurjura restent quelquefois couverts de neige pendant toute l'année.

A partir de 700 à 800 mètres, les hivers semblent avoir presque la même inclémence que dans la partie moyenne de la France. Cependant la colonne de mercure ne s'abaisse pas beaucoup au-dessous de zéro ; mais, en Algérie, on est plus impressionnable, et on ressent plus vivement les différences de température.

Le plus grand froid observé a été à Guelma et Batna — 4 degrés centigrades ; Sétif — 5 ; Sidi-bel-Abbès — 6 ; Constantine, Médéah, Milianah, Boghar — 2, 3 et 4 degrés centigrades.

Dans le Sud, le thermomètre s'abaisse à — 1 et 2 degrés ; souvent il y a de la glace dans le Sahara : Tuggurt, le Souf ; le givre y est assez fréquent ; on ne parvient à préserver les jeunes palmiers de l'action meurtrière du froid qu'en les garnissant depuis le pied jusqu'à la tête de débris végétaux. Les Sahariens, interrogés sur les températures de leur région natale, disent que l'hiver d'Alger serait le printemps pour eux ; que, dans leur pays, ce n'est pas trop de deux ou trois burnous pour se couvrir pendant l'hiver, tandis que sur la côte un seul suffit.

On le voit, le climat algérien n'offre, à proprement parler, que deux saisons caractérisées : l'une, par les pluies ; l'autre, par les chaleurs. Le printemps et l'automne n'existent pour ainsi dire pas à titre de saisons nettement tranchées ; de là le petit nombre, sinon la rareté, des affections catarrhales.

Les Arabes reconnaissent, non pas quatre saisons fixes comme les nôtres, mais quatre époques qui partagent inégalement l'année, savoir :

1° *Chetta* (les pluies), de mi-novembre à mars ;
2° *Rebia* (fleurs du printemps), de mars à mi-mai ;
3° *Ssif* (l'été), de mi-mai à septembre ;
4° *Kkarif* (fruits), de septembre à mi-novembre.

Cette division prend pour base l'état de la végétation.

Supériorité de la ville d'Alger comme station hivernale pour les malades et les touristes.

Pour terminer cette étude, il nous reste à dire quelques mots de la ville d'Alger et de ses environs, considérés comme station hivernale pour les étrangers et les malades qui recherchent un climat où la chaleur, pendant l'hiver, soit tempérée, uniforme, aussi égale que possible, et exempte de trop brusques variations.

On se convainc facilement qu'Alger est située, sous le rapport de la température, dans des conditions on ne peut plus favorables, en parcourant le tableau suivant qui indique la température observée à Alger pendant une longue période d'années :

ANNÉES.	MINIMUM.	MAXIMUM.	MOYENNE.
1838	12°00	25°00	18°19
1839	7,30	24,60	17,37
1840	10,30	31,30	20,80
1841	9,00	29,60	21,38
1842	7,60	31,30	20,94
1843	2,00	34,07	19,97
1844	3,80	37,30	18,45
1845	2,50	34,10	18,36
1846	4,60	35,00	19,12
1847	4,50	36,90	19,05
1848	7,50	32,50	18,56

ANNÉE.	MINIMUM.	MAXIMUM.	MOYENNE.
1849	4,50	40,00	19,36
1850	3,60	35,40	18,89
1851	4,60	36,00	18,49
1852	3,60	35,40	19,42
1853	4,70	34,00	18,65
1854	2,70	37,20	18,28
1855	6,30	34,90	19,42
1856	5,60	35,80	19,74
1857	3,60	36,90	19,30
1858	7,40	32,00	19,50
1859	7,30	30,20	18,74
1860	7,25	32,15	19,70
1861	0,40	33,00	19,90

Le chiffre 0°,40, indiqué pour 1861 (8 janvier), est tout-à-fait exceptionnel ; le minimum de température ne descend pas habituellement au-dessous de 2 ou 3 degrés. Le plus souvent, alors que Paris grelotte sous 8 ou 9 degrés de froid, on se réchauffe, à Alger, à 15 ou 20 degrés de chaleur. Ainsi, la température moyenne est : en novembre, de 21°20; en décembre, de 18°25 ; en janvier, de 16°25 ; en février, de 15°70 ; en mars, de 16°60 ; en avril, de 18°95.

La moyenne thermométrique d'Alger, pendant l'hiver, dépasse celle de

```
Madère de..................... 1°11
Malte ......................... 2,77
Malaga........................ 4,44
Rome ......................... 7,22
Nice.......................... 7,77
Pau........................... 8,35
```

Alger jouit, en outre, de tous les avantages d'un port de mer : pression atmosphérique plus grande ; air maritime ventilé et renouvelé incessamment par les brises, pur de toute émanation délétère, imprégné d'éléments salins. Enfin, l'air y est pur, riche de lumière, ayant un principe actif et vivifiant qui donne du ton et de l'énergie à tout l'organisme.

Evidemment, il n'y a pas de climat parfait, et les malades qui viendraient chercher à Alger un ciel éternellement serein éprouveraient, à coup sûr, une déception : le mauvais temps s'y trouve comme partout ailleurs ; mais, en somme, les chiffres et l'expérience permettent d'affirmer qu'il est peu de climat aussi favorable aux valétudinaires dont la santé exige une température plus vivifiante et une atmosphère moins brumeuse que celle de l'Europe.

Le climat d'Alger exerce particulièrement son heureuse influence sur certaines formes des maladies du poumon : de nombreuses observations, confirmées par des chiffres, ne laissent aucun doute à cet égard. Ainsi, dans un mémoire communiqué à l'Académie, le docteur Casimir Broussais comptait 63 phtisiques sur 40,241 malades. Le docteur Baudin écrivait : « La rareté des maladies de poitrine à Alger est telle, qu'il m'est arrivé bien souvent d'être chargé de la visite de plusieurs centaines de fiévreux sans avoir occasion d'appliquer une seule fois l'auscultation des organes respiratoires. Sur un total de 12,853 malades que j'ai traités, j'ai rencontré seulement 31 phtisiques, dont 25 avaient incontestablement été tuberculeux avant leur embarquement pour l'Algérie. » Le docteur Champouillon n'est pas moins affirmatif : « Je suis convaincu, dit-il, qu'un sujet phtisique au premier degré, qui choisirait sa résidence à propos sur le sol algérien, aurait presque la certitude d'y guérir, ou pour le moins de s'y améliorer. » C'est également l'opinion du docteur Pietra-Santa, médecin par quartier de l'Empereur, et qui a été chargé d'étudier, au point de vue médical, le climat d'Alger.

HYGIÈNE

L'homme peut habiter tous les points du globe, à la condition que son organisation se mettra en rapport avec les conditions climatologiques nouvelles qui l'entourent. Lind a comparé l'homme qui s'éloigne de son climat aux plantes que l'on ne peut transplanter sans que leur vigueur n'en soit momentanément altérée; mais l'homme, par de sages précautions, peut atténuer les effets d'un changement de climat, avantage dont ne peuvent jouir les végétaux.

L'acclimatation, d'après M. Aubert-Roche, est la mise en harmonie de l'organisation humaine avec les influences du climat afin que l'homme puisse y vivre, s'y bien porter et jouir du complet exercice de ses facultés.

La chaleur n'engendre pas directement la maladie, elle tend seulement à lui donner une forme plus grave; quant aux causes morbides, les immigrants peuvent lutter avantageusement contr'elles en prenant les précautions hygiéniques nécessaires, en conformant leur régime, leur genre de vie, aux conditions climatériques.

Le but de l'hygiène est donc d'indiquer à l'aide de quelles précautions les Européens peuvent prévenir l'atteinte ou diminuer la gravité des maladies auxquelles ils sont exposés par suite de l'action : 1° d'une chaleur excessive et continue; 2° des exhalaisons qui se dégagent des plaines ou des vallées marécageuses; 3° du froid humide des nuits dans certaines localités.

Nous ne pouvons mieux faire, pour atteindre ce but, que de mettre sous les yeux de nos lecteurs les sages et utiles conseils que M. le docteur A. Frison, professeur de pathologie externe à l'École de médecine d'Alger, donne aux nouveaux arrivants, touristes et colons.

« Celui qui arrive en Algérie, colon, valétudinaire ou touriste, doit savoir, dit M. Frison, qu'il vient de mettre le pied sur une terre où la flore des pays tropicaux resplendit à côté de celle des pays tempérés ; qu'il trouve, enfin, la France et l'Orient résumés en un volume.

» Mais, avant tout, il convient de protester contre les récits légendaires que des esprits timorés, prévenus ou malveillants, se sont fait un plaisir de propager. Non, l'Algérie n'est pas une terre pestilentielle! Non, elle n'est pas fatale à l'Européen! S'il est vrai que le climat a fait payer cher à notre armée sa magnifique conquête, il faut songer aux conditions exceptionnelles au milieu desquelles vivent nos soldats. Mais, il y a loin de la vie de soldat en campagne à la vie de colon ou de touriste. De plus, les travaux de défrichement, d'irrigation et de dessèchement, les créations de villages, les plantations d'arbres ont fait disparaître le plus grand nombre des causes de maladie. Aussi, on ne doit pas craindre, aujourd'hui, d'écrire — avec autant de raison que pour n'importe quel pays de l'Europe — au frontispice de l'histoire de l'Algérie : *sécurité et salubrité*.

» Le climat de l'Algérie est analogue à celui du midi de la France, et l'acclimatation y est d'autant plus facile qu'on vient d'une région moins froide. Mais, quelle que soit la contrée que l'on quitte, Normandie ou Provence, on doit, dès son arrivée, ne pas perdre de vue les observations suivantes :

» Chaque jour la température baisse vers les trois ou quatre heures de l'après-midi, d'une manière plus sensible encore pour l'organisme que pour le thermomètre. Il est nécessaire, pour éviter les dérangements d'entrailles, d'être plus couvert à cette heure de la journée. En toute saison, l'oubli de cette recommandation a ses dangers.

» Pendant l'hiver, la beauté proverbiale du soleil d'Afrique séduit et entraîne le nouvel arrivant qui se complaît des heures entières à se chauffer à ses rayons. C'est un plaisir qu'il ne faut prendre qu'en se promenant et en songeant que l'ombre est froide, si on ne veut payer d'un rhume de poitrine ou d'un point de côté le bonheur de se sentir renaître. Une coiffure à larges bords, qui abrite la tête et le cou, rend le danger moins imminent.

» A peine a-t-on respiré l'air d'Afrique que l'appétit augmente; il est sage de ne pas le satisfaire entièrement et de rester un peu sur sa faim. Ce phénomène, de courte durée en général, est souvent remplacé par une certaine paresse du tube digestif. C'est alors qu'une nourriture légèrement excitante est avantageuse. Les gens du Nord feront bien d'avoir une cuisine plus épicée.

» La femme éprouvera du côté de la menstruation des modifications dont elle doit être avertie. En général, les règles sont plus abondantes, se montrent à des intervalles plus rapprochés ; quelquefois les seins se gonflent, deviennent douloureux, la voix s'enroue. Ces derniers accidents sont passagers. Mais l'abondance des menstrues, leur apparition plus fréquente persistent souvent et s'accompagnent d'une plus grande activité fonctionnelle des organes d'où elles émanent.

» Informée de ces faits, la femme ne s'en effraiera pas. Elle n'aura besoin de consulter un médecin que dans le cas où la perte deviendrait trop abondante et durerait trop longtemps. En attendant, le repos absolu est la première précaution à prendre.

» Le climat prédispose à l'avortement la femme qui arrive grosse en Algérie, ou qui le devient peu après son arrivée ; souvent aussi les règles se montrent pendant les premiers mois de la grossesse. Ce sont là des conditions qui commandent impérieusement d'éviter es fatigues de toutes sortes.

» Il est commun de voir le lait des nourrices nouvellement débarquées devenir plus aqueux, moins nourrissant. Cet appauvrissement du lait a sa principale cause dans les troubles de la menstruation. Alors l'enfant ne profite plus, et il devient nécessaire de prendre conseil d'un médecin.

» Les nourrissons doivent être maintenus à une alimentation exclusivement lactée jusqu'à l'âge de deux ans environ. La mauvaise habitude de leur donner de bonne heure des soupes grasses ou de la viande détermine ces diarrhées chroniques qui causent la mort de tant d'enfants en bas-âge.

» L'immigrant, touriste ou colon, qui s'enfoncera pendant l'hiver dans les montagnes, est sûr d'y rencontrer le froid et ses fidèles compagnes, la glace et la neige. Il n'aura donc pas, pour ainsi dire, de modifications climatériques à subir, d'acclimatement à faire, car il retrouvera l'hiver de France. Les chaleurs de l'été y sont, en général, plus fortes que sur le littoral où la brise de mer les rend très-supportables.

» Une maladie que l'on rencontre assez fréquemment en Algérie et dont l'imprévoyance seule est la cause, c'est la diarrhée. Evitez les refroidissements brusques, si faciles surtout lorsque le corps est couvert de sueur, l'abus des fruits aqueux, l'usage de l'eau pure ou de mauvaise qualité, et vous n'aurez rien à craindre de cette affection si redoutée. En cas d'accident, mettez sur le ventre une ceinture de flanelle; abstenez-vous de fruits, mangez un peu moins à chaque repas et buvez dans la journée de l'eau de riz ou mieux de l'eau albumineuse que l'on prépare en délayant dans un litre d'eau froide quatre ou cinq blancs d'œufs. Si la diarrhée n'a pas cédé en deux ou trois jours, et surtout si elle s'accompagne d'un peu de sang, il faut consulter un médecin.

» Du Travail. — Les conditions climatériques réagissent sur le physique et le moral des habitants de notre colonie.

» Le travail intellectuel devient difficile pendant les fortes chaleurs, et il faut alors une grande énergie morale pour continuer des études qui exigent une attention soutenue, peut-être même ne sont-elles pas sans quelques inconvénients. Mais, en dehors de cette période, on peut, en Afrique, travailler autant qu'à Paris.

» Il est nécessaire d'appeler l'attention des ouvriers sur la diminution des forces physiques qui suit de près leur arrivée en Algérie; car le travailleur s'apercevant qu'il est moins fort qu'en France, qu'il se fatigue plus vite, s'inquiète, se décourage. Il croit sa constitution détériorée, alors qu'il n'y a qu'une influence de climat, et la nostalgie le gagne.

» Les règles de l'hygiène prescrivent de ne pas aller aux champs avant le lever du soleil. Que les colons des plaines ne l'oublient jamais. Que jamais aussi ils ne sortent de chez eux l'estomac vide; ils doivent préférer à tout une soupe avec un verre de vin ou une tasse de café noir. C'est courir à sa perte que de se contenter du verre d'eau-de-vie, sous quelque forme qu'on le déguise.

» Pendant les chaleurs de l'été, la sieste est utile ; elle a le grand avantage de soustraire le travailleur à l'insolation prolongée. Sous aucun prétexte on ne devra dormir en plein air, ou dans des granges remplies de foin nouvellement fauché.

» Tout travailleur devrait, à la fin de sa journée, faire des ablutions de tout le corps. La pratique en est des plus simples ; elle consiste à se faire arroser à nu d'un seau d'eau froide et à s'essuyer immédiatement. Que de maladies seraient ainsi prévenues !

» VÊTEMENTS. — Pendant l'hiver, la température commande elle-même ce qu'il convient de faire ; mais l'été, alors que les transpirations sont abondantes, il faut savoir que les vêtements de toile sont toujours dangereux, à cause du refroidissement brusque auquel ils exposent le corps. Les habits de laine ou de coton sont les plus convenables. Cependant, on peut tolérer la toile dans le milieu du jour, à la condition qu'on prendra le soir des vêtements plus chauds. La coiffure doit avoir des bords assez larges pour garantir complètement la nuque de l'action directe de la lumière solaire ; c'est vouloir compromettre sa santé que de négliger ces conseils.

» ALIMENTATION. — Il faut à l'Européen une nourriture copieuse et fortifiante. La viande est l'aliment par excellence : elle lui est indispensable, au moins une fois par jour ; le poisson, cette grande ressource de l'habitant du littoral, ne saurait, chez le travailleur, la remplacer d'une manière absolue. C'est la viande qui fait la chair et donne les forces.

Les tempéraments facilement excitables devront renoncer à l'usage du café noir.

» BOISSONS. — On peut dire d'une manière générale

que les boissons fortement alcoolisées, même prises en mangeant, sont nuisibles; car il est difficile de garder une sage mesure dans un pays où les chaleurs activent la soif. Un précepte dont il faut se souvenir, c'est que la modération en France est déjà un excès en Algérie. En dehors des repas, il faut boire le moins possible. Le choix des boissons ne doit pas être indifférent. Un usage vulgaire veut qu'on coupe l'eau avec de l'eau-de-vie ou de l'absinthe; on arrive ainsi, à la fin de la journée, à avoir bu, à petite dose, il est vrai, une assez forte proportion de ces liqueurs, ce qui est pernicieux. Pendant les repas, comme dans l'intervalle, le vin coupé d'eau est de beaucoup préférable. Mais la bière est une boisson détestable pour l'Algérie : elle rafaîchit, c'est possible, mais elle coupe l'appétit, rend le tube digestif paresseux et donne bien vite la pituite. Plus que toute autre boisson, la bière éveille le besoin de fumer, cette triste conquête de notre époque.

» Les boissons doivent être faiblement alcoolisées et légèrement piquantes. Voici une formule qui commence à se répandre : Faire fermenter dans 20 litres d'eau 1,200 grammes de figues coupées ou de raisins secs ou de pommes sèches, en parfumant avec un peu de canelle ou de sauge ou de menthe, etc. Il suffit de laisser le mélange fermenter pendant trois jours. A ce mélange on ne peut adresser qu'un seul reproche, c'est que, continué pendant longtemps, il rend paresseuses les fonctions digestives, comme le font les eaux de Seltz.

» BAINS. — En général, dit Montaigne, j'estime le baigner salubre et crois que nous encourons nos légières incommoditez en notre santé, pour avoir perdu cette coustume ». — « Le bain est, en effet, un des grands modificateurs de l'économie, car son action ne se borne pas à la surface de la peau. Les habitants du littoral ont à leur disposition les bains de mer ; mais il faut qu'ils sachent que les eaux de la Méditerranée ont une action moins efficace que celles de l'Océan et de la Manche, infériorité qu'elles doivent surtout à leur température plus élevée. D'un autre côté, elles sont plus riches en matières salines. C'est ainsi que, sur 100 parties d'eau, la Méditerranée contient 4,1 de matières salines, tandis que l'Océan atlantique n'en contient que 3,8, la Manche 3,6, la Baltique de 1,6 à 2,2. Cette composition les rend plus irritantes; aussi faut-il, en général, ne rester que peu de temps dans le bain, — 5 à 10 minutes environ.

» Les principales villes possèdent des bains français et des bains maures. En tout temps, le bain tiède doit être préféré. Nous ne partageons pas pour les bains maures l'enthousiasme de beaucoup d'écrivains. Ce ne sont, en réalité, que des bains énervants, sensuels, incompatibles avec nos mœurs et notre caractère. Il faut les réserver pour les malades.

» On a proscrit les bains de rivière sans motifs légitimes. Nous ne pouvons nous empêcher de faire ressortir combien est nul l'argument tiré des habitudes des Arabes qui, dit-on, ne se baignent jamais dans les rivières. Nous demanderons quels sont les fleuves de l'Algérie qui, en été, ont assez d'eau courante pour permettre à un homme de prendre seulement un bain de pieds. Les plus grands fleuves n'offrent, malheureusement, que des lits desséchés, entrecoupés par intervalles de flaques d'eau bourbeuse et fétide.

» Nous conseillons de prendre des bains froids ou tièdes le plus souvent possible, et, pendant les chaleurs de l'été, nous recommandons les ablutions d'eau froide matin et soir.

» FIÈVRES INTERMITTENTES. — En Algérie comme en France, comme dans tous les pays du globe, existent des foyers d'infection paludéenne dont il faut éviter de subir l'influence. On se trouvera bien de ne jamais sortir le matin à jeun et de suivre les prescriptions que nous avons faites pour le règlement de la journée de travail.

» Dès qu'un accès apparait, il faut avoir recours au sulfate de quinine, le prendre tous les jours, qu'on ait ou non la fièvre, et le continuer une semaine environ après que le dernier accès a disparu. »

» RESSOURCES QUE L'ALGÉRIE OFFRE AUX MALADES. L'Algérie n'est pas seulement une terre fertile, elle est encore l'asile de ceux qui souffrent.

» Son climat est utile aux poitrines délicates, aux phtisiques qu'il modifie si avantageusement, surtout lorsqu'ils arrivent au début de leur affection, aux asthmatiques, aux scrofuleux, aux lymphatiques dont il change en quelque sorte la constitution, enfin aux rhumatisants.

» Les eaux minérales, si variées dans leur composition, n'attendent que des installations convenables pour donner aux malades le moyen de continuer, en Algérie, un traitement que la rigueur du climat ne leur permet pas toujours d'achever dans les stations d'Europe. »

AGRICULTURE

Divisions culturales.

Les basses terres qui aboutissent au rivage, le relief et les accidents de son sol [1], ses hauts plateaux, sa base saharienne dépourvue de pluies, divisent naturellement l'Algérie en diverses régions culturales. Ces régions peuvent s'établir au nombre de quatre et se définir ainsi :

Les plaines basses ou bassins inférieurs des rivières qui se jettent directement à la mer. Sous l'influence du climat maritime, et vu leur peu d'élévation au-dessus de la mer, ces terrains sont ceux de toute l'Algérie qui jouissent de la température la plus douce et la plus uniforme. C'est la région qui convient le mieux aux productions des régions tropicales.

Une seconde région est déterminée par l'élévation du sol, caractérisée par des abaissements de température assez sensibles, et par la présence périodique de la neige chaque hiver. Le climat de cette région peut être comparé à celui de la Bourgogne. Il peut convenir

---

(1) Cette division est celle qu'a tracée M. Hardy, directeur du Jardin d'acclimatation.

aux productions de la partie moyenne de l'Europe. C'est là que prospèrent le mieux les arbres fruitiers à feuilles caduques.

La troisième région est celle des steppes au climat continental, chaud le jour, froid la nuit, aux horizons étendus, caractérisée par un sol presque plat, salé par places, dépourvu de grands arbres, et dont toute la végétation se résume en des herbes fines et rares. C'est la région des pâturages où la transhumance est pratiquée sur une grande échelle, depuis un temps immémorial, par les pasteurs arabes.

Enfin, la quatrième est la région saharienne, la région où murissent les dattes, caractérisée par un climat tout-à-fait exceptionnel, presque privée de pluies. L'excessive sécheresse de l'air, l'abaissement de la température pendant les quelques mois d'hiver, sa grande élévation pendant le reste de l'année, la violence des vents constituent un milieu qui ne peut convenir qu'à un très-petit nombre d'espèces organisées exprès, et dont le dattier nous présente le type le plus remarquable.

Céréales.

La production des céréales, en Algérie, avant l'occupation française, consistait en *blé dur*, en *orge*, en *maïs* et en *bechena* ou millet. Les cultures de *blé tendre*, de *seigle* et d'*avoine* ont été introduites en Algérie depuis la conquête.

BLÉ DUR. — Le blé dur *(triticum durum)*, supérieur au blé tendre en puissance nutritive, rend une farine moins fine, mais plus abondante. C'est avec sa semoule que les Arabes font le *cous-cous*, leur principale nourriture.

Parmi les blés durs que produit l'Algérie, ceux de Bône, Guelma, Constantine, Médéah, Milianah, Oran, se font surtout remarquer par leurs qualités essentiellement propres à la fabrication des pâtes alimentaires.

Le gluten, qui constitue l'élément essentiel pour cette fabrication, se trouve dans les blés durs algériens en proportions notablement plus grandes que dans les blés des autres pays, y compris les blés de Sicile et de Taganrog.

Les blés durs algériens ont été l'objet, en Angleterre, à l'exposition universelle de 1861, d'une attention particulière. Les expériences industrielles établissent victorieusement, d'ailleurs, leur supériorité; ainsi, une usine de Marseille, qui consomme annuellement plus de 80,000 hectolitres de blés durs d'Algérie, a obtenu, avec ces blés, des produits qui ont été brillamment récompensés dans différents concours, et jouissent d'une réputation hors ligne.

En 1862, on a ensemencé, en blé dur, 829,170 hectares qui ont donné 4,250,420 hectolitres.

BLÉ TENDRE. — Cette variété donne une farine plus blanche et plus facile à travailler que celle du blé dur, aussi vaut-elle 2 à 3 francs de plus par quintal métrique; mais elle demande une culture plus soignée et son poids à l'hectolitre est un peu moindre.

Il a été ensemencé en blé tendre, pendant la campagne 1862, 36,175 hectares qui ont rendu 279,379 hectolitres.

SEIGLE. — La plupart des terres de l'Algérie étant propres à la culture du froment, le seigle n'y saurait être qu'une culture très-secondaire, motivée par des convenances exceptionnelles de localité ou par des besoins spéciaux. Les Kabyles et même quelques tribus arabes cultivent cette céréale, mais en minime quantité comparativement au blé.

Les Européens ont ensemencé, en seigle, pendant la campagne 1862, 463 hectares, qui ont produit 4,024 hectolitres.

ORGE. — L'orge est cultivée par les indigènes jusque dans les oasis ; elle est principalement employée en grains pour la nourriture des chevaux et des mulets ; mais les pauvres la consomment aussi pour leur alimentation. Elle est également cultivée comme fourrage vert soit à pâturer soit à faucher.

Les orges de l'Algérie, très-estimées pour la fabrication de la bière, sont recherchées, pour cet usage, sur divers points de l'Europe, notamment en Angleterre.

1,141.685 hectares ensemencés, en 1862, ont donné 6,877,276 hectolitres d'orge.

AVOINE. — Cette céréale est, en Algérie, une importation européenne. L'avoine d'Afrique est déjà recherchée sur le marché de Marseille.

3,343 hectares ensemencés, en 1862, ont rendu 48,468 hectolitres.

MAÏS. — Le maïs (*blé de Turquie*) jouit d'une grande et légitime faveur chez les Européens comme chez les indigènes ; ceux-ci le cultivent dans les oasis du Sahara non moins que dans le Tell. Cette céréale produit très-abondamment ; dans de bonnes conditions, elle rend jusqu'à 60 et 70 hectolitres à l'hectare. Elle est surtout employée comme fourrage vert ou comme paille sèche ; le grain est utilisé comme aliment par les Arabes qui, après l'avoir pilé, le délayent dans l'eau avec du beurre et le mangent en bouillie ; enfin, les pauvres font tout simplement griller le maïs en épis sur la cendre et le mangent en grains.

En 1862, il a été cultivé, en maïs, 12,852 hectares qui ont produit 159,597 hectolitres.

FÈVES. — On en cultive deux espèces : la fève de marais et la féverole ou petite fève de cheval, moins propre à la nourriture de l'homme, mais plus productive et convenant plus particulièrement au bétail. L'une et l'autre sont toujours des cultures d'hiver. La fève est du nombre des légumes cultivés dans les oasis du Sahara.

Contraste insuffisant

NF Z 43-120-14

En 1862, il a été semé en fèves 42,504 hectares qui ont produit 246,253 hectolitres.

Sorgho. — On cultive, en Algérie, dans le Sahara comme dans le Tell, plusieurs espèces de sorgho : 1° le grand sorgho à balais *(holcus sorgkum)*, dont le grain est rouge et dont les panicules forment d'excellents balais : sa tige atteint 2 mètres ; 2° le *bechena* des Arabes, *doura* dans l'ouest, qui paraît très-voisin du *H. Saccharatus*, dont les découvertes récentes ont constaté l'aptitude à la production du sucre ; 3° le *righiffa* des Arabes *(H. Cernuus)* ; 4° le *benitche*, des Arabes *(H. Spicatus)*, connu aussi sous le nom de millet à chandelle. Les trois dernières espèces ne sont cultivées que par les Arabes et au moyen de l'arrosage. Les grains de sorgho servent à la nourriture des hommes et de la volaille ; les tiges sont consommées par les bestiaux qui en sont très-friands alors surtout qu'elles ont été macérées ; enfin, on peut couper ce cette graminée en herbes pour la donner comme fourrage aux chevaux et aux mulets.

Les cultures indigènes de sorgho se sont étendues, en 1862, à 13,420 hectares qui ont rendu 226,777 hectolitres.

Il y a huit ans, les comptes-rendus semi-officiels publiés par un journal d'Alger, l'*Akhbar*, sur la culture du *sorgho à sucre*, expérimentée d'abord dans l'enceinte du Jardin-d'Essai, firent croire que cette culture devait faire la fortune des colons. Le capital ne fit pas défaut. Propriétaires, négociants et banquiers, ont rivalisé dans l'exploitation de cette graminée merveilleuse. Confiants dans les résultats accusés par l'autorité avec chiffres à l'appui, ils ont négligé la voie de l'expérience restreinte pour atteindre plus promptement un but qu'ils croyaient certain ; mais malheureusement le sorgho n'a produit que des pertes immenses, et le crédit de l'Algérie qui venait de supporter la liquidation ruineuse de l'industrie du bâtiment reçut une nouvelle atteinte dont il se ressent encore.

La Vigne.

Avant la conquête, la vigne était cultivée en grand par les indigènes dans certaines localités. Partout où leurs demeures étaient fixes, ils avaient des treilles et récoltaient du raisin. A Médéah, à Miliauah, à Cherchell, à Mostaganem, à Mascara, on voyait même des vignobles d'une certaine étendue ; mais les indigènes ne cultivaient la vigne que pour le raisin, qui était consommé frais ou sec, et faisait pour quelques localités, Dellys entr'autres, l'objet d'un commerce important. Aujourd'hui encore, les habitants de Dellys cultivent la vigne en grand et exportent, à l'arrière saison, des quantités considérables de raisin, les grappes tenant tout entières au sarment. Le raisin de Dellys, qu'on rencontre sur plusieurs autres points dans les montagnes du littoral, a des grains oblongs, blancs, transparents, sans pepins ; ses grappes sont lâches ; il est très-sucré et d'un goût délicieux. Les autres variétés que l'on trouve chez les Arabes sont : le *joannen* natif, le *verdal*, la *panse grosse commune*, le *muscat d'Alexandrie blanc*, le *marocain*, le *cornichon blanc* et le fameux *raisin de la Palestine*, dont les grappes, très-lâches, du reste, atteignent jusqu'à 30 cent. de longueur.

L'usage du vin étant interdit aux musulmans, sa fabrication n'était, avant la conquête, naturalisée que parmi les juifs, qui ne faisaient eux-mêmes de cette boisson qu'un emploi très-modéré.

Il est peu de pays où la vigne pousse avec autant de vigueur qu'en Algérie. Au bout de quelques années, les ceps ont la grosseur d'arbres : ceux que l'on plante près des maisons arrivent bientôt sur les terrasses ; il suffit d'un seul pour ombrager toute une cour, car les jets ont souvent 2 et 3 mètres de longueur. Dans les jardins, les indigènes font courir une partie des ceps sur les arbres et coupent les autres à 80 centimètres du sol. Beaucoup de terres, en Algérie, par leur nature et leur exposition, sont très-favorables à la création de vignobles; aussi la culture de la vigne y est-elle devenue, depuis quelques années, l'objet d'une attention très-sérieuse et très-suivie. Les Européens, qui s'étaient d'abord contenté d'utiliser les plantations existantes, en créent chaque jour de nouvelles, et la culture de la vigne occupait, en 1862, une superficie de 6,503 hectares. Les vignobles les plus étendus sont ceux de Mostaganem et de Mascara, dans l'Ouest; de Milianah, de Médéah, de Blidah et des environs d'Alger, dans la province du centre; de Bône et de Philippeville à l'Est. Les vins les plus renommés sont ceux de Mascara et de Médéah.

Voici les résultats des dernières récoltes :

ANNÉES.	SUPERFICIES cultivées.	RÉCOLTES en vins.	QUANTITÉS consommées en grap.
1859	4,453 hectares.	30,738 hectolit.	4,137,477 kil.
1860	4,633 —	33,560 —	5,679,315 —
1861	5,564 —	36,682 —	4,252,790 —
1862	6,531 —	43,232 —	9,236,456 —

Pour 1862, l'état des cultures et de la récolte, par province et par territoire, donne les chiffres suivants :

		RÉCOLTES en vins.	QUANTITÉS consommées en grap.
ALGER	territ. civil 2,631 hect.	21,450 hectol.	436,300 kil.
	territ. mil. 562 —	»	476,500 —
ORAN	territ. civil 2,246 —	14,509 —	23,346 —
	territ. mil. 387 —	324	225,095 —
CONSTAN-	territ. civil 697 —	6,944 —	8,671,745 —
TINE	territ. mil. 8 —	14 —	3,500 —
Totaux	6,531	43,232	9,236,456

AGRICULTURE

La nature des cépages est variée : ceux qui existaient avant la conquête ont été tirés d'Espagne ; tous les autres sont français et proviennent de la Bourgogne, du Languedoc et du Roussillon. Les plants les plus en faveur sont : dans la province d'Alger, l'Aramon, le Grenache, le Carignan, le Piquepoule noir, l'Alicante, le Gamay, le Pineau, le Bourgogne ; dans la province d'Oran, le Roussillon, le Languedoc, les divers plants d'Espagne et de Bourgogne ; dans la province de Constantine, le Piquepoule noir et blanc, le Pineau, le Gamay et le Chasselas.

Fourrages.

Outre les foins d'Europe qui viennent à peu près sans culture, l'Algérie produit encore une grande quantité de plantes fourragères, toutes excellentes pour la nourriture et l'engraissement des bestiaux, qui croissent partout et forment des prairies naturelles, sans demander d'autres soins que l'extirpation des hautes herbes parasites.

Dès les premiers jours de pluie, en novembre, les plaines, les vallées, les coteaux et les plateaux se couvrent d'une abondante végétation spontanée, qui, au printemps, atteint souvent plus d'un mètre. Sur les terrains humides dominent les plantes appartenant aux familles des graminées ; sur les terrains secs et les coteaux, les plantes appartenant aux légumineuses. Pour obtenir pendant l'été des fourrages verts, on a essayé de créer des prairies artificielles de diverses plantes : celles de luzerne ont parfaitement réussi. Dans de bonnes conditions de sol et d'entretien, elles donnent, sans irrigation, quatre à cinq coupes par an, et, avec irrigation, huit à dix. Celles en sainfoin, moins nombreuses, ont aussi très-bien réussi. Le trèfle est moins répandu, la chaleur du soleil desséchant trop rapidement ses feuilles.

Dans le Sahara, les gazons sont moins élevés mais tout aussi substantiels que dans le Tell. On désigne sous le nom générique d'*aâcheb*, ces gazons serrés, composés de plantes aromatiques qui, pendant toute la saison des pluies, couvrent le sol d'une verdoyante végétation, et dont le dessèchement, pendant l'été, détermine dans toutes les tribus un mouvement de migration vers le Nord. C'est par cette abondance spontanée des foins naturels que s'explique la richesse des Arabes en troupeaux.

Depuis de longues années, l'administration de la guerre prend tous ses approvisionnements en fourrages sur les lieux mêmes. Ici, elle les doit à l'industrie privée; ailleurs, elle donne, à cet effet, en adjudication, des prairies artificielles dont l'étendue totale est de plusieurs milliers d'hectares.

En 1854, l'armée d'Orient a reçu, de l'Algérie, 91,000 quintaux de fourrages.

La qualité supérieure des foins algériens, due au sol et au climat, a été constatée par une longue expérience. C'est à l'excellence de leur nourriture que les chevaux arabes doivent, en grande partie, la vigueur qui les distingue.

Les Légumes.

Tous les légumes farineux et les légumes verts, soit indigènes, soit d'importation européenne, réussissent en Algérie. Quelques-uns même s'y reproduisent spontanément et presque sans aucun soin. Dès le mois de décembre, l'Algérie voit ses champs couverts des légumes qui sont encore recherchés à Paris à la fin de mars, et est en mesure de fournir aux marchés de la capitale les primeurs que ceux-ci demandaient jusqu'ici à l'Italie. Chaque année, pendant l'hiver et le printemps, il s'exporte, à destination des marchés de la France et même de ceux de l'Angleterre, de notables quantités de légumes frais, tels que artichauts, haricots verts, petits pois, etc...

La pomme de terre, importation européenne, est aujourd'hui adoptée sur un grand nombre de points par les indigènes Le climat permet de la cultiver pendant l'hiver et d'obtenir des tubercules au printemps ; dans les terrains irrigables, on fait facilement trois récoltes par an. La patate, autre importation européenne, produit en abondance des tubercules très-nourrissants et aussi sains qu'agréables au goût. On peut en extraire, de même que de la pomme de terre, de la fécule et de l'alcool.

A côté des tubercules importés par les Européens, on trouve quelques végétaux à racines farineuses que la nature fournit spontanément. De ce nombre est le *zettout*, qui croît à l'état sauvage dans les terrains humides et ombragés, et dont la tige est assez semblable à celle du narcisse des bois. Sa racine, qui se compose d'une bulbe de la grosseur d'une noisette, donne, lorsqu'on la fait sécher, une fécule d'un goût délicat ; aussi cette plante est-elle très-recherchée dans les douars, où on la prépare pour l'alimentation, exactement comme on prépare la pomme de terre en France. Comme les Arabes ont remarqué que les sangliers étaient très-friands de ces bulbes, ils se servent d'eux pour *chasser au zettout*, pendant l'hiver, de même qu'on emploie dans le Périgord les porcs pour lever les truffes.

En 1862, l'Algérie a exporté 812,848 kilog. de légumes secs et 301,552 kilog. de légumes verts ou salés.

Le Tabac.

Avant la conquête, les indigènes cultivaient deux espèces de tabac : le tabac rustique *(nicotiana rustica)* et le tabac ordinaire *(nicotiana tabacum)*. Avec le premier, ils obtenaient le tabac à priser, *chemna*, objet de trafic important dans le pays de Tlemcen et dans la province de Constantine, près des frontières de Tunis. Avec le second, ils obtenaient le tabac à fumer. Dans cette production, quelques tribus avaient conquis un grand renom, entr'autres les Krachenas et les Ouled-Chebel, dans la Mitidja : de ceux-ci viennent le nom et la réputation du tabac *chebli*. Les produits de l'oasis de Souf, dans le Sahara algérien de l'est, étaient et sont encore fort estimés des indigènes, bien que leur force oblige de les mélanger avec d'autres plantes appelées *akil* et *trouna*. On exporte celles-ci dans le Tell et sur les marchés du Sahara, concurremment avec les tabacs des oasis. Les mœurs invitent à la culture du tabac, car tout Algérien, comme tout musulman de l'Orient, à l'exception des marabouts, fume la pipe ou le cigare.

Aujourd'hui la culture du tabac, essayée en 1844 par trois planteurs européens, occupe, chez les Européens comme chez les indigènes, la plus large place dans les travaux de l'agriculture après les céréales et la vigne.

En 1862, on a cultivé 4,728 hectares, qui ont donné 4,755,570 kilog. de feuilles.

Les Européens ont essayé successivement des graines de la Havane, des Philippines, de l'Amérique continentale, Virginie, Maryland et autres, du Palatinat, de France; mais ils ont dû revenir au tabac indigène, acclimaté depuis des siècles, et surtout à la variété dite *chebli*, dont les manufactures françaises proclament tous les ans la supériorité et qui a été adoptée par la Régie comme type à propager en Algérie. Un des priviléges de la culture du tabac algérien, c'est la possibilité de faire toujours une seconde coupe en temps utile, avant les pluies de novembre, la première ayant lieu en juillet et août.

Les tabacs algériens laissent déjà loin derrière eux les tabacs d'Égypte, de Macédoine et de Grèce, auxquels ils avaient été d'abord assimilés. Les tabacs de Hongrie ont un goût moins agréable; ceux du Kentuky ne sont ni plus fins ni plus combustibles; enfin, les tabacs du Maryland ont un défaut d'élasticité et un goût d'amertume qu'on ne saurait reprocher à ceux de l'Algérie.

Le directeur du service des tabacs, dans un rapport au Gouverneur général, a donné sur la campagne de 1862 les renseignements suivants :

« Le directeur du service des tabacs se croit autorisé à penser que les 4,755,570 kilog. auxquels se sont élevés les produits, ont dû se répartir par qualité de la manière suivante :

Surchoix........	à 160 fr. les 100 kil.	47,355 kil. représentant	75,768 »
1re qualité........	à 150 —	426,202 —	639,303 »
2e qualité.........	à 120 —	947,114 —	1,136,536 80
3e qualité........	à 90 —	1,420,671 —	1,278.603 90
Non marchand....	à 50 —	1,894,228 —	947,114 »
	Total......	4,755,570	4,077,325 70

« Mais il n'a été livré dans les magasins de la régie que 3,378,361 kilog. qui représentent à peine les 7/10 de la production générale, et dont l'expertise a déterminé le classement ci-après :

Surchoix........	à 160 f. » les 100 kil.	13,055 kil. valant	20,888 »
1re qualité........	à 150 » —	150,054 —	225,081 »
2e qualité.........	à 120 » —	575,843 —	691,011 60
3e qualité........	à 90 » —	1,223,813 —	1,101,431 70
Non marchand.....	à 52 90 —	1,415,496 —	748,817 40
		3,378,161	2,787,229 70

« Il n'est donc pas douteux que le commerce se soit emparé des quantités qui forment la différence entre le chiffre des achats effectués pour le compte des manufactures impériales et celui de la production effective. »

Plantes textiles.

COTON. — La culture du coton, comme la culture du tabac, n'est pas d'importation française. Les géographes ou historiens arabes nous apprennent que l'on trouvait dans l'Afrique septentrionale de magnifiques plantations de cotonniers, et Edrissi parle avec admiration de celles qui entouraient la ville de Tobna dans le Hodna.

Sans remonter aussi loin, on sait qu'au temps des Turcs, la culture du coton était pratiquée dans plusieurs localités du Tell. De nos jours et avant nous, les tribus des environs de Collo en récoltaient ce qui leur était nécessaire pour la fabrication de leurs vêtements, et, s'il faut en croire certaines traditions, les plaines du Sig et de l'Habra étaient aussi couvertes de cotonniers.

Essayé comme curiosité, en 1832 et 1833, par quelques colons et au jardin d'Essai d'Alger, introduit dans les cultures en grand de la Réghaïa en 1837 et 1838, et puis abandonné pendant la guerre, le coton fut repris en 1842 et 1843 à la pépinière centrale. L'administration s'efforça pendant quinze ans de développer cette culture par des encouragements de toutes sortes et au prix de notables sacrifices.

Par décret du 15 octobre 1853, l'Empereur, donnant à l'Algérie une nouvelle preuve de sa sollicitude, instituait sur sa cassette particulière et pour cinq ans, un prix annuel de 20,000 fr. destiné à servir de prime d'encouragement au propriétaire, européen ou indigène, de l'exploitation qui aurait donné les résultats les plus satisfaisants. L'Etat payait en même temps des primes élevées à l'exportation pour le coton égrené. Pendant plusieurs années il acheta lui-même le coton à un prix de faveur, pour le revendre à perte sur le marché du Havre.

Ce système de protection généreuse n'avait produit après dix ou douze années d'application qu'une exportation de 118,412 kil.

La guerre d'Amérique survient ; les appprovisionnements de nos manufactures s'épuisent ; le prix du coton s'élève ; les besoins industriels et commerciaux s'accusent de plus en plus. Le gouvernement n'est plus seul à comprendre la nécessité de propager la culture du coton. Les industriels et les négociants se préoccupent de la production algérienne. On n'est plus tenté par une prime, par un prix de faveur, mais par l'enchérissement considérable du produit sur les marchés. Devant une pareille situation les agriculteurs algériens n'hésitent plus : la campagne de 1862-1863 donne 127,833 kil. ; celle de 1863-1864 : 376,518 kil.

Lorsque l'administration a voulu faire faire, encourager, diriger, acheter, vendre elle-même ; son argent, ses notices imprimées, ses enseignements n'ont pu faire produire, après plus de quinze ans, que 118,412 kilog. Lorsque la rareté du produit sur les marchés a déterminé une hausse considérable dans les prix et que l'initiative individuelle s'est préoccupée du développement de la culture cotonnière, Français et Arabes se sont mis à l'œuvre, et en deux ans, la récolte a été plus que triplée.

La conclusion est facile à tirer. Tous les travailleurs algériens doivent comprendre que le système libéral, dont les bases sont posées dans la lettre de l'Empereur du 6 février 1863, sera bien plus favorable à la prospérité de l'Algérie que le régime de tutelle sous lequel l'administration locale a tenu comprimée jusqu'ici, l'initiative individuelle. Les cultures subventionnées, comme toute plante qui a besoin de serre chaude pour porter des fruits, coûtent cher et valent peu.

La culture cotonnière a suivi, pendant les dix dernières années, la progression suivante :

ANNÉES.	QUANTITÉS RÉCOLTÉES APRÈS ÉGRENAGE.
1853-1854	85.710 kil.
1854-1855	71,310 —
1855-1856	66,972 —

1856-1857	93,070 —
1857-1858	104,416 —
1858-1859	106,431 —
1859-1860	106,472 —
1860-1861	159,652 —
1861-1862	118,412 —
1862-1863	127,835 —
1863-1864	376,518 —

Si la production des cultures cotonnières constate un progrès, les qualités des cotons présentés aux commissions pour la prime ne témoignent pas moins d'une amélioration sensible dans la préparation des soies, leur égrenage, leur triage, la confection et la régularité des balles.

Il nous reste maintenant à dire quelques mots des prix auxquels ont été payés les cotons sur les principaux marchés de France jusqu'au 15 mai dernier.

A Marseille, la moyenne des ventes a eu lieu au prix de 1,025 fr. les cent kilogrammes. — Au Havre, cette moyenne a été de 1,080 fr. — A Lille, de 1,040 fr. — A Mulhouse, de 978 fr.

Les Chambres de commerce de chacune de ces villes, consultées sur la continuité des cours de la présente année, ont fourni les avis suivants :

Celle de Marseille, « qu'il n'y a pas lieu d'espérer les
» prix obtenus. »

Celle du Hâvre, « qu'il y a tout lieu de supposer que
» les cours actuels se maintiendront sans variation
» bien sensible, à moins d'évènements imprévus. »

Celle de Mulhouse, « que, depuis quelques mois, le
» prix des cotons d'Algérie tend à fléchir. Qu'il est
» actuellement à 9 fr. 50 c. le kilog.; mais que ce n'est
» pas là encore un prix normal et que, pour que l'Al-
» gérie puisse entrer largement dans la consomma-
» tion, il faudrait ne pas dépasser 8 fr. le kilog., pour
» les cotons fins dits longue soie. »

Celle de Lille, « que la question est difficile à résoudre d'une manière positive ; que le maintien des prix dépendra des arrivages plus ou moins abondants des qualités fines d'Amérique. »

Une illusion commune est de croire qu'il existe en Algérie beaucoup de terres propres à la culture du cotonnier. La quantité en est au contraire assez restreinte. Sur les 20 millions d'hectares qui composent la région cultivable, 500,000 tout au plus peuvent être affectés au coton. Deux conditions sont attachées à cette culture : un sol particulier et un sol arrosable. Sur les terrains secs que gercent les soleils d'été, l'exploitation ou ne réussirait pas ou ne paierait pas les frais de la main-d'œuvre ; il en serait de même des plateaux, sujets à de brusques variations de température. C'est donc aux fonds inférieurs qu'il faut limiter les essais, et les meilleurs sont les fonds du littoral.

Presque toutes les plaines qui débouchent sur la mer sont composées d'un terrain de transport très-meuble avec des couches d'argile toujours mélangées de détritus. Aucune roche ne paraît à la surface, et, à quelque profondeur que l'on ait creusé, on n'a trouvé que de l'alluvion formée d'une juste proportion d'argile et de sable. Aux fonds ainsi exposés un autre avantage s'attache : ils s'imprègnent, sous l'influence des vents du large, d'efflorescences salines favorables à cette végétation. La présence des lacs et des terrains salés prolonge cette zone fort avant dans l'intérieur. C'est sur ces fonds privilégiés que se récoltent les plus belles espèces, les cotons *longue-soie*, comme on les nomme ; mais la nature du sol ne suffirait pas pour bien produire, sans la faculté d'irrigation.

Le véritable instrument de la culture cotonnière est l'aménagement des eaux ; or on sait quel en est en Algérie le régime naturel. L'hiver elles débordent ;

pendant la saison chaude, les lits sont à sec. Capter les eaux, les emmaganiser dans des lits artificiels, se ménager des réserves suffisantes pour abreuver les plantes pendant tout le temps de l'étiage, distribuer ces réserves dans un service régulier, voilà les conditions à remplir si l'on veut sortir de la petite production pour entrer dans la grande exploitation. Ce que l'Egypte tire de son Nil dans des proportions abondantes et au moyen d'une canalisation informe, il faut que nous l'empruntions à une hydraulique artificielle, créée à grands frais, multipliée sur tous les points où il y a de l'avantage à l'introduire. Il s'agit d'une certaine violence à faire à la nature des lieux, d'une discipline à imposer à l'élément rebelle. Les points à transformer ainsi sont tout indiqués : dans la province de Constantine, les plaines du Saf-Saf, de Bône et du Bou-Merzong ; dans la province d'Alger, le bassin du Chélif et la Mitidja ; dans la province d'Oran, les plaines de la Mina et de l'Habra.

Un autre élément est de rigueur pour les cultures étendues : c'est le prix modéré de la main-d'œuvre. Sous ce rapport, l'Algérie, dans son économie actuelle, est assez dépourvue : les bras y sont plus coûteux et moins disponibles que dans les pays qui lui font concurrence. Elle n'a ni l'esclavage comme aux Etats-Unis et au Brésil, ni le travail obligatoire comme en Egypte, ni les castes vouées à la glèbe comme dans les Indes anglaises. Tout se fait de gré à gré, par des arrangements libres et à prix débattu. Aussi n'y a-t-il pas à songer à des prix de journée de 40 centimes, dont se contente le *fellah* ou de 30 centimes qui, avec une ration de riz, suffisent à l'Hindou. Les salaires prennent dans les exploitations agricoles de l'Algérie des proportions toutes différentes. Le louage des bras européens y figure pour 3 fr. et 3 francs 50 cent par jour, et encore n'en trouve-t-on pas en raison des besoins.

Pour compenser un tel surcroît de charges, un seul moyen est indiqué : ce serait l'emploi plus général de la main-d'œuvre arabe. En vain y résiste-t-on. Il faudra bien voir un jour que la colonisation, c'est-à-dire la mise en valeur du sol, n'est qu'à ce prix, qu'il y a là un essaim tout porté, formé au climat. Les indigènes ne répugneraient nullement à des associations de travaux dans lesquelles ils apercevraient un profit considérable.

N'avons-nous pas vu dans le caïdat de l'Edough les bras arabes s'associer avec des capitaux européens, et la liquidation avoir lieu dans les termes convenus sans embarras ni chicanes. Le produit moyen a été de 1,100 à 1,200 francs l'hectare ; 50,000 francs ont été partagés dans la première campagne, et depuis lors c'était entre les membres de la tribu à qui y serait désormais admis ; les bénéfices réalisés avaient donné aux indigènes le goût de ces cultures. Des démêlés auraient pu naître ; il y a eu transaction. De collective, l'exploitation est devenue individuelle. Le sol de l'Edough est aujourd'hui un échiquier avec des parcelles de 1 ou 2 hectares réparties entre 375 familles.

Nous devons dire que l'honneur du progrès considérable qui a été réalisé dans l'arrondissement de Bône revient tout entier à un propriétaire français, M. Laquière, qui a seul, sans la participation de l'administration, conçu le projet et fait les avances aux indigènes ; et qui, à ses risques et périls, a couru les chances d'une opération toute nouvelle dont le succès était incertain. Il est vrai que M. Laquière ne s'aventurait pas sur un terrain inconnu ; son expérience personnelle lui avait appris ce qu'on pouvait attendre et obtenir des indigènes. Il a appartenu à l'armée d'Afrique, il a servi longtemps dans les bureaux arabes. Cette institution des bureaux arabes n'est donc pas aussi pernicieuse qu'il est de mode de le dire aujourd'hui dans le camp de l'opposition. Elle est utile aux populations indigènes, elle donne aux officiers qui y sont employés une expérience qui tourne au profit dela mise en valeur du sol.

Les destinées du coton algérien ont encore, on le voit des parties confuses; il lui reste à traverser quelques alternatives, quelques épreuves, dans lesquelles les illusions sont autant à craindre que les découragements. La première de ces épreuves, est le passage de l'état d'embryon à une vie plus pleine et plus générale, la seconde est le réveil de la concurrence américaine quand, sur les ruines causées par la guerre civile, les arts de la paix reprendront là-bas leur œuvre de réparation. Mais, avec de l'esprit de décision, un sage aménagement des eaux et plus de concert entre les Européens et les Indigènes, ces difficultés pourront être franchies et le coton restera sur ce sol qui est bien approprié.

Lin.

Les essais faits sur plusieurs points de l'Algérie, situés dans des conditions climatériques assez variées, semblent prédire à la culture linière un bel avenir. L'expérience a même démontré que non-seulement les graines étrangères s'acclimatent parfaitement, mais que la graine de Riga se perpétue en Algérie dans toute sa vigueur originelle.

Nous avons d'ailleurs une garantie du succès de cette culture dans la faveur dont elle a joui chez les Arabes au moyen âge. Le lin était un des principaux articles d'importation de Bougie. Il était cultivé avant la conquête dans les fermes de la Mitidja amodiées par les Maures aux Arabes. Il l'est encore en Kabylie; recueilli en bottes, puis séché sur l'aire et broyé, il est filé par les femmes et fournit une grosse toile employée à divers usages.

Le rendement des cultures linières en Algérie est très-satisfaisant; mais il ne suffit pas de récolter du lin, il faut le rouir. Le rouissage est, de toutes les opérations à faire subir au lin, la plus délicate et celle qui demande le plus de soins et d'attention. On attribue généralement l'infériorité actuelle de nos lins, sur les places d'Angers et de Lille, à ce qu'ils ne sont pas bien rouis.

Les lins de l'Algérie peuvent être comparés, pour la qualité, à ceux des départements des Côtes-du-Nord et d'Ille-et-Villaine, nommés lins d'hiver, particulièrement propres à la fabrication des grosses toiles et des toiles à voile.

Chanvre.

Quatre variétés de chanvre réussissent en Algérie; ce sont : le chanvre ordinaire, le chanvre du Piémont, le chanvre géant de la Chine, le chanvre indigène.

Le chanvre ordinaire *(Cannabis sativa)* était cultivé dans la Régence avant la conquête. Les cordes de chanvre pour les chevaux faisaient partie des fournitures dues au beylick; on les apportait de Blidah, et c'était la Mitidja qui possédait les principales cultures.

Le chanvre vient aussi bien en Algérie qu'en Europe. La qualité de la filasse est bonne; quoique un peu plus durs que ceux de la Loire, nos chanvres sont reconnus propres à la fabrication de cordages pour la marine.

Le chanvre de Piémont, essayé en Algérie, a été jugé par la chambre de commerce de Paris avoir de l'analogie avec les chanvres de la Sarthe et de la Loire.

Le chanvre géant de la Chine a été introduit en Algérie au moyen de graines apportées de Chine. C'est une espèce dont les proportions gigantesques étonnent, car elle donne fréquemment des tiges de 6 à 7 mètres de haut, ramifiées en branches de 1 mètre 50 centimètres de développement, et de 15 centimètres de tour à la base. La végétation est néanmoins fort rapide. Ses chènevottes, ou bois de chanvre, ayant beaucoup de consistance, servent à faire des fagots pour allumer les fourneaux ; elles conviennent également à la confection d'un charbon léger, propre à la fabrication de la poudre à feu. Sa filasse a été complètement assimilée, par la chambre de commerce de Paris, à celles provenant des chanvres du Maine-et-Loire et de la Sarthe.

Le chanvre indigène *(cannabis indica)*, dit *takrouri*, ou *kif*, que les indigènes cultivent, dans le Sahara comme dans le Tell, diffère des précédentes variétés par sa petite taille, qui ne dépasse pas 50 centimètres, et par le rapprochement sur la tige des verticilles des organes foliacés et floraux. La brièveté de la filasse qu'on extrait de sa tige lui ôte toute valeur textile ; aussi cette variété n'est-elle cultivée par les Arabes que pour ses propriétés narcotiques qui la font rechercher dans tout l'Orient. Cette culture, qui n'est jamais très-étendue, se fait dans les sols peu fertiles ; les plantes restent basses, trapues. Il se développe alors sur les appareils floraux, les sépales, les bractées, un produit résineux à odeur pénétrante qui paraît constituer la substance enivrante et vertigineuse connue sous le nom de *haschich* ou mieux *affiour*. Ce sont les extrémités des tiges et des feuilles, recueillies avant parfaite maturité des graines, qui sont employées pour la pipe ou pour la préparation des confitures appelées *madjours*. Coupé menu, le haschich est fumé dans de très-petites pipes ; quelquefois on le mélange avec du tabac. Pour faire les madjours, on écrase ou on pile les extrémités de la plante et on les mêle ensuite avec du miel qu'on fait chauffer ou avec du beurre qu'on fait fondre. Une autre préparation, fort connue aussi, consiste à piler de la graine de chanvre et à la faire cuire avec une égale quantité de sucre et de l'eau, dans la proportion de 1/2 pour deux livres de sucre.

Les consommateurs de haschich forment, dans quelques villes de l'Algérie, des clubs fort curieux, mais très-mal famés, où ils se réunissent tous les soirs pour fumer au son des tambours et admirer les poses érotiques des almées, jusqu'à ce qu'ils tombent sous le poids du sommeil et du haschich.

Alfa. — L'alfa est le nom arabe, passé dans le langage vulgaire, de diverses plantes de la famille des graminées, répandues à profusion dans toute l'Algérie, dans le Sahara comme dans le Tell, où elles résistent à la sécheresse et aux chaleurs, couvrant seules le sol, ombrageant les sables et le roc de leurs épaisses touffes hautes de un mètre à un mètre et demi, pendant que la végétation presque entière s'affaisse sous l'ardeur du soleil d'été. Peu de plantes sont aussi précieuses par la multiplicité de leurs emplois industriels. Les indigènes, et à leur exemple les Européens, particulièrement les Espagnols, font, avec les feuilles rondes et aiguillées, longues et tenaces de l'alfa, avec ses tiges droites, fortes et nerveuses, toute espèce d'ouvrages de sparterie : paniers, corbeilles, tapis, chaussures, chapeaux, sacs, même des cordes excellentes. Cette industrie a pris une véritable importance dans les cercles d'Arzew et d'Oran, où toute la légion du littoral est extrêmement fertile en alfa.

Palmier nain. — Le palmier nain *(chamærops humilis)* a fait longtemps par la profondeur, la ténacité et l'inextricable lacis de ses racines, le désespoir des cultivateurs en Algérie. Les frais du défrichement d'un hectare de terre couvert de palmiers nains, évalués à 300 et 400 francs, étaient très-faiblement compensés par le prix des racines comme combustible ou pour la fabrication du charbon. On voyait cependant les indigènes employer ses feuilles et ses tiges, mêlées au poil de chameau et à la laine, à fabriquer l'étoffe des tentes. Ils en faisaient des paniers, des nattes, des corbeilles, des chapeaux, des éventails, des sacs et généralement tous les ouvrages de sparterie, de corderie, de tapisserie.

Ces applications inspirèrent l'idée de travailler le palmier nain pour en obtenir un crin végétal, ou crin d'Afrique, dont l'exploitation a donné lieu à des établissements importants. On a fabriqué, avec ce textile, des cordages meilleurs que ceux de l'alfa et du diss, et dont l'usage est déjà répandu dans tous les ports de France, ce qui dispense de recourir à l'Espagne pour les cordages en sparterie.

Aloès. — L'agave d'Amérique, vulgairement appelé aloès, est presque aussi répandu en Afrique que le cactus. Il réussit sans culture dans les plus mauvaises terres, et croît jusqu'à 6 et 700 mètres au-dessus du niveau de la mer. Avec ses feuilles vertes, raides, lancéolées, terminées en pointes aigues, qui forment des haies impénétrables, on obtient une filasse, espèce de soie végétale d'une belle qualité et d'un excellent usage, propre à faire des cordes, des filets de pêcheur, des mèches de fouet, des tapis de pied et divers autres ouvrages de sparterie.

Plantes tinctoriales.

Garance. — La garance (*Rubia tinctorum*) croît spontanément dans l'Afrique du Nord, où elle est connue des Arabes sous le nom de *fouah*. Un rapport de la Société industrielle de Mulhouse a constaté que le principe colorant du *fouah* de Tunis, qui ne peut qu'être identique à celui de l'Algérie, était de 25 à 30 p. 100 plus faible que celui de la vraie garance cultivée dans le Vaucluse, ce qui confirme l'opinion des botanistes sur la différence spécifique qu'ils estiment exister entre la garance d'Afrique et celle d'Europe. Quoi qu'il en soit, la première est douée de propriétés colorantes très-intenses ; elle est matière à spéculation dans toute l'Afrique du Nord ; elle est un des articles du trafic du Sahara avec le Soudan ; depuis les temps de la domination romaine jusqu'à nos jours, elle n'a cessé de jouer un rôle important dans le commerce des États barbaresques.

La terre et le climat de l'Algérie sont donc propres à la culture de la garance ; mais il ne suffit pas pour l'avenir d'une culture que les conditions géologiques et atmosphériques la rendent possible ; il faut que la différence entre le prix de vente et le prix de revient soit suffisamment rénumératrice.

En est-il ainsi en Algérie pour la garance? Malheureusement non : les pertes éprouvées par plusieurs propriétaires de garancières, malgré des efforts constants et bien dirigés, ont dissipé les illusions qui s'étaient propagées à la faveur d'écrits officiels recommandant cette plante tinctoriale avec une insistance particulière. C'est pourquoi la culture de la garance a été abandonnée presque partout. Elle n'a été tentée en 1862 que dans le district de Bathna. Les planteurs, au nombre de cent, ont cultivé 20 hectares et récolté 20,000 kilogrammes de racines.

Henné. — Le henné (*Lawsonia inermis*), plante tinctoriale de la famille des salicariées, propre à l'Afrique et à l'Orient, jouit d'une grande faveur parmi les Arabes de l'Algérie. Ses feuilles, réduites en poudre, puis délayées dans l'eau, donnent une couleur rouge orangé que les indigènes appliquent aux usages les plus variés. Ainsi les femmes s'en servent pour se teindre les ongles, les doigts, la paume et le revers des mains, le dessous des pieds, les orteils, quelquefois les lèvres et les gencives. On voit souvent les cheveux des enfants teints en rouge orangé par le henné, qu'on emploie aussi pour colorer la queue et les crinières des chevaux, parfois le dos et les jambes. Les indigènes l'utilisent encore pour la teinture de la laine et des cuirs.

L'industrie lyonnaise tire de la feuille du henné un principe colorant qui sert à teindre en noir les plus belles soieries. Ce noir, dont la vogue paraît grande dans le commerce, a été désigné sous le nom de *noir d'Afrique*, et semble devoir l'emporter sur tous les noirs connus, par la beauté des reflets et par sa teinte brillante et azurée. Un teinturier de Lyon, M. Gillet, commensa à faire usage de la feuille du henné, en 1855, pour teindre la soie, et il a continué depuis avec un succès toujours croissant; c'est ainsi qu'en 1858 il a employé dans son grand établissement de teinture sept à huit cent balles de feuilles de henné, c'est-à-dire environ 30,000 kilogrammes de cette matière, tirée principalement de l'Algérie et du Maroc. Il en consommerait bien davantage, si l'agriculture algérienne en fournissait des quantités plus fortes.

Malgré les avantages que la culture du henné paraît offrir au cultivateur algérien, sa production est circonscrite à un nombre très-restreint de localités : à la tribu des Beni-Khelil, dans la province d'Alger ; aux environs de Mostaganem, dans celle d'Oran ; au cercle de Biskra, dans celle de Constantine.

Indigo. — Diverses espèces d'indigotiers ont été l'objet d'expériences multipliées ; mais, si on a constaté la possibilité de l'acclimatation et la vigoureuse végétation de ces arbrisseaux, on a dû reconnaître aussi que cette culture, dirigée cependant par des colons qui avaient précédemment cultivé l'indigo dans les Indes, ne donnait que de déplorables résultats.

Sumac.—L'Algérie possède deux espèces de sumacs indigènes : le sumac Tezera *(rhus pentaphyllum)*, et le sumac des corroyeurs *(rhus coriaria)*. L'un et l'autre sont employés par les indigènes pour la préparation et la teinture des cuirs dits marocains.

Noix de galle. — On sait que la noix de galle est une excroissance que la piqûre d'un insecte détermine sur les feuilles du chêne vert. A raison de son principe tannin, elle est fort employée dans la teinture en noir. L'Algérie, si riche en chênes verts, est évidemment éminemment propre à la production de la noix de galle.

Plantes oléagineuses.

Bien que de beaucoup la plus importante, la culture de l'olivier n'est pas la seule, parmi celles produisant les matières oléagineuses, qui réussisse en Algérie. Plusieurs autres végétaux, qui ne sont pas aussi riches en principes huileux, méritent d'y être cultivés. Tels sont : l'arachide, la cameline, le madia-sativa, le colza, le lin, la navette, le sésame, le tournesol, le ricin et le pavot.

Plantes à essence.

Le climat de l'Algérie est très-favorable aux aurantiacées, la famille végétale la plus riche en huiles volatiles, ainsi qu'à la plupart des plantes aromatiques qui croissent dans les régions subtropicales et tempérées. L'ardeur du soleil, la sécheresse de l'atmosphère et de la terre concourent en effet à doter la végétation des qualités de ton et de senteur que recherchent la distillerie et la parfumerie.

Les plantes propres à fournir des essences, qui croissent, spontanément ou après culture, en Algérie, peuvent se classer ainsi : au premier rang, les orangers et leurs nombreuses variétés; au second rang, diverses plantes secondaires parmi lesquelles nous mentionnerons : l'*absinthe*, le *cassie*, le *fenouil*, le *geranium rosat*, le *jasmin*, la *lavande*, la *menthe*, le *myrte*, le *rosier*, le *thym*, la *tubéreuse*, la *violette*, la *verveine*.

Plantes à alcool.

Divers végétaux algériens ont révélé des propriétés précieuses pour la fabrication de l'alcool. On a successivement employé les figues douces, les figues de Barbarie, l'asphodèle, les caroubes, les dattes, les jujubes. L'*asphodèle* est, comme le palmier nain, une de ces plantes spontanées qui couvrent les terres incultes de l'Algérie, et que l'on détruit, en défrichant, à titre de végétal parasite. De son nom *berouak* vient celui de *berouaguia* (asphodélière), donné à certaines localités.

Plantes tropicales.

On a tenté la naturalisation, en Algérie, de diverses plantes tropicales : caféier, gingembre, poivrier, thé, vanille ; mais les expériences faites sous les différentes latitudes, soit par les colons, soit par les directeurs des pépinières du gouvernement, ne sont pas encore assez concluantes pour qu'on puisse affirmer que l'acclimatation de ces diverses plantes est possible.

Une plante tropicale qui réussit parfaitement en Algérie est le piment. Dans les oasis, on la cultive pour l'exportation.

On a prétendu que le vrai poivrier *(piper negrum)* était connu dans la Régence et acclimaté à Oran avant la conquête ; mais, suivant toute apparence, on le confond avec le fruit du *schinus molle*, ou faux poivrier, poivrier d'Amérique, qui est parfaitement naturalisé, et produit des fruits comestibles que les indigènes emploient en guise de poivre, et qu'ils appellent improprement *poivre noir*.

Plantes industrielles diverses.

Houblon. — Le houblon vient parfaitement en

Algérie et donne des produits de très-bonne qualité, pourvu qu'il soit placé dans un bon terrain dont le sous-sol se maintienne humide pendant l'été, soit naturellement, soit à l'aide d'irrigations.

On boit en Algérie considérablement de bière; le houblon, élément indispensable de cette boisson, s'y vend très-cher, et, pour cette cause sans doute, les brasseurs en sont très-avares dans la fabrication des produits qu'ils livrent à la consommation. Il est donc à désirer qu'on établisse dans les environs des villes de nombreuses houblonnières.

D'ailleurs, outre les débouchés considérables que ce produit trouverait dans le pays même par la consommation locale, on pourrait encore diriger ce houblon frais sur le nord de l'Europe avant que les récoltes de même espèce y fussent faites, et où il serait d'un emploi plus avantageux que les houblons conservés de l'année précédente. Les Flamands et les Belges se disputeraient nos *houblons* comme les Parisiens et les Anglais se disputent aujourd'hui nos primeurs.

PLANTES MÉDICINALES. — L'Algérie produit un grand nombre de plantes médicinales, dont quelques-unes, comme la *pyrèthre* et la *salsepareille*, sont l'objet d'un commerce suivi avec l'Europe.

CULTURE INDIGÈNE

Pour quiconque observe attentivement les faits qui se rattachent aux progrès moraux et matériels des indigènes algériens, il est évident que ceux-ci constituent une population essentiellement agricole qui est appelée à nous fournir des journaliers pour le travail des champs dans nos tentatives d'agriculture perfectionnée. Les indigènes forment pour l'Algérie cette classe de paysans sur laquelle repose en tout pays la production des céréales et l'élève des bestiaux. Leurs traditions immémoriales, leur organisation sociale, leur manière de vivre, les instruments qu'ils peuvent employer, les conditions générales du climat : tout indique qu'ils ne sauraient de très-longtemps renoncer à la culture pastorale à laquelle ils sont adonnés. Le progrès pour eux consistera dans l'amélioration de leurs procédés et de leurs errements traditionnels, et non dans l'imitation maladroite des méthodes de culture importées par les immigrants. Les exemples qu'ils ont à suivre chez les immigrants se rapportent plutôt aux qualités morales de l'agriculteur qu'à la main-d'œuvre mécanique. Plût au ciel qu'ils pussent s'inspirer de la persévérance du cultivateur français, de la sollicitude avec laquelle il veille sur le développement de ses travaux, du soin qu'il met à faire concourir tout ce qui l'environne au succès du travail entrepris. Ce n'est que par cette application constante et minutieuse que le cultivateur arrive à aimer son champ, non pas seulement comme une propriété qui le nourrit, mais comme un être vivant, en quelque sorte, devenu le compagnon et le confident de sa vie, et auquel l'attache un lien indissoluble. De notre côté, nous avons peut-être à observer attentivement les pratiques indigènes, non pas pour les copier servilement, mais pour avancer notre expérience des conditions locales du sol, du climat, du régime des eaux, du tempérament des animaux, etc. En cela on peut dire que la routine a du bon dans chaque pays; l'important est de savoir distinguer le bon grain de l'ivraie.

« Ce n'est jamais impunément que les immigrants tentent de rejeter les données de la tradition ou, si l'on aime mieux, de la routine locale, et d'innover brusquement, sans tenir compte des circonstances nombreuses qui différencient la culture des plaines algériennes de celle des guérets normands et beaucerons. Il y a sans doute beaucoup à perfectionner dans les méthodes arabes, surtout en ce qui touche les procédés matériels et les systèmes d'engrais; mais il est nécessaire d'étudier ces méthodes, de s'y conformer tout d'abord, pour les améliorer peu à peu, suivant les observations de chaque jour. [1] »

Depuis la fin de la guerre contre l'émir Abd-el-Kader, c'est-à-dire depuis l'année 1848, les cultures ont été beaucoup développées dans les tribus. Le peu de sécurité qui régnait dans le pays, sous le gouvernement turc, n'était pas favorable au travail de la terre. Chaque

---

(1) *La Vie Arabe*, par Félix MORNAND.

laboureur avait à craindre non-seulement les entreprises des tribus ennemis et des voisins turbulents, mais encore les incursions subites faites par l'autorité elle-même. Ces conditions ne furent pas améliorées par la chute du régime turc; les hostilités acharnées dans les provinces d'Oran et d'Alger n'avaient pu que les aggraver. L'enthousiasme avec lequel, dès 1843, les tribus acclamèrent la paix, au moment où elles commençaient à se soumettre à la France, est une preuve irrécusable du besoin ardent et universel qu'elles avaient du rétablissement de la tranquillité. Le mot *afia! afia!* la paix! la paix! avait, en ce moment, bien plus d'empire sur les âmes que les cris de guerre sainte; le cultivateur avait déjà vaincu le guerrier fanatique. Aussi, dès les premières années qui suivirent la fin des hostilités, les cultures indigènes prirent un développement notable. Nous avons lieu de croire que le nombre des hectares cultivés s'est accru, en moyenne, pendant les quinze dernières années, de cinquante mille par an, et que les espaces labourés annuellement atteignent aujourd'hui trois millions d'hectares. Nous savons que les statistiques officielles n'indiquent pour 1862 que 1,900,000 hectares environ; mais les chiffres de la statistique sont souvent plus remarquables par ce qu'ils ne disent pas que par ce qu'ils disent. Un document d'une authenticité inattaquable donne, pour la province d'Alger, en 1862, plus de 750,000 hectares cultivés. La province d'Oran avait, dès 1856, 620.000 hectares cultivés; elle doit avoir atteint 700 000; quant à la province de Constantine, on ne peut évaluer ses cultures à moins de 1,200,000 hectares. Soit, pour l'ensemble, 2,650,000 hectares. Mais ce sont là des chiffres pris sur les listes d'impôt pour l'achour; il ne faut pas perdre de vue que ces listes ne comprennent pas les cultures affranchies d'impôt, ni celles des contrées où les contributions se paient d'après une autre base que celle des terres ensemencées en céréales : la Kabylie et une grande partie des villages du Sud. Le total de trois millions d'hectares n'a donc rien d'exagéré. Il semblerait que, pour tenir compte des habitudes des indigènes, qui laissent ordinairement leurs champs en jachères pendant un an et même deux ans, on devrait porter le nombre des hectares occupés par les cultures à six millions d'hectares. Le chiffre ne serait pas exact, parce que, sur beaucoup de points, les laboureurs ont tellement augmenté leurs travaux, qu'ils n'ont plus l'espace nécessaire pour les jachères annuelles ou bi-annuelles. Nous ne croyons pas qu'on puisse, en aucun cas, élever au-dessus de cinq millions d'hectares la superficie labourée par les charrues indigènes. En donnant ces chiffres, en critiquant ceux du *Tableau de la situation de l'Algérie pour 1862*, nous ne prétendons pas ouvrir un tournoi en l'honneur de la statistique ; nous n'avons invoquée celle-ci que pour appuyer un fait hors de toute contestation ; à savoir, l'immense développement des cultures des tribus depuis quinze années. Ce résultat établi, nous abandonnons volontiers nos chiffres aux dents des dogues ou des roquets qui font métier de broyer des os vides.

Les cultures indigènes n'ont pas seulement gagné en étendue : elles se sont améliorées dans plusieurs localités. Ces progrès n'ont pas un caractère général ; mais il existent, et on doit espérer qu'ils seront contagieux. On a signalé, depuis plusieurs années, que, dans le cercle de Milianah, plusieurs cultivateurs indigènes notables donnent deux façons à leurs labours ; dans la plaine de la Mitidja, on compte plus de cent charrues françaises, dirigées par des indigènes et pour le compte de propriétaires indigènes ; le comice agricole d'Oran vient de nous faire connaitre que plusieurs cultivateurs indigènes ont amélioré la forme du soc de leurs charrues. Le même comice a aussi remarqué que, dans les épreuves du concours qui a eu lieu sous ses yeux, les conducteurs de la charrue indigène traçaient des sillons plus droits et plus réguliers. Tous ces progrès sont dus au contact avec les immigrants et à un esprit d'observation qui fait honneur aux indigènes et nous donne espoir pour l'avenir.

Il faut citer encore, parmi les résultats favorables, l'adoption par les indigènes de cultures nouvelles ou l'extension de cultures anciennes. On a signalé : dans la subdivision d'Orléansville, la pratique des cultures d'arrière-saison ; sur plusieurs autres points, la culture de la pomme de terre, qui figure aujourd'hui sur les marchés de la Kabylie et paraît entrer dans l'alimentation ; le développement des plantations de tabac qui sont toujours fumées ; la culture du coton entreprise par association avec des Francais, notamment dans la subdivision de Bône ; la plantation de près d'un million de pieds de vigne dans la vallée du Chélif. On dit que les vignes ont toutes péri. A qui la faute ? c'est l'administration qui a patronné le viticulteur chargé d'acheter les plants et de désigner les terrains. Les indigènes n'en ont pas moins payé, pioché et planté. Leur obéissance et leur bonne volonté constituent un progrès moral dont il faut leur tenir compte.

Si les progrès ne sont ni plus rapides, ni plus étendus, on doit peut-être l'attribuer au manque de direction et aux malheurs, encore incomplètement réparés, d'une longue guerre. Personne n'ignore, qu'en agriculture, presque tous les progrès exigent des avances en travail ou en argent. Le pauvre, qui a le plus besoin d'accroître sa production, est dans les plus fâcheuses conditions pour le faire, puisque le capital lui manque et qu'il ne peut attendre longtemps la rémunération de ses efforts. Souvent, d'ailleurs, bien des choses, dans le travail des champs, sont étroitement liées et ne peuvent pas être améliorées isolément. On se rappelle que le Ministère de l'Algérie s'était vivement préoccupé de la pensée de fournir aux indigènes le modèle d'une charrue meilleure que celle qu'ils emploient. On fit confectionner en France, sous la direction d'un homme compétent dans l'agriculture algérienne, cent charrues qu'on distribua dans toutes les subdivisions de l'Algérie. L'expérience ne produisit nulle part un résultat satisfaisant. La charrue était mieux faite que celle des indigènes, mais elle était trop lourde pour les petits bœufs employés aux labours. Il aurait fallu, pour la manœuvrer, des attelages de quatre bœufs au lieu de deux. Combien d'autres exemples nous prouveraient qu'on a souvent voulu aller trop vite et mettre, pour nous servir d'une expression familière, la charrue avant les bœufs ! Ainsi, une circonstance qui rend difficile l'adoption, par les indigènes, et même par les cultivateurs français, d'instruments perfectionnés, c'est l'absence complete ou l'éloignement des ouvriers spéciaux capables de réparer ces instruments. On a vu, aux environs d'Oran, un indigène, propriétaire d'une locomobile à vapeur pour moissonneuse, obligé de renoncer à la faire fonctionner, parce qu'un accident était arrivé à la machine et qu'il n'y avait pas d'ouvrier mécanicien dans la localité. On trouva heureusement un ouvrier militaire du génie qui put remettre la locomobile en mouvement. Si on se place à un autre point de vue, il est évident que l'indigène, qui habite une tente, ne peut remiser convenablement une charrue française, et que cette dernière est ainsi exposée à se détériorer rapidement. Plusieurs progrès doivent marcher de front ; habitations fixes, hangars ahricoles, établissements d'ouvriers d'art dans les tribus, ouverture de voies de communications, etc. etc. On a trop souvent le tort de négliger de se placer sur le terrain de celui auquel on veut enseigner, afin de le pousser en avant ; on trouve plus simple de le tirer à soi, sans prendre garde aux mille liens qui le retiennent dans la routine.

Nous ajouterons, pour ne rien omettre des faits qui peuvent compter au profit de l'agriculture indigène, qu'on a constaté dans la province de Constantine que, dans ces dernières années, la population des tribus nomades a été réduite de 15,000 âmes à 6,000. Une partie de ces indigènes ont quitté les tentes pour aller habiter les villages du Sahara, autour desquels nous avons créé de nouveaux jardins, en forant des puits artésiens ; d'autres se sont casés dans le Tell et ont abandonné la vie nomade pour se livrer à l'agriculture. Ils ont trouvé à s'employer surtout chez les concessionnaires européens et sur les terres domaniales louées à des citadins. Cette circonstance permet de se rendre compte d'un chiffre curieux de la statistique officielle : plus de 16,000 indigènes travaillent, comme prolétaires agricoles, chez les propriétaires européens. Rien ne résiste à la force des choses ; elle est plus puissante que les préjugés et que les dénégations de la mauvaise foi. Les indigènes sont les vrais paysans de l'Algérie. « C'est dans l'emploi des bras arabes, guidés par l'œil et le génie européens, qu'est l'avenir de l'agriculture algérienne. Malgré ses imperfections, la culture indigène (en céréales) rapporte généralement au propriétaire du domaine de vingt-cinq à trente pour cent du capital engagé, et il est impossible qu'aucun Européen, s'il n'emploie le système arabe, les bras arabes, puisse soutenir la concurrence. La raison en est simple : les bras européens sont hors de prix, prompts à déserter le travail agricole en vue d'un plus ample salaire, tandis que le manœuvre arabe ou kabyle, habitué à vivre de peu, attaché au sol, se contente aisément d'une mince paye, si on le traite avec douceur ou seulement avec justice (1). »

Chemin faisant, nous rencontrons un autre chiffre de la statistique officielle qui prouve avec quelle prudence il faut la consulter. Les Indigènes ont ensemencé, dit-on, en céréales 1,912,441 hectares qui ont produit 10,853,755 hectolitres. Cela fait près de 6 hectolitres par hectare, et constitue un rendement assez favorable, si l'on considère que les Indigènes jettent beaucoup moins de semences que le cultivateur français, que leurs blés sont toujours plus clairsemés et que leurs champs sont encombrés de pierres et de broussailles. L'évaluation du rendement en bloc est peut être exacte, mais il faut indubitablement le partager entre un moins grand nombre d'hectares pour arriver à un résultat à peu près véridique. Ainsi que le faisait observer, à propos d'une statistique *officielle*, le *Moniteur de l'Algérie*, journal *officiel* (n° du 14 mai 1864) « les chiffres ne disent pas toujours ce qu'ils semblent dire, et il est impossible d'en tirer des conséquences justes et légitimes, si l'on ne prend, au préalable, la prudente précaution d'en décomposer les divers éléments. »

Dans l'état actuel de la société arabe, les mesures à prendre pour faire progresser l'agriculture indigène doivent avoir un double but : *enseigner* et *encourager*.

Il faudrait établir une ferme école dans chaque subdivision et y entretenir un certain nombre d'élèves aux frais des tribus ; former aussi, dans chaque subdivision, un comice agricole qui présiderait à des concours entre les cultivateurs indigènes ; distribuer des primes d'encouragement aux meilleurs laboureurs, aux propriétaires d'instruments perfectionnés, à ceux qui pratiqueraient le mieux le sarclage, l'échardonnage,

---

(1) *La Vie arabe*, par Félix MORNAND.

qui se serviraient de la herse, qui battraient le mieux leur grain, qui donneraient les soins les plus intelligents à leurs bestiaux, etc., etc. On pourrait multiplier les encouragements à l'infini, en débutant par les améliorations les plus simples et les plus faciles. La rentrée dans les tribus des élèves de la ferme école donnerait naturellement la plus vive impulsion à ces concours.

Déjà un premier pas a été fait dans cette voie. Au mois d'avril dernier, le ministre de la guerre, le maréchal Randon, désirant faire pénétrer dans les tribus arabes les théories les plus avancées et les procédés les mieux éprouvés en matière d'agriculture, a fait admettre dix indigènes à l'école impériale de Grignon. Ces indigènes seront initiés à la connaissance et à la pratique de toutes les cultures ; ils ajouteront aux notions traditionnelles de leur pays les procédés que la science moderne a fait adopter en Europe. On a dû construire pour leur usage une petite charrue se rapprochant du modèle adopté dans les tribus, afin de leur faciliter une étude qui peut avoir une si utile influence sur les progrès de l'agriculture en Algérie.

La question de l'enseignement agricole et des encouragements n'est pas la seule qui doive nous préoccuper ; nous avons aussi à résoudre plusieurs autres questions importantes. La première, celle de la propriété du sol, a été équitablement résolue par le senatus-consulte du 22 avril ; c'est beaucoup, mais ce n'est pas assez.

Les propriétaires indigènes ne cultivent pas tous eux-mêmes leurs champs. Un très-grand nombre emploie des prolétaires nommés *khammas* (du mot arabe *khamse*, cinq), c'est-à-dire quinteniers, colons partiaires au cinquième. La position et les obligations de ces prolétaires vis-à-vis de leur patron sont réglées par des coutumes locales qui varient de province à province, de contrée à contrée et même de tribu à tribu ; mais si les contrats varient dans quelques-uns de leurs détails, partout le sort du pauvre khammas est des plus tristes. Voici comment sont le plus souvent réglés les rapports d'ouvrier à maître.

La terre est donnée à loyer au khammas, sous la condition que les produits seront répartis, à savoir : quatre cinquièmes pour le maître et un cinquième pour le cultivateur. Une *sarmia*, ou avance d'argent, faite au fermier par le maître, constitue leur engagement réciproque, et fournit au dernier les moyens de vivre et de se vêtir lui et sa famille jusqu'au moment de la récolte. Elle varie de trente à soixante-dix francs; elle est accompagnée de quelques avances ou prestations en nature. Le khammas reçoit aussi la paire de bœufs de travail nécessaire pour la culture des terres qui lui sont confiées On nomme *zouidja* l'espace de terre que peut labourer dans l'année une paire de bœufs, et cet espace varie de six à huit hectares. La terre doit être labourée deux fois au moins, et trois fois si, l'année qui a précédé, elle est demeurée en jachère. La semaille se fait avant le dernier labour. L'Arabe travaille toute la journée sans dételer. Il doit son labour *par corps,* c'est-à-dire que, s'il est malade, il doit se faire remplacer par un ouvrier à sa charge. Il est tenu de se construire un *gourbi* (chaumière) qui appartient au maître, et doit être placé au lieu que celui-ci a désigné. Au partage de la récolte, le maître commence par prélever les avances faites en grain par lui pour nourriture des moissonneurs ; il prend ensuite les quatre cinquièmes du surplus, et perçoit enfin sur le cinquième appartenant au khammas tout le montant des prestations faites à celui-ci en nature.

Comme on le voit, la situation du laborieux khammas est bien digne d'éveiller notre sollicitude. Le contrat qui régit ses engagements envers son propriétaire a été dressé bien avant la domination française. On avait consulté alors la situation du pays, l'état de la production, les conditions de l'alimentation, la valeur des denrées, la densité de la population et mille autres particularités. Aujourd'hui, les conditions générales de l'existence ont été profondément modifiées pour les indigènes, par le fait de notre conquête et par suite de la longue guerre qu'ils ont soutenue contre nous. Le sort du khammas est devenu déplorable et les avantages faits aux propriétaires ont un caractère odieux et inique. Les bases du contrat demandent à être révisées. Les plaintes et les réclamations se sont élevées de toutes parts. Le gouvernement français doit y faire droit. Il ne s'agit pas pour nous de légiférer nous-mêmes sur une matière qui touche aussi intimement aux intérêts privés; nous pouvons convoquer des réunions où les deux parties seront également représentées, leur laisser débattre devant nous leurs prétentions, les pousser à s'entendre amiablement, et n'intervenir directement que si tout accord est impossible. C'est une sorte de Code rural indigène à établir. Il est indispensable pour faire pénétrer la justice, l'ordre et le bien-être dans l'atelier agricole. Tout progrès sérieux est à cette condition. Comment l'homme qui souffre de la faim, qui voit sa famille dans la plus affreuse détresse, pourrait-il ouvrir les yeux et les oreilles à nos exemples et à nos enseignements?

L'état de l'agriculture indigène est en harmonie avec la situation morale et matérielle de la société arabe; c'est-à-dire qu'elle appelle d'urgentes et considérables améliorations. Pour accomplir ce progrès, il faut procéder par des efforts limités et successifs, sans quitter un instant le terrain de la pratique et du possible. Depuis la pacification, la superficie cultivée s'est augmentée; on commence à distinguer les germes des progrès qui sont immédiatement réalisables. Tout nous indique qu'il faut avoir confiance dans l'avenir ; mais tout nous révèle aussi que la France seule et ses enfants librement établis en Algérie pourront aider les indigènes à quitter les voies de leurs routines traditionnelles pour accéder au bien-être agricole. Ce progrès doit avoir un double caractère : amélioration de la condition des ouvriers de la terre ; enseignement mis à la portée de la population des campagnes. Le programme est vaste, mais il n'offre pas de difficultés insurmontables. Nous avons affaire à une race « *intelligente* » que la paix et la justice réconcilieront facilement avec le progrès.

LA
DIVISION DU TRAVAIL
ET LA LETTRE DE L'EMPEREUR
du 6 février 1865

Les premiers immigrants qui ont traversé la Méditerranée ont obéi à l'attrait de l'inconnu, à l'amour de l'aventure, beaucoup plus qu'aux suggestions du calcul. Ils se sont, pour la plupart, mis à l'œuvre avec résolution. Ils ont supporté héroïquement (l'expression n'a rien d'exagéré) les privations, les périls, les maladies, la ruine même et la misère. Quand nous faisons la somme de tous les obstacles qu'ils ont eu à vaincre, des épreuves formidables que presque tous ont traversées, nous ne pouvons nous défendre d'un profond sentiment d'admiration. Ceux qui les ont vus à l'œuvre ont la juste mesure de leurs misères passées et de leurs mâles vertus. Ce n'est rien que de lutter contre le mal physique : mais supporter les angoisses du dénuement ; demander obstinément à un sol quelquefois rebelle, le pain de l'année, qui ne vient pas ; voir, d'un esprit tranquille, se succéder les jours et les saisons sans que l'abondance rêvée arrive enfin au logis ; penser sans pâlir aux enfants, qui déjà dorment au cimetière, à ceux qui grelottent de fièvre dans un coin de la maisonnette en planches ; malgré tant de tortures, travailler sans cesse ; c'est là certes mieux que du courage, c'est de l'héroïsme. Ceux qui ont succombé sont oubliés ; mais, sur le champ de bataille de la colonisation algérienne, il y a des survivants debout, et ceux-là peuvent dire ce qu'il leur a fallu d'énergie pour arriver au but.

Le tableau de ces actes de hardiesse intrépide, s'il excite l'admiration, est peu fait pour provoquer des imitateurs. Aussi, bien que, depuis longtemps, on ait fait, partout et sous toutes les formes, appel aux immigrants ; bien que Paris ait à lui seul fourni, en 1848, 12,000 colons dotés, par l'Assemblée nationale, de *cinquante millions*, la population européenne de l'Algérie n'est, d'après le recensement officiel arrêté le 15 février 1862, que de 192,746 habitants, dont 112,220 français.

Toute autre serait la situation, si l'on avait plutôt et nettement défini le programme de l'œuvre à accomplir en Algérie. Il fallait, avant tout, indiquer l'avenir à préparer aux Indigènes, énoncer le concours à demander aux immigrants, montrer à tous la possibilité de travailler avec un fruit personnel au développement des forces productives du pays.

L'Empereur a eu la gloire de poser le premier jalon pour la solution de la question algérienne, le jour où il a tracé à chacun sa voie, en divisant le travail et en précisant le devoir de l'Etat.

« La terre d'Afrique est assez vaste, les ressources à y développer sont assez nombreuses pour que chacun puisse y trouver place et donner un libre essor à son activité, suivant sa nature, ses mœurs et ses besoins.

« Aux indigènes, l'élevage des chevaux et du bétail, les cultures naturelles au sol.

« A l'activité et à l'intelligence européennes, l'exploitation des forêts et des mines, les dessèchements, les irrigations, l'introduction des cultures perfectionnées, l'importation de ces industries qui précèdent ou accompagnent toujours les progrès de l'agriculture.

« Au gouvernement local, le soin des intérêts généraux, le développement du bien-être moral par l'éducation, du bien-être matériel par les travaux publics. A lui le devoir de supprimer les réglementations inutiles et de laisser aux transactions la plus entière liberté.

En outre, il favorisera les grandes associations de capitaux européens, en évitant désormais de se faire entrepreneur d'émigration et de colonisation, comme de soutenir péniblement des individus sans ressources attirés par des concessions gratuites. [1] »

Ce programme de l'Empereur a déjà reçu la sanction d'une heureuse expérience. Quand il fut bien constaté à Java, que l'agriculture européenne, était, sinon impossible, du moins fort difficile, la Hollande y décréta la division du travail ; elle organisa l'industrie, qui n'existait pas, fit même des avances considérables aux habitants européens, qui déclarèrent être disposés à établir des usines, et, combinant les exigences de la consommation industrielle avec la production des matières premières, elle dit aux uns : « vous cultiverez ; » aux autres : « vous transformerez les produits agricoles. » Aussitôt l'agriculture, entre les mains des indigènes, a pris un immense développement ; sûre d'un placement immédiat, à des conditions rémunératrices, elle a réalisé des merveilles qui se traduisent en un bien-être inattendu pour l'indigène, en bénéfices certains pour l'européen, en un excédant annuel de 75 millions au profit de la métropole ; enfin, la population musulmane, qui était de 6 millions d'âmes, quand la Hollande reprit possession de l'île en 1817, est aujourd'hui de 11 millions d'âmes.

Il y a en Algérie une foule de produits qui, pour être manufacturés en France, doivent subir un transport

---

[1] Lettre de l'Empereur au maréchal Pélissier, duc de Malakoff, gouverneur général de l'Algérie, 6 février 1863.

coûteux sur un poids mort considérable ; il faut donc les transformer sur place. On a évalué à la somme de 200 millions de francs les salaires annuels qu'entrainerait la mise en valeur de toutes les richesses naturelles de l'Algérie. Or, 200 millions de salaires impliquent un million d'habitants industriels. Activer le développement de l'industrie, voilà donc la solution de la question de peuplement.

Le problème algérien se complique de deux questions considérables.

Il faut attirer en Afrique des bras et des capitaux européens, y introduire une population française qui y fasse contrepoids, par son nombre et par son importance, à la population indigène.

Il faut aussi, non pas seulement dominer la population arabe, mais la rapprocher de nous, la gagner à nos intérêts et à notre civilisation, faire, en un mot, des indigènes, d'abord des sujets soumis et sympathiques, et bientôt des concitoyens. « Les Arabes sont les meilleurs colons ; le jour où ils auront adopté les améliorations agricoles que la science a découvertes, ils donneront à l'Algérie une puissance de production extraordinaire [1] »

Les publicistes font souvent des parallèles entre les systèmes suivis dans le Nouveau-Monde et ceux adoptés par la France en Algérie ; mais il n'y a aucune comparaison à établir entre l'Amérique du Nord et les possessions françaises de l'Afrique. La situation et les circonstances n'ont aucune analogie. Il suffit, pour le comprendre, d'examiner les conditions économiques au milieu desquelles nous nous trouvons.

En Amérique, on avait devant soi d'immenses solitudes, prairies et forêts, et une population clairsemée

---

(1) Journal *La France*, n° du 15 septembre 1864.

où l'organisation sociale et politique était encore rudimentaire, de façon que la simple apparition des immigrants disposait les indigènes à s'éloigner, ou que peu d'efforts suffisaient pour les refouler.

En Algérie, au contraire, il n'y a pas un pouce de terrain réellement vacant. On a dit souvent que les indigènes détenaient des terres d'une étendue bien supérieure à leurs besoins ; prise dans un sens absolu, cette assertion paraît vraie, puisque la superficie assignée à l'Algérie donnerait 20 hectares par tête d'habitant ; mais, en examinant les choses de plus près, les proportions changent. En effet, le Tell, seule partie cultivable normalement, n'a que quatorze millions d'hectares qui, divisés entre 2 millions et demi d'habitants, laissent un peu plus de 5 hectares par individu. Encore faut-il noter que le Tell comprend un grand nombre de montagnes ardues, des lacs, des forêts, des lits de rivières et de torrents, qui diminuent notablement les terres arables. C'est tout au plus si les indigènes ont partout l'étendue de terre qu'exigent leurs habitudes de culture pastorale.

En outre, les indigènes de l'Algérie ne ressemblent en rien aux Indiens de l'Amérique. Les tribus ne sont qu'à demi-nomades. Le réseau formé par la population est lâche, les mailles en sont peu serrées ; mais les immigrants ne peuvent cependant passer à travers sans gêner les indigènes. Or, ces derniers n'appartiennent pas à ces races pour lesquelles le mot de *patrie* n'a pas de signification, qui ne tiennent pas au passé par de puissantes traditions. Après une lutte ruineuse et meurtrière pour elles, les tribus ont accepté notre domination afin de conserver les bases de leur existence sociale, afin de jouir paisiblement de leurs biens, afin de se livrer au travail avec sécurité. Si on voulait les poursuivre encore dans cet asile que la paix a ouvert à leurs sentiments de famille, à leur attachement à leurs mœurs, la guerre éclaterait de nouveau avec un terrible acharnement.

Non-seulement les indigènes ne sont pas disposés à céder leurs terres aux immigrants, mais ils semblent vouloir regagner le terrain qu'ils ont perdu pendant la guerre ; ils rachètent les concessions faites aux Européens [1] ; ils cultivent, comme fermiers, le sol qu'ils ne peuvent avoir en propriété [2] ; ils disputent, l'argent à

---

(1) Aux environs de Sétif, on avait à peine terminé l'attribution des lots d'un nouveau village en formation, que toutes les concessions étaient déjà vendues aux indigènes.

Auprès du caravansérail des Issers, un spéculateur a acheté des concessionnaires environ 1,000 hectares, et les a revendus avec cent pour cent de bénéfice à un chef indigène.

(2) Nous avons vainement cherché, dans le *Tableau de la situation* publié l'année dernière, le nombre des métayers indigènes établis sur des terres possédées par des Européens ; mais nous pouvons dire que ce nombre est très-considérable et il est facile de s'expliquer pourquoi. Ainsi que le dit Mme Louise Valory, dans son intéressant et excellent volume, *A l'aventure en Algérie* : « Les concessionnaires préfèrent encore affermer leurs terres à des Arabes qui paient peu et à jour fixe, qu'à des colons qui, quelquefois, n'entendent rien à l'agriculture, et, presque toujours, s'installent dans une ferme sans un sou vaillant. »

Cette vérité se trouve constatée dans un écrit publiée en 1847 par le maréchal Bugeaud et intitulé : DE LA COLONISATION EN ALGÉRIE. « Dans les environs de Bône, dit le maréchal, les propriétaires européens se sont bornés à faire cultiver par les Arabes les terres qu'ils avaient achetées. Et nous convenons que cela était beaucoup plus avantageux que de faire cultiver par des mains européennes, qui coûtent plus, directement par le salaire journalier et indirectement par les constructions qu'il faut faire pour loger les travailleurs. Avec l'Arabe, au contraire, on n'a aucun déboursé à faire, aucune installation à créer. On se borne à lui livrer la terre et la semence. Il se paie avec une partie des produits, qui est très-inférieure à celle qui est prélevée en Europe par le métayer Les propriétaires un peu intelligents ont très-bien vu que, s'ils faisaient cultiver par des ouvriers d'Europe, ils ne pourraient manquer de se ruiner, car le produit ne couvrirait jamais la dépense. »

la main, aux immigrants les terres domaniales que l'on met en vente [1].

Sans doute, la colonisation européenne a fait en trente ans, tout ce qu'il était possible de faire à des forces humaines. Dieu seul peut savoir tout ce qu'elle a dépensé de force et de patience.

On ne saurait assez répéter combien les premiers pas furent difficiles, pour ne pas dire impossibles. Il fallait en quelque sorte faire le terrain ; il fallait fouiller le sol d'une main et de l'autre tenir le fusil pour repousser les maraudeurs ; puis après de longues journées, tout entières passées à se courber sur le sol, à déraciner, des entrailles de la terre, les mille plantes parasites qui en empêchaient la fécondation, la fièvre couchait le laboureur sur le sillon entamé, et bien des champs de l'Algérie ont été de tristes ossuaires avant de se charger de leurs splendides moissons.

Si les progrès de la colonisation n'ont pas été plus rapides, ce ne sont ni les colons, ni l'Etat qu'il faut accuser; c'est que ni l'énergie des premiers, ni la sollicitude du second n'ont pu suppléer à l'absence des conditions économiques, sans lesquelles la colonisation agricole est nécessairement lente et difficile.

Il ne faut pas seulement à cette dernière un sol fertile et d'une facile exploitation, mais encore l'abondance des ressources qui sont de première nécessité pour l'exécution des travaux les plus indispensables. Ce sont des sources pour les besoins de l'alimentation et du ménage, des eaux vives et courantes pour les

---

Nous ajouterons que la Compagnie génevoise des colonies de Sétif a opéré ainsi et occupe aujourd'hui 3,208 indigènes.

[1] Des terres ont été vendues par le Domaine, aux enchères publiques, le 24 octobre 1861, à Blidah. Il s'agissait de la création d'un village au lieu dit *Attatba*. Sur une cinquantaine de lots mis en vente, les indigènes ont été déclarés adjudicataires de dix-sept lots. Ceci se passait dans une contrée où la population européenne domine de beaucoup.

irrigations et les arrosages, des fleuves et des rivières qui suppléent à l'absence des routes, du moins pendant la première période de l'installation. Il faut, de plus, du bois, en quantité suffisante et à la portée des immigrants, soit pour élever des constructions ou fabriquer des instruments aratoires, soit pour les usages domestiques.

Si le climat par son ardeur et son inclémence capricieuse exerce sur le cultivateur une action débilitante et occasionne de fréquentes et sérieuses maladies [1]; si le sol a besoin d'être énergiquement sollicité pour récompenser les peines de l'agriculteur ; si ce sol, resté fécond après avoir subi de longs siècles d'une culture imparfaite, demande un travail perfectionné et par cela même coûteux, pour que la production s'élève à la hauteur des besoins du colon ; si les fleuves et les rivières, ces chemins qui marchent, suivant la belle expression de Pascal, ne sont ni flottables ni navigables; si les cours d'eau, torrentueux en hiver, tarissent en été; si les sources sont disséminées et rarement de bonne qualité dans les plaines; si les forêts sont situées dans les zones les moins accessibles, si aucun bois, aucune plantation n'existe à portée du cultivateur ; il faut bien

---

(1) M. Genella, propriétaire dans la plaine de la Mitidja, l'a dit dans la séance du 30 septembre 1861 de la Chambre consultative d'agriculture d'Alger : les journées de fiévreux dans les hôpitaux s'élèvent au chiffre énorme de 300,000 francs, pour Alger, la plaine et les lieux circonvoisins. En fixant la journée d'hôpital à une moyenne de 1 fr. 125, comme dans la province de Constantine, ces 300,000 francs représentent 262,590 journées en quatre mois à peu près. Les malades qui se traitent à domicile, ou qui, n'étant pas gravement atteints, ne se soignent pas du tout, représentent à coup sûr, le triple de ce chiffre. Tel est le bilan sanitaire de la région la plus peuplée par les Européens et où la colonisation s'est le plus développée.

reconnaître que ni les circonstances, ni les conditions naturelles ne sont favorables à la colonisation agricole, et conclure que, *jusqu'à ce que de grands travaux aient modifié ces circonstances*, il faut laisser l'agriculture aux indigènes et s'inquiéter seulement d'améliorer leurs procédés agricoles.

Les immigrants ont une mission toute autre à remplir. Ils sont appelés à fonder l'industrie, qui existe à peine en germe, soit pour tirer parti des richesses minérales et forestières, soit pour transformer sur place les matières premières fournies par l'agriculture. Le mouvement commercial qui centuple les valeurs par les échanges de la rapide circulation est aussi le lot des immigrants, car il exige une expérience pratique du crédit que les indigènes ne possèdent pas encore.

Est-ce à dire que les Européens doivent renoncer à l'agriculture? Évidemment non! Si la lettre impériale du 6 février indique aux immigrants comme principal chantier de leur activité la colonisation industrielle, elle les invite aussi à s'occuper de cultures perfectionnées; elle annonce que la liberté des transactions avec les indigènes, lorsque la propriété individuelle aura été constituée chez ces derniers, ouvrira un vaste champ aux Européens qui voudront acquérir des terres; elle constate que l'État tient en réserve, pour la colonisation, d'immenses superficies qui lui appartiennent, et que ce ne sera certes pas de longtemps le terrain qui manquera à l'activité des immigrants; elle ne fait pas de l'agriculture un monopole pour les indigènes, elle indique seulement la voie qui lui paraît la meilleure et la plus rationnelle; elle laisse à chacun la liberté d'employer ses capitaux à sa guise et de faire, à son gré, de l'agriculture ou de l'industrie; seulement, dégageant désormais la responsabilité de l'État, elle déclare que l'État ne se fera plus entrepreneur de colonisation, constructeur de villages, professeur de cultures tropicales, acheteur de coton à perte ; et qu'il reportera sur les établissements industriels les encouragements attribués aux cultures factices.

Si la lettre de l'Empereur conseille aux immigrants d'abandonner aux indigènes la grande culture et de s'adonner au travail industriel et aux cultures perfectionnées, c'est que ces cultures et surtout ce travail assureraient à l'immigrant, tout en ne l'obligeant à dépenser qu'une somme moindre de forces physiques, un bénéfice constant ; tandis que la grande culture le conduit à la misère et à la ruine.

Parce que, chez les anciens, l'*Afrique* était représentée sous la figure d'une femme, debout sur un vaisseau chargé de blé et tenant un épi dans chaque main, parce que les Romains avaient appelé l'*Afrique* le *grenier de Rome*, on a cru pouvoir singulièrement exagérer la fertilité de l'Algérie, et les publications officielles ont souvent contribué à propager des illusions dangereuses qu'il est de notre devoir de dissiper. Que d'autres assument, sans s'en douter peut-être, la responsabilité des déceptions auxquelles conduisent les entreprises qu'ils patronnent ! C'est leur droit. Quant à nous, sincèrement dévoué à la cause algérienne, si notre but est de vulgariser toutes les richesses de ce pays, nous nous croyons obligé, avant tout, à être vrai et à ne pas imiter ces documents dans lesquels si souvent les hypothèses se sont substituées à la vérité, et dont les chiffres sont établis selon les besoins de la cause, sans qu'il soit possible de les expliquer.

Sans doute le sol algérien est fertile ; mais il a besoin d'être énergiquement sollicité pour récompenser les peines de l'agriculteur. C'est, ainsi que l'a dit M. Albert de Broglie, une terre mal cultivée, à laquelle le possesseur a beaucoup demandé et beaucoup pris sans lui rien rendre. Pour être rétablies dans leur abondance et dans leur vigueur primitive, les richesses naturelles y exigent un travail presque aussi considérable et aussi coûteux que celui qui est nécessaire à nos vieilles terres de France, fatiguées par tant de siècles de cultures, et sollicitées par tant de bouches à nourrir.

En France, la production moyenne est de 5 à 6 pour 1. En Algérie, d'après le maréchal Bugeaud, elle ne s'élève pas à 8. L'illustre agronome ajoute : « Pour la calculer ainsi, il faut supposer qu'il n'y aura ni semences tardives, ni sécheresse prolongée, ni brouillards, ni sauterelles, ni oiseaux destructeurs, ni beaucoup d'autres accidents. »

Des cultures séculaires dans la mince couche de terre que retourne la charrue arabe ont épuisé le sol. Ce fâcheux résultat se fait surtout remarquer depuis quelques années. Autrefois, les Arabes ne mettaient en valeur que des surfaces restreintes ; les terres se reposaient une année sur deux, quelquefois deux années sur trois. Mais depuis que les indigènes ont eu le placement assuré, à des prix largement rémunérateurs, de tous les grains qu'ils peuvent livrer au commerce, l'appât du gain les a poussés à mettre en culture les terres précédemment négligées et à obtenir la plus grande quantité de produits possibles. Or, comme la terre ne répare pas, par les engrais, ce qu'elle perd par l'excès de production, elle s'épuise.

On objectera peut-être que le sol n'est épuisé qu'à la surface, c'est-à-dire, sur une profondeur de quinze centimètres, limite de la charrue arabe, et que, en poussant les labours à vingt-cinq centimètres, on ramènera à la superficie les éléments vierges du fond. Mais d'où vient alors que la culture européenne n'obtient en moyenne que 6 pour 1 ? D'ailleurs si l'on ne peut faire revivre la fécondité du sol qu'en labourant profondément et en l'enrichissant par des engrais, autant vaut confesser qu'il doit être défriché à nouveau et qu'il faut y enfouir des capitaux immenses. C'est-à-dire que la fertilité de l'Algérie a singulièrement diminué et que la Numidie ne mérite plus sa vieille réputation.

Sans doute, l'Algérie est toujours un pays de céréales; notre histoire le constate. Au moyen âge, les grains tenaient le premier rang parmi les marchandises que les Etats Barbaresques échangeaient avec l'Europe. De 1792 à 1796, des blés de la Régence d'Alger concoururent à l'approvisionnement des armées et des populations méridionales de la France, et ce fut là, nous l'avons vu, la source première du conflit qui amena la conquête d'Alger. Sous l'Empire, l'armée anglaise en Espagne, et le corps du maréchal Suchet, furent nourris par les exportations de la province d'Oran. En 1854, l'Algérie a expédié à l'armée d'Orient : 56,622 hectolitres d'orge ; 3.480,232 kil. de blé ou farines ; 2.679,257 kil. de pain et biscuit de mer. En 1855, l'exportation s'est élevée au chiffre de 23 millions de francs.

Mais notre histoire constate aussi que, depuis 1855, une série de mauvaises récoltes a singulièrement diminué l'exportation, malgré le développement des cultures européennes. Ainsi, en 1862, l'Algérie n'a exporté que 239,675 hectolitres de céréales et 714,587 kilog. de farines.

Nous en conclurons que, s'il est vrai que l'Algérie soit un pays de céréales, il est vrai aussi, comme l'affirment plusieurs géologues, que le caractère général des terrains argileux, marneux ou calcaires, ne comportera pas de longtemps un mode d'exploitation plus favorable que la culture pastorale.

Ceux qui font de l'Algérie, pour les céréales, un Eldorado, où la nature prodigue, presque sans travail, des récoltes abondantes, se font d'étranges illusions.

Les cultures européennes, en céréales, occupaient, en 1862, une superficie de 167,171 hectares ; malheureusement, on est obligé de reconnaître que, si ces cultures se sont beaucoup étendues depuis quelques années, le progrès agricole est à peu près nul. Sauf un petit nombre d'exceptions, on cultive mal et on semble fonder plus d'espérances sur la fécondité du sol que sur la manière de cultiver. Aussi, lisons-nous dans la *statistique officielle* que les 167,171 hectares ensemencés par les Européens, en 1862, n'ont produit que 1,258,439 hectolitres. Si les terres produisaient 25 hectolitres à l'hectare, comme l'indiquait le rapport de M. Forcade de La Roquette au Conseil supérieur du Commerce et de l'Agriculture, le résultat aurait dû être de 4,179,275 hectolitres. Si la production était seulement, comme en France, de 17 hectolitres, le chiffre serait encore de 2,841,907 hectolitres. Notre infériorité est donc notoire.

Lorsqu'on visite, sans parti pris, les exploitations européennes, on rencontre bien, de loin en loin, quelques points brillants ; mais on constate généralement dans les fermes : « la perte des engrais, l'absence d'étables, le peu de soins donnés au bétail, l'ignorance complète des notions les plus élémentaires des assolements et de la rotation des plantes.[1] »

Doit-on rendre les colons responsables de cette situation. Evidemment non. Il faut accuser les conditions économiques dans lesquelles ils sont placés ; il faut tenir compte de la nécessité dans laquelle ils se trouvent de restreindre autant que possible les frais d'exploitation, afin de pouvoir soutenir la sérieuse et redoutable concurrence des indigènes.

Mauvaises conditions climatériques ; soins multi-

---

[1] Extrait d'une lettre publiée dans l'*Akhbar*, le 12 mai 1864.

pliés exigés par l'hygiène ; chances nombreuses de maladie, résultant de l'obligation de travailler aux champs à toute heure du jour, aussi bien quand le soleil allume le sang et le cerveau que lorsque la pluie vient humecter le sol ; déperdition de forces occasionnée par l'action continue de la chaleur et l'influence des causes morbides ; nécessité de combler ce déficit dans le travail agricole par un supplément de bras et conséquemment prix de revient élevé des produits ; tel est, malheureusement, le lot du cultivateur européen.

D'un autre côté, la manière parcimonieuse de vivre des indigènes fait que, eu égard aux frais de première nécessité que notre civilisation et nos besoins nous imposent impérieusement, les indigènes descendent leurs dépenses de consommation dans le rapport de un à dix proportionnellement à celles des travailleurs européens. De là l'impossibilité, pour ces derniers, de jeter sur le marché des produits égaux aux produits indigènes en prix de revient.

Nos observations, pendant ces deux dernières années, n'ont fait que nous confirmer dans l'opinion que nous exprimions au mois de janvier 1863, dans l'*Observateur de Blidah* (n° du 17 janvier), un an avant la lettre de l'Empereur du 6 février 1863.

« Les produits de nos cultures en céréales, disions-nous alors, ne paient pas l'intérêt du capital foncier, celui du capital d'exploitation, le salaire et la nourriture des travailleurs. Or, ces conditions étant essentielles pour que nous puissions trouver, non pas la richesse, mais l'aisance dans la culture des céréales, il faut nous décider à *abandonner cette dernière aux cultivateurs arabes* qui, malgré l'imperfection de leurs instruments et le peu de soins donnés aux labours, retirent en réalité des bénéfices supérieurs aux nôtres, si tant est que nous retirions une fois sur cinq quelques minimes bénéfices. En s'attribuant la tutelle des colons, l'administration, étrangère elle-même aux conditions de la vie des champs, n'a pu donner à nos premiers pas une sage direction, et encore moins prévoir, ce que l'expérience n'a que trop démontré, que la culture des céréales par main-d'œuvre européenne est ruineuse. »

Qu'importe, en effet, qu'en adoptant telle charrue et tel moyen d'engrais, on double la production d'un hectare de terre, si les frais accessoires de ce système perfectionné, soit en main-d'œuvre, entretien d'instruments, etc., absorbent, en grande partie, le produit brut obtenu. Si, au contraire, par la culture arabe, on obtient un résultat inférieur en produit brut, et que, tous frais accessoires déduits, les bénéfices nets soient supérieurs à ceux du premier résultat obtenu, il y aura certainement avantage à faire de la culture arabe.

A quoi bon dissimuler le fond des choses, s'étourdir sur la réalité, fermer les yeux systématiquement ; ne vaut-il pas mieux dire ce qui est, et chercher le remède au mal, ainsi que l'a fait l'Empereur dans sa lettre du 6 février 1863.

Lorsque nous réservons à l'activité et à l'intelligence des immigrants l'introduction des cultures perfectionnées, c'est que nous sommes convaincu que les indigènes ne possèdent ni l'aptitude ni les capitaux, ni les moyens matériels pour faire accomplir à leur agriculture un pareil progrès. Plus l'œuvre à laquelle les immigrants sont conviés semble importante et élevée, plus leur dignité morale et leur considération s'augmentent. Ils gagnent du premier coup dans la mise en valeur des richesses de l'Algérie le rang principal ; ils s'affranchissent des travaux pénibles ; ils se garantissent contre les atteintes du climat ; ils prennent, vis-à-vis des indigènes, un rôle supérieur ; et, quoique moins nombreux, ils comptent, par leur qualité de chefs et de directeurs du travail général, plus que les masses qui obéissent à leur impulsion et auxquelles ils fournissent les instruments et les capitaux. Ces considérations étaient nécessaires afin de bien établir qu'il y a place en Algérie pour les immigrants et pour les indigènes. Ils peuvent vivre et se développer en s'aidant mutuellement, et il n'existe de difficultés que lorsqu'on veut faire remplir par les immigrants le rôle dont les indigènes sont déjà en possession dans la production, ou lorsqu'on refuse aux immigrants le droit et la possibilité de s'installer et de prospérer en Algérie.

Le but des colons ne doit pas être de produire des récoltes similaires à celles de la France ou à celles des Indigènes. Tous leurs efforts doivent tendre à jeter sur les marchés de la métropole les produits que celle-ci ne peut fournir ou qu'elle n'obtient que dans des proportions insuffisantes ou dans de moins bonnes conditions, et à en augmenter le rendement par des fumures abondantes. La région méditerranéenne doit devenir le grand jardin maraîcher d'hiver de l'Europe.

Déjà sur plusieurs points se multiplient les plantations de coton et de tabac, les colzas et les lins. Ici ce sont de vastes prairies naturelles; là des luzernières soigneusement irriguées.

Quand on voit dans certaines parties de la Mitidja la végétation luxuriante qui couvre le sol, les magnifiques troupeaux qui parcourent les pâturages, et qu'on se reporte au temps très-rapproché de nous, où tous ces terrains étaient couverts de marais infects et de broussailles impénétrables, on se sent saisi d'admiration pour les hommes qui ont fait de pareilles choses.

Citons un exemple. Il y a dix-neuf ans, M. Lescanne, un vrai colon, un soldat de la première heure, achetait à Oued-el-Aleug, 500 hectares de broussailles marécageuses; le sol de sa propriété était inondé de toutes parts de sources artésiennes, l'insalubrité conséquence naturelle de cet état de chose était aggravée par les émanations fétdes de terrains qu'il fallait profondément remuer pour les mettre en culture. Aujourd'hui, ces 500 hectares sont en partie drainés, tous irrigables, entrecoupés de fossés plantés de saules qui, en rompant la monotonie, assainissent la contrée, tout en fournissant un produit considérable. 400 hectares consacrés à produire des fourrages pour l'engraissement des bestiaux, de nombreux hectares de plantes industrielles riches, quelques hectares de céréales sur lesquels sont versés les engrais obtenus, tel est l'assolement suivi par M. Lescanne, tel est l'assolement dans lequel est l'avenir de la culture européenne.

La culture des céréales doit être laissée aux Indigènes et les Européens doivent s'occuper spécialement de cultures perfectionnées.

La division du travail, indiquée par la lettre impériale, ne parque pas les indigènes et les immigrants dans deux camps séparés. L'indigène n'a pas l'expérience, la science, qui permettent d'exploiter les mines avec profit, de construire les usines, de se livrer aux cultures perfectionnées, etc.; l'immigrant entreprendra ces travaux utiles; seul il pourra faire accomplir de véritables progrès à l'agriculture, en abordant successivement sur des points choisis les cultures riches que le climat et la nature du sol favoriseront. L'immigrant n'a pour lui ni le nombre, ni la force de résistance aux fatigues : les indigènes seront là pour y suppléer en venant travailler volontairement sous sa direction ; ils fourniront la majeure partie de la main-d'œuvre pour la mise en train de l'industrie. L'agriculture et l'industrie se prêteront un mutuel concours ; la division du travail améliorera et multipliera la production par un meilleur classement des forces productrices, par une intelligente combinaison des efforts, des tendances et des aptitudes. Ainsi le développement de la richesse publique ne tardera pas à prendre un rapide essor.

« A quoi sert de s'abuser? avec moins d'argent et moins de savoir qu'il n'en faudrait en Algérie pour y être propriétaire et pour y prospérer, même sous le le régime de la libre colonisation, on est fermier en France, et on y gagne assez pour subvenir à tous les besoins de sa famille et grossir son pécule, sans être obligé de changer ni ses habitudes ni ses liens. [1] » Qu'on en soit certain, c'est là un écueil contre lequel échoueront tous les modes de colonisation agricole. Du jour, au contraire, où le Gouvernement favorisera franchement la colonisation industrielle, les capitaux viendront, et la création de nombreux établissements permettra d'assurer à l'émigrant français une rémunération convenable ; on verra bientôt se diriger vers l'Algérie une partie des bras qui désertent en France le travail des champs, pour aller chercher dans l'atelier industriel un salaire plus élevé. On arrivera ainsi à implanter sur ce sol une population forte, intelligente et dévouée à la France, au lieu de faire de l'Algérie « le dépôt de mendicité de l'Europe, » en ramassant des immigrants dans toutes les classes déshéritées des pays voisins, assemblage bariolé de mœurs, de langages, d'habitudes de travail, de traditions religieuses, de constitutions politiques différentes.

Nous ne voulons pas dire que l'Etat doive intervenir et enrôler des ouvriers à grands renforts de réclames et de promesses ; nous n'avons que trop vu déjà, en Algérie, ce que l'immixtion directe de l'Etat a d'énervant et de fâcheux, et comment une protection excessive entraîne toujours, comme conséquence immédiate, une règlementation excessive. Nous ne voulons pas plus pour l'industrie que pour la colonisation agricole de cette tutelle incessante qui substitue à l'activité libre une sorte d'assujettissement, et est à la fois un

---

(1) *Civilisation de l'Algérie,* par Emile de GIRARDIN.

fondement fragile pour les intérêts et une mauvaise école pour les caractères.

Mais, si le Gouvernement ne doit pas agir partout et toujours, il ne doit pas non plus se condamner à une sorte d'indifférence vis-à-vis des intérêts privés. Il y a un milieu, une mesure, qui, difficiles à définir, n'en existent pas moins dans la conscience publique. C'est dans la limite de cette mesure que nous voulons voir le Gouvernement agir, avec l'intention ferme de ne pas rester en-deçà, de ne point aller au-delà. Le Gouvernement ne doit pas être l'arbitre et encore moins le garant des entreprises industrielles ; mais, il doit appeler sérieusement, sans emphase et sans illusions, l'attention publique sur les forces productives de l'Algérie ; il doit examiner rapidement et avec bienveillance les demandes qui lui sont adressées, et leur donner une prompte solution ; il doit renoncer à cet esprit de fiscalité qui fait qu'on donne et qu'on retient à la fois, en imposant à toutes les entreprises des charges gênantes quand elles ne sont pas écrasantes.

Le Gouvernement doit, suivant le programme tracé par la lettre de l'Empereur : assurer la liberté du travail, améliorer les voies de communication, faire disparaître les entraves provenant du système douanier, national ou étranger ; favoriser les grandes institutions de crédit qui, sous forme de Cheptel, Comptoirs agricoles, Caisse hypothécaire, etc., ont pour objet de fournir à bon marché au producteur les instruments du travail ; laisser aux transactions la plus entière liberté, créer une vie locale fortement organisée et ouvrir un vaste champ à l'initiative individuelle.

Exploitation des richesses naturelles du pays, division du travail conformément aux principes posés dans la lettre de l'Empereur du 6 février 1863, création de nombreux chantiers industriels, suppression des règlementations inutiles, régime municipal très-vigoureusement et très-libéralement constitué ; telles sont les seules bases rationnelles et solides sur lesquelles on puisse s'appuyer pour arriver à implanter en Algérie une nombreuse population française, pour créer ici un peuple de *Français* et non un peuple d'*Algériens*.

FORÊTS

On a cru longtemps que l'Algérie était complètement déboisée, et cette allégation inexacte se produisit plus d'une fois à la tribune de l'ancienne Chambre des députés. On n'a pas oublié cet ennemi infatigable de l'Algérie qui, bravant la trivialité de l'expression, l'accusait de ne pas pouvoir fournir de quoi faire un *cure-dent*. Ces exagérations sont tombées d'elles-mêmes, à mesure qu'on a pu explorer le pays dans un rayon plus étendu que celui où la guerre nous avait maintenus pendant les premières années de l'occupation.

Tous les auteurs anciens attestent d'ailleurs que la partie la plus occidentale du Maghreb (couchant) était très-boisée. On sait même qu'on exploitait dans ses forêts des arbres d'une prodigieuse grosseur. « Cette contrée, abondante en toutes choses, dit Strabon, produit surtout une grande quantité d'arbres d'une dimension extraordinaire : aussi fournit-elle aux Romains ces très-larges tables d'une seule pièce, dont les veines présentent des accidents si variés. »

L'unique contradiction qu'on pourrait signaler est celle qui semble exister entre quelques passages relatifs à la *Numidie*. Salluste, dans son court et scandaleux pro-consulat d'Afrique (47-45 av. J. C.), avait étudié avec soin la contrée qui avait été le théâtre de la guerre de Jugurtha, et il la signale comme peu boisée ; il se sert même de l'expression *arbori infecundus*. « Ager frugum fertilis, bonus pecori, arbori infecundus : coelo terrâ que penuria aquarum ». Mais rien n'autorise à étendre, à toute la Numidie, ce que Salluste dit de la portion qu'il a visitée : et d'ailleurs, pour l'historien lui-même, cette nudité était si peu absolue, malgré l'expression dont il se sert, que, quelques chapitres plus loin, il nous montre Jugurtha conduisant son armée dans des lieux boisés *(per saltuosa loca)*, afin de tromper l'incapable et présomptueux Avius.

L'expression de *arbori infecundus*, si elle veut, dans la bouche de Salluste, indiquer une stérilité inhérente au sol, est fausse en tous points. Au contraire, il faut toute la puissance de la végétation de ce sol et de ce climat pour que, sous l'influence des habitudes arabes, les forêts n'aient pas disparu jusqu'au dernier arbre. Pour un peuple pasteur et nomade, qui n'emploie que quelques menus branchages à la cuisson de rares aliments, le besoin le plus pressant est celui de la nourriture des troupeaux ; et ceux-ci doivent pouvoir parcourir librement de vastes espaces, même les espaces où croissent de grands arbres. La force de la végétation est telle en Afrique que, si pendant quelques années on abandonnait la nature à elle-même, certaines parties deviendraient complètement impénétrables. Les Arabes n'ont qu'un moyen de se frayer le passage à travers ces broussailles qui croissent avec une incroyable rapidité : c'est l'incendie.

La forêt s'enflamme, toutes les broussailles et tous

les petits arbres périssent, les troncs des gros arbres se carbonisent à la surface; bientôt l'activité de la végétation produit de jeunes pousses, auxquelles les bestiaux font une guerre qui serait mortelle ailleurs; mais bientôt aussi la puissance végétative prend le dessus, et c'est par un nouvel incendie que l'Arabe fraye à ses troupeaux un nouveau passage, et leur prépare un nouvel aliment. Le feu mis par la main de l'homme, et la dent meurtrière des animaux, sont donc les deux ennemis qui dévastent incessamment les forêts de l'Algérie.

Tous les ans, à la fin de l'été, lorsque les herbes sont déjà desséchées et que les arbres ont perdu leur sève, les incendies recommencent régulièrement dans les trois provinces. Pendant l'année 1853, 15,000 hectares, dans la province de Constantine, ont été la proie des flammes. En 1862, un seul incendie a dévoré, en un jour, 3,000 hectares de chênes et chênes-liéges, dans la forêt du Zakkar, à quelques lieues de Milianah.

Il ne faut pas croire toutefois que les Arabes soient les seuls à mettre en cause. Les colons européens, effrayés souvent de l'immense travail qu'il leur faut faire pour défricher, ne sont que trop disposés à jeter leurs haches et leurs outils pour suivre l'exemple des indigènes, sans calculer qu'un vent violent peut tout d'un coup s'élever, et que le feu, après avoir nettoyé leur terrain, peut aller porter ses ravages jusqu'aux alentours des villages. C'est ainsi qu'en 1854, on a vu la plaine de la Mitidja illuminée d'incendies entre tous les nouveaux villages. Quelquefois, c'est l'imprudence seule qui détermine ces terribles accidents. Ainsi, l'incendie du Zakkar, que nous avons mentionné plus haut, fut causé par l'imprudence d'un Européen qui avait allumé du feu, dans une clairière, pour faire cuire de la poterie. Le 19 août 1864, dans la forêt des Karezas, près de Bône. 1,400 hectares de broussailles parsemées d'oliviers étaient la proie des flammes, et l'enquête établissait que le sinistre devait être attribué à l'imprudence de cinq ouvriers européens qui faisaient des fagots dans une propriété voisine.

Si l'on peut supposer qu'un grand nombre d'incendies sont allumés par les indigènes dans le but de s'assurer des pacages pour leurs troupeaux, nos colons ne sont pas non plus à l'abri de tout soupçon. Un journal de Blidah [1] en signalant, en 1862, un incendie qui avait dévoré la plus grande partie de la forêt de Tefeschoun, à 10 kilomètres de Coléah, constatait que l'on avait remarqué avec peine l'absence des officiers municipaux et des habitants des villages de Chaïba, Castiglione, Tefeschoun, qui ne sont qu'à une distance de deux kilomètres de la forêt. Pas un colon ne s'était montré sur le théâtre de l'incendie. Cette abstention était expliquée par les lignes suivantes du même journal: « Ce serait, dit-on, à la malveillance qu'il faudrait attribuer le sinistre. Le lieu où le feu a été allumé et la direction du vent au moment où il a pris donnent malheureusement quelque vraisemblance à cette version : pour la satisfaction d'un intérêt privé, l'affectation de la forêt de Tefeschoun au pacage de leurs bestiaux, les colons des villages voisins se seraient laissé aller à commettre un acte de sauvagerie que rien ne peut, nous ne disons pas légitimer, mais excuser. »

D'après les statistiques officielles, la contenance totale des forêts de l'Algérie appartenant à l'Etat, est de dix-huit cent mille hectares répartis ainsi, dans les trois provinces :

Province d'Alger............	250,000	hectares.
— d'Oran............	440,000	—
— de Constantine......	1,100,000	—
Ensemble........	1,800,000	hectares.

(1) *L'Observateur de Blidah*, n° du 29 août 1862

Or, comme le domaine forestier de l'Etat, en France, n'est que de 1,077,000 hectares, il en résulte ce fait curieux et remarquable, traité assurément de chimère il y a peu d'années, que l'Etat possède, en Algérie, 723,000 hectares de forêts de plus qu'en France. Ajoutons que, dans cette évaluation, il ne s'agit pas de sujets isolés, disséminés parcimonieusement, mais bien de forêts de grande étendue. Aux environs de Bône, dans l'Edough, il y a une forêt de chênes zéens et de chênes-liéges de plus de 30,000 hectares; les forêts de la Calle ont 10,000 hectares; celles des Hanencha, de Bathna, de l'Aurès, du Bou-Taleb, sont encore plus considérables; on trouve enfin des forêts d'une dimension remarquable dans le Belezma, à l'ouest de Bathna, et à Teniet-el-Had, au sud de Milianah.

Les forêts de l'Algérie, ainsi que l'a fait observer M. de Cherrier, dans sa statistique forestière de la province d'Oran, peuvent être divisées en trois zones : la première le long du littoral des provinces d'Oran et d'Alger; on n'y rencontre, sauf de très-rares exceptions, que des broussailles atteignant au plus quatre mètres de hauteur; le voisinage de la mer, les influences climatériques jointes à l'action longtemps prolongée et éminemment destructive du pâturage et de l'incendie, ont amené cet état de choses qu'il ne faut pas espérer pouvoir changer avant de longues années. Cette zone peut d'ailleurs suffire largement aux besoins en combustible et menue charpente.

La seconde zone formant transition entre la première et la troisième, renferme des masses boisées où la futaie se montre de plus en plus, à mesure qu'on descend vers le Sud.

Vient enfin la troisième zone, où l'on rencontre de vastes forêts offrant des bois immédiatement exploitables. Ces forêts forment la base du Tell algérien et couvrent la chaîne de montagnes qui, partant du Maroc et passant par Sebdou, Daïa, Tiaret, Teniet-el-Had, Boghar, Aumale et Sétif, a le pied dans la mer, à Philippeville, Bône et La Calle.

Les principales essences qui composent les richesses forestières de l'Algérie sont : le chêne-liége, le chêne zéen, le chêne vert, le chêne à glands doux, le cèdre, le pin d'Alep, le pistachier, le genévrier, le lentisque, le thuya articulé, l'olivier, le tamarin, l'orme, le frêne, etc., ressources précieuses pour la marine, pour les constructions, pour le charronage, pour l'ébénisterie, pour les besoins de l'industrie métallurgique, et auxquelles il ne manque que des voies de communication faciles pour être appréciées à leur valeur.

Les forêts de l'Algérie sont le plus souvent composées d'essences diverses confondues ensemble; quelques-unes cependant, présentent, sur de grandes étendues, des massifs de même nature et sans mélange d'autres espèces. Ainsi, toutes les forêts de la province de Constantine qui avoisinent la côte, depuis La Calle jusqu'à Bougie, sont principalement garnies de chênes-liéges. La forêt de Skira, sur la frontière de Tunis, est surtout peuplée de chênes zéens, dont quelques-uns sont d'une dimension colossale. Celle des Beni-Salah, au sud de Bône, contient de nombreux cantons de chênes zéens. Dans la forêt de l'Edough, près de Bône, on trouve d'assez beaux châtaigniers. Les bois qui garnissent les plaines basses du voisinage de la mer renferment principalement des frênes, des ormes, des blancs de Hollande. Le bois du *Safsaf*, près de Philippeville, tire son nom de cette dernière espèce d'arbre, dont il est la désignation arabe. Les saules, les peupliers, les aulnes, croissent dans les bois submergés de Touga, près de La Calle, et dans tous ceux qui bordent les rivières. Les premières chaînes de l'Atlas sont particulièrement peuplées de chênes verts, entremêlés de genévriers, de lentisques et quelquefois de chênes à glands doux. Les forêts de la région des hauts plateaux ont encore des chênes verts; mais ceux-ci ne sont plus l'essence dominante. Les pins d'Alep, les thuyas et même les érables y croissent avec vigueur sur certains points, comme dans les Aurès et aux environs de Bathna. Dans cette dernière région, les cimes des montagnes, et même les pentes élevées, sont garnies de forêts de cèdres.

La même variété d'essences se reproduit dans les deux autres provinces. Toutefois, les saules, les peupliers et les aulnes y sont assez rares, même sur le bord des rivières. Les bois du Sahel d'Alger ne sont, en général, que des broussailles au milieu desquelles s'élèvent quelques chênes verts et des oliviers sauvages. Il y a quelques exceptions; ainsi, le bois du Mazafran, au-dessous de Koléah, est peuplé de magnifiques frênes séculaires. Les véritables forêts de la province d'Alger ne commencent guère que sur les hauteurs de l'Atlas; on y trouve des chênes, des caroubiers, des oliviers et des arbres d'essences résineuses. La forêt d'Ak-Fordoun, à 24 kil. de Dellys, est garnie d'une très-belle futaie de chênes zéens, dont quelques-uns atteignent les plus fortes dimensions et forment des massifs complets et réguliers. Le tiers de la forêt des Beni-Menasser est une futaie de chênes dont les arbres, d'un à deux mètres de tour, offrent des ressources considérables en bois de chauffage et de charronage. Aux environs d'Aumale, il y a un massif de 4 à 5,000 hectares d'oliviers sauvages, qui peut contenir au moins 200,000 pieds. La forêt de l'Ouarensenis est toute peuplée de thuyas et de pins d'Alep. Sur la crête des montagnes, les thuyas deviennent quelquefois l'essence exclusive; mais, dans les vallées, on ne rencontre guère que des pins d'Alep. Ces pins, généralement bas et branchus dans les clairières, sont grands et bien effilés dans les massifs serrés. Les cimes de l'Atlas, au-dessus de

Blidah, sont déjà couronnées de cèdres; mais ce n'est que plus avant dans l'intérieur, au milieu des hauts plateaux, que l'on en trouve de grandes forêts. Celle de *Teniet-el-Haad* est magnifique, les cèdres y ont jusqu'à 5 et 6 mètres de circonférence et de 25 à 30 mètres de hauteur.

Dans la province d'Oran, comme dans la province d'Alger, les broussailles sont très-clair-semées d'oliviers et de chênes-liéges. A part un bois de tamarins sur les bords de l'Oued-el-Habra, les rivières, dans toutes les plaines voisines de la côte, n'y sont point bordées d'arbres comme dans la province de Constantine, mais toute la région des hauts plateaux au-delà de Mascara, depuis Tiaret jusqu'à Sebdou, est couverte de forêts; celle de Daïa a une futaie de 20,000 hectares, tant en chênes qu'en pins d'Alep. Les chênes à glands doux et les chênes verts forment la majeure partie des peuplements près de Daïa. A mesure qu'on s'éloigne de ce poste, les pins d'Alep et les thuyas deviennent plus nombreux que les chênes, et forment des massifs qui viennent rejoindre les forêts de Sebdou à l'ouest, de Saïda et de Tiaret à l'est.

Classification des essences forestières.

On voit, par ce rapide exposé, que les richesses forestières de l'Algérie peuvent se diviser en trois grandes catégories : 1º Les chênes-liéges; — 2º Les chênes zéens; — 3º Les bois d'essences diverses, tels que cèdres, pins, chênes verts, chênes à glands doux, frênes, thuyas et bois d'ébénisterie.

Ces diverses catégories sont réparties ainsi, dans chaque province :

	ALGER.	ORAN.	CONSTANTINE.	TOTAUX.
Chênes-liéges...	27,421 hectares	8,800 hect.	288,778 hect.	325,000 hect.
Chênes zéens...	4,000 —	2,800 —	30,000 —	36,800 —
Essences diverses.	228,379 —	429,200 —	780,412 —	1,438,191 —

Considérées au point de vue de leur utilité pratique et de leur emploi dans les arts et dans l'industrie, les principales essences algériennes peuvent se classer ainsi :

Bois propres aux constructions navales. — Chêne zéen, chên-liége, chêne vert, frêne, orme, érable.

Bois de charpente et d'équarissage. — Chênes, châtaignier, cèdre, pins.

Bois de menuiserie ou bois de sciage. — Chênes, châtaignier, orme, noyer, cèdre, pins, peuplier blanc, platane, aulne, frêne, amandier, houx.

Bois d'ébénisterie et de tabletterie. — Thuya de Barbarie, olivier, citronnier, frêne, érable, jujubier, orme, palmier, dattier (surtout la racine), bruyère arborescente, lentisque, myrte (racine), arbousier, laurier rose.

Bois de sculpture. — Chênes, olivier.

Bois de tour. — Noyer, myrthe, frêne,

Bois de charronage. — Chêne, frêne.

Bois à charbon. — Chêne, orme, frêne, châtaignier, aulne, érable, etc.

Principales essences forestières.

CHÊNE-LIÉGE. — Le chêne-liége *(quercus suber)* arbre à feuilles caduques, très-commun dans toute l'Algérie, surtout au centre et à l'est, est exploité pour son écorce qui fournit le liége.

Le liége forme autour du chêne une croûte épaisse que l'on recueille tous les huit ou dix ans, dans les mois de juin, juillet et août. C'est au moyen d'incisions transversales et longitudinales de l'écorce jusqu'au collet de la racine, que l'on obtient le liége en pièces carrées d'une étendue plus ou moins considérable. L'opération qui consiste à arracher le liége du tronc des chênes s'appelle *démasclage*.

La première récolte, qui doit rarement être faite avant que les sujets sur lesquels on la pratique aient atteint leur quatorzième ou quinzième année, ne produit qu'un liége peu épais et dur, qui ne peut être employé qu'à la fabrication du noir de fumée. En Espagne, on brûle, dans des vases clos, les produits de cette première extraction, ainsi que les rognures provenant des fabriques de bouchons, pour en faire une sorte de charbon d'un beau noir *(noir d'Espagne)*, très-estimé pour la peinture.

Le liége provenant de la seconde récolte n'est pas encore arrivé à son état parfait ; ce n'est généralement qu'à la troisième et quelquefois plus tard, qu'il acquiert toutes les qualités dont il est susceptible. Seulement alors il peut être employé dans l'industrie. Un chêne peut ordinairement fournir de quinze à vingt récoltes de liége, dont la qualité est d'autant meilleure que l'arbre qui le produit est lui-même parvenu à un âge plus avancé.

La qualité supérieure du liége algérien résulte de la réunion de toutes les conditions naturelles les plus favorables : coteaux secs, terres peu profondes, lieux découverts, absences de froids aigus et prolongés, chaleur diurne élevée, rosées nocturnes très-abondantes. Dans ces conditions, le liége devient plus fin de substance, plus élastique, moins poreux, plus exempt de parties terreuses, qualités qui font préférer les liéges d'Espagne à ceux de toute autre contrée. Si les chênes-liéges de l'Algérie produisent souvent un liége grossier et propre seulement aux usages les plus communs, cela tient uniquement à ce que beaucoup d'arbres sont souffreteux, rabougris, tant parce qu'ils ont été exposés, dès leur jeune âge, à la dent des bestiaux et aux incendies périodiques, qu'à cause de l'absence d'exploitation régulière, condition indispensable pour obtenir un produit de bonne qualité.

Quant aux caractères distinctifs du bon liége, ils peuvent se résumer ainsi : élasticité, fermeté, souplesse, mailles fines, serrées, et couleur rougeâtre.

Sur un arbre séculaire et vigoureux, on peut récolter jusqu'à 100 kil. de liége, et même sur quelques sujets très-grands, on parvient à en retirer jusqu'à 440 kilogrammes. Pour calculer approximativement le produit d'une récolte de liége, dans les conditions ordinaires, on évalue le produit de l'écorce à raison de 50 kilogrammes par arbre, sans tenir compte des individus trop jeunes, ni de ceux qui, parvenus à un âge trop avancé, ne peuvent plus produire de bon liége.

CHÊNE ZÉEN. — Le chêne zéen d'Algérie (*quercus mirbeckii*) compose de vastes peuplements dans la province de Constantine. Son port est semblable à celui de notre chêne blanc et sa feuille a de l'analogie avec celle du châtaignier ; son bois très-dur, très-lourd, est éminemment propre aux constructions navales, pour lesquelles il a une supériorité très-réelle sur les chênes de France. Les forêts des Beni-Salah, au sud de Bône, contiennent des chênes zéens comparables aux plus beaux chênes d'Italie et de Russie. Les Anglais proposèrent, en 1817, au dey d'Alger, une somme annuelle de 200,000 francs pour avoir le droit de couper des bois de construction dans les forêts de La Calle et des Beni-Salah jusqu'à la Seybouse ; mais ces ouvertures n'eurent aucun résultat. Pendant trois siècles, les bois algériens alimentèrent la piraterie de la Régence ; la France peut donc trouver dans les forêts de l'Algérie les bois de construction qu'elle demande aux pays étrangers, les réserves des forêts de France commençant à devenir insuffisantes pour ses besoins.

CHÊNE VERT. — Avec sa feuille petite, ovale, persistante, d'un vert sombre, il ressemble plus à l'olivier qu'aux chênes de France, et n'étaient les glands qu'il produit, on ne s'expliquerait pas la place qu'il occupe dans la classification des botanistes. Le chêne vert donne un bois très-dense, propre au charronage et remarquable par la finesse et l'homogénéité de son grain. Ce bois se conserve très-bien dans l'eau et fournit d'excellents pilotis; quoiqu'il prenne bien le poli, il ne semble pas propre à être employé dans l'ébénisterie à cause d'une disposition fâcheuse à se fendre. En revanche, il est très-recherché pour le chauffage; il brûle lentement en donnant une flamme claire et en dégageant beaucoup de chaleur.

Cèdre. — L'Algérie est une des trois régions du globe où croît cet arbre : les deux autres sont les montagnes du Liban et les monts Himalaya. Les dimensions gigantesques du cèdre, qui atteint quelquefois, comme dans la forêt de Teniet-el-Hâd, 18 à 20 mètres de haut sur 5 et 6 mètres de tour, le rendent propre à la charpente comme pièce de longue portée; sa raideur est égale à celle des sapins de Lorraine ou du Nord. La menuiserie surtout peut en tirer grand parti, car il est le plus beau type de sapin rouge que l'on puisse imaginer et pourrait suppléer très-avantageusement les bois de sapin que la France va demander tous les ans, en quantité considérable, à la Norwège et à la Russie. Il unit la finesse des lignes à celles des pores sans être sensiblement plus lourd que le sapin du Nord. Comme placage d'intérieur de meubles, le cèdre d'Algérie peut rendre d'immenses services à l'ébénisterie, par sa couleur, sa veinure, et surtout par son odeur agréable. Il comporte l'avantage, très-précieux pour les meubles d'exportation destinés aux climats chauds, d'écarter les insectes qui y rongent en peu de temps et les meubles et les effets qu'ils contiennent. En raison de ses belles dimensions, avantageuses au débit comme prix de revient, le cèdre d'Algérie deviendrait aussi utile à l'ébénisterie qu'à la menuiserie elle-même.

Thuya. — Le plus beau de tous les bois algériens

et l'on peut dire de tous les bois d'ébénisterie du monde, c'est le thuya de Barbarie (*thuya articulata* ou *callitris quadrivalvis*).

Le thuya était fort apprécié dans l'antiquité. Au dire de Pline, le *citre* (nom latin du *thuya*) fut bientôt épuisé par le luxe romain : on en faisait des tables qui se vendaient à des prix fabuleux. Cicéron paya une de ces tables un million de sesterces (environ 250,000 fr.). Dans la succession du roi maure Juba, une table de thuya fut adjugée au prix de 1,200,000 sesterces (300,000 fr.).

Aucun bois n'est aussi riche de mouchetures, de moires ou de veines flambées, que la souche de thuya. Ses dispositions présentent beaucoup de variétés ; son grain fin et serré le rend susceptible du plus parfait poli : ses tons chauds, brillants et doux passent par une foule de nuances, de la couleur de feu à la teinte rosée de l'acajou ; et ces nuances, quelles qu'elles soient, restent immuables sans pâlir comme le bois rose, sans brunir comme l'acajou.

DIVERS — Les chênes blancs, les hêtres, les sapins, les frênes, les aulnes et les autres essences que renferment encore les forêts de l'Algérie ne diffèrent en rien de leurs congénères d'Europe.

Exploitations forestières.

Il semble, à entendre certains optimistes, que, du jour où l'Etat introduira la cognée dans tous nos massifs forestiers, le pays tout entier va se transformer, que l'aisance va se répandre par le travail au milieu des populations reconnaissantes, que des chantiers de construction vont s'établir dans tous les ports. Ce tableau est malheureusement bien loin de la vérité et a été tracé par des écrivains n'ayant aucune idée des forêts de la colonie, ou ignorant, tout au moins, les difficultés de l'exploitation.

Sur les 1,800,000 hectares qui composent le domaine forestier, 600,000 hectares seulement sont réellement boisés et immédiatement susceptibles d'exploitation ; 600,000 pourront le devenir dans un avenir assez rapproché, si l'on s'occupe activement de leur régénération ; les 600,000 restant, comprenant les vides, les enclaves et les terres de culture occupées par les indigènes, ne pourront être reboisés qu'autant que ces terres cesseront d'avoir leur affectation actuelle.

Les massifs forestiers de l'Algérie sont généralement dans un état déplorable, dû à la longue absence d'exploitation régulière. Un grand nombre d'arbres de haute futaie dépérissent de vétusté ; les autres ayant eu à souffrir, dès leur jeune âge, de la dent des bestiaux, de l'incendie et de la hache des Arabes, sont chétifs, souffreteux, tordus et rabougris. Enfin, la plupart des forêts les mieux conservées ne sont pas immédiatement exploitables : les unes pour être situées dans des marais dangereux, les autres sur des montagnes inaccessibles, le reste sans chemins de débardage.

C'est dans les pays neufs surtout qu'il faut se défier des apparences. Quand on parcourt les sombres forêts de l'Algérie, quand on songe que certains arbres, rendus à Toulon ou à Gênes, vaudraient peut-être un millier de francs chacun, il semble que rien ne soit plus facile que de les tirer de là, et qu'on n'ait qu'à le vouloir pour faire fortune ; mais, quand on se met à l'œuvre, on s'aperçoit bientôt des difficultés de l'opération, et, pour peu qu'on n'ait pas tout prévu, les déceptions ne se font pas attendre. On ne saurait trop le répéter, ce n'est qu'en procédant avec la plus grande prudence qu'on pourra triompher en Algérie des obstacles que rencontre au début toute industrie nouvelle. C'est en utilisant les ressources du pays, si minimes qu'elles puissent être, plutôt qu'en introduisant à grands frais des procédés perfectionnés, qu'on y parviendra le plus sûrement ; car ce n'est pas en un jour qu'on peut changer les habitudes d'une population, ni transformer sa situation économique.

Les forêts faisant partie du domaine de l'État, l'administration en concède l'exploitation, moyennant certaines redevances proportionnelles à l'importance du peuplement et à la nature des essences,

Aux termes du cahier des charges du 28 mai 1861, les forêts de chênes-liége sont concédées pour une durée de 90 années consécutives. La concession est expressément consentie à charge par le concessionnaire « d'améliorer le domaine forestier, de mettre, tenir et rendre, quand le moment sera venu, la forêt dans le meilleur état d'entretien, d'exploitation et de rapport. » En outre, le concessionnaire paie à l'État une redevance annuelle et fixe, par hectare, et une redevance proportionnelle pour les bois d'œuvre. La redevance par hectare est due à partir seulement du 1ᵉʳ janvier de la dixième année du bail, et court jusqu'à la dernière année inclusivement, soit pendant une période de 80 ans. La longue durée des concessions est motivée par cette double considération qu'il faut, d'une part, beaucoup de temps pour la régénération des forêts, et qu'il est juste, d'autre part, de laisser aux fermiers un temps de jouissance assez long pour qu'ils puissent profiter des travaux par eux effectués.

119,487 hectares de chênes-liége ont été concédés par décrets ; 17,590 hectares, concédés antérieurement pour quarante années, ont été régularisés ; 43,961 hectares ont été l'objet de mise en possession provisoire et seront successivement régularisés.

Les concessions de chênes zéens, faites par le gouverneur général, pour une durée de 18 ans, en vertu du cahier des charges du 30 octobre 1861, comprenaient, au 1ᵉʳ janvier 1863, 17,955 hectares. Enfin, à la même date, 6,336 hectares d'oliviers avaient été concédés par baux à long terme.

Les redevances pour les exploitations de chênes-zéens sont fixées à raison de tant par mètre cube de bois d'œuvre exploité.

Quant aux oliviers, une décision administrative récente porte qu'ils cesseront de faire partie du domaine forestier et qu'ils pourront être aliénés par adjudications publiques, conformément à la législation qui régit l'aliénation des terres domaniales.

Dans les concessions de chênes-liége, il a été dépensé par les concessionnaires, pendant la période de 1850 à 1861 : 3,151,154 francs. Ces dépenses consistent en constructions de maisons, hangars, ouvertures de routes, sentiers, démasclages, débroussaillement.

A part les constructions, la généralité des travaux forestiers a été exécutée par la main-d'œuvre indigène et plus particulièrement par la main-d'œuvre kabyle. On trouve en Kabylie, et moyennant des salaires de beaucoup inférieurs à celui des ouvriers européens, d'excellents travailleurs, particulièrement pour les opérations de démasclage.

Arbres à fruits.

Presque tous les arbres fruitiers de la métropole poussent spontanément dans le nord de la colonie ou y sont acclimatés depuis longtemps. On a tenté aussi l'acclimatation d'un grand nombre d'arbres exotiques ; mais nous sommes fort éloignés d'en conseiller la culture. D'abord ces arbres ne peuvent donner que des produits d'agrément et de luxe, recherchés aujourd'hui pour leur rareté, mais dont il serait difficile d'opérer le placement, alors qu'ils auraient été vulgarisés par la culture. En second lieu, il ne faut point perdre de vue que la culture, en pleine terre, de ces arbres n'est guère possible en Algérie que sur une zone de terrain fort restreinte du littoral. Le bananier lui-même, qui n'est point une conquête du jardin d'acclimatation, puisque nous l'avons trouvé en 1830 en pleine végétation dans le jardin d'Alger, ne réussit plus que très-difficilement à Blidah. Enfin, en dernier lieu, chacun sait que ces cultures demandent beaucoup de soins, beaucoup d'engrais, de l'eau en abondance, et même des abris ; or tout cela coûte très-cher en Algérie.

Il est pour nous une question plus intéressante que celle des arbres à fruits exotiques, c'est la culture des arbres à fruits indigènes, dont les produits ont une très-grande importance.

Olivier. — De tous les arbres qui croissent en Algérie, le plus utile et le plus productif est l'olivier. L'olivier, a dit un agronome ancien, est le premier des arbres : « *olea omnium arborum prima.* » Il prospère en Afrique, à toutes les températures, et atteint souvent des proportions considérables : c'est ainsi que beaucoup de sujets mesurent à leur tronc jusqu'à dix mètres de circonférence. Sa production spontanée, sa vigoureuse croissance, sa multiplication naturelle sur tous les points du pays lui donnent une importance exceptionnelle. La statistique officielle porte à 62,000 hectares, environ, l'étendue des massifs compactes des peuplements d'oliviers. A la fin de 1862, on évaluait à 1,696,173 le nombre des oliviers greffés dans les trois provinces, et à 18,385,705 kilog. la quantité d'olives récoltées dans l'année.

Les Kabyles ont, de tout temps, cultivé l'olivier, pour la production de l'huile. Ils plantent en terre des rejetons détachés des vieux sujets, labourent au pied des arbres, irriguent le plus abondamment qu'ils peuvent, greffent les sauvageons et taillent les branches. Nous indiquerons plus loin, au chapitre des industries indigènes, les procédés employés par les Kabyles pour la fabrication de l'huile.

L'olive sauvage qui fournit une huile peu abondante mais d'excellente qualité, s'achète sur le pied de 5 à 6 francs les 100 kilog. Les olives de greffe se vendent : en première qualité, 15 à 18 francs ; en deuxième, 9 à 10 francs ; en troisième 5 à 6 francs. En 1862, la France a reçu de l'Algérie 3,437,463 kilog. d'huile d'olive.

Oranger. — L'oranger croit dans toute la partie basse du Tell. Parmi ses variétés, et elles sont nombreuses, on distingue : l'orange franche, la seule que l'on rencontre chez les Arabes, l'orange du Portugal, celle de Malte à chair rouge, et la mandarine ; les limons ou citrons de diverses grosseurs et de formes diverses, enfin les cédrats.

On évalue à 132,524 le nombre des orangers plantés actuellement en Algérie : sur ce nombre 87,101 sont en rapport ; les autres ne produisent point. Le rendement total des orangeries, en 1862, a été évalué à 27,630,104 kilog de fruits et 4,889 kilog. de fleurs d'orangers ; la moitié environ des fruits a été consommée sur place ; l'autre moitié a été exportée.

La province d'Alger est sensiblement plus riche en orangers que les autres provinces. Blidah est le centre principal de la production. Les orangeries de Blidah s'étendent actuellement sur une superficie de 110 hectares ; elles comportent 10,781 pieds d'orangers en plein rapport ; 2,026 limoniers, 265 cédratiers et 2,148 orangers chinois, On peut, en outre, évaluer à plus de 35,000 les jeunes plants qui se trouvent à l'état de pourettes dans les jardins

Figuier. — Cet arbre réussit sur les terres les plus maigres et les plus arides, pourvu qu'elles soient abritées des vents dominants ; il se multiplie par boutures et par drageons enracinés avec la plus grande facilité et ne demande ni engrais ni arrosages.

Dans la Kabylie et sur plusieurs autres points de l'Algérie, notamment aux environs de Mostaganem, la dessication des figues forme une occupation importante des habitants, et la vente est une source essentielle de revenu. Cependant, il faut reconnaître que les produits sont de qualité tout-à-fait inférieure ; aussi ceux-ci sont-ils peu recherchés pour l'exportation et employés de préférence pour la fabrication de l'eau-de-vie.

On vend sur tous les marchés de l'Algérie des espèces de pains ou de gâteaux préparés avec des figues desséchées et soumises à une forte pression ; ces gâteaux, d'un prix modique, entrent dans l'alimentation des indigènes, et surtout des Kabyles, pour une proportion assez considérable ; ils forment une ressource précieuse pour les caravanes à cause de leur conservation facile et pour ainsi dire illimitée.

FIGUIER DE BARBARIE OU CACTUS. — Le cactus croit avec une extrême abondance dans une zone de vingt lieues environ, à partir du littoral. Ses fruits constituent, pendant plusieurs mois de l'année, la base de la nourriture des Arabes.

JUJUBIER. — Cet arbre, qui réussit presque partout en Algérie, mérite l'attention des cultivateurs, car ses fruits desséchés sont recherchés dans le commerce et peuvent aussi servir à la fabrication des boissons spiritueuses. Le pays de Bône est depuis longtemps célèbre par la rare beauté de ses jujubiers, qui lui ont valu le nom de *Beled-el-Aneb*, terre des jujubes.

DATTIER. — Le palmier-dattier est l'arbre caractéristique des régions sahariennes. Son fruit, sous le nom de dattes, est la base de la nourriture des peuplades nomades ou sédentaires, des races blanche ou noire, qui sont disséminées dans ces immenses contrées.

Chaque arbre produit, dans sa plus grande force, de huit à dix régimes par an, donnant chacun de six à dix kil. de dattes, ce qui fait en moyenne 72 kil. de dattes par arbre, 7,200 kil. par hectare. Considérées en

la récolte, une fois moins que le blé, c'est-à-dire que, dans l'échange, on a deux charges de dattes pour une de blé; dans le Tell, au contraire, au moment de la moisson, les dattes valent deux fois le blé : d'où il suit que la valeur du blé et celle des dattes est la même; la différence qui peut exister s'établit par les frais de transport, de conversion et de magasinage.

Outre les dattes destinées à la consommation régulière, on récolte des dattes de luxe, qui sont préparées avec des soins spéciaux pour l'exportation et qui se vendent beaucoup plus cher. Cueillies au mois de novembre, les dattes de première qualité, que l'on appelle *Déglet-en-nous*, sont empilées dans des magasins sillonnés de petits canaux par où s'écoule le miel des fruits; elles peuvent se conserver ainsi douze ou quinze années. Les dattes les plus estimées sont celles de l'Oued-Souf et des Zibans.

Le dattier offre encore quelques autres ressources qui sont utilisées sur place par les indigènes. Les feuilles servent à couvrir les gourbis ou bien l'on en tisse des chapeaux; les tiges sont employées comme bois de construction et de menuiserie. Lorsque les dattiers sont vieux et prêts à être sacrifiés, on en extrait la sève pour en faire du vin de palmier, boisson assez semblable à l'orgeat et très-estimée des Arabes qui l'appellent *Lagmi*.

A l'ombre des longues palmes du dattier, l'habitant du Sahara a pu cultiver du blé, de l'orge et la plupart des arbres fruitiers du Tell, le figuier, l'abricotier, la vigne, le pêcher, etc.

La région des Zibans est le point de nos possessions du nord de l'Afrique où la culture du dattier occupe le plus de surface. L'oasis de Biskra, avec ses annexes, comprend 1,200 hectares sur lesquels sont plantés 140,000 palmiers. Pendant la période d'été, la somme d'eau employée en arrosage est de 10,378 mètres cubes par hectare. Chaque pied de palmier est arrosé individuellement : on creuse, près du tronc, une fosse à peu près circulaire ; la terre extraite sert à butter l'arbre et à recouvrir les racines adventives qu'il développe à sa base en grande abondance. Chacune de ces fosses peut contenir environ deux mètres cubes d'eau ; elles sont remplies au moyen de rigoles qui les mettent en communication. « Si le dattier ne mûrit ses fruits que dans les contrées où l'atmosphère est d'une excessive sècheresse; il n'en donne qu'à la condition qu'une abondante irrigation baigne ses racines. C'est ce qui justifie le proverbe des indigènes : « Le dattier veut avoir sa tête dans le feu et son pied dans l'eau. »

RICHESSES MINÉRALES.

Les Carrières.

Toutes les matières minérales, à l'exception de la houille, se rencontrent en Algérie en abondance.

Il faut placer au premier rang les marbres, dont la haute réputation remonte à la plus haute antiquité : les marbres de Numidie qui, chez les Romains, servaient à la construction des palais des César et des demeures patriciennes, ne sont pas perdus, et les gisements de *Filfila*, d'*Aïn-Tombalek*, d'*Aïn-Ouïn-Kel* et du cap *Matifou* promettent à l'exploitation européenne les plus beaux résultats.

Les marbres de Filfila, près de Philippeville, qui peuvent rivaliser avec ceux de Carrare, sont translucides, malléables et très-fins de grains. On en trouve de toutes nuances : blanc cristallin, gris à teinte mouchetée, bleu nuancé de filets noirs, jaspé de vert clair et foncé, pourpre, rose et vert, jaune nuancé orné de fines arborisations.

Les carrières d'Aïn-Tombalek, près de la route d'Oran à Tlemcen ont été exploitées par les Romains. Ces marbres sont d'autant plus précieux qu'il n'existe nulle part aucune autre carrière de marbre *onyx* ou *albâtre antique*.

Les marbres d'Aïn-Ouïn-Kel, près d'Arzew, veinés de rose et de rouge acajou, sont déjà recherchés pour l'industrie parisienne,

La carrière du cap Matifou donne des marbres gris qui conviennent parfaitement pour les constructions monumentales.

Il faut mentionner encore : le marbre *porte-or*, entre Oran et Mers-el-Kebir ; le *porphyre* du cap de Fer ; le *marbre noir* de Sidi-Yahia, près de Bougie ; le marbre *blanc veiné de bleu* du cap de Garde.

Les autres carrières de l'Algérie fournissent des granits, des porphyres, du gypse en abondance, de la pouzzolane, de l'asphalte, des pierres meulières, des pierres à feu, des pierres lithographiques, du soufre, des ardoises, de la terre à porcelaine et de la terre à savon.

Dans le Sud (Ziban et Ouled-Nayl), les indigènes fabriquent du salpêtre avec des lessivages de terre provenant de ruines d'anciens ksour et de grottes naturelles ou artificielles servant de refuge aux troupeaux. La présence des matières organiques donne lieu à une production spontanée du salpêtre.

Une statistique officielle nous apprend qu'en 1853, c'est-à-dire il y a plus de dix ans, 260 carrières ont été exploitées dans les trois provinces de l'Algérie, par un minimum de 1.544 ouvriers. 345,868 mètres cubes de pierre de taille, de dalles, de moellons ; de pierre à chaux, à plâtre ; d'argile à briques, non compris 58,000 pavés, ont été extraits de ces carrières et ont produit près d'un million et demi. Le salaire des ouvriers variait de 2 fr. à 6 fr. 50.

Les Mines.

Les mines de l'Algérie, bien que la plupart ne soient encore qu'incomplètement connues, promettent déjà un revenu considérable.

Quinze mines ont été concédées, et l'ensemble de leur superficie embrasse une étendue de 30,576 hectares ; mais quatre seulement sont en exploitation :

1° La mine de *Karezas*, située dans la province de Constantine. On en a extrait, en 1862, plus de 170,000 quintaux de minerai de fer dont le cinquième a été fondu à l'usine de l'Alélik, près de Bône. Elle fournit une fonte aciéreuse très-recherchée ;

2° La mine de *Kef-oum-Theboul*, située dans la même province. En 1862, elle a donné 26,834 quintaux de plomb argentifère et aurifère, mélangé de cuivre et de zing ;

3° Les mines de *Gar-Rouban* et de *Maziz*, situées dans la province d'Oran. On en a extrait, en 1862, 27,291 quintaux de plomb argentifère mêlé de cuivre ;

4° La mine de *Ras-el-Mah*, située dans la province de Constantine. Elle est très-riche en sulfure de mercure que l'on traite sur place, et donne de remarquables produits (5,500 quintaux en 1862).

La grande objection faite contre l'exploitation des gîtes métallifères algériens est tirée du manque de combustible minéral ; mais, pour tirer immédiatement parti des minerais extraits, il n'est pas besoin d'élever sur les lieux mêmes de coûteuses fonderies. Les minerais, chargés en lest sur les navires marchands, seraient d'un transport peu élevé et auraient leur placement assuré : soit en France, dans les forges voisines des houillières de la Grand'Combes, où l'on traite les cuivres importés d'Amérique ; soit en Angleterre, dans les nombreuses usines de Swansea.

Si nombreux que soient les travaux, les ouvriers ne manqueront point, car l'expérience a démontré que les indigènes peuvent devenir d'excellents mineurs.

Les eaux thermales et minérales.

On trouve, en Algérie, de nombreuses sources minéro-thermales qui, sous le rapport de l'abondance, de la diversité et des propriétés thérapeutiques, paraissent ne le céder en rien à aucune des sources similaires qui ont le plus de renom en Europe. A l'endroit où sourdent la plupart de ces eaux, on remarque des ruines considérables, des bassins, des piscines encore debout, qui attestent la vogue dont elles jouissaient chez les Romains.

Les indigènes continuent, de nos jours, à visiter les sources, et leur empressement dénote qu'elles n'ont rien perdu de leurs propriétés salutaires.

Le jour où les eaux thermales de l'Algérie deviendront l'objet d'une exploitation sérieuse, de la part de l'industrie privée, on verra se diriger vers notre colonie, appelés par le double attrait d'une nature luxuriante et d'un délicieux climat, ces nombreuses caravanes de malades et de désœuvrés qui, chaque saison, vont peupler les bains étrangers, où ils ne rencontrent ni cette divergence de mœurs, ni ce contraste d'habitudes qu'aiment tant à observer chez les indigènes ceux qui voyagent en Algérie.

On cite notamment :

1° Dans la province d'Alger, les sources de *Hammam-Melouan*, sur la rive droite de l'Arrach, à 34 kilomètres d'Alger, qui sont en grand renom chez les indigènes. Leur température est de 42 à 44 degrés ; — les eaux de *Hammam-Rhira*, situées près de Milianah, et dont la température varie de 44 à 46 degrés ; ces eaux sont salines et produisent d'excellents effets dans les rhumatismes articulaires, les douleurs nerveuses et les blessures ; un établissement thermal y a été construit pour l'armée. Une source ferrugineuse dont la température est de 65 degrés, a été découverte en 1856, sur le même point, au milieu des ruines romaines d'Aquæ-Callidæ ; — les sources du *Frais-Vallon* qui, fournissent une eau potable précieuse au double point de vue de l'hygiène et de la médecine. La dernière source découverte cette année, dans la propriété de

M. Firmin Duffourc, a été reconnue supérieure encore à celles précédemment analysées ; elle est ferrugineuse, alcaline et carbonatée ; — la *source des Cèdres*, à 3 kil. de Teniet-el-Had, presque sur le bord de la route ouverte pour l'exploitation de la forêt de cèdres. Son débit est évalué à 1,800 litres par jour ; ses eaux sont ferro-carbonatées et contiennent plus de sel de fer que les eaux ferrugineuses analogues de France et d'Europe ;

2° Dans la province d'Oran, les sources des *Bains de la Reine* (52 degrés), sur le bord de la mer, entre Mers-el-Kébir et Oran, à 2 kil. de cette dernière ville, très-fréquentées par les habitants d'Oran et utilisées par l'hôpital militaire ; — la source de *Hammam-bou-Hadjar* (57 degrés), à 18 kil. d'Aïn-Temouchent, ferrugineuse et acidulée, en grande réputation chez les indigènes ; — la source de *Hammam-bou-Hanifai* (60 à 66 degrés), située à 20 kil. de Mascara, propriétés analogues à celles de Bourbonne-les-Bains ;

3° Dans la province de Constantine : les sources de *Hammam-Meskoutin* (70 et 94 degrés), à 10 kil. de Guelma, sulfureuses, alcalines, acidulées, salées et arsenitées, très-efficaces dans les cas de douleurs articulaires ; — Les eaux de *Sidi-Mimoun* (26 degrés) et de *Sid-Mecid*, auprès de Constantine ; — Les sources d'*Hammam-bou-Hallouf*, près de Djemilah ; de *Kasbaïr*, sur la route de Djemilah à Sétif ; d'*Hammam-bou-Sellam*, à 20 kil. de Sétif ; de *Hammam-Berda*, à 5 kil. de Guelma.

Salines. — Sources salées. — Sel gemme.

Les sources salines et les marais salins sont très-nombreux dans les trois provinces. Les marais salins les plus considérables sont ceux : du *Zahrez*, au sud des provinces de Constantine et d'Alger ; d'*Arzew* et des *Akerma*, dans la province d'Oran. Celui d'*Arzew*, près d'Oran, a 12 kil. de longueur sur 3 de largeur. Près de *Dellys*, est une saline artificielle où s'approvisionnent les Kabyles. Parmi les sources salées, il faut citer celles d'*Anseur-el-Louza*, à 34 kil. de Milianeh; des *Oulad-Hedim*, aux environs de Bo-ghar; de *Kasba*, au sud-est d'Aumale. Ce sont de petits filets d'eau qui suintent à la surface du sol et, coulant avec une très-faible vitesse, remplissent les petites dépressions du terrain. Par l'action des rayons solaires, l'eau s'évapore en partie et cristallise en formant un dépôt continu de 2 à 3 millimètres d'épaisseur, que les femmes et les enfants des tribus voisines enlèvent journellement avec une raclette de fer.

Il existe plusieurs mines de sel gemme; les plus importantes sont celles : du *Rocher de Sel*, sur la route de Laghouat, à 24 kil. de Djelfa; des *Oulad-Kebab*, près de Mila, du *Djebel-Melah* ou de l'*Outaia*, entre Bathna et Biskra. Ces immenses amas de sel sont exploités grossièrement et d'une manière superficielle par les Arabes, qui enlèvent au retour de la belle saison les blocs que les pluies d'hiver ont dégagés et rendus plus faciles à abattre, pour les vendre sur les marchés voisins du Tell et de Ziban. Dans le Rang-el-Melah (*Rocher de Sel*) le sel gemme forme des talus très-abrupts qui atteignent 35 mètres de hauteur.

LES ANIMAUX DOMESTIQUES

Le Chameau.

L'Algérie a ses animaux domestiques qui diffèrent essentiellement des nôtres, et par les usages auxquels on les soumet et par les produits spéciaux qu'on en retire.

Celui qu'on doit placer en première ligne, à cause des services sans nombre qu'il rend à l'Arabe, est le *chameau*. Il est regardé par lui comme un présent du ciel, sans lequel il ne pourrait ni subsister, ni commercer, ni voyager. Le chameau est, en effet, son unique voiture; son lait, ainsi que sa chair, lui servent de nourriture; tandis que son poil, se renouvelant tous les ans, est employé à la fabrication des étoffes pour vêtements, tapis, etc. Le duvet du chameau, convenablement préparé, peut même produire un fil très-fin, très-régulier et très-souple, qui se rapproche beaucoup de celui de la chèvre-cachemire des montagnes du Thibet. Le transport des marchandises ne se fait qu'au moyen des chameaux, et c'est avec leur aide que l'indigène peut franchir et s'approprier, pour ainsi dire, les solitudes du Sahara.

Le chameau qu'on rencontre dans l'Afrique septentrionale n'est pas le chameau proprement dit, mais le quadrupède que les naturalistes appellent dromadaire. Il n'a qu'une seule bosse, et est de moindre taille que le chameau d'Asie, sa hauteur au garrot n'excédant jamais cinq à six pieds. Son poil, laineux, frisé et assez rude, est fort inégal, plus long sur le poitrail et sur la bosse. Comme le chameau, le dromadaire a des callosités dénuées de poil aux genoux et au coude des jambes de devant, ainsi qu'à la rotule et au jarret des jambes de derrière. Ayant les pieds faits pour marcher dans le sable, il n'avance que difficilement dans les terrains secs et marécageux. Utilisé surtout comme bête de somme, le chameau porte des fardeaux de mille à douze cents livres, et, ainsi chargé, marche pendant huit à dix jours de suite, en ne se reposant que le soir. Quant on est arrivé à la halte choisie, on laisse les chameaux paître en liberté, brouter l'absinthe, le chardon, les orties et autres végétaux épineux du désert. Ils prennent, en une heure, tout ce qu'il leur faut pour ruminer une nuit entière et rester vingt-quatre heures sans nourriture. On leur donne aussi, lorsque la route est longue, quelques poignées d'orge, des fèves ou encore des dattes en petite quantité. Ils peuvent se passer de boire pendant sept ou huit jours; mais, s'ils rencontrent de l'eau à leur portée, ils la sentent de fort loin et ne continuent leur route qu'après qu'on leur a permis d'aller se désaltérer.

Les chameaux qu'on emploie sont généralement doux, parce que, avant de les faire travailler, on a eu soin de les soumettre à l'opération de la castration; le dromadaire entier, indocile, intraitable et presque furieux dans le temps du rut, ne pourrait être employé comme bête de somme.

Le chameau se prête lui-même au service qu'on exige de lui; ainsi, au premier signe de son conducteur, il ploie les genoux, s'accroupit jusqu'à terre pour se laisser charger, et se relève doucement avec sa charge dès que l'opération est terminée. Quelquefois même il se charge seul en passant la tête sous une espèce de bât auquel les ballots sont attachés ; mais son instinct lui révèle parfaitement si le poids du fardeau est proportionné à ses forces, et, si on le charge trop, il reste obstinément couché jusqu'à ce qu'on l'ait allégé. Veut-on le forcer à se relever en le frappant, il pousse des cris lamentables et donne des coups de tête à son guide.

Le prix d'un de ces chameaux varie de soixante à quatre-vingt *boudjoux* (105 à 140 fr.); et, d'après les documents officiels, leur nombre est évalué à 215,000.

On trouve, dans le Sahara, une race beaucoup plus rare, plus rapide à la course, et qu'on appelle, en arabe, *mehari*. Ces dromadaires font, en moyenne, vingt-cinq à trente lieues par jour. *Quand tu rencontres un mehari*, dit l'Arabe dans son style figuré, *et que tu dis au cavalier qui le monte : Salem alik (paix avec toi), lui, avant d'avoir pu te répondre : Alik salem, est déjà presque hors de ta vue, car il marche comme le vent.* Les différentes espèces prennent les noms de *talaye, sebaye, tasaye,* suivant que leurs individus peuvent faire dans un jour, trois, sept ou neuf, des journées de marche imposées aux autres chameaux, distance qui, au dire des Arabes, doit être évaluée à 25, 60 ou 80 lieues. Cette supériorité incontestable des Mebara (pluriel de Mehari) leur donne une valeur de 250 à 350 boudjoux (437 à 612 francs). Il est même très-difficile de s'en procurer à ce prix, les Arabes ne s'en débarrassant qu'avec répugnance. Ces intrépides coureurs perdent, d'ailleurs, beaucoup de leur vigueur dès qu'ils viennent à quitter la région du Sahara, et s'acclimatent mal dans le nord de notre colonie.

Le mehari est au chameau ordinaire (*djemel*) ce que le cheval de course est au cheval de trait. Beaucoup plus svelte dans ses formes, il a la taille plus haute, la bosse plus petite, la souple encolure de l'autruche et les flancs élancés du slougui (lévrier). Cet animal supporte admirablement la faim et la soif. En automne, il ne boit que deux fois par mois, et, en été, il peut, même pendant un voyage, ne boire que tous les cinq jours.

Les mehara servent de monture habituelle à la tribu nomade et guerrière des *Touareug* (voilés), fléau des caravanes du grand désert, où ils exercent leurs brigandages habituels.

Au lieu d'être chargé de lourds fardeaux comme le pauvre djemel, le fier mehari reçoit une selle légère, qui n'a pas d'étriers, sur laquelle se place, les jambes croisées en avant sur son encolure, l'Arabe du Sahara, muni de son indispensable et long fusil, ou le Touareug, armé de sa lance et de son bouclier. Le cavalier guide son chameau avec une seule rêne attachée sur le nez de l'animal, au moyen d'un anneau qui lui traverse les narines, et fait ainsi vingt-cinq à trente lieues par jour sans se fatiguer.

Le Cheval.

Grâce aux remarquables et profondes études du général Daumas, dont les livres curieux ont su rendre notre conquête intéressante et sympathique à tous les hommes de cœur et d'intelligence, le cheval arabe est connu dans le monde entier. L'ouvrage si attachant de l'ancien directeur des affaires de l'Algérie, sur les *chevaux du Sahara*, a été le premier jalon dans la voie où tant d'autres se sont engagés depuis, de l'étude, de l'origine et de l'amélioration de la race chevaline algérienne.

Les assertions erronées d'un grand nombre d'écrivains ont vulgarisé l'opinion de l'existence en Arabie d'une race chevaline supérieure à toutes les autres par la noblesse du sang, la beauté des formes, et dont l'origine se perd dans la nuit des temps. On ne s'est nullement préoccupé du démenti formel donné par l'histoire à cette inconcevable erreur. L'Arabie, dont on a voulu faire la patrie du cheval, était, dans l'antiquité, le seul pays où il n'y eût pas de chevaux, et il en fut ainsi jusqu'à l'avénement de l'islamisme. Le livre de Job, les ouvrages d'Hérodote, de Strabon et d'Oppien nous en fournissent la preuve. Mahomet allant conquérir La Mecque n'avait avec lui que deux chevaux, et, dans le butin qu'il fit après s'être emparé de cette ville, il ne trouva pas un seul cheval. C'est pourquoi, comprenant la nécessité, pour l'exécution de ses projets de conquête, d'une cavalerie, le Prophète s'efforça de grandir le cheval dans l'opinion de ses coreligionnaires, en imprimant dans leur esprit vif et crédule la pensée d'une origine supérieure de leurs coursiers.

Les biens de ce monde, c'est-à-dire l'ensemble de tout ce qui est utile à l'homme, dit-il dans un de ses hadis, *seront, jusqu'au jour du jugement dernier, pendus aux crins qui sont entre les yeux de vos chevaux.*

Aujourd'hui encore, l'Arabie est extrêmement pauvre en chevaux, et l'on a vu, en 1815, les chefs arabes coalisés contre Méhémet-Ali, ne pouvoir réunir que 500 chevaux pour un effectif de 25,000 hommes.

On ne trouve de chevaux que dans le nord de l'Arabie, et ces chevaux ne se distinguent en rien des autres races qui habitent l'extrême Orient, l'Egypte, le nord de la Perse.

Si nous comparons ce type de l'Orient, auquel nous laisserons le nom de type arabe sous lequel il est vulgairement désigné, au type barbe répandu sur toute la surface de l'Algérie, nous retrouvons chez l'un et l'autre les mêmes traits caractéristiques. L'arabe et le barbe ont la taille peu élevée, le corps peu allongé, des formes souples et harmonieuses, exprimant la puissance physique et nerveuse à son plus haut degré, par la saillie des muscles, par la largeur et la richesse des articulations, par la longueur bien proportionnée des rayons des membres. La douceur de la température, l'ardeur du soleil, en leur donnant une peau fine, douce et luisante, ont imprimé une excitation nouvelle à leurs fonctions, à leurs sens, à leur sensibilité, à leur impressionnabilité, une activité plus grande à la circulation du sang, une énergie caractérisée au-dehors par le trajet expressif des veines, par la vivacité du tempéramment.

À la prétendue dégénérescence du cheval barbe, soutenue par ses contradicteurs, il suffit d'opposer un fait; c'est que le fameux Soham, connu sous le nom de Godolphin-Arabian, qui a tant contribué à l'amélioration de la race de course, en Angleterre, n'était qu'un barbe tunisien. La vérité est que, de l'Océan à l'Euphrate, la race orientale est une, et que les variétés barbe et arabe y appartiennent au même titre.

L'émir Ab-el-Kader ne se borne pas à confirmer cette opinion; mais il ajoute que le cheval barbe ou berbère, loin d'être une dégénérescence du cheval arabe, lui est au contraire supérieur. C'est en Palestine que les Berbères auraient élevé ce type, amené par eux en Afrique, où ils le conservèrent précieusement comme leur plus fidèle compagnon, et dont les auteurs arabes, dès la plus haute antiquité, constatent la supériorité sur les autres types orientaux.

Le cheval d'Afrique est, sans contredit, supérieur à son frère d'Asie par les qualités qui constituent le véritable cheval de guerre : la vigueur unie à la docilité, l'impétuosité unie à la douceur, l'aptitude à supporter les privations et la fatigue. Moins brillant peut-être par la forme, il est plus robuste et plus solide, et la guerre de Crimée a mis en relief toute sa valeur en le soumettant aux plus rudes épreuves, sous un climat bien différent de celui sous lequel il est élevé.

Les chevaux de nos chasseurs d'Afrique, transplantés subitement dans le nord de l'Europe pour y subir tous les accidents de la guerre, ont justifié à la lettre, ce que dit l'Arabe du coursier qui fait l'orgueil de sa tente : *Il peut la misère, il peut la soif, il peut la faim.* Il est si sobre, qu'il faudrait presque prendre à la lettre l'image *chareb er'ehh* (buveur d'air) que lui appliquent les Sahariens.

Il est bien fils de ce fier animal dont Job a dit, il y a quatre mille ans : *Il ne peut se contenir quand la trompette sonne; quand la trompette sonne, il hennit; il sent de loin la guerre, le commandement des chefs et les cris de triomphe.*

Elevé avec tous les autres animaux domestiques du douar, exposé, dès sa naissance, à toutes les intempéries des saisons, habitué à se nourrir de fort peu, à suivre sa mère dans les traites les plus longues et les plus rapides, il devient infatigable. Le cheval algérien galope aux descentes, galope aux montées; il galoperait toujours, si le cavalier, guidé par son attachement pour sa monture, ne mettait un frein à cette folle ardeur. *Un bon cheval*, disent les Arabes du Sahara, *doit porter un homme fait, ses armes, ses vêtements de rechange, des vivres pour tous deux, un drapeau, même au jour de vent, traîner au besoin un cadavre, et courir toute la journée sans penser ni à boire, ni à manger.*

Suivant l'opinion d'Abd-el-Kader, le cheval de race doit posséder trois choses longues : les oreilles, l'encolure et les membres antérieurs; trois choses courtes: l'os de la queue, les membres postérieurs et le dos; trois choses larges : le front, le poitrail et la croupe;

trois choses pures : la peau, les yeux et le sabot ; enfin, il doit avoir le garrot élevé, les flancs évidés, les narines larges, les boulets petits, le sabot arrondi et dur, les fourchettes dures et sèches, et les fanons épais.

On évalue à cent quatre-vingt mille têtes la richesse chevaline de l'Algérie, non compris les quinze mille chevaux des régiments indigènes (spahis et chasseurs d'Afrique).

L'Algérie possédait, avant la conquête, une belle race de chevaux ; mais à peine quelques années s'étaient-elles écoulées depuis l'occupation, que les achats de chevaux présentèrent de grandes difficultés.

Les besoins incessants de la guerre, l'augmentation successive de l'armée, la création de plusieurs corps de cavalerie indigène, les fatigues excessives auxquelles étaient soumis les chevaux par suite des nécessités de l'attaque et de la défense, les razzias, les réquisitions qui étaient la conséquence d'une guerre presque sans trêve, avaient porté de graves atteintes à la production chevaline.

L'absence de discernement des Arabes dans l'accouplement de leurs chevaux, l'habitude où ils sont de faire servir à la production leurs juments et leurs poulains lorsqu'ils ont atteint l'âge de deux ans et demi à trois ans, ne purent que contribuer à l'appauvrissement de la race algérienne.

Dès 1844, des dépôts avaient été créés dans chacune des trois provinces ; mais l'Arabe, retenu par une espèce de superstition religieuse qui défend de faire saillir une jument en dehors des tribus, continuait de prostituer, dans les marchés, ses juments à des chevaux sans valeur et à payer assez cher une saillie souvent improductive. Il fallait transiger avec ces susceptibilités, et c'est ce qui a conduit à l'organisation d'un système d'*étalons de tribus*, achetés et entretenus sur les fonds du budget des centimes additionnels à l'impôt arabe. Il existe en ce moment 183 étalons et 5 baudets-étalons impériaux, 536 étalons et 82 baudets de tribus. Au moment de la monte, ces divers géniteurs sont conduits dans un certain nombre de stations où les éleveurs, Européens et indigènes, sont admis gratuitement à leur offrir la saillie de leurs juments. Les étalons de l'une et l'autre catégorie ont sailli dans la dernière campagne 29,604 juments; beaucoup d'autres saillies ont dû être faites en dehors de nos établissements.

Chaque grain d'orge donné à vos chevaux, vaudra une indulgence dans l'autre monde, a dit le Prophète, et l'Arabe ajoute : *Si je n'avais vu la jument faire les chevaux, je croirais que c'est l'orge.* Mais cette conviction de l'Arabe est toute théorique, et il est loin de la mettre en pratique. La plupart des poulinières et de leurs produits, non-seulement ne mangent presque jamais d'orge, mais encore n'ont de l'herbe de bonne qualité et en quantité suffisante que pendant quelques mois de l'année. Après l'herbe du printemps, ils sont gras et se maintiennent dans cet état pendant quelque temps avec ce qu'ils trouvent sur les chaumes immédiatement après la moisson. Ils maigrissent en été, reprennent un peu après les premières pluies d'automne, redeviennent maigres en hiver et restent ainsi jusqu'à la première végétation. Pendant les hivers rigoureux, par suite de cette mauvaise alimentation et aussi par suite du manque d'abris, plusieurs bêtes meurent ou reçoivent de graves atteintes à leur constitution organique.

Le premier remède à apporter à ce système serait d'amener les Arabes à faire des provisions de fourrage. Le sol africain se couvre, au printemps, d'une végétation abondante, qui suffirait largement à l'entretien de tous leurs bestiaux pendant les autres saisons de l'année. Il suffirait d'enseigner aux indigènes l'usage de la faulx forçant à l'employer pour faire des provisions de fourrages.

Anes et mulets.

L'espèce asine de l'Algérie offre deux types bien distincts, ainsi que l'a établi M. Richard du Cantal, dans un rapport à la Société zoologique de Paris.

L'un, assez fort et suffisamment développé, se rapproche par sa taille de notre âne de Gascogne. Il est assez répandu dans la province de Constantine, et l'on voit, aux marchés de Guelma, un assez grand nombre de ces baudets de taille employés à la monte pour faire des mulets avec des juments arabes. La plupart de ces animaux sont loin d'être irréprochables, au point de vue de leur conformation et de leurs qualités comme reproducteurs; mais les Arabes sont peu difficiles sur leur choix.

Le second type, qui est le plus nombreux, est petit, chétif, rabougri; son pelage est gris-souris ou noir mal teint. On conçoit difficilement comment ces petits animaux peuvent résister aux travaux qu'on exige d'eux. Les Arabes les conduisent par bandes dans les villes, où ils sont employés aux transports de toute nature. On les voit toujours la charge sur le dos; leur corps amaigri manque rarement de porter les traces du traitement que leur font subir leurs conducteurs, et, comme l'observe M. le rapporteur de la Société zoologique, la loi Grammont aurait fort à faire pour les en préserver. Chaque ânier chasse devant lui trois ou quatre ânes chargés; les blessés, les boiteux sont obligés de marcher comme les autres. Ceux qui ralentissent leurs allures par suite de souffrance ou de toute autre cause, reçoivent quelques coups de bâton de plus pour les obliger à regagner leurs distances; il faut qu'ils portent le fardeau, qu'ils marchent ou qu'ils meurent.

Dans les villes, ces petits ânes transportent tous les menus matériaux de construction, tels que les pierres à bâtir, les briques, les tuiles, la chaux, le sable, etc. Ce sont eux qui, avant l'arrivée des Européens, alors qu'il n'y avait pas de chemins carrossables, transportaient tous les matériaux qui ont servi à bâtir les villes de l'Algérie.

Dans les campagnes, ces animaux portent les produits divers que les Arabes vendent dans les marchés, des grains, des fruits, quelques légumes, du charbon, de la volaille, des fourrages, des fagots; ils servent de monture; ils transportent des bagages; ils vont chercher de l'eau dans des outres, souvent à de grandes distances, parce que les puits ou les sources sont quelquefois très-éloignés des tribus.

L'espèce asine compte trois mille têtes, chez les Européens seulement; on ne connaît pas le nombre d'ânes que possèdent les indigènes, mais il doit être très-élevé. Leur prix varie de 10 à 70 francs.

Les mulets sont très-communs en Algérie. Les Arabes en font un grand usage pour le transport de leurs produits dans les marchés, pour celui de leurs bagages dans les tribus nomades; ils s'en servent aussi comme de monture, et une bonne mule est précieuse, sous ce rapport, dans les pays de montagnes où l'on ne rencontre que des sentiers difficiles et escarpés.

Les mulets ont, comme les chevaux du pays, des qualités remarquables; ils sont sobres, robustes, très-estimés comme bêtes de somme surtout; mais ils sont généralement trop faibles pour le trait.

On estime leur nombre à 140,000, dont 110,000 appartenant aux indigènes.

Espèce bovine.

La population bovine évaluée chez les Européens, à 37,601 têtes, est, chez les indigènes, de 1,350,000

Cette espèce se distingue par ses proportions petites, mais élégantes. Ses principaux caractères sont: la tête large, les cornes plutôt courtes que longues et assez bien contournées, l'encolure forte, le fanon peu prononcé, la poitrine large, les côtes arrondies, les épaules fortes et bien attachées, les membres courts et forts, le jarret large, le dos horizontal, la croupe un peu trop mince, les mamelles petites ; la moyenne de sa taille est de 1 mètre 24 centimètres.

La province de Constantine fournit les plus belles bêtes bovines de l'Algérie. Si l'espèce bovine y a pris un développement plus considérable que dans les autres tribus, cela tient à ce que les pâturages y sont plus abondants et de meilleure nature.

Les bœufs des plaines, comme les bœufs des contrées montagneuses, ont une bonne aptitude au travail et à l'engraissement ; mais, en général, ces derniers, quoique un peu plus petits, ont autant de force et plus de résistance à la fatigue. Qu'on les attelle par les cornes ou avec le collier, qu'on les mette par deux ou par un, à la charrue ou au charriot, à une noria ou à un moulin, on trouve toujours chez eux docilité et force remarquable comparativement à leur taille. Sous l'influence de quelques soins et d'une bonne nourriture, ils engraissent facilement. Mais le système d'affourragement, le manque d'abris, et l'insouciance naturelle des Arabes, habitués à ne manger que très-rarement de la viande de bœuf, nuisent au développement des bêtes bovines, et le poids de viande nette dans les bœufs ne varie guère que de cent à deux cents kilogrammes

Espèce ovine.

Parmi les industries agricoles qui conviennent le mieux à l'Algérie, la production des bêtes à laine doit être placée au premier rang. Le mouton possède des qualités qui le rendent pour les populations arabes, supérieur aux autres animaux domestiques.

De tous les herbivores, c'est le plus approprié aux climats secs ; seul, il peut utiliser les coteaux arides et ramasser les quelques plantes fort rares, même dans les bonnes terres, qui, pendant les fortes chaleurs, résistent à la sécheresse. Le mouton est, en outre, l'animal qui s'accomode le mieux de la vie errante. Il se prête avec facilité aux émigrations ; il souffre peu d'être privé de logement, et, par le pacage, il fournit un moyen excellent de fertiliser les terres.

Malgré toutes les conditions favorables à l'élevage des moutons en Algérie, ces animaux y sont peu nombreux relativement à la surface de pays qui leur est livrée. D'après les recensements, on en compte 2,647,242 dans la province d'Alger ; celle d'Oran en possède 2,700,000, et celle de Constantine 3,800,000. Ce nombre pourrait être au moins triplé, si l'on voulait profiter des vastes terrains impropres aux labours, qui, trop maigres pour que l'on puisse y faire pâturer des bœufs, offrent çà et là des plantes fines et aromatiques convenant spécialement à la nourriture des bêtes à laine.

La colonie a exporté, tant en France que dans les autres contrées de l'Europe, en 1862, 44,710 bêtes ovines et 3,674,752 kilog. de laine. Une grande partie des laines est absorbée par les besoins des tribus et les fabriques des Beni-Mzab, des Beni-Abbès, des Ourtilan, etc.

L'espèce ovine de l'Algérie est très-mélangée ; cependant, on peut dire que, généralement, ses individus ont la taille forte, la conformation assez belle, les jambes longues et le corps mince et élancé. On trouve, dans la province de Constantine, l'espèce de moutons à large queue, nommés moutons de Barbarie, qui sont plus bas sur leurs jambes que ceux d'Europe, et ont la tête plus forte. Ils sont aussi plus laineux, et, en certains endroits, leur laine a jusqu'à six pouces de long. Ajoutons que la queue de ces moutons, qui acquiert souvent, surtout chez les mâles, un développement considérable, offre un mets recherché, et dont les indigènes se montrent très-friands.

Dans quelques oasis du sud, on trouve un mouton sans cornes, nommé *demmam*, qui a la peau tachetée de noir et de blanc, et, au lieu de laine, un poil ras, analogue à celui de la gazelle.

Divers.

CHÈVRES. — Les chèvres de l'Algérie, petites, basses sur jambes, à poil noir ou blanc et très-long, sont au nombre de 3,600,000. On a cherché, depuis quelques années à acclimater la chèvre d'Angora qui, très-robuste et moins délicate que les nôtres (quant à la nourriture), mange la paille et les branches de sapin aussi volontiers que le foin. Tout fait espérer que l'on réussira, les Arabes étant d'ailleurs doués d'une aptitude particulière pour la domestication. C'est à eux qu'on doit l'introduction, dans le nord de l'Afrique, du chameau, du buffle et de divers autres animaux. L'acclimatation de la chèvre d'Angora serait un résultat d'autant plus important, que cet animal est surtout précieux par la soie fine et abondante de sa toison : chaque année, l'industrie française, rien que pour la laine d'Angora, paie à l'Angleterre un tribut de plusieurs millions.

RACE PORCINE. — La race porcine introduite en Algérie par les Européens ne s'y est pas beaucoup propagée; cet animal est abhorré des musulmans, auxquels Mahomet a interdit l'usage de sa chair. On en compte à peine 30,000; mais le porc réussissant parfaitement bien dans ce pays, il y a tout lieu de croire que les colons s'attacheront à le multiplier, afin de l'exporter ensuite avec avantage.

CHIENS. — On connaît, en Algérie, plusieurs variétés communes de chiens qui sont préposés à la garde des bestiaux et des douars; mais le chien par excellence est le *slougui*, lévrier de couleur fauve, haut de taille, au museau effilé et au poil très-doux. Ces animaux tirent leur nom de Slouguïa, où ils sont nés, assure-t-on, de l'accouplement des louves avec les chiens. Il n'est point d'animal sauvage que le slougui ne puisse atteindre. A peine est-il lancé que, aussi prompt que l'éclair, il arrive sur sa proie. Mais, comme dans la poursuite il n'est point guidé par l'odorat, on ne l'emploie que dans les plaines découvertes et étendues. Les levriers les plus renommés du Sahara sont ceux des Hamian, des Ouled-sidi-Cheikh, des Harar, des Larba, des Ouled-Nayl.

LES ANIMAUX SAUVAGES

La chasse.

La chasse est le passe-temps favori des Arabes, la poursuite des bêtes sauvages leur offrant une image fidèle de la guerre, qui, chez eux, est, avant tout, une lutte de ruse et d'agilité.

La chasse, a dit un de leurs poètes, dégage l'esprit des soucis dont il est embarrassé; elle ajoute à la vigueur de l'intelligence, elle amène la joie, dissipe les chagrins, et frappe d'inutilité l'art des médecins, en entretenant une perpétuelle santé dans le corps. Elle forme les bons cavaliers, car elle enseigne à monter vite en selle, à mettre promptement pied à terre, à lancer un cheval à travers précipices et rochers, à franchir pierres et buissons au galop, à courir sans s'arrêter, quand même une partie des harnachements viendrait à se perdre ou à se briser.

L'homme qui s'adonne à la chasse fait chaque jour des progrès dans le courage; il apprend le mépris des accidents.

Pour se livrer à son plaisir favori, il s'éloigne des gens pervers, il déroute le mensonge et la calomnie; il échappe à la corruption du vice; il s'affranchit de ces funestes influences qui donnent à nos barbes des teintes grises, et font peser sur nous, avant le temps, le poids des années.

Les jours de chasse ne comptent point parmi les jours de la vie.

Celui qui n'a jamais chassé, ni aimé, ni tressailli au son de la musique, ni recherché le parfum des fleurs, celui-là n'est pas un homme c'est un âne.

Le lion.

La plus terrible des bêtes fauves est sans contredit le *lion*. Il habite les régions boisées d'Alger, d'Oran, et surtout de Constantine. Contrairement à ce que l'on croit généralement, *on n'en rencontre aucun dans le désert du Sahara.*

Le lion d'Afrique, né sous un soleil brûlant, est le plus fort, le plus fier et le plus redoutable de tous les animaux de son espèce.

Les lions les plus hauts ont environ huit ou neuf pieds de long sur quatre de hauteur; les plus petits atteignent près de trois pieds. La lionne est toujours proportionnellement plus petite d'un quart et n'a pas de crinière; mais elle est plus cruelle que le lion, lorsqu'elle a des nourrissons. La couleur de la fourrure est fauve en dessus, blanchâtre sous le ventre.

La crinière est formée d'un long poil, qui couvre toutes les parties antérieures du corps, et elle devient plus longue à mesure que l'animal avance en âge. Les peaux de lions et de panthères sont très-recherchées; mais, gardées le plus souvent comme souvenir ou offertes à titre de don, elles sont rares dans le commerce.

Le lion est excessivement souple et franchit des espaces de douze à quinze pieds; son rugissement, composé de sons prolongés assez graves, mêlés de sons aigus et d'une sorte de frémissement, varie d'intensité suivant sa force, son âge et aussi la colère qui l'agite.

Sortant de sa tanière pendant la nuit, le roi des animaux recherche de préférence les douars les plus considérables, où l'abondance du bétail lui offre l'agréable perspective d'une plus grande régularité dans ses repas, d'une plus grande variété dans son menu. D'un seul coup de patte, il abat un sanglier, comme un chat fait d'une souris; et il emporte un âne dans sa gueule aussi facilement qu'un chien rapporte un lièvre. Il y a des lions valétudinaires qui, en une seule expédition nocturne, tuent plusieurs bœufs, uniquement pour en boire le sang, abandonnant la chair aux hyènes, aux chacals et aux autres animaux inférieurs qui le suivent à la piste dans ses courses. En chevaux, mulets, bœufs, chameaux et moutons, un lion tue et consomme une valeur annuelle de 6,000 fr.; prenant la moyenne de sa vie, qui est de trente ans, on trouve que chaque lion coûte aux Arabes quelque chose comme 210,000 fr.

Le lion attaque rarement l'homme pendant le jour; et d'ordinaire même, si quelque voyageur passe auprès de lui, il détourne la tête et fait semblant de ne pas l'apercevoir. Avec la nuit, son humeur change complètement, et il est dangereux de le rencontrer sur sa route; toutefois, les Arabes prétendent qu'il suffit de lui parler d'une voix menaçante pour le mettre en fuite.

Le lion ne s'adresse donc à l'homme, pendant le jour, que s'il est attaqué par lui; mais, malheur au chasseur imprudent qui vient à le blesser seulement, car il lui est impossible de se dérober à sa fureur. On conserve encore le souvenir, dans la province de Constantine, de la fameuse chasse que fit, en 1836, le général Yusuf, dans la plaine du *Rocher du Lion*, où le roi des animaux fait de très-fréquentes visites; dans cette chasse mémorable, quatorze hommes furent mis hors de combat, huit blessés et six tués, par un seul lion.

Quelque terrible que soit la colère du lion, les Arabes ne craignent pas de lui donner la chasse avec leurs slouguis, bien appuyés par des hommes à cheval; ils parviennent à le déloger et à le forcer à se retirer. Les animaux qu'on emploie doivent être dressés à l'avance, sans quoi, instinctivement, ils frémissent et s'enfuient à l'odeur seule du lion. Chaque cavalier, suivant son agilité et sa hardiesse, lance son cheval à fond de train, tire sur le lion comme sur une cible, à une courte distance, tourne sa monture dès que le coup est parti, et va plus loin charger son arme pour recommencer aussitôt. Le lion attaqué de tous les côtés, blessé à chaque instant, fait face à tous; il se jette en avant, fuit, revient, et ne succombe qu'après une lutte glorieuse, mais que sa défaite doit fatalement terminer, car contre des cavaliers et des chevaux arabes, tout succès lui est impossible. Il n'a que trois bonds terribles, après lesquels sa course manque d'agilité, et alors un cheval ordinaire le distance sans peine.

D'autres fois, on le prend par adresse, en le faisant tomber dans une fosse profonde, dissimulée par des branches d'arbres ou du gazon, et au-dessus de laquelle on attache un animal vivant, car le lion ne touche jamais aux cadavres. Il est alors facile de profiter de sa surprise pour le museler et l'attacher. Les Arabes préfèrent ce mode de chasse, parce qu'il est moins dangereux, et qu'on ne court pas les risques de gâter la peau, ce qui leur assure le double bénéfice de la prime et de la vente de la fourrure à quelque djouad.

Enfin, on tire le lion à l'affût, en se plaçant derrière un abri ou dans une fosse, près des lieux où il vient boire. Cette fosse, appelée *melebda*, est recouverte de forts madriers entre lesquels on ménage seulement une ouverture suffisante pour laisser passer le canon du fusil ; mais, pour faire une telle chasse, il faut être excellent tireur : *non licet omnibus adire Corinthum*, autrement dit : Il n'est pas donné à tout le monde de tuer un lion. En effet, si on ne le frappe pas de manière à l'abattre du premier coup, il s'élance sur l'assaillant, le saisit de ses larges griffes, lui broie la poitrine, puis s'éloigne triomphant. Or, il n'y a que deux endroits où l'on puisse frapper sûrement le lion : la tête et le cœur. Quand les balles l'atteignent dans les autres parties du corps, elles ne font qu'augmenter sa fureur et sa force prodigieuse.

Le front du lion a beau présenter un développement d'une coudée, il n'est guère plus facile à viser pour cela ; car aucun des mouvements du chasseur n'échappe à l'œil de l'intelligent animal. Quand on l'ajuste, il s'accroupit et se couche comme un chat, de manière à ne présenter que le haut de la tête au fusil. On doit donc chercher à découvrir la tempe, ajuster bien et vite, faire feu et tuer, sans quoi on est perdu.

On croit généralement, mais à tort, qu'avant M. Jules Gérard, personne n'avait chassé le lion, en Algérie, de cette façon solitaire. *Mohamed ben Esnoussi*, qui habitait le Djebel-Ghesoul, auprès de Tiaret, et est mort vers 1838, chassait le lion seul à cheval, dans la forêt. Dès qu'un lion sortait d'un fourré, il faisait feu et le tuait le plus souvent ; car jamais sa balle ne tombait à terre. Quelquefois, plusieurs lions se présentaient en même temps ; alors, si une de ces bêtes l'approchait par derrière, il tournait la tête et visait par-dessus la croupe de son cheval ; puis, dans la crainte d'avoir manqué son coup, il partait au galop. S'il était attaqué par devant, il détournait son cheval et répétait la même manœuvre. Les gens du pays affirment que le nombre des lions tués par Mohamed ben Esnoussi, le plus fameux tueur de lions qu'ait vu l'Algérie, atteignait presque la centaine. Malheureusement, sur la fin de ses jours, il était devenu aveugle.

Une croyance populaire montre la grandeur du rôle que joue le lion dans la vie et l'imagination des Arabes. Quand le lion rugit, le peuple prétend que l'on peut facilement distinguer les paroles suivantes : *Ahna ou ben el mera* (moi et le fils de la femme). Or, comme il répète deux fois *ben el mera*, et ne dit *ahna* qu'une fois, on en conclut qu'il ne reconnait au-dessus de lui que le fils de la femme.

La Panthère.

La *panthère*, qui a de grands rapports avec le tigre et le léopard, est très-commune en Algérie, surtout dans les forêts de l'Atlas. Elle fréquente le bord des fleuves et les environs des lieux habités, cherchant à surprendre les animaux domestiques et même les animaux sauvages qui viennent boire. D'un naturel très-féroce et quoique grimpant avec agilité sur les arbres et défiant par conséquent ses ennemis, elle se jette rarement sur l'homme ; mais, quand elle est blessée, elle se retourne furieuse contre le chasseur. Il ne reste alors à ce dernier qu'un moyen de salut, c'est d'attendre l'animal de pied-ferme jusqu'à ce qu'il vienne droit sur lui, et de lui plonger son yatagan dans le flanc, en se jetant de côté.

Le cri de la panthère, *houahoua!* a quelque chose de plaintif et ressemble assez au bruit d'une scie. La panthère est beaucoup chassée en Algérie à cause de sa magnifique robe mouchetée, qui a une grande valeur. Bombonnel, le *tueur de panthères*, a écrit une fort intéressante monographie de ce carnassier.

Quant à la *hyène*, moins dangereuse que le lion et la panthère, bien qu'armée d'une terrible mâchoire, on la rencontre sur tous les points de l'Algérie. Elle est de tous les animaux sauvages le plus carnassier et le plus féroce; n'attaquant jamais que des animaux plus faibles qu'elle, elle se défend contre tous et même contre le lion, qu'elle suit ordinairement, comme nous l'avons dit plus haut, pour profiter des restes de sa chasse, et elle lutte avec avantage contre la panthère. En général, elle n'attaque pas les troupeaux et se borne à enlever quelquefois des chiens de garde. Lorsqu'elle combat contre des chiens, elle commence par leur couper les pattes d'un seul coup de mâchoire. Excessivement farouche, elle vit dans l'obscurité et ne sort que la nuit des excavations, des ravins où elle demeure cachée tout le jour. Elle creuse la terre pour en tirer par lambeaux les cadavres d'hommes et de chevaux, et ravage les cimetières, ce qui force les Arabes à enterrer très-profondément leurs morts. Contrairement aux préjugés répandus, elle est peu dangereuse, se prend facilement vivante, s'apprivoise et devient familière et inoffensive.

Le *chacal*, le *canis aureus* de Linné, le *dib* des Arabes, semble tenir le milieu entre le loup et le renard, et est communément de la taille de ce dernier; mais il a les jambes plus courtes et le poil d'un brun très-roux ou d'un jaune vif et brillant. Sa voix est un hurlement mêlé d'aboiements et de gémissements dont il fait retentir les abords des lieux habités, dès le coucher du soleil.

Le chacal, tout-à-fait inoffensif vis-à-vis de l'homme, cause de grandes pertes aux cultivateurs; il dévore les melons, les fruits, les légumes, et enlève les volailles. Ne sortant jamais seuls, mais par troupes de vingt, trente et même quarante, ces animaux se rassemblent chaque soir pour la chasse, pénètrent dans les bergeries, les étables et les poulaillers, et, faute de proie, déterrent les cadavres des animaux et des hommes. Les habitants les traquent activement, et les fourreurs tirent de leur peau de magnifique tapis de pieds.

Le *renard* africain est moitié plus petit que celui d'Europe. Moins nuisible que ce dernier, il vit exclusivement du produit de sa chasse, c'est-à-dire de petits oiseaux, de gerboises, de lézards et de serpents.

L'objet habituel de la chasse au slougui est le *bekeur el ouhach* (antilope), que, d'ordinaire, ces lévriers atteignent au jarret et jettent à terre. On prétend que cet animal, en essayant de se relever, retombe sur la tête et se tue. Quelquefois, le slougui saisit l'antilope au col et le tient jusqu'à l'arrivée des chasseurs. Le bekeur el ouhach a les cornes annelées à double courbure, la pointe en arrière. Sa taille est à peu près celle d'un veau d'un an à dix-huit mois; son pelage est fauve, sa queue est courte et terminée par une touffe de poils noirs. Ces mammifères voyagent par troupeaux de plusieurs centaines, et se tiennent toujours dans un pays découvert. Les cavaliers arabes se réunissent en troupes pour les chasser, en s'embusquant dans les plis du terrain.

Une des chasses qui exigent le plus d'intrépidité est celle du *lerouy*, ou *moufflon à manchettes*, espèce de bouc sauvage aux cornes volumineuses, au poil abondant, dont la laine, généralement roussâtre, est douce au toucher. Il porte sur le col une abondante crinière longue de 16 à 20 centimètres qui couvre les parties antérieures du corps. Il est surtout commun dans le Djebel-Amour; mais on le chasse aussi du côté de Boucada et de Bordj-Bou-Aréridj.

Le lerouy, qu'on appelle aussi *tis-el-djebel* (bouc de montagne), se tient au milieu des rochers et des précipices, où il faut aller le poursuivre à pied, à travers mille périls. Comme les animaux de cette famille courent très-mal, un chien ordinaire les prend facilement, aussitôt qu'ils descendent en plaine; mais ils ont, à ce qu'affirment les Arabes, un privilége singulier : un lerouy poursuivi par des chasseurs se jette dans un précipice, profond de cent pieds, et tombe sur la tête sans se faire aucun mal.

Les *gazelles* sont communes en Algérie et surtout au Sahara; comme toutes les antilopes, elles vivent en troupeaux, et sont les seuls animaux que les slouguis n'atteignent que difficilement. Les lévriers capables de prendre une gazelle à la course sont excessivement rares. La gazelle est de la taille du chevreuil ; ses cornes, d'un pied de long, sont noires comme celles de ce dernier et plantées en forme de lyre. Le dessus du corps est d'un fauve clair, le ventre blanc, et l'on voit au bas des flancs une bande bien marquée de poils noirs ou bruns. Ce gracieux animal est naturellement très-farouche, et s'enfuit à l'approche de l'homme; néanmoins, les Arabes parviennent à le chasser, à cheval, en lui lançant un gros bâton, appelé *matrak,* dans lequel ses jambes s'embarrassent et se cassent le plus souvent ; aussi est-il fort difficile de se procurer des gazelles vivantes sans qu'elles soient estropiées.

Un proverbe arabe dit : *Plus oublieux que la gazelle.* Ce joli animal, en effet, qui a déjà de la femme le doux et mystérieux regard, semble en avoir aussi la cervelle légère. La gazelle, quand on l'a manquée, court un peu plus loin, puis s'arrête, insouciante du danger qui, dans un instant, va la menacer encore.

Le *bubale,* qui appartient aussi à la famille des antilopes, est une espèce de vache sauvage, dont les formes tiennent le milieu entre celles du bouc et celles du cerf, et qui se distingue par ses cornes noires, longues d'un pied et chargées d'anneaux raboteux. Ayant la vitesse de la gazelle, il est aussi farouche qu'elle. S'il se sent fortement pressé par le chasseur, il fait volte-face, se porte avec fureur contre lui, en tenant la tête entre les jambes, et, en la relevant subitement, lui fait d'énormes blessures.

On trouve encore une autre antilope très-rare, le *pasan*, qui a la taille du cerf, des cornes noires de trois pieds de long et très-pointues à leur extrémité. Son corps est gris cendré, tirant sur le bleu; sa tête blanche est ornée d'une large bande noire en demi-cercle, à l'origine des cornes.

Le *cerf* d'Afrique est un peu moins grand que celui de France; son pelage est plus fauve et plus rude. On ne le rencontre en Algérie que dans la province de Constantine et dans les trois cercles à l'est de cette province, ceux de Bône, La Calle, Tebessa. Les Arabes le chassent à l'affût. On cite des chasseurs qui en ont tué des centaines.

La *gerboise* est le gerbe, le *dipus gerboa* de Gmelin, le *mus sagitta* de Pallas. Ce mammifère rongeur est remarquable par la légèreté de sa course; la longueur considérable de ses tarses lui permet d'exécuter de grands sauts, de franchir de grandes distances et avec une extrême rapidité; la queue est longue, armée d'un bouquet de poils bruns au centre. La gerboise ne sort des trous qu'elle habite sous terre qu'à la brune. Elle est si agile dans sa course qu'on l'aperçoit à peine; il faut une grande attention pour la suivre des yeux pendant qu'elle exécute ses bonds rapides. Elle habite les lieux secs, les terrains crayeux.

Les *sangliers* sont très-nombreux en Algérie, mais d'une taille moins élevée que ceux de France. On fait attaquer et chasser les sangliers par des slouguis, et on les tire au passage, à la sortie des fourrés. Le sanglier pullule à ce point que les bouchers le vendent quelquefois au même prix que le bœuf et le mouton.

Le *porc-épic* habite en Algérie, souvent dans les mêmes terrains que la hyène et le chacal. Les membres des hatcheichia de Constantine (clubs de consommateurs de haschich) se livrent avec passion à la chasse du porc-épic, à l'aide de chiens griffons.

Les *singes* sont très-nombreux dans les gorges de la Chiffa et sur les côtes de la Kabylie; ils maraudent dans les jardins, et c'est uniquement pour se préserver de leurs ravages qu'on les chasse quelquefois.

Les Arabes chassent le *lièvre* et le *lapin*, très-nombreux en Algérie; mais, réservant leur poudre pour les animaux dangereux, ils emploient le *matrak*.

Une vingtaine d'Arabes se réunissent de manière à entourer une certaine étendue de terrain, pendant que l'un d'eux, placé au centre, bat de son matrak les touffes de palmiers nains qui couvrent les montagnes, pour en faire sortir un lièvre ou un lapin. Dès qu'un lièvre s'élance hors du fourré, il tombe effrayé au milieu des chasseurs, et tourne dans ce cercle jusqu'à ce que, épuisé de fatigue, il cherche à passer entre deux Arabes. Ceux-ci le frappent alors de leur matrak, et le reçoivent sanglant dans leur burnous.

Ces chasses au matrak sont très-fréquentes dans la montagne et ne laissent pas d'être fort intéressantes.

OISEAUX

INSECTES, REPTILES ET MOLLUSQUES

Les Oiseaux.

Avant de nous occuper spécialement des espèces particulières au pays ou moins connues en Europe, nous devons donner une nomenclature générale des oiseaux que l'on rencontre en Algérie. Ce sont : l'autruche, l'aigle, le vautour, le faucon, le milan, l'émouchet, le hibou, le corbeau, la corneille à bec rouge, le pigeon, la tourterelle, la perdrix, la poule de Carthage, la caille, l'ortolan, l'allouette, le rossignol, le chardonneret, le merle, le loriot, le geai, le moineau, le flamant, la grue, la cigogne, la demoiselle de Numidie, l'étourneau, la grive, le vanneau, le pluvier, la bécasse, la bécassine, le cygne, le canard, le grèbe, le goëland, la mouette.

Les régions arides du Sahara sont peuplées d'*autruches*. Cet oiseau géant, buvant très-rarement, n'y souffre nullement de la privation d'eau.

L'autruche atteint jusqu'à sept ou huit pieds de hauteur, et pèse près de 40 kilogrammes. Son plumage est noir, sauf quelques plumes sur le dos et celles des ailes et de la queue qui sont blanches. Deux dards, semblables à ceux du porc-épic, arment chaque aile. Mais ni ses ailes, ni sa queue n'ont la force nécessaire pour le vol ; les plumes qui les composent sont molles, effilées et très-flexibles, et du poil au lieu de duvet couvre la plus grande partie de son corps. Les Arabes affirment que l'autruche est sourde, et que chez elle l'odorat remplace l'ouïe.

Son col est long de trois pieds ; ses jambes, dénuées de plumes, sont très-grosses, et ses grands pieds, nerveux et charnus, garnis sur le devant d'un rang de grosses écailles épaisses, ont beaucoup d'analogie avec ceux du chameau.

L'autruche a, d'ailleurs, comme ce dernier, une callosité sur la poitrine, et le dos très-busqué, bien qu'elle n'ait pas de bosse. Enfin, elle ploie les genoux comme le chameau, et se couche, comme lui, en s'affaissant sur la partie inférieure du corps. Elle court avec une extrême vitesse, mais en déployant ses ailes, et c'est ce qui fournit aux Arabes le moyen de s'en emparer.

Cinq cavaliers, montés sur des chevaux du désert, cherchent la trace de l'Autruche, et, quand ils l'ont trouvée, ils se portent à une lieu l'un de l'autre, sur la ligne qu'elle doit parcourir ; chacun fournit son relais ; quand l'un s'arrête, l'autre s'élance au galop sur les traces de l'animal, qui se trouve ainsi n'avoir pas un moment de relâche, et est obligé de lutter toujours contre des chevaux frais. Enfin, fatiguée de courir contre le vent, qui s'engouffre dans ses ailes, car elle fuit toujours en droite ligne, l'autruche se retourne du côté des chasseurs et cherche à passer au milieu d'eux. Ils l'entourent alors et tirent tous à la fois sur elle jusqu'à ce qu'elle tombe morte. Cette victoire n'est pas sans danger ; car l'autruche, en tombant, inspire au cheval, par le mouvement de ses ailes, une terreur qui est souvent fatale au cavalier.

Le Coran ayant interdit aux musulmans la consommation de la graisse de porc, les indigènes emploient la graisse de l'autruche et vendent le reste de ses dépouilles. Les œufs d'autruche sont très-gros et pèsent environ trois livres ; on les utilise pour décorer les mosquées, en ornant les demi-coquilles de garnitures d'argent et en les suspendant en guise de lampes aux voûtes du temple.

L'autruche étant parfaitement acclimatée en Algérie, puisqu'elle s'y multiplie en grand nombre, il serait à désirer qu'on pût parvenir à la domestiquer. Ce résultat serait une nouvelle source de produits avantageux au triple point de vue de sa chair, de ses œufs et de ses plumes, qui sont toujours d'un prix élevé comme objets de toilette.

Les dépouilles entières d'autruche sont l'objet d'un trafic important dans le Sahara. Avec les plumes, les chefs arabes décorent leurs grands chapeaux de paille appelés *médol* ; la tribu des Haractas, dans la province de Constantine, se distingue par ses immenses bonnets en plumes d'autruche, assez analogues pour la forme aux coiffures de nos sapeurs. La dépouille du mâle est préférée à celle de la femelle. Les plumes se vendent dans les ksours, à Tuggurt, à Laghouat, chez les Béni-Mzab, qui, au moment de l'achat des grains, font parvenir les dépouilles d'autruche jusque sur le littoral.

On voit en Algérie, et surtout dans la province de Constantine, un grand nombre de *cigognes*, qui établissent leurs nids sur les toitures des maisons. La chasse des cigognes est prohibée par l'autorité administrative ; comme les indigènes, les Européens respectent la cigogne, qui détruit les serpents, et ils feraient un mauvais parti au chasseur téméraire qui s'aviserait de les tirer.

Les Arabes du Sud élèvent pour la chasse le faucon ou *thair el horr* (oiseau de race). Cet oiseau de proie, qui a la grosseur d'une poule ordinaire et environ dix-huit pouces de long, est de couleur jaune foncé, a le bec court et fort, les cuisses grosses, bien musclées, et les ongles très-acérés. Sa queue est longue de cinq pouces et ses ailes pliées atteignent presque son extrémité. A l'aide de pareilles ailes, il vole fort haut, et avec une rapidité extraordinaire. Il fond perpendiculairement sur sa proie et l'enlève de même, pour venir la déposer docilement sur le cheval du chasseur, qui lui recouvre la tête de son chaperon jusqu'à ce qu'il le lance de nouveau.

Le faucon peut tuer le lièvre, le lapin, le petit de la gazelle, le *habar*, oiseau gros comme la cigogne, la perdrix, le pigeon et la tourterelle. Il est très-malaisé de pouvoir s'en procurer; aussi les djouad (nobles) sont-ils les seuls qui chassent au faucon. Le naturel sauvage de l'oiseau de race le rend très-difficile à dompter; mais on est amplement dédommagé des soins de son éducation par le long service qu'il peut rendre, un faucon vivant jusqu'à cent ans. Bien dressé, un faucon se paie de 100 à 120 boudjoux (175 à 210 fr.).

Les fourrures des oiseaux d'eau constituent une des branches les plus importantes de la pelleterie algérienne. Elle tire un excellent parti des dépouilles des *cygnes*, des trois espèces de *grèbes*, du *plongeur* à gorge noire, du *flamant*, et même des *poules d'eau* et du *canard siffleur*. Le grèbe s'emploie surtout dans la toilette des femmes, où il est d'un effet charmant. Celui du lac Fezzara est, pour sa nuance, du plus beau blanc, supérieur au grèbe de Genève, le seul qu'il rencontre en concurrence sur les marchés européens.

Les Reptiles.

Les principaux reptiles sont la tortue de terre, qui est comestible et dont on fait des bouillons estimés, la tortue d'eau douce, le crapaud, qui atteint d'énormes dimensions, le caméléon, le lézard, la tarente ou gecko et la vipère.

Les Arabes appellent *deb* une espèce de gros lézard qui vit dans le Sahara. Dapper et Marmol en font mention et lui donnent une longueur de dix-huit pouces. Ces auteurs disent encore que ce lézard ne boit jamais et que les Arabes en mangent la chair rôtie. Le *crocodile terrestre* d'Hérodote existe aussi dans le Sahara où les indigènes le nomment *el ouran*. D'après les idées des Arabes, la morsure de ce lézard produit l'infécondité, et ils en mangent la chair pour se préserver de l'action des poisons, du venin des scorpions, des vipères, etc.; ils font avec les peaux des bourses et des blagues à tabac.

El lefaa est le nom que les indigènes donnent à la vipère; on en compte deux espèces : 1° la *vipère céraste*, vipère cornue, ainsi nommée à cause de deux cornes qu'elle porte au-dessus de ses yeux et sur son front. Elle est très-répandue dans la région des steppes; elle habite les lieux boisés et les sables, où elle se creuse des trous; elle ne dépasse guère une longueur de 50 centimètres; elle rampe en formant cinq ou six replis rapprochés, et lorsque, pour une cause quelconque, elle veut atteindre un objet, elle s'allonge tout-à-coup comme par l'effet d'un ressort. Sa morsure est, comme celle de toutes les vipères, suivie d'accidents très-graves; les indigènes disent qu'elle est souvent suivie de mort, mais que l'on n'en meurt pas toujours. Les moyens employés par eux, pour arrêter l'action du venin, sont la ligature et les incisions, les bains de sable, les tiges de genêt pilées, etc. — 2° La *vipère minute*, vipère à courte queue, vipera *brachyura*. Cette vipère, plus grosse et plus dangereuse encore que la céraste, se rencontre surtout dans le Sahara de la province d'Oran.

Les Insectes et les Mollusques.

Les coléoptères et les insectes sont fort nombreux en Algérie; mais, en général, ils appartiennent à des espèces connues en Europe. A côté des insectes venimeux ou nuisibles comme le scorpion et la sauterelle, on trouve le kermès, la cochenille, l'abeille, le ver-à-soie.

Le *scorpion* est très-commun dans toutes les parties pierreuses du Tell ou du Sahara; comme il ne pique que pour se défendre quand on le touche, et comme il ne se rencontre guère que sous les pierres et hors des maisons, il est assez facile de s'en préserver.

La sauterelle d'Afrique, criquet nomade (*acridium peregrinum*), djerad des Arabes, arrive en Algérie à son état parfait, pour pondre et mourir.

En arrivant, elle cause déjà quelques dégats : — Là où elle s'abat, elle s'accouple, le mâle meurt; la femelle pond ses œufs et meurt également. Pour la ponte, l'abdomen de la sauterelle se replie sous elle, plonge en terre à 7 ou 8 centimètres et y dépose une poche longue de 2 à 3 centimètres, remplie d'une centaine d'œufs. Les œufs à cette profondeur en terre, garantis des alternatives du chaud et du froid, à l'abri du vent, éclosent après 25 jours environ. Si la sauterelle n'a pu enfoncer son abdomen assez profondément, parce que le sol était dur ou qu'une pierre s'est rencontrée, les œufs de la partie supérieure de la poche, imparfaitement enterrés, s'atrophient, se dessèchent.

Lors de l'éclosion, les larves sont noires pendant quatre ou cinq jours; elles rampent sur le sol et vivent de ce qui est à leur portée. Une première mue a lieu, puis une deuxième et une troisième. Enfin, à la quatrième, à 25 jours, elles sont insectes parfaits, prennent une couleur rose et ont poussé leurs ailes. — Leurs ailes leur servent de parachute et les maintiennent en l'air ; mais les sauterelles ne prennent pas leur vol dans telle ou telle direction, elles n'émigrent pas pour telle contrée ; elles sont emportées par le vent et en suivent le cours ; il en résulte que leur venue n'est point périodique, n'est point la suite d'une émigration, elle est l'effet du hasard.

La production du *kermès* et de la *cochenille* n'ont donné jusqu'à ce jour que des résultats insignifiants.

Il en est à peu près de même de la production de la soie. Malgré les primes élevées données à l'exportation, l'industrie séricicole fait peu de progrès. On ne comptait encore en 1862 que 281 éducateurs ; 12 kil. 123 gr. de graines mises a éclosion avaient donné 4,722 kil. 355 gr. de cocons. Le *bombyx cynthia* ou ver-à-soie du ricin a été importé de Turin et de Chine vers le milieu de 1854 ; mais les tentatives pour le faire vivre sur le ricin même n'ont pas, jusqu'à présent, été couronnées de succès.

L'apiculure ou éducation de l'*abeille* n'est guère pratiquée que par les indigènes.

Non-seulement ceux-ci élèvent un grand nombre de mouches à miel, mais les abeilles sauvages remplissent les troncs des arbres de leur miel aromatique et d'une cire très-fine qu'on recueille en abondance. Le commerce du miel et de la cire est d'ailleurs d'ancienne date dans le pays ; et les envois les plus remarquables sont dus à la production et à la fabrication indigène. La ville de Bougie doit à cette industrie son nom et sa vieille renommée.

La *sangsue* d'Afrique, connue sous le nom de *dragon*, longtemps classée par le commerce, aussi bien que par la science, parmi les espèces bâtardes les moins estimées, est reconnue aujourd'hui aussi bonne que la sangsue bordelaise.

Parmi les mollusques terrestres, il faut citer l'escargot comestible ou hélice chagrinée. Il n'est pour ainsi dire pas de broussailles dans la plaine dont chaque branche ne ploie sous le poids des colimaçons. Les mollusques de mer sont l'huître, le praire, la moule, le clovis et l'oursin.

LES POISSONS ET LE CORAIL.

Les Poissons.

Les poissons d'eau douce n'offrent pas une grande variété ; le barbot et l'anguille sont à peu près les seuls que l'on pêche dans quelques rivières où il y a de l'eau. Les poissons de mer ont beaucoup d'analogie avec ceux du littoral français méditerranéen. ce sont : le saint-pierre, le loup, le pajot, le rouget, le mulet, le thon, l'alose, la murène, la dorade, la sole, la bonite, la sardine, la langouste et la crevette.

Le Corail.

Le corail est un polypier, adhérent aux rochers sous-marins, qui figure un arbrisseau, dont les branches rameuses, presque toujours courbées, sont arrondies comme la tige principale, et n'ont jamais plus de 50 à 80 centimètres de hauteur.

Les corailliers le cherchent par dix ou douze brasses de profondeur, au moyen d'un instrument appelé *salabre*. C'est une longue corde, à l'extrémité de laquelle sont attachés deux fort bâtons liés en croix ; à chaque extrémité de ces bâtons, entourés de chanvre et d'étoupes, est un filet à larges mailles. Le *salabre*, entraîné au fond de l'eau par une grosse pierre, est promené par les matelots, sur les rochers et sous les saillies des rochers, de manière à en détacher les coraux qui s'accrochent à l'étoupe ou restent dans le filet. Des plongeurs sont chargés de ramasser les coraux qui tombent à la mer, en descendant dans une corbeille d'osier de forme cylindrique, chargée de pierres.

Chaque pêcherie est divisée en dix parties, dont une seule est exploitée chaque année, afin de ne pas épuiser la végétation du corail, qui met neuf à dix ans à acquérir sa grandeur. Lorsqu'on tire ce polypier de la mer, il est enveloppé d'une gangue ou fourreau calcaire gluant, et couvert de corpuscules pierreux. Cette gangue, encore humide, se détache facilement sous la seule pression des doigts; mais, lorsqu'elle a été desséchée par le soleil, il faut la broyer pour en débarrasser chaque branche, et alors on risque de briser celles-ci.

On trouve quatre sortes de coraux : le cramoisi foncé, le rouge clair, le vermeil, qui est très-rare, et le blanc jaunâtre, qui a très-peu de valeur.

La supériorité des bancs de corail d'Algérie sur ceux d'Italie, de Sicile et de Corse, assure la priorité dans le commerce à leurs produits, dont l'Asie-Mineure, la Turquie, la Grèce, l'Inde et la Chine sont les principaux débouchés.

L'industrie de la pêche du corail a employé, en 1863, 286 bateaux, 56 de plus qu'en 1862. Le montant des prestations s'est élevé de 151,200 fr. à 181,200 fr. La différence en plus, de 30,000 fr., doit être attribuée en grande partie au développement que la décision impériale du 10 avril 1861 a imprimé à l'exercice de la pêche par les petits bateaux construits dans la colonie, et qui, dès-lors, ne sont assujettis qu'à la prestation de 100 fr.

Sous le rapport du produit, les résultats de 1863 sont aussi supérieurs à ceux de l'année précédente :

la valeur du corail pêché en 1863 présente sur 1862 une augmentation de 167,450 fr.

La pêche du corail, qui représente une valeur annuelle de 5 ou 6 millions de francs, et qui n'occupe pas moins de 240 bateaux, montés par 1,500 à 2,000 marins, se fait presque exclusivement par des étrangers.

Afin d'encourager nos nationaux à prendre part à une industrie qui donne d'importants bénéfices, un décret impérial du 25 juin 1864 a décidé que tous les marins français de nos possessions du nord de l'Afrique seront considérés comme en cours de voyage aussi longtemps qu'ils feront sur nos côtes la pêche ou le cabotage; de la sorte, ils ne seront pas soumis aux obligations des levées et il est permis d'espérer, d'un côté, que quelques familles de nos marins viendront volontiers s'établir en Algérie pour y exercer leur industrie, et de l'autre, que des étrangers, qui déjà profitent de la pêche et du cabotage sur ce littoral, s'y fixeront définitivement.

COMMERCE.

Le commerce d'un pays est de deux natures :

Ou il se fait par les différentes parties du pays entre elles, et c'est alors ce que l'on nomme le *commerce intérieur*;

Ou il a lieu entre ce pays et les contrées voisines, soit qu'on le fasse par terre, soit qu'on le fasse par mer : c'est le *commerce extérieur*.

COMMERCE INTÉRIEUR.

Le commerce intérieur se fait par les villes et par les marchés, lieux déterminés où les producteurs viennent apporter les différents objets qu'ils veulent mettre en vente ou échanger.

Le marché arabe est un espace généralement nu, placé au voisinage d'un marabout; il voit s'accomplir : et les plus infimes achats auxquels puissent donner lieu les besoins de chaque jour, et les grands échanges qui forment la base de la vie générale du pays.

Dès le matin, on y voit les bouchers dresser leurs étaux tout garnis de viandes saignantes, les maréchaux ferrants et les cordonniers exercer leurs modestes industries, en même temps que les colporteurs juifs ou arabes, arrivés des lieux voisins, y établissent leurs petites tentes de toile blanche, dominées bientôt par la grande tente du Kaïd, ou par celle de l'officier du bureau arabe, prétoires continuellement assaillis par des plaignants plus ou moins fondés.

Puis, une foule compacte et bruyante s'empare du terrain, allant et venant, circulant ou stationnant autour des denrées de toutes espèces, amoncelées çà et là au milieu des chevaux, des mulets, des ânes, des bœufs, des vaches, des chèvres, des moutons ou des chameaux. Enfin, les transactions se terminent peu à peu, et tout le monde se disperse par les sentiers, comme il était venu, pendant que le soleil achève sa course diurnale.

Les marchés, ainsi que le fait remarquer M. Mac-Carthy [1], prennent ordinairement chez les Arabes comme chez les Kabyles, le nom du jour où ils se tiennent, joint au nom du lieu où ils se sont installés ou au nom de la tribu sur le territoire de laquelle est le marché. Ainsi on dit : L'*Etsnîn* de Boufarik, le 2ᵉ (jour) ou lundi de Boufarik ; le *Tleta* de Guelma, le 3ᵉ ou le mardi de Guelma ; l'*Arba* des Djendels, le 4ᵉ ou le mercredi des Djendels, entre Medéa et Miliana ; le *Khremis* des Beni Snouss (subdivision de Tlemsên) le 5ᵉ ou le jeudi des Beni Snouss ; la *Djemaa* [2] de Medéa, le 6ᵉ ou le vendredi de Medéa ; le *Sebt*, le 7ᵉ ou le samedi, des H'adjouts, dans la Mitidja ; le *H'ad* (abréviation de *Ooudhad*, le 1ᵉʳ), le dimanche ou le pre-

---

(1) *Géographie de l'Algérie*, par O. MAC-CARTHY.

(2) On aurait dû dire *El Sets*, le sixième ; mais comme le sixième jour de la semaine, notre vendredi, est le jour des exercices religieux, le jour de la réunion *(djemaa)*, le dimanche des musulmans, cette circonstance a dominé et a fait oublier un instant l'ordre numéral.

mier jour des Blâl, qui a donné son nom à *Teniet el Hâd*, le col (sous entendu : du marché) du dimanche.

Les transactions qui ont lieu sur les marchés représentent non pas la totalité, mais la partie la plus claire, la plus positive du travail des populations indigènes, c'est-à-dire une valeur de 200,000,000 de francs.

C'est sur les marchés que s'échangent entre les tribus tous les articles de consommation générale : le blé, l'orge, le gros bétail, les moutons, les chèvres, le sel, l'huile, le bois, le charbon, les fruits, les étoffes de laine, les beurnous, haïks, et autres produits de l'industrie indigène et de l'industrie étrangère.

C'est dans les villes que l'on transporte ceux de ces produits qui doivent entrer dans le commerce extérieur.

COMMERCE EXTÉRIEUR.

Après la soumission d'Abd el Kader, les Indigènes, désormais plus calmes, de mieux en mieux administrés, reprirent avec activité leurs travaux agricoles, et ils arrivèrent même à leur donner le plus grand développement, en présence des prix avantageux qu'on leur offrit de leurs produits.

L'ancienne législation commerciale ne pouvait rester debout en face d'une modification aussi profonde dans l'état du pays.

Il fallait, ce qui n'était pas alors, que les produits algériens n'eussent plus à redouter la libre concurrence des produits étrangers ; il fallait qu'on pût les expédier avec avantage à l'étranger, où ils étaient considérés comme produits français et frappés, comme tels, de droits de douane ; il fallait enfin qu'ils pussent se présenter sur les marchés de la métropole, où ils étaient regardés comme produits étrangers et soumis à un tarif onéreux.

La loi des douanes du 11 janvier 1851 leva toutes ces difficultés et permit au commerce algérien de prendre désormais un plus grand essor.

Voici la valeur des importations et des exportations en 1863 :

Importations.

Le *Commerce général* [1] de l'Algérie à l'importation avec la France et les puissances étrangères, s'est élevé, en 1863, à une valeur totale de 117,519,141 fr., soit 13,503,665 fr. de plus qu'en 1862. Cette augmentation est tout à l'avantage de la métropole ; en effet, le chiffre des importations de France a dépassé 100 millions : c'est 14 millions de plus qu'en 1862 ; celui de l'Etranger a diminué, au contraire, de près de 1 million.

La valeur totale des marchandises provenant du sol et de l'industrie de la métropole, s'est élevée, en 1863, à. . . . . 100,873,397 fr.
Elle n'était, en 1863, que de. . 86,390,547 fr.

Excédant pour 1863. . 14,482,850 fr.

Cette augmentation porte principalement sur les huiles, les boissons, les tissus, les peaux préparées et ouvrées et les effets à usage.

Les importations des entrepôts de France ont eu une valeur de 5,707,495 fr., au lieu de 4,221,780 fr. en 1862 ; la différence porte sur les céréales, les cafés, les fers, les tissus de coton, les machines et mécaniques et les ouvrages en métaux.

---

(1) A l'importation, le *Commerce général* embrasse tout ce qui arrive de l'étranger, par terre et par mer, sans égard ni à l'origine première des marchandises, ni à leur destination ultérieure, soit pour la consommation, soit pour l'entepôt, le transit ou la réexportation.

À l'exception de la Turquie et de l'Italie, d'où l'on a tiré des céréales, des poteries et des cordages en plus grande quantité, toutes les provenances de l'étranger ont suivi une marche décroissante.

Voici, du reste, le rang qu'assigne à chaque puissance le chiffre des valeurs officielles des produits importés en Algérie :

France....	Consommation	100.873.397 fr.
	Entrepôts...............	5.707.195
Espagne............................		4.380.839
Angleterre.........................		1.628.195
Italie..............................		1.537.608
États barbaresques............		1.280.957
Turquie............................		728.829
Autriche...........................		642.567
Suède et Norvége................		641.281
Association allemande..........		18.320
Belgique..........................		18.004
Ports non occupés de l'Algérie......		16.540
États-Romains....................		16.000
Mexique...........................		15.123
Egypte.............................		7.566
États-Unis.........................		6.420
	Total......	117.519.144 fr.

Au *Commerce spécial* [1] l'ensemble du mouvement à l'importation s'est élevé à 116,562,520 fr.; la part du pavillon français a été de 107,732,439 fr. ou 92 42 p. 0|0; c'est 1 61 p. 0/0 de plus qu'en 1862; et celle du pavillon étranger, de 8,034,794 fr., soit 1 71 p. 0|0 de moins qu'en 1862.

Les mises en consommation se composent de 3 63 p. 0|0 de matières animales ; 197 p. 0|0 de matières végétales; 5 05 p. 0|0 de matières minérales, et 71 57 p. 0|0 de produits manufacturés.

---

(1) Le *Commerce spécial* ne comprend que ce qui entre dans la consommation intérieure du pays.

Principales marchandises importées.

Commerce général.

	Valeurs.
Viandes salées........................	622.808 fr.
Graisses.............................	521.163
Fromages	1.272.347
Poissons.............................	431.543
Farines	1.435.115
Pommes de terre......................	782.268
Légumes secs.........................	415.401
Riz..................................	573.867
Fruits { frais	1.044.925
secs	442.250
oléagineux	461.213
Sucres { bruts	483.223
raffinés	5.544.301
Piment commun.......................	106.000
Café.................................	2.014.166
Tabacs { en feuilles	1.019.435
fabriqués	253.085
Huiles { d'olives......................	838.214
de graines grasses............	2.400.106
Bois à construire { bruts	356.195
sciés	1.254.953
Matériaux............................	1.597.014
Houille	1.350.732
Fonte, fers et aciers..................	1.546.943
Savon ordinaire......................	2.000.924
Acide stéarique ouvré	1.003.497
Vins de toutes sortes.................	7.901.932
Eaux-de-vie et esprits	2.314.632
Poterie de terre grossière.............	246.676
Faïence, porcelaine et grès	930.423
Verres et cristaux	1.066.574
Tissus { de coton.....................	18.348.098
de chanvre	2.630.230
de laine	6.550.486
de soie	3.663.461
Papier et carton	1.300.807
Peaux préparées et ouvrées	5.266.636
Ouvrages en métaux..................	3.517.777
Mercerie commune	2.553.936
Meubles	729.836
Autres articles	31.329.247
TOTAL.....	117.519.141

Exportation.

La valeur totale des exportations de l'Algérie s'est élevée, en 1863, à 48,209,556 fr.; la comparaison de ce chiffre avec celui de l'année 1862, donne une augmentation de 12,850,629 fr., ou de 36 p. 0|0.

Cette augmentation se répartit sur la majeure partie des produits provenant du crû du pays, entre autres les bestiaux, les laines qui, en 1863, étaient tombées en défaveur sur les marchés français, par suite des manœuvres frauduleuses employées par quelques commerçants de mauvaise foi, pour augmenter le poids des toisons : les mesures adoptées par l'autorité supérieure pour réprimer cette fraude ont produit les meilleurs effets. Viennent ensuite les peaux brutes, les céréales dont la récolte a été très-abondante, le tabac et les joncs et roseaux (sparte en tiges brutes), employés en Europe pour la fabrication du papier.

Le mouvement général des exportations, pendant l'année 1863, se répartit entre les diverses puissances, dans l'ordre suivant :

France...............................	35.540.824 fr.
Angleterre...........................	4.658.481
Espagne.............................	2.961.115
Italie................................	2.915.583
Etats Barbaresques..................	1.451.789
Belgique.............................	740.814
Pays-Bas............................	227.480
Turquie..............................	30.300
Egypte...............................	2.770
Mexique.............................	290
Total........	48.209.556 fr.

Au *commerce général*, la part des produits naturels a été de 87 65 p. 0|0 ; celle des objets manufacturés n'a été que de 12 33 p. 0|0.

La différence de 1,082,812 fr. entre le *commerce*

général et le *commerce spécial*[1] s'applique à des réexportation de pain et biscuit de mer, destinés à ravitailler les bateaux corailleurs, de tabacs et de tissus expédiés à destination des pays étrangers.

Principales marchandises exportées.

Commerce général.

DÉSIGNATION DES MARCHANDISES. Valeurs.

Bêtes de somme....................	553.080 fr.
Bêtes bovines.....................	2.725.830
Bêtes à laine.....................	1.246.011
Sangsues..........................	121.150
Peaux brutes......................	2.562.582
Laines en masse...................	6.023.956
Soies.............................	140.428
Cire brute........................	244.392
Graisses..........................	213.774
Poissons de mer...................	158.813
Corail brut.......................	1.644.350
Os, sabots et cornes de bétail....	463.883
Céréales { blé...................	4.587.480
orge.............................	2.365.600
avoine...........................	180.180
maïs.............................	221
farines..........................	367.427
Pain et biscuit de mer............	140.862
Légumes secs......................	153.609
Fruits { frais...................	221.860
secs.............................	260.453
Tabacs { en feuilles.............	4.649.390
fabriqués........................	1.671.290
Huile d'olives....................	398.734
A reporter....	30.497.155

---

(1) A l'exportation, le *commerce général* se compose de toutes les marchandises qui passent à l'étranger, sans distinction de leur origine. Le *commerce spécial* comprend seulement les marchandises nationales et celles qui, après avoir été nationalisées par le payement des droits d'entrée ou autrement, sont exportées.

	Report ...	30.497.455 fr.
Fourrages...................		51.614
Drilles.....................		390.905
Minerais { de fer................		1.109.781
de cuivre.............		146.368
de plomb.............		825.126
d'antimoine...........		»
Joncs et roseaux..............		2.563.215
Coton......................		211.885
Légumes verts...............		86.095
Liége brut..................		120.796
Feuilles de palmier nain.......		3.657
Crin végétal.................		1.427.640
Objets de collection...........		63.303
Autres articles..............		10.114.306
TOTAUX		48.209.556 fr.

MERCURIALES. — Comme dernier renseignement, nous croyons devoir reproduire ici la mercuriale de la province d'Alger, mercuriale dont les chiffres donnent, en moyenne, le prix des denrées dans la colonie.

Prix moyen des Céréales par quintal.

Blé dur, 20 francs. — Blé tendre, 25 francs. — Orge 1re qualité, 15 francs. — Orge 2e qualité, 14 francs. — Fèves, 15 francs. — Maïs, 16 francs. — Farine de blé dur, 36 francs.

Prix moyen du Bétail.

Bœufs, 90 francs. — Vaches, 55 francs. — Veaux de lait, 80 francs le quintal. — Moutons, 15 francs. — Agneaux maigres, 3 francs 50 centimes. — Boucs et Chèvres, 8 à 10 francs. — Porcs gras, 90 francs le quintal.

Prix moyen de la Volaille et du Gibier (par tête).

Coqs ordinaires, 1 fr. 25 centimes. — Poules ordinaires, 1 franc. — Canards, 1 fr. 50 centimes. — Dindons, 4 francs. — Oies, 3 francs. — Pigeons, 1 franc. — Lapins, 1 franc. — Lièvres, 2 francs. — Perdrix, 75 centimes — Cailles, 45 centimes. — Bécassines, 45 centimes. — Vanneaux, 45 centimes. — Pluviers, 45 centimes. — Merles, 20 centimes. — Étourneaux, 3 centimes. — Canards sauvages, 1 fr. 50 centimes.

Produits divers.

Lait (le litre), 40 centimes. — Beurre (le kilogramme), 2 fr. 25 centimes. — Œufs (la douzaine), 50 centimes. — Graisse de porc (le kilogramme), 2 francs.

COMMERCE DU SUD.

Le Sud de l'Algérie, le Sahara algérien, région représentée par les Steppes et le Sahara oasien, a une population d'environ 500,000 âmes.

Indépendamment de la part qu'elle prend au commerce général, elle a des relations et un commerce à elle, qu'il est utile de connaître [1].

Le transport des marchandises dans le Sahara algérien se fait du sud au nord et du nord au sud, principalement par les tribus voyageuses (Nedja'), de l'est à l'ouest et de l'ouest à l'est, par les caravanes marchandes (Gafla).

Presque toutes les tribus du Sahara sont soumises à un régime annuel de pérégrinations qui a dû exister de tout temps, parce qu'il est fondé sur la nature des productions et du climat et sur les premiers besoins de la vie. Ce mouvement général s'effectue de la manière suivante.

Les tribus passent l'hiver et le printemps dans les landes du Sahara, parce que, pendant cette période de l'année, elles y trouvent de l'eau et de la végétation ; mais elles ne séjournent dans chaque lieu que trois ou quatre jours, et plient leurs tentes lorsque les pâturages en sont épuisés, pour aller s'établir un peu plus loin.

---

[1] Nous empruntons ces détails à l'ouvrage de M. E. Carette, intitulé : *Recherche sur la Géographie et le Commerce de l'Algérie méridionale* (Publication de la Commission scientifique de l'Algérie), en leur faisant subir, toutefois, les modifications que l'administration française a introduites dans toute l'économie politique du Sahara.

Vers la fin du printemps, elles passent dans les villes du Sahara, où sont déposées leurs marchandises, chargent leurs chameaux de dattes et d'étoffes de laine, et s'acheminent vers le nord, emmenant avec elles toute la cité nomade, les femmes, les chiens, les troupeaux et les tentes.

C'est l'époque où, dans le Sahara, les puits commencent à tarir et les plantes à se dessécher ; c'est aussi l'époque où, dans le Tell, les blés sont mûrs. Elles y arrivent au moment de la moisson, lorsque les grains sont abondants et à bas prix.

Les tribus du Sahara passent l'été dans le Tell, où règne, pendant ce temps, une grande activité commerciale. Les dattes et les tissus de laine apportés du sud s'échangent contre les céréales, la laine brute, les moutons et le beurre.

Pendant ce temps aussi, la terre se repose ; la moisson est faite, les grains sont rentrés, la récolte n'a rien à redouter du parcours ; le sol ne peut qu'y gagner ; les troupeaux broutent librement dans les pâturages.

La fin de l'été donne le signal du départ, on charge les chameaux, on plie les tentes, et les cités ambulantes se remettent en marche vers le sud, à petites journées, comme elles sont venues.

Elles arrivent dans le Sahara à l'époque de la maturité des dattes, c'est-à-dire vers le milieu d'octobre. Un mois s'écoule à faire la récolte et à la rentrer ; un autre mois est consacré à échanger le blé, l'orge et la laine brute contre les dattes de l'année et les tissus de laine produits du travail annuel des femmes.

Lorsque ces opérations sont terminées et les marchandises déposées dans les magasins, les tribus s'éloignent de la ville et vont conduire leurs troupeaux, de pâturages en pâturages, dans les landes désertes du Sahara, jusqu'au moment où le retour de l'été nécessitera les mêmes voyages et les mêmes travaux.

Telle est, dans sa plus grande généralité, la loi du mouvement et du commerce des tribus du Sud.

La nécessité impérieuse qui pousse chaque année la population mobile des oasis algériennes dans le Tell, leur a fait choisir, sur la zone limite des deux régions, un certain nombre de points où s'installent, au moment des échanges, autant de marchés plus ou moins importants.

Indépendamment de ses relations intérieures, le Sud de l'Algérie fait un commerce assez suivi avec la Tunisie d'un côté, avec le Maroc de l'autre.

Ses relations avec la Tunisie ont lieu par une grande ligne de plus de 1,000 kilomètres de développement, qui commence à Metlili, s'étend jusqu'à Tunis, en passant par Tougourt, le Souf et les oasis du Djerid tunisien.

Les principaux articles sont :

Pour l'importation : les objets de mercerie et de parfumerie, les étoffes de soie et les foulards de Tunis, les ceintures et les cotonnades d'Europe, les haïks fins du Djerid, les armes et le soufre ; — pour l'exportation : les étoffes de laine de qualité ordinaire, les dattes de première qualité, dites *deglet en nour*, provenant de l'Oued-Souf, les chapeaux à larges bords en feuille de palmier, fabriqués dans l'Oued-Souf, et la garance récoltée à Tougourt.

Le commerce entre le Sahara algérien et l'empire du Maroc porte également sur des objets de luxe ; mais les communications sont moins faciles de ce côté que dans l'Est, et se ralentissent chaque jour, par suite du peu de sécurité des routes et des exactions auxquelles sont exposés les voyageurs. Le commerce du Maroc est surtout fait par les gens des oasis du Mzab et des Ouled Sidi-Cheikh, qui sont en relation avec les villes de Mogador, Fès, Méquinez, Tanger et Tétouan.

Les principaux objets d'importation sont les cuirs

de Maroc, préparés à Tafilelt et appelés pour cette raison *filâli*, des chaussures de peau ou *belra*, les haïks ou voiles de laine, les armes, le fer, les toiles de coton et articles de mercerie, le *tfol* ou terre à foulon, employée comme savon, les peignes de femmes, les calottes rouges, les étoffes de soie, les chevaux.

Les principaux objets d'exportation sont la soie filée venue de Tunis et les étoffes de laine fabriquées dans les oasis.

Dans le commerce du Sud avec la Tunisie et le Maroc, la plupart des articles d'importation, tels que soie, les merceries, les articles de toilette, les cotonnades, le fer, le soufre, sont de provenance européenne. Ces marchandises sont versées dans l'empire de Maroc par Gibraltar et, dans la régence de Tunis, par l'Italie, la France et Malte. Cet état de choses tend, il est vrai, à se modifier profondément par suite de l'action lente, mais sûre, de notre commerce sur les populations indigènes, qui demandent aujourd'hui presque tous les articles dont il vient d'être question à Constantine, Alger et Oran.

RELATIONS DE L'ALGÉRIE AVEC L'AFRIQUE CENTRALE.

L'Algérie est, ainsi que la Tunisie et le Maroc, séparée de l'Afrique centrale par le grand Sahara, zone immense qui s'étend sans discontinuité de l'Océan Atlantique aux rives du Nil, sur une largeur moyenne de 1,600 kilomètres.

On la franchit par des routes que suivent les caravanes, et que jalonnent des oasis tantôt isolées, tantôt semblables à des groupes d'îles.

Parmi ces routes, qui dessinent à la surface du désert comme un réseau à grandes mailles, il en est qui représentent les artères par lesquelles les régions du Nord communiquent sans cesse avec les entrepôts de l'Afrique Centrale. Un de ces entrepôts, Tenboktou (ou Tombouctou, suivant la prononciation des Noirs) tient, depuis plusieurs siècles, une place considérable dans le commerce de l'Afrique Septentrionale. Il la doit surtout à sa position, qui en fait le rendez-vous des caravanes du Maroc, de l'Algérie, de Tunis et de Tripoli.

Les différentes routes qui partent de l'Algérie, la route des Hamïan, la route des Harar, la route de Laghouat par El-Goléa, la route de Biskra par Tougourt, Ouargla et El-Goléa, celle de Tougourt au Souf et à Rdamès, convergent toutes à Insalah dans le Touât.

Peu de voyageurs français ont osé s'aventurer dans les solitudes du Sahara et sur les routes du Soudan : c'est donc pour nous un devoir de rappeler en quelques lignes les explorations qui ont été faites depuis la conquête d'Alger jusqu'à ce jour.

En 1836, un médecin en résidence à Constantine, M. de Montgazon, fut mandé à Tougourt par le cheick de l'Oued-R'ir, Si Ahmed. Le choléra décimait l'oasis : le docteur fut accueilli avec reconnaissance, et il put étudier à loisir les mœurs des indigènes.

Ahmed mourut (1838); il eut pour successeur Ben Abd-er-Rhaman, arabe intelligent, point fanatique et tout disposé à entrer en relation avec les Européens. On le sut à Constantine, et un cantinier nommé Michel se rendit dans l'oasis où il vendit avantageusement une pacotille de menus objets (1840). Par malheur, cet homme était illettré, et ne put donner sur les hommes et les choses que de vagues renseignements.

La route était ouverte; un commerçant, M. Garcin, voulut la suivre. Il acheta des marchandises et parvint jusqu'à Tougourt où il les échangea contre les produits du pays.

Le Gouvernement crut devoir profiter des bonnes dispositions d'Abd-er-Rhaman, et il chargea M. Prax de visiter la partie orientale de la province de l'Est (1847). M. Prax était un homme instruit, façonné de longue date aux habitudes des indigènes dont il parlait la langue : il explora le Souf en voyageur qui sait observer, et publia dans la *Revue de l'Orient* le récit de son voyage.

Vers la même époque, deux colonnes mobiles, commandées l'une par le général Renault et l'autre par le général Cavaignac, exploraient le Sud de la province de l'Ouest et poussaient jusqu'à la ligne des oasis.

Plus tard (1850), MM. Renou et Berbrugger partaient de deux points différents et s'avançaient dans le Sud. M. Renou comptait se rendre à Tombouctou : il dut s'arrêter à N'gouça, dans l'Ouest, les indigènes s'opposant à ce qu'il continuât sa route. M. Berbrugger, lui, partait de Soukarras et gagnait Tunis par la vallée de la Medjerba, côtoyait l'extrême Sud, visitait le Djérid, le Souf et l'Oued R'ir, l'oasis de Nefta, celles de Tougourt et d'Ouargla, puis rentrait à Alger après avoir traversé le M'zab que, trois ans après, M. Renou, membre de l'institut, parcourait en détail.

Les renseignements ainsi obtenus étaient précieux, sans doute, mais il importait de les compléter par des études plus spéciales : le Gouverneur général confia donc à des officiers d'Etat-Major la mission délicate, non moins que périlleuse, de dresser la carte du Sahara, et les capitaines Mircher, Saget et Minot, attachés au service topographique, furent chargés, sous la direction du colonel Durrieu, d'explorer le sud de nos possessions. C'est ainsi qu'ils visitèrent Metlili, Ouargla, tout le M'zab, et qu'ils en déterminèrent la position.

En 1856, de nouvelles explorations furent faites par les capitaines Vuillemot, Mircher et Davenet, qui accompagnaient trois colonnes, parties des trois provinces de l'Algérie et qui furent réunies et passées en revue, sous les murs de Ouargla (1er janvier 1857), par le général Desvaux, commandant la subdivision de Batna.

D'autres explorateurs sont venus, qui ont suivi les traces de leurs devanciers :

Le capitaine Bonnemain est allé jusqu'à Ghadamès (1857), dans la Tripolitaine ;

M. Ismaël Bouderba est allé plus loin encore ; il ne s'est arrêté qu'à Ghât (1857) ;

Enfin, M. Duveyrier a parcouru toute la partie orientale du Souf, le M'zab, et a poussé ses explorations jusqu'à Ghadamès et Ghât, d'où il est revenu par Mourzouk et Tripoli. M. Henri Duveyrier, qui s'était préparé pendant plusieurs années, sous les auspices du Dr Barth, à ces explorations, s'est attaché à l'étude des questions pratiques relatives à l'ouverture de relations commerciales. Bien que la défiance inspirée aux habitants de Ghât ou R'hat, par nos hostilités avec le Maroc, ait fermé au jeune voyageur les portes de cette oasis, il n'en a pas moins su inspirer à ces turbulents pilotes du désert l'estime du nom français et la curiosité de notre civilisation. Les fruits de ses avances à cette aristocratie des chameliers ne se sont pas fait attendre.

A peine M. Duveyrier avait-il quitté leur pays, que trois de leurs illustres chefs, appartenant à la tribu des Touâregs-Azghar, se décidaient à abandonner leurs dunes natales pour visiter l'Algérie d'abord et puis la France. Chacun de nous a pu voir dans les rues de nos villes ces Africains au visage voilé, qu'attirait au milieu de nous notre réputation de richesse et d'hospitalité.

Ces habitants du pays des sables furent accompagnés, pendant tout le cours de leur voyage, par M. le commandant Mircher et par M. de Polignac, capitaine d'état-major. Les trois chefs quittèrent notre patrie chargés de présents et d'échantillons; l'accueil qui leur avait été fait avait également rempli leurs cœurs de bienveillants souvenirs. Il fallait se hâter et mettre à profit les impressions qu'ils avaient puisées au milieu de nous. Ce n'était pas assez d'un échange de bonnes promesses et de cordiales paroles, il fallait des fruits plus durables de notre hospitalité.

Quatre mois après le départ de nos trois visiteurs, MM. de Polignac et Mircher se mettaient en route pour leur rendre leur politesse. Le choix était heureux, c'était à ceux qui avaient guidé les chefs Touâregs à aller recueillir les signatures du traité projeté, délicate mission, la première qui, depuis les Carthaginois peut-être, ait été essayée aussi loin au-delà du pays des palmiers.

La situation de Ghadamès à quelques kilomètres de notre frontière saharienne, nous offre une facilité inespérée d'aborder les fertiles contrées du Soudan, en attendant que la route de Tombouctou soit mieux connue, ou que l'on puisse aborder les contrées soudaniennes par le Niger.

Le commerce de l'Algérie avec l'Afrique Centrale roule principalement sur les marchandises suivantes :

Exportations. — Céréales, moutons, graine, beurre, légumes secs, huile, dattes et plumes d'autruche, marchandises de fabrication européenne, articles de merceries et de toilette, soie filée, draps écarlates pour beurnous, clous de gérofle, canelle et autres épices, verroterie, corail, foulards de soie, calottes rouges (chachîa), haïks fins, beurnous blancs;

Importations. — Poudre d'or, noix de gourou (gour), plumes d'Autruche, peaux de buffle, dents d'éléphants, toile bleue fabriquée dans le Soudan, bekhrour noir ou gomme du Soudan, parfum très-recherché, serr'in, plante odorante très-employée par les Touâregs, séné, ne'ron (trona) venant du Fezzan.

Au commencement du xvie siècle, dit M. Mac Carthy, à l'époque de l'arrivée des Turcs en Algérie, le commerce de ce pays avec les régions de l'Afrique centrale était assez actif ; les principales villes du S'a'hara, telles que Ouargla, Ngousa, Tougourt. Metlili, Gardeïa, Lakouât, lui devaient une grande partie de leurs richesses. Léon l'Africain en a laissé dans ses récits un témoignage certain. Mais, après la conquête ottomane, ce commerce cessa peu à peu, et, à notre arrivée, il en restait à peine quelques vestiges ; à partir du xviie siècle, une décadence fatale pesa sur tout le S'a'hara et ne s'arrêta pour ainsi dire plus. Aujourd'hui la plupart des oasis s'ah'ariennes sont à moitié ruinées, et il ne faudra rien moins que l'énergique influence de l'administration française pour les relever. A Laghouât, dans l'Ouâd Rir, elle s'est déjà révélée par des résultats tels qu'ils ne permettent pas de douter que l'heure de la résurrection ne soit tout-à-fait arrivée.

VOIES DE COMMUNICATION.

Routes.

Avant notre arrivée en Algérie, il n'existait pas de grandes voies de communication d'une ville à une autre ; à peine comptait-on quelques petits chemins, mal entretenus, aux environs d'Alger, d'Oran et de Constantine.

En quelques années, l'armée a ouvert plus de cinquante routes d'une longueur totale de quatre mille kilomètres, et un très-grand nombre de chemins vicinaux. « L'honneur de l'armée d'Afrique, dit avec beaucoup d'à-propos M. le colonel Ribourt, est peut-être moins dans les succès de la guerre que dans les labeurs de la paix. Depuis les légions romaines qui maniaient aussi bien la pioche que l'épée, nulle armée au monde n'a accompli autant de travaux, ni tant fait pour livrer un grand pays à la culture et à la civilisation. — Il faut qu'on sache que, lorsque nos soldats ne se battaient point, ils travaillaient ; et que chaque année, durant sept mois, cinquante ou soixante mille hommes étaient échelonnés au travers de la contrée, pour ouvrir des routes, dessécher les marais, combler les fondrières, abaisser les montagnes, faire des ponts, des barrages, bâtir dans les tribus des maisons de commandement, sur les chemins des caravansérails, et créer, dans le désert, des oasis nouvelles. »

Aujourd'hui, un ensemble de voies, larges et régulièrement tracées, réunit les diverses villes du littoral maritime aux villes de l'intérieur, d'où rayonnent d'autres voies qui les font communiquer entre elles et avec les centres de population qui en relèvent.

Les principales routes de l'Algérie sont :

Dans la province d'Alger.

D'Alger à

Koléah, 37 kil.
Blidah (par la plaine), 48 kil.
— (par le Sahel), 49 kil.
Cherchell, 114 kil.
Milianah (par Bourkika), 118 kil.
— (par l'Oued-Djer), 117 kil.
— (par Affreville), 126 kil.
Orléansville, 210 kil.
Ténès (par Orléansville, 263 kil.
Teniet-el-Had (par Milianah), 190 kil.
Médéah (par Blidah), 90 kil.
Lagouat (par Médéah), 456 kil.
Ouargla (par Laghouat), 800 kil.
Aumale, 111 kil.
Rovigo, 32 kil.
Fondouk, 32 kil.
Dellys, 110 kil.
Fort-Napoléon, 125 kil.
Dra-el-Mizan, 95 kil.

Dans la province d'Oran.

D'Oran à

Alger (par Milianah), 440 kil.
Tlemcen, 130 kil.
Nemours (par Tlemcen), 218 kil.
Sidi-bel-Abbès, 82 kil.
Mascara, 96 kil.
Mostaganem, 80 kil.
Tiaret (par Mostaganem), 226 kil.
Tiaret (par Mascara), 205 kil.
aux Oulad-Sidi-Cheikh (par Tlemcen), 431 kil.
El-Abiod-Sidi-Cheikh (par Géryville), 406 kil.
Brezina (par Tiaret), 506 kil.

Province de Constantine.

De Constantine à

Alger (par Sétif et Aumale), 408 kil.
Sétif (par les caravansérails), 130 kil.
Sétif (par Djemilah), 124 kil.
Bougie (par Sétif), 226 kil.
Ddjijelli (par Mila), 105 kil.
Batna, 120 kil.
Bou-Saada (par Batna), 320 kil.
Biskra (par Batna), 234 kil.
Tougourt (par Biskra), 440 kil.
Tebessa, 188 kil.
Guelma (par El-Harla), 100 kil.
Souk-Ahrras (par Guelma), 156 kil.
Souk-Ahrras (Bône), 245 kil.
Bône (par Jemmapes), 156 kil.
Bône (par Guelma), 160 kil.
la Calle (par Bône), 220 kil.

Ces routes ont toutes été ouvertes par l'armée, sous les yeux des officiers du génie chargés d'en faire préalablement le tracé. Dans la vaste étendue des territoires militaires, ce sont eux qui les font achever et veillent à leur entretien, tout en faisant ouvrir chaque jour celles qui doivent en compléter le réseau.

Caravansérails.

On a créé sur les divers routes qui traversent le territoire des tribus, un grand nombre de caravansérails qui offrent aux voyageurs un abri pendant la nuit. Ces établissements sont surtout d'une très-grande importance dans les parties du Tell où les points occupés sont éloignés les uns des autres, et dans la région des hauts plateaux. Ces caravansérails ont ordinairement la forme d'une grande cour carrée, dans l'intérieur de laquelle sont disposés, sur trois côtés, les logements des voyageurs et les écuries ; ils ont tous été exécutés aux frais des tribus, sans aucune subvention de l'Etat.

Il a été établi aux endroits les moins sûrs, des gourbis ou postes arabes, pour lesquels les tribus fournissent une garde journalière ; et, de plus, des patrouilles indigènes sillonnent les routes pendant la nuit.

Puits Artésiens.

Exécutés dans le désert, sur des points convenablement choisis, les puits artésiens servent d'étapes et de lieux de bivac aux voyageurs et aux colonnes qui pénètrent dans ces solitudes : tels sont les puits de Saada, de Chegga, d'Om-El-Thiour et d'Ourir, sur la route de Biskra à Tougourt.

Avant l'occupation française, le manque d'eau était pour les habitants du Sahara algérien une cause essentielle de misère : point d'eau, point de culture. Les puits artésiens creusés par les Arabes duraient peu : alors, faute d'eau, les dattiers déclinaient et périssaient, les villages se dépeuplaient, l'oasis se rétrécissait et finissait par disparaître. Le désert reprenait possession du domaine que le travail de l'homme lui avait arraché.

Le général Desvaux, aujourd'hui Sous-Gouverneur de l'Algérie, alors colonel, ayant été appelé au commandement de Batna, qui comprend tout le sud de la province de Constantine, comprit que les puits artésiens étaient la vie des oasis et résolut de les multiplier.

MM. Laurent et Jus, ce dernier ingénieur civil attaché à la maison Degousée, furent mandés par lui, en 1855, et explorèrent le pays au point de vue spécial des sondages artésiens. Le premier coup de sonde fut donné à Tamerna, non loin de Tuggurt, au commencement de mai 1856, et le 19 juin une véritable rivière, fournissant 4,010 litres d'eau par minute, 610 litres de plus que le puits de Grenelle à Paris, s'élança des entrailles de la terre. La joie des indigènes fut immense; la nouvelle de ce forage se répandit avec une rapidité inouïe; on vint de très-loin pour voir cette merveille.

Depuis cette époque, les forages ont été continués sans interruption, et voici ce qui a été fait : « Il a été dépensé jusqu'à ce jour 302,425 francs fournis par les centimes additionnels à l'impôt arabe et par les cotisations volontaires des indigènes. Cinquante-quatre fontaines artésiennes ont été forées dans l'Oued-R'ir, le Sahara oriental et le Hodna; elles donnent 38,542 litres d'eau par minute. L'Oued R'ir a été animé d'une vie nouvelle : 32,994 palmiers, 1,145 arbres fruitiers, des légumes de toute espèce ont été plantés dans 1,237 jardins nouveaux; des oasis se sont relevées, et plusieurs villages ont été créés dans les solitudes du Sahara.

Chemins de Fer.

L'exécution d'un réseau de voies ferrées a été définitivement arrêtée en principe, par un décret du 8 avril 1857, rendu sur la proposition du gouverneur général de l'Algérie.

D'après le décret du 8 avril, ce réseau se composera:

1° D'une ligne parallèle à la mer, suivant à l'est, le parcours entre Alger et Constantine, et passant par ou près Aumale et Sétif; à l'ouest, le parcours entre Alger et Oran, et passant par ou près Blidah, Amourah, Orléansville, Saint-Denis-du-Sig et Sainte-Barbe;

2° De lignes partant des principaux ports et aboutissant à la ligne parallèle à la mer, savoir : à l'est, de Philippeville à Constantine, de Bougie à Sétif, de Bône à Constantine en passant par Guelma ; à l'ouest, de Ténès à Orléansville, d'Arzew et Mostaganem à Relizane, et d'Oran à Tlemcen, en passant par Sainte-Barbe et Sidi-Bel-Abbès.

Le gouvernement fit aussitôt commencer les travaux du chemin de fer qui relie Alger à Blidah ; mais divers incidents ayant, à plusieurs reprises, nécessité l'interruption des travaux, ce premier rail-way ne fut inauguré que le 15 août 1863.

Le premier rail-way algérien n'est pas long ; il n'a que cinquante kilomètres. La voie suit d'abord le rivage de la mer, au pied des charmants coteaux du Sahel ; puis, arrivée à Hussein-Dey, elle s'en éloigne un peu jusqu'à la Maison-Carrée. Près de là une échancrure du Sahel lui donne entrée dans la plaine de la Mitidja ; alors décrivant une courbe allongée, la voie se dirige du N.-E. vers le S.-O., traverse des espaces à demi dénudés où des troupeaux nombreux se montrent çà et là paissant l'herbe rare, et où, parmi des bouquets de verdure, apparaissent quelques habitations européennes et quelques douars indigènes. Après ces immenses jachères, on rencontre des vignes, des champs de tabac, de vastes plantations européennes : c'est la campagne de Boufarik, un ancien marais dont, suivant l'expression de Théophile Gauthier, un des représentants de la presse parisienne à l'inauguration de la ligne, nos laboureurs, rivalisant de courage avec nos soldats, ont fait une Normandie. Quelques minutes après, on atteint Beni-Mered et les orangeries de Blidah.

Les produits bruts de cette section ont été, en 1863, de 541,770 fr. 60 c., savoir :

Voyageurs	352.213 65
Bagages, Messageries, etc.	31.164 75
Marchandises à petite vitesse	155.075 80
Recettes accessoires de la petite vitesse	1.700 35
Produits du Domaine	1.619 05
Total	541.770 60

Les dépenses se sont élevées à 459,891 fr. 19 c. savoir :

Exploitation	222.429 26
Matériel et traction	135.625 90
Entretien et surveillance de la ligne	101.836 03
Total	459.891 19

Le produit net a été par conséquent de 81,879 41

Il résulte des chiffres précédents que le produit kilométrique a été de 11,056 50
Et la dépense kilométrique de . . . 9,385 52

Le projet définitif de la première section de la ligne de Philippeville à Constantine, celle de Philippeville à Saint-Charles, de 21 kilomètres de longueur, est en ce moment soumise à l'approbation de l'administration. La Compagnie de la *Méditerranée* qui a été substituée par la loi du 6 mai 1863, à la Compagnie primitivement concessionnaire, a également présenté ses propositions pour le prolongement jusqu'au port d'Alger de la ligne d'Alger à Blidah.

Les études définitives de la ligne de Philippeville à Constantine, entre Saint-Charles et Constantine, se poursuivent activement. On s'occupe également des études du prolongement, à travers la chaîne du Gontas (Affreville), de la ligne d'Alger à Blidah, jusque vers Milianah, et de celui de la section de Saint-Denis du Sig à Oran, à Relizane.

Les dépenses faites au 31 décembre 1863, sur les chemins de fer algériens, s'élèvent à 14,904,690 fr. 78 centimes.

En tenant compte des deux traversées de l'Atlas qui

s'exécuteront sur la ligne de Blidah à Amourah, et sur celle de Philippeville à Constantine, et qui exigeront de nombreux souterrains, on doit évaluer à 300,000 fr. par kilomètre la dépense moyenne de construction des chemins algériens, y compris l'intérêt et l'amortissement à servir pendant l'exécution des travaux.

La dépense totale peut donc être fixée approximativement, en nombre rond, à 160 millions; le Gouvernement alloue à la Compagnie une subvention de 80 millions, et le capital de 80 millions qui représente la part de dépense à la charge de la Compagnie, jouit d'une garantie d'intérêt de 5 0/0, amortissement compris, pendant une période de soixante et quinze ans, à partir du 1er janvier de l'année qui suivra la mise en exploitation de l'ensemble des lignes concédées.

En outre, de même que le plus grand nombre des travaux qui existent aujourd'hui en Algérie, notamment les routes et les terrassements du chemin de fer d'Alger à Blidah, ont été exécutés par l'armée, le Gouvernement se réserve de recourir encore au dévoûment de nos soldats, dans le cas où la main-d'œuvre viendrait à faire défaut. Les troupes pourront, dans ces circonstances exceptionnelles, être employées, sous la direction des officiers du génie, à l'exécution des travaux de terrassements, et le montant de la valeur de ces travaux, déterminée de concert entre le Gouverneur général et la Compagnie, sera versé par cette dernière et distribué à qui de droit par les soins de l'autorité militaire.

C'est ainsi que l'armée, après avoir conquis l'Algérie et relevé les ruines que la guerre avait accumulées, se trouve associée chaque jour aux progrès de la civilisation dont elle a jeté les premiers jalons.

TÉLÉGRAPHES.

Le service de la télégraphie a été institué par un arrêté du ministre de la guerre, du mois de juin 1841. Le système aérien fut appliqué à la première ligne, celle d'Alger à Blidah. Peu de temps après, cette première ligne fut étendue et mit en communication Alger et Oran. Une autre ligne fut bientôt soudée à celle-là et relia Constantine et Alger. Ces deux grandes voies rayonnèrent vers les points les plus importants du littoral et de l'intérieur. Ce travail était terminé depuis quatre ans, lorsque la télégraphie électrique fit son apparition en Algérie en 1854.

Celle-ci constitue aujourd'hui un service des plus importants, qui relie les points principaux : Alger, Aumale, Blidah, Boghar, Fort-Napoléon, Cherchell, Dellys, Dra-el-Mizan, Médéah, Milianah, Orléansville, Ténès, Tizi-Ouzou, Oran, Arzew, Sidi-bel-Abbès, Lalla-Moghria, Mascara, Mers-el-Kebir, Mostaganem, Nemours, Saint-Denis du Sig, Tlemcen, Constantine, Batna, Biskra, Bône, Borj Bou-Arreridj, Bougie, Djigelli, Guelma, Philippeville, Sétif, Souk-Ahrras.

Tout ce réseau se développe sur une étendue de 3,752 kilomètres; de plus, une ligne de Souk-Ahrras à Tunis, par le Kef, avec embranchements sur La Goulette et Sous, met l'Algérie en communication avec la Tunisie. Cette dernière ligne comprend un réseau de 500 kilomètres.

Les communications télégraphiques avec la France, qui avaient lieu depuis 1859 par le câble de Port-Vendres à Alger, sont interrompues depuis le 25 novembre 1862.

Les diverses tentatives faites pour relever ce câble ayant été infructueuses, on a décidé d'établir les communications par Oran et Carthagène. Le nouveau câble doit être installé dans les premiers jours d'octobre.

MARINE

Ports.

Les ports de la côte algérienne sont, en se dirigeant de l'est vers l'ouest : la Calle, Bône, Philippeville, Stora, Collo, Ddijelli, Bougie, Dellys, Alger, Cherchell, Ténès, Mostaganem, Arzew, Mers-el-Kebir, Oran et Nemours (Djemâ-Ghazaouat). A Bougie, à Arzew et à Mers-el-Kebir (le grand port), les dispositions naturelles des lieux forment des rades sûres et offrent aux navigateurs les meilleurs refuges de tout le littoral. Les autres ports, à part celui d'Alger que la France a créé, et celui de Cherchell où les travaux faits par les Romains ont été restaurés, ne présentent pas les mêmes garanties, et justifient chaque année, par les nombreux sinistres qui y ont lieu, le surnom d'*inhospitalière* donné par Salluste à la côte d'Afrique.

Le mouvement des exportations, en 1863, s'est effectué dans les proportions suivantes par les différents port de l'Algérie :

Alger........................... 37 22 p. 0/0
Oran........................... 17 19

Bône............................	14	17
Philippeville....................	13	17
Mostaganem.....................	5	21
Arzew...........................	4	21
La Calle.........................	4	03
Ténès...........................	1	36
Stora...........................	»	92
Mers-el-Kebir...................	»	92
Bougie..........................	»	32
Cherchell.......................	»	28
Djijelli..........................	»	26
Nemours........................	»	14
Collo...........................	»	01

Voici quelle a été la part relative des mêmes ports dans les importations de 1863 :

Alger........................	43	11	p. 0/0
Oran.........................	26	51	
Philippeville..................	16	42	
Bône.........................	9	92	
Mostaganem..................	2	51	
La Calle......................	»	24	
Mers-el-Kebir.................	»	18	
Bougie.......................	»	11	
Ténès........................	»	08	
Nemours.....................	»	06	
Collo.........................	»	06	
Arzew........................	»	04	
Stora.........................	»	04	
Ddijelli.......................	»	02	
Cherchell.....................	»	01	

Les importations par les frontières de terre n'ont pas dépassé 0.69 p. 0/0.

Navigation entre la France et l'Algérie.

Ce commerce donne lieu à des transports assez suivis par navires à voiles, et alimente en outre le trafic des compagnies de bateaux à vapeur qui font un service régulier entre Marseille, Alger, Oran, Philippeville et Bône.

Le principe de la navigation réservée est encore en

vigueur pour les transports maritimes entre l'Algérie et la France et réciproquement. L'ordonnance du 16 décembre 1843 contient en effet une disposition ainsi conçue : « Les transports entre la France et l'Algérie « ne pourront s'effectuer que par navires français, « sauf le cas d'urgence et de nécessité absolue pour les « services publics. »

Les chambres de commerce d'Alger, d'Oran et de Constantine sont unanimes pour déclarer que, dans l'intérêt du commerce et des affaires, il serait utile d'abroger cette disposition de l'ordonnance de 1843. Le privilége qu'elle accorde aux navires français a pour effet d'augmenter le prix du transport en écartant toute concurrence étrangère. Ce privilége ne profite pas, d'ailleurs, à la marine algérienne proprement dite. Cette marine, constituée dans des conditions exceptionnelles, qui seront ultérieurement expliquées, est réduite au cabotage sur la côte d'Afrique. Quant à la marine métropolitaine et aux compagnies de bateaux à vapeur, elles se trouvent placées vis-à-vis de l'Algérie dans des conditions tellement favorables qu'elles trouveraient dans la concurrence un stimulant utile bien plus qu'un danger réel.

Mais ce n'est pas seulement le principe de la navigation réservée qui nuit au commerce algérien. Des taxes différentielles ont, en outre, été établies sur diverses marchandises destinées à la consommation de la colonie, et ont pour conséquence de les détourner de ses ports, et de les diriger sur Marseille et les entrepôts de France.

De semblables combinaisons de tarif reposent sur un système commercial aujourd'hui abandonné, et ce système, en subordonnant l'intérêt colonial à l'intérêt de quelques industries métropolitaines, nuit en réalité aux intérêts généraux du commerce de la métropole aussi bien qu'à ceux de la colonie.

Navigation entre l'Algérie et les Pays étrangers.

Les produits de l'Algérie commencent à être connus et appréciés en Espagne, en Italie, surtout en Angleterre. Mais ces produits ne sont pas encore assez considérables pour fournir des cargaisons entières aux navires qui viennent relâcher à Alger, et le droit de tonnage a fait jusqu'ici obstacle au chargement partiel des navires étrangers.

Aussi le droit de tonnage est-il devenu, depuis quelques années, l'objet de plaintes continuelles de la part des négociants de l'Algérie. C'est à tort que M. Mercier-Lacombe, alors Directeur général des Services civils, a cru pouvoir déclarer, lors de la discussion de la loi du 17 mai 1863, que cette loi serait accueillie avec satisfaction en Algérie. M. le baron David a eu raison de soutenir qu'elle ne résolvait nullement la question au point de vue général qui préoccupe le commerce de la colonie. Ce n'est pas une réduction du droit de tonnage que l'Algérie demande, c'est sa suppression.

A l'importation, ainsi que le faisait justement observer M. le baron David, le droit de tonnage élève la main-d'œuvre en augmentant le prix des objets de première nécessité, éloigne les créations industrielles en augmentant le prix de la main-d'œuvre. Comment veut-on que les colons tirent parti de leurs ressources, si on grève l'entrée en Algérie des denrées d'Espagne, des houilles et du fer de l'Angleterre, des bois du Nord et de l'Adriatique?

A l'exportation, le droit que l'on a maintenu se prélève sur les productions indigènes, au grand détriment des producteurs ; les produits indigènes sont achetés moins cher par celui qui veut les exporter, en raison des charges qui les frappent.

« Il faut, comme l'a dit M. le baron David, faire connaître les produits de l'Algérie ; il faut ouvrir des débouchés à ses huiles, à ses laines, à ses minerais, à ses liéges, à ses tabacs ; il faut développer en Algérie la vie industrielle et commerciale, dont elle donne tant de preuves, malgré les règlements restrictifs. Apprenons à la connaître au négoce du monde entier, qui passe indifférent devant ses ports pour se diriger vers le Levant ; supprimons aujourd'hui les droits de tonnage, plus tard les droits de douane, les priviléges de pavillon ; ouvrons les frontières de terre aux produits du Maroc et de Tunis aussi bien qu'aux richesses du Soudan, et l'Algérie deviendra le grand marché de l'Afrique centrale, jusqu'à ce jour inexploitée, le centre des transactions de plusieurs millions de consommateurs et de producteurs, actuellement délaissés, l'entrepôt de toutes les laines des tribus du Sahara ; cherchons l'essor de l'Algérie dans la liberté, cette reine de l'avenir, soit qu'il s'agisse d'industrie, de commerce ou de politique. »

CABOTAGE ENTRE LES PORTS DE L'ALGÉRIE.

La navigation du cabotage sur la côte d'Afrique est réservée à la marine française et à la marine locale de l'Algérie. Quelques bateaux à vapeur français desservent différents points de la côte ; mais le cabotage se fait principalement au moyen de balancelles ou sandales algériennes, de jauges diverses, depuis 10 jusqu'à 100 tonneaux. Le nombre de ces navires s'élève à 133, jaugeant ensemble 3,365 tonneaux. Cette navigation emploie de 500 à 600 marins.

On voit par ces chiffres que le cabotage entre les ports de l'Algérie ne présente, jusqu'à présent, qu'un intérêt secondaire. Cependant l'Algérie ne possédant pas de fleuves navigables, le débouché des trois provinces d'Alger, de Constantine et d'Oran, se trouve sur le littoral; le cabotage, destiné surtout à conduire les marchandises dans les entrepôts d'Alger, représente en quelque sorte un service de batellerie en même temps qu'un service maritime proprement dit.

Le cabotage algérien se fait dans des conditions exceptionnelles. Les marins français ont négligé cette navigation et ne sont pas venus s'établir sur la côte d'Afrique. Le personnel de la marine algérienne se recrute presque exclusivement en Italie, en Espagne et dans les îles voisines de la Méditerranée.

Dans le but de favoriser l'établissement sur le littoral d'une population maritime française, une décision impériale du 25 juin a exempté de l'appel au service les marins qui font le cabotage sur les côtes de l'Algérie.

Constructions navales.

La composition du matériel flottant de la marine algérienne n'est pas moins exceptionnelle que la composition du personnel. Les matières premières nécessaires aux constructions navales ne sont pas admises en franchise dans la colonie. Les cordages seuls payent encore 25 francs les 100 kilogrammes. L'industrie des constructions navales n'a pu se développer sous ce régime; mais la France n'en a pas profité. Un très-petit nombre de navires ont été construits, soit en Algérie, soit en France. Le matériel flottant se compose principalement de balancelles italiennes ou espagnoles francisées.

L'interdiction faite aux caboteurs algériens montés sur des navires francisés de sortir des eaux de la colonie n'a pas profité à la marine française, mais à la marine étrangère.

En présence de l'ensemble de ces faits, n'est-on pas en droit de se demander si le système protecteur n'a pas produit en Algérie des résultats directement contraires à ceux qu'on se proposait? S'agit-il de constructions navales? La législation n'a pas permis d'admission en franchise des matières premières nécessaires à ces constructions. On craignait sans doute de favoriser les constructeurs algériens au détriment des constructeurs de la métropole. Qu'est-il arrivé? Les constructions navales destinées à la colonie ne se font ni en France ni en Algérie. Il a fallu autoriser un système de francisation spéciale exclusivement applicable au cabotage algérien. S'agit-il des transports maritimes entre l'Algérie et les pays voisins? On a voulu les réserver à la marine française en excluant la concurrence du cabotage algérien, et les transports se font par navires étrangers. Enfin, s'agit-il du personnel naval? En laissant indécise la question de l'inscription maritime en Algérie, on a amené les marins espagnols et italiens à se substituer aux marins français.

Marine indigène.

École des mousses indigènes.

Cette école a été créée en 1855 dans le but de former une marine indigène. Elle est établie à bord de la corvette de charge l'*Allier*. Les enfants qui y sont reçus y séjournent un certain temps ; ils y reçoivent les premières notions du métier de marin, apprennent à lire, à écrire et un peu à parler français, puis ils passent sur les bâtiments de la station, où ils remplissent toutes les fonctions qui sont attribuées aux mousses français. On espère, si cette institution réussit, que ce sera un nouveau moyen d'assimilation et de rapprochement des indigènes, qui pourront se livrer à l'industrie de la pêche et au cabotage sur le littoral algérien, aujourd'hui exploité presqu'exclusivement par des étrangers espagnols et italiens, et peut-être même un jour fournir des marins à la marine impériale. Jusqu'ici l'institution a subi des phases diverses; le recrutement des mousses ne s'est pas toujours opéré; cependant, depuis quelquetemps, on a réussi à compléter le nombre réglementaire fixé à soixante.

Communications entre la France et l'Algérie

Le service des passagers et des correspondances est confié à deux Compagnies :

1° A la Compagnie des services maritimes des Messageries impériales ;

2° A la Compagnie de navigation mixte.

COMPAGNIE DES MESSAGERIES IMPÉRIALES.

Trois services sont organisés : 1° De Marseille à Alger, et *vice versa* ; — 2° De Marseille à Stora, Philippeville et Bône, et *vice versa* ; 3° De Marseille à Oran, par Valence (Espagne), et *vice versa* ;

LIGNE D'ALGER A MARSEILLE.

Départs d'Alger et de Marseille : les Mardi et Samedi, à 2 h. du soir.

Arrivées à Alger et à Marseille : les Lundi et Jeudi matin.

LIGNE D'ORAN PAR VALENCE.

Départ de Marseille : le Mercredi, à 4 heures du soir.
Arrivée à Valence : le Vendredi, à 7 h. du soir.
Arrivée à Oran : le Samedi à 2 h. du matin.
Départ d'Oran : le Mercredi, à 10 h. du matin.
Arrivée à Valence : le Jeudi, à 2 h. du soir.
Arrivée à Marseille : le Samedi, à 8 h. du matin.

LIGNE DE TUNIS PAR STORA ET BONE.

Départ de Marseille : le Vendredi à midi.
Arrivée à Stora : le Dimanche, à 4 h. du soir.
Arrivée à Bône : le Mercredi, à 1 h. du matin.
Arrivée à Tunis : le Jeudi, à 9 h. du matin.
Départ de Tunis : le Dimanche à midi.
Arrivée à Bône : le Lundi, à 9 h. du matin.
Arrivée à Stora : le Mardi, à 1 h. du matin.
Arrivée à Marseille : le Vendredi, à 4 h. du soir.

COMPAGNIE DE NAVIGATION MIXTE.

Départs d'Alger pour Marseille tous les Jeudis et *vice versa*.
Arrivée à destination le Samedi.

Service de la côte.

Cinq bâtiments à vapeur font le transport régulier des passagers militaires et civils, du matériel appartenant aux différents services de la colonie et des malles de la poste.

Les courriers de l'Est desservent toutes les semaines : Dellys, Bougie, Djidjeli, Philippeville, Collo et La Calle.

Les courriers de l'Ouest desservent, deux fois par mois : Ténès, Mostaganem, Arzew, Mers-el-Kebir et Nemours.

INDUSTRIE

Industrie européenne.

L'industrie algérienne est encore à l'état rudimentaire : quelques usines, cependant, fonctionnent et prospèrent. C'est ainsi que nous citerons :

Les belles *minoteries* d'Alger, de Blidah, de Milianah, de Tlemcen ; notamment celle de MM. Denizot et Boudon, près de Blidah, et celle de M. Firmin-Dufourc, à l'Arba, près d'Alger.

Les petites *fabriques de pâtes alimentaires* d'Alger, Médéah, Mostaganem, Tlemcen, Oran, Guelma, etc. ;

Les *moulins à huile* d'Alger, Tlemcen, Bougie, Phillippeville, Bône, Guelma, etc. ;

Les *brasseries* qui se multiplient tellement qu'il y en a pour ainsi dire dans toutes les villes ; quelques-unes donnent déjà des bières recherchées, mais généralement les brasseurs sont malheureusement très-avares de houblon dans les produits qu'ils livrent à la consommation.

Les *confiseries* de fruits et d'olives d'Alger, celles d'olives seulement de Bougie et de Tlemcen.

Les grands ateliers de *salaison de poisson*, établis à Philippeville et Stora. Ces deux ports ont exporté, en

1863, tant en France qu'en Italie et à Tunis, 276,814 kil. de poissons salés;

Les fabriques de *chocolat* d'Oran et de Philippeville.

Les ateliers pour la préparation du *tabac* et la fabrication des cigares, à Alger, Oran, Philippeville, Constantine, Blidah. Plusieurs fabriques fournissent des cigares aussi remarquables par leur finesse et leur parfum, que par la modicité de leur prix. La fabrication des cigares est confiée à des *cigarreras* espagnoles et mahonaises et à des juives indigènes.

Les *distilleries d'essences* à parfumerie de Chéragas.

Les *ateliers* pour l'égrenage mécanique en grand du *coton*, établis au jardin d'Essai d'Alger, à Oran et au Sig.

La *filature de soie* annexe de la Pépinière centrale d'Alger;

Les *scieries mécaniques* d'Alger et de Batna pour le débitage des bois;

Les fabriques de *sparterie*, de *pâtes à papier* et de *crin végétal* de la province d'Alger;

Les *tanneries* et *teintureries* établies sur différents points.

Les *ébénisteries* d'Alger;

Les ateliers, pour la confection et la réparation des *instruments aratoires*, d'Alger, Oran, Constantine, etc.;

Les ateliers de *carrosserie* d'Alger;

Les petits *chantiers de construction*, pour la marine d'Alger et de Philippeville;

Les *hauts fourneaux* de *l'Alélik*, près de Bône, qui fournissent au commerce d'excellente fonte aciéreuse; les usines de Kef-Oum-Theboul, près de la Calle et de Gar-Rouban, près de Tlemcen, où se traitent les minerais de cuivre et de plomb argentifère; celle de Ras-el-Mah, près de Jemmapes, où l'on traite le mercure.

La belle fonderie de M. Castelbou, à Alger.

Industrie indigène.

L'industrie la plus importante est sans contredit celle de la fabrication des tissus de laine, les nécessités hygiéniques ayant fait adopter aux indigènes l'usage presque exclusif de la laine pour se vêtir et s'abriter.

Les femmes Arabes lavent et préparent la laine avec une grande habileté ; elles lui donnent une blancheur éclatante et la rendent aussi douce et aussi fine que la soie. Le filage est le même qu'aux temps de Moïse ; mais les hommes, qui filent eux aussi, s'y prennent d'une manière toute particulière : ils s'asseoient par terre, et, sans se servir d'aucun instrument, tenant d'une main la laine, de l'autre ils tirent le fil et le font passer par le gros doigt du pied pour le tordre ; ils le font lestement, et le fil qu'ils obtiennent est d'une très-bonne qualité.

Les tissus les plus remarquables qu'on exécute sont d'abord les *burnous*. Ils sont faits d'un seul morceau et sortent tout confectionnés du métier ; le drap en est fort et uni ; quelquefois il est même d'une finesse extrême, et, quoiqu'il ne soit ni foulé, ni apprêté, puisque les Arabes n'ont pas de foulerie, il est aussi moelleux que les plus beaux draps de l'Europe.

Après les burnous viennent les tapis, pour lesquels on emploie ordinairement la mauvaise laine, qu'on fait teindre dans les villes par les Juifs. Cependant, lorsqu'il s'agit d'ouvrages tout-à-fait courants, les femmes Arabes font elles-mêmes, avec des écorces et de la terre, une espèce de teinture rouge, laquelle n'est pas jolie, mais en revanche est très-solide et n'est pas altérée par le temps ; souvent même elles se passent de toute teinture, et, mêlant adroitement la laine blanche à la laine noire, font ces tapis rayés dont on se sert pour faire les tellis ou doubles sacs pour le transport des denrées. Les tapis sont le luxe de l'Arabe aisé ; ils remplacent le lit des peuples civilisés, car les pauvres couchent sur la terre nue ou sur une natte de *diss*. Il y en a de fort beaux ; mais la disposition des couleurs et des dessins laisse beaucoup à désirer.

Les tentes sont enfin les tissus les plus considérables, quoique les plus ordinaires, qui sortent du métier des femmes Arabes ; elles sont faites de poils de chèvre et ont jusqu'à vingt mètres de long sur huit de large. L'étoffe en est si solide et si serrée qu'elle est inusable ; la pluie n'y pénètre pas, et on y est mieux abrité que sous le gourbi. La tente se compose de plusieurs lès que les hommes mettent ensemble, car la femme Arabe ne sait pas se servir de l'aiguille.

Les métiers dont on se sert pour exécuter ces différents ouvrages sont fort simples et tels qu'ils étaient peut-être à l'époque où l'on a inventé l'art de tisser. Ils se composent de bois raboteux appuyés sur quatre bâtons qu'on fixe au sol, toutes les fois qu'on en a besoin, à une très-petite hauteur, pour permettre de travailler aux femmes qui voudraient rester assises, car celles ci n'ont pas d'autre siége que le sol.

La fabrication des tissus de soie et des mousselines brodées d'or et d'argent, la sellerie et la sparterie constituent des branches d'industrie assez importantes, ainsi que la préparation des essences de rose et de jasmin. Les selliers arabes confectionnent de brillantes selles *(serdj-omara)*, en maroquin rouge, ornées de broderies en soie, or et argent, des *balaskra*, cartouchières; des *chentaya*, porte-pistolets; des *tarkiba*, porte-éperons ; des *djibira*, gibecières, décorées d'élégantes arabesques en or, sur velours noir. Il faut mentionner encore, parmi les produits de la sellerie indigène, les *chkara*, sacs à tabac en drap brodé de fils d'or ; les *rekab*, étriers arabes en fer argenté et damasquiné ; les *kechdak*, aiguillettes en soie ponceau, servant à suspendre les pistolets, et les *mehazma*, riches ceintures en cuir rouge.

Les différentes espèces de broderies sont aussi remarquables par le contraste heurté des couleurs les plus vives que par l'originalité hardie des arabesques. Elles accusent toute l'habileté patiente de la main-d'œuvre qui les a façonnées. Ce sont : des *balita*, châles de juives, en soie noire, frangés d'orpaillons jaunes ; des *benika*, coiffures de femme, en forme de capuchons, brodées en soie ; des *rlila*, et *bedaïa*, vestes et gilets en drap vert, avec passementeries en soie noircie ; des *habaïa*, robes juives en soie bleue ou grenat, brodées d'or.

Les chaussures les plus riches sont les *temag*, bottes en cuir jaune ou rouge, brodées d'or ou d'argent, et les babouches en maroquin, appelées *telgha*. Celles de Tlemcen sont en jaune citron ou rouge vif, enjolivées de gauffrures et de coutures en fil d'argent ; les mules d'Oran et de Constantine sont tout-à-fait pareilles aux *chinellas* que portent les métisses chinoises et tagales de l'île de Luçon. Ces mules ont la semelle en maroquin rouge ; l'intérieur est garni de damas de soie cramoisie, et le recouvrement est en velours vert, émeraude ou pourpre, brodé en or fin et orné de paillettes.

Les éventails arabes méritent une mention particulière ; ils ont la forme d'un drapeau déployé, sont tressés avec des filets de bois et des feuilles de palmier, et garnis de houppettes de soie floche, jaune d'or et verte, ou blanche et amarante, ou blanche et bleue. La surface des éventails riches est ornée d'étoiles, de palmes, de rosettes, d'anges, de cœurs et d'une centaine d'autres petits sujets en paillon, estampé de diverses nuances. Enfin, quelques-uns sont recouverts de mérinos blanc ou de soierie lamée d'or, et sur ce tissu sont appliquées des paillettes de toutes formes et de toutes couleurs. On fait à Oran des écrans en plumes d'autruches noires, dont le centre est enrichi d'une broderie d'or et d'argent sur velours pourpre et le manche formé d'une tige d'argent habilement ciselée.

Ces industries, presque exclusivement mauresques, ont beaucoup perdu, depuis la conquête, de leur ancienne prospérité ; mais, malgré cet état d'infériorité, elles n'en sont pas moins une précieuse ressource pour la population musulmane des villes à laquelle elles assurent des moyens d'existence qu'elle ne saurait trouver ailleurs.

C'est dans la Kabylie que se trouve concentrée l'industrie de la fabrication de l'huile. Les procédés varient suivant les tribus. Dans toute la partie ouest de la Kabylie, depuis les Krachenas, au pourtour de la Mitidja jusques et y compris les Guechtoula, les olives sont exposées pendant huit à quinze jours à l'ardeur du soleil, et amenées par l'action calorifique à un état de fermentation qui compromet et détériore la qualité de l'huile. Elles sont ensuite disposées dans une auge grossièrement revêtue en maçonnerie, et piétinées ; ailleurs, foulées entre de grosses pierres. Cette opération achevée, on dégage le noyau de la partie charnue qui, à son tour, est pressée à la main. Après avoir extrait par ce procédé, d'une barbarie primitive, toute l'huile que peut donner une aussi faible pression, le résidu est immergé par petite partie dans l'eau chaude, et manipulé jusqu'à l'obtention de la recense. Il est ensuite jeté ou abandonné. C'est ainsi que l'on procède dans une foule de tribus de la Kabylie, et surtout sur les points où la race arabe met la main à cette industrie ; aussi n'obtient-on qu'un produit fort inférieur, plus propre à la fabrique qu'à l'alimentation.

Dans la partie Est du Jurjura, et dans le cercle de Bougie, les populations possèdent des presses à vis en bois, grossièrement établies et mal outillées, mais donnant cependant des résultats plus avantageux que la pression des pieds et des mains, pratiquée surtout dans l'ouest, autour d'Alger et de Blidah.

Malgré ces imperfections, l'industrie de la fabrication de l'huile est la plus importante de ces contrées ; elle donne la vie à plusieurs centaines de moulins, mus par des cours d'eau qu'alimente la fonte lente et continue des neiges du Jurjura. De la Kabylie, les outres d'huile s'écoulent dans tous les sens : au nord, vers le littoral africain ; en Europe, par les ports de Dellys, Bougie, Djijelly, Kollo et beaucoup d'autres point secondaires ; à l'ouest, vers la Mitidja et Alger ; à l'est, vers Guelma et Constantine ; au sud, vers le Sahara et le Soudan, où la distance ajoute un tel prix à sa valeur, que l'huile y devient une matière précieuse. Elle est portée par les Kabyles à Bou-Saada ; de Bou-Saada à Metlili, par les Ouled-Naïl ; de Metlili à Goléa, et de Goléa à l'oasis du Touat, par les Chamba ; enfin, du Touat à Tombouctou, par les Touareg. *Ainsi, dit M. Carette, dans un de ses ouvrages, deux gouttes d'huile échappées des presses de la Kabylie algérienne peuvent aller aboutir, l'une aux bords de la Seine, l'autre aux rives mystérieuses du Niger.*

Vers le sommet des montagnes, où règnent d'immenses espaces couverts de forêts vierges, le Kabyle est bûcheron et tourneur. C'est de ces hautes régions que descend toute la vaisselle indigène de l'Algérie ; c'est là particulièrement que se fabriquent ces plats majestueux, en bois de hêtre, appelés *gaça*. Là où domine la roche ingrate, où le sol ne produit ni blés, ni fruits, ni arbres, le kabyle est orfèvre, forgeron, armurier. Ainsi, la tribu des Flissa est une grande manufacture d'armes blanches ; elle fabrique de longs sabres droits et pointus, que les Kabyles appellent *khedama* et auxquels nous donnons son nom. Ailleurs, ce sont des manufactures d'armes à feu : la tribu des Beni-Abbès, par exemple, livre au commerce indigène de longs fusils, produit de ses usines, et, en particulier, des platines qui jouissent d'une certaine vogue. Elle fabrique beaucoup aussi de ces jolies petites poudrières kabyles contenant quinze charges, dont le modèle importé en France ferait la fortune d'un armurier.

Dans les montagnes de Beni-Sliman, le Kabyle est surtout mineur; le contrefort du Kendirou contient des mines de fer en pleine exploitation. Le minerai, extrait du pic à roc, est traité par le charbon de bois, dans de petits fourneaux à la catalane; les soufflets, faits en peaux de bouc, rappellent ceux de nos étameurs forains.

Lorsqu'on pénètra dans le village d'Haït-el-Hassen et dans les villages voisins, en 1857, on y trouva des matrices de fausse monnaie turque et française et de très-habiles faux-monnayeurs. Contraints de renoncer, depuis cette époque, à leur criminelle industrie, ils se sont adonnés les habitants à la fabrication des objets de parure pour femme. Rien de plus original que ces larges ferets, en cuivre blanchi au mercure ou en argent, qui couvrent le front pour retomber en grappes à piécettes de cuivre et de corail sur les épaules des femmes kabyles : c'est le *thaasebt* qui est offert en signe d'alliance par le fiancé. Les agraffes *(ibzimen)* ont une forme des plus originales : c'est tantôt un cœur, tantôt un polygone régulier hérissé de pointes de corail sous lequel rampe une longue épingle de huit centimètres barbelée à sa base. Mentionnons aussi le bracelet depuis le simple fer-blanc à 10 centimes jusqu'à l'argent; enfin les boucles d'oreille *(Il rassin)* recourbées en hameçon et se terminant, à l'autre extrémité, par un châton surmonté d'un gros grains de corail et entouré d'un diadème de petites perles de métal fondu.

Si l'on pénètre dans la boutique d'un de ces Benvenuto ignoré qui s'appellent tout simplement *sadaden* (forgeron), on aperçoit une petite enclume, un marteau, un ciseau, quelque peu de charbon qui se consume dans un trou de terre. Si, avec des instruments grossiers, à force de travail et d'industrie, le peuple kabyle est arrivé à une fabrication presque artistique et à coup sûr bien originale, ne peut-on espérer que la vulgarisation des idées et des instruments français amènera dans ce pays la révélation d'aptitudes exceptionnelles pour l'industrie métallurgique.

LE CRÉDIT

On se plaint souvent en Algérie de la rareté des capitaux; on répète sans cesse que le pays offre des ressources considérables qui n'attendent que des bras et de l'argent pour être mises en valeur. Mais cet éloignement des capitaux est facile à expliquer et à justifier. Si le capital a fait défaut, c'est qu'il ne tente que les spéculations qui lui inspirent de la confiance, et que, jusqu'à ce jour, il n'en a pas eu dans l'industrie agricole. On a beaucoup parlé jusqu'à présent des impenses et des sacrifices des cultivateurs, et rarement des bénéfices réalisés sur l'ensemble des exploitations. Pourrait-on citer une grande propriété dont la valeur vénale soit cotée d'après la moyenne du revenu annuel? Existe-t-il un mode d'exploitation vulgarisé et suivi? Le rendement de nos meilleurs produits : les céréales, le tabac, l'engrais du bétail, n'est-il pas encore un objet de discussion et de controverse? On ne

---

La Production agricole en Algérie et le taux de l'argent, par Paul PERRET.

saurait se le dissimuler : en Algérie, tout est superbe comme produit, rien n'est encore certain comme revenu.

En vain, dira-t-on que le capital a tort. Non, le capital a raison ; car il ne peut se conserver que sous la condition du payement de l'intérêt. Jusqu'à ce que le revenu et, conséquemment, le payement de l'intérêt ait acquis une certitude normale, le capital, qui est essentiellement positif, s'éloignera de nous.

Que le pays puisse, une fois pour toutes, franchir la période des tâtonnements inhérents à toute création, et entrer dans la voie de la spéculation positive ; que les résultats de notre production agricole ou industrielle soient un fait acquis pour l'Europe, et le capital se portera vers nous avec autant d'empressement qu'il a mis d'abord de persistance à s'éloigner.

Dans les pays qui se créent, les affaires sont généralement difficiles ; le hasard a une large part dans le succès de ceux qui entreprennent, et le capital qui se loue au spéculateur, cherche instinctivement à se garantir des chances aléatoires par l'élévation de la prime ou de l'intérêt ; ce qui est, à tort, qualifié d'usure par ceux qui n'ont pas une idée exacte de la proportion qui doit nécessairement exister entre les risques et les bénéfices.

Néanmoins si, à mesure que les risques diminuent, l'intérêt du capital ne diminue pas progressivement, il devient évident que les détenteurs du numéraire exploitent à leur profit, au détriment du producteur, une situation dont ils ont seuls une connaissance parfaite ; ils cessent alors d'être capitalistes pour prendre rang parmi les juifs du capital ; c'est ce qui arrive aujourd'hui en Algérie.

L'incertitude où l'on est en Europe sur la valeur de nos produits et le revenu probable de la propriété foncière, retient le capital, malgré le taux avantageux de l'intérêt. L'argent qui se prête ici ostensiblement à 10 pour cent ne suffit pas pour satisfaire les besoins de la production, principalement dans les opérations d'escompte; le complément nécessaire est alors fourni par une horde d'escompteurs anonymes dont les opérations sont aussi certaines et bien plus lucratives que celles de la Banque de l'Algérie.

Le taux actuel de l'argent est, dans la province d'Alger, de 8 à 15 pour cent sur hypothèque, et de 18 à 36 pour cent sur valeurs à 3 mois d'échéance, tandis qu'en Europe le taux hypothécaire est de 3 à 5 pour cent, et celui de l'escompte, de 6 à 8. Il en résulte que la prime prélevée par le capital sur les produits algériens est à la prime prélevée sur les produits européens, dans la proportion de 3 à 1 ; proportion que l'on peut porter de 4 à 1, à cause de la cherté de la main-d'œuvre et des instruments. Nous dépensons donc 4 fois ce que l'on dépense en France, soit que nous voulions produire ou améliorer. On comprendra dès-lors tout ce qu'il faut au colon d'activité, d'intelligence et de volonté pour supporter une charge aussi lourde.

Quant aux indigènes, l'incertitude et l'indivision de la propriété rendant le prêt hypothécaire presqu'impossible, et la difficulté de connaître leur position individuelle ne permettant guère au banquier de risquer les opérations de l'escompte, ils sont réduits à emprunter à un taux usuraire chez les Juifs indigènes, chez les Anglo-Maltais et chez quelques Français, ne craignons pas de le dire ; mais reconnaissons que, dans les bénéfices de l'opération, les enfants d'Israël savent prélever la part du lion.

Ce rapide exposé doit suffire pour faire comprendre combien il est urgent de fonder, en Algérie, de larges institutions de crédit également accessibles à tous les producteurs, sans distinction?

Banque de l'Algérie.

Le gouvernement, après avoir autorisé la Banque de France à établir un comptoir à Alger, le 16 décembre 1847, créa le 4 août 1851 une *banque spéciale de l'Algérie*, ayant seule le privilége d'émettre des billets au porteur, payables à vue et ayant cours dans les caisses publiques de la colonie.

Afin de donner à cet établissement le moyen d'assurer, sur une plus large échelle, l'escompte du papier et d'offrir ainsi au commerce algérien des facilités nouvelles, le ministre des finances a, par décision du 6 août 1863, arrêté les dispositions suivantes :

1° La Banque de l'Algérie est autorisée à réescompter à la Banque de France, jusqu'à concurrence de *quatre millions*, les effets de commerce existants dans son portefeuille;

2° Les fonds appartenant au Trésor et composant les encaisses des trésoriers-payeurs seront, à l'avenir, déposés à la Banque d'Alger et aux succursales d'Oran et de Constantine, ces fonds étant d'ailleurs toujours tenus à la disposition du Trésor.

La Banque de l'Algérie a escompté, en 1863 :

A Alger,	64,201 effets pour	39,101,843 fr. 89
A Constantine,	17,394 —	17,487,211 fr. 11
A Oran,	29,102 —	19,247,229 fr. 81
Total,	110,897 effets pour	36,734,440 fr. 92

Elle a reçu à l'encaissement :

A Alger,	27,114 effets pour	13,782,885 fr. 15
A Constantine,	1,440 —	910.565 fr. 51
A Oran,	1,979 —	801.989 fr. 78
Total,	30,533 effets pour	15,495,440 fr. 44

Crédit foncier.

Le privilége accordé au crédit foncier de France s'étend au territoire de l'Algérie.

Parmi les prêts hypothécaires et les prêts communaux de 1863, figurent :

46 prêts hypothécaires et 2 prêts communaux.

Depuis l'installation du service en Algérie, qui date d'environ trois années, il a été adressé de ce pays, au Crédit foncier de France, 257 demandes de prêts ; 219 ont été accueillies, mais 63 ont été retirées après autorisation ; sur les 156 demandes maintenues, 111 avaient été réalisées au 31 décembre 1863, représentant une somme totale de 1,453,600 francs ; 26 autres, montant ensemble à 403,500 francs, avaient été l'objet d'actes conditionnels ; enfin les 19 dernières, s'élevant à une somme de 338,500 francs, devaient être réalisées dans un bref délai.

Ces 156 prêts, s'élevant ensemble à 2,195,600 francs, se répartissent ainsi :

1° Ville d'Alger...	22 prêts, pour	304,500
2° Autres villes et propriétés rurales dans le département d'Alger,	97 prêts, pour	1,037,500
3° Départem. d'Oran,	19 prêts, pour	294,600
4° Département de Constantine......	24 prêts, pour	559,000
	Total... fr.	2,195,600

Les prêts communaux en Algérie s'élèvent à 2,900,000 fr. Ils consistent dans un prêt de 2 millions à la ville d'Alger, et dans deux prêts aux villes de Constantine et de Boufarik.

L'ensemble des prêts à long terme consentis en Algérie s'élève ainsi à.......... fr. 5,095,600

POPULATION

Européens.

D'après le tableau général du dénombrement de la population, opéré en 1861, la population européenne s'élève à 192,746 individus, dont 112,229 français, et se répartit ainsi entre les 3 provinces :

Provinces.	Français.	Etrangers.
Alger............	49,731	33,976
Oran............	32,055	29,209
Constantine......	30,443	17,332
	112,229	80.517

La portion afférente au territoire militaire dans les résultats généraux ci-dessus constatés se résume ainsi pour chaque province :

Provinces.	Français.	Etrangers.
Alger............	1,787	486
Oran............	3,276	1,878
Constantine......	958	398
	6,021	2,762

On décompose ainsi, par nationalité, la population étrangère :

Espagnols.	49,628
Italiens.	12,391
Anglo-Maltais.	8,888
Allemands.	5,330
Suisses.	1.249
Belges.	671
Polonais.	313
Portugais.	95
Grecs.	33
Divers.	1,919
	80,517

Population indigène.

La population indigène est évaluée, d'après le dernier recesement, à 2,793,236 habitants, dont 28,097 Juifs.

La population indigène musulmane comprend des éléments très-divers. On distingue les *Berbères* ou *Kabyles* ; ce sont les aborigènes ; les *Arabes* ; les *Maures* ou Arabes des villes ; les *Kouluglis*, fils de Turcs et de femmes mauresques, et les *Nègres* venus de l'Afrique centrale. Les deux races dominantes sont les Berbères et les Arabes.

Berbères ou Kabyles.

Les peuplades qui forment la race berbère se rencontrent dans presque toutes les parties de l'Afrique septentrionale ; on les trouve depuis la Méditerranée jusqu'au Niger et depuis l'Atlantique jusqu'aux oasis égyptiennes. Les unes habitent les montagnes et cultivent les jardins qui entourent leurs villages, ou bien ils s'adonnent à l'exercice des arts utiles ; les autres demeurent dans les plaines et s'occupent de l'agriculture et de l'éducation des troupeaux ; d'autres se tiennent dans les bourgades situées entre le Tell et le grand désert, où ils s'occupent de commerce ; quelques branches de la grande famille des Touareg passent leur temps à piller les caravanes, à escorter les voyageurs et à combattre les Arabes et les nègres leurs voisins.

Les Berbères ou Kabyles de l'Algérie actuelle sont, dans la province d'Alger : les *Zouaoua*, les *Flissa*, les *Guechtoula*, les *Nezlioua*, occupant, entre l'Isser et l'oued-Sahel, le pâté montagneux désigné par nous et d'une manière purement conventionnelle sous le nom de grande Kabylie ; les *Beni Aïdel*, dépendant du cercle d'Aumale ; les *Mouzaïa* et les *Soumata*, au nord et au sud de Médéah ; les tribus des cercles de Cherchel et de Ténès ; les tribus de l'Ouanseris, au sud d'Orléansville ; et, dans le Sahara, les *Beni-Mzab*, les *Ouragla*, les *Touareug*.

Dans la province d'Oran : les tribus du Dahra ; les *Beni-Ourar*, les *Flita*, les *Oulhasa*, les *Trara*, les *Msirda*, les *Beni-Snous*.

Dans la province de Constantine, de l'oued-Sahel à la Seybouse, c'est-à-dire dans l'espace désigné, toujours par les Français, sous le nom de petite Kabylie : les *Beni-Mehenna*, et les *Beni-Tifout*, du cercle de Philippeville ; les tribus du *Ferdjioua*, du *Zerdeza*, du *Zouagha* ; les tribus du sahel de Djidjelli, les tribus du Babor et du Guergour, au nord et à l'ouest de Sétif ; les *Beni-Abbès*, dans le bassin de l'oued-Sahel ; les *Mzaïa*, les *Toudja*, les *Fenaïa*, les *Aït-Ameur*, du cercle de Bougie ; les *Chaouïa*, dans l'Aurès ; les *Zibannis* et les *Rouar'a*, dans le Sahara.

Nous prenons le Berbère ou le Kabyle de l'est d'Alger comme type général de la race.

Le Kabyle est d'une taille moyenne, bien prise ; sa constitution est robuste ; l'ensemble de sa physionomie, à l'encontre des races conquérantes venues de l'Arabie, est germanique : il a la tête volumineuse, le visage carré, le front large et droit, le nez et les lèvres épaisses, les yeux bleus, les cheveux généralement rouges, le teint blanc.

Ses vêtements sont la *chelouhha* ou chemise en laine qui dépasse les genoux, les *haïks* et le *burnous*; il porte pour le travail un large tablier de cuirs ou *tabenta*; sa tête est presque toujours nue; il recouvre ses jambes de guêtres sans pieds, en laine tricotée, *bourerous*.

Les Arabes.

Leur introduction en Afrique ne date pas, comme on le pense généralement, de l'époque des premières invasions musulmanes, dans le VIIe siècle. Ceux des soldats de la guerre sainte qui s'établirent alors en petit nombre en Afrique restèrent dans les villes. Ce ne fut que quatre cents ans plus tard, que les tribus arabes se fixèrent en Afrique pour y mener l'existence nomade. Voici à quelle occasion: Dans le XIe siècle, Moaz, gouverneur de l'Afrique pour le sultan Fathimite, qui régnait en Egypte, s'étant mis en révolte contre son souverain, celui-ci accorda l'autorisation d'envahir les provinces de l'Ouest à plusieurs tribus arabes sorties de la péninsule arabique et campées dans la haute Egypte. C'étaient les Riah, les Zogba et une portion des Beni-Amer et des Sehan. Ces tribus firent irruption par Barka, pillèrent Kairouan, ravagèrent la plupart des villes et commirent des excès de tous genres. On parvint à réprimer leur audace et à les châtier; mais elles ne sortirent plus de l'Afrique, et devinrent le noyau de la population arabe qu'on rencontre aujourd'hui dans les états de Tripoli, de la Tunisie, dans le Maroc et dans l'Algérie.

Les tribus arabes les plus importantes de l'Algérie sont:

Pour la province de Constantine, dans le Tell: les

Hanencha, les *Nememcha*, les *Haracta*, les *Oulad-Si-Yahaïa-ben-Taleb*, les *Sellaoua*, les *Segnia*, les *Telar'ma*, les *Oulad abd-el-Nour*, les *Eulma*, les *Ameur-Gharaba*, les *Oulad-Sllem*, les *Oulad Sultan*, les *Oulad-ali-ben-Sabor*; dans le Sahara : les *Oulad-Naïl-Cheraga*, les *Rahman*, les *Oulad-Zekri*, les *Oulat-Moulad*, les *Oulad-Saïah*.

Pour la province d'Alger, dans le Tell : les *Attafs*, les *Oulad-Kseïr*, les *Oulad-Krouïdem*, les *Sbeah*, les *Arib*, les *Beni-Djaad*, les *Beni-Sliman*, les *Beni-Krelifa*, les *Khrachna*, les *Beni-Moussa*, les *Beni-Hassen*, les *Oulad-Moktar*, les tribus du *Titri*; dans le Sahara : les *Zenakra*, les *Ooulad-Chaïb*, les *Rahman*, les *Oulad-Naïl-Gharaba*, les *Larba*, les *Arazlia*.

Pour la province d'Oran, dans le Tell : les *Flita*, les *Hachem*, les *Sdama*, les tribus de la *Yakoubia*, les *Djafra*, les *Beni-Ameur*, les *Ghosel*; dans le Sahara : les tribus du *djebel-Amour*, les *Harar*, et les *Hamïan*.

L'Arabe est de race blanche; il est grand de taille, vigoureux; il a le visage ovale, le front fuyant, les yeux noirs et vifs, le nez busqué, les lèvres minces, les cheveux et la barbe noirs; il s'habille avec des burnous et des haïks; l'ensemble de ces différentes pièces maintient sur le corps une température toujours égale, soit qu'on les relâche soit qu'on les resserre.

Les Maures.

On donne le nom de Maures aux Arabes citadins ou *hadar*. « Cette faible minorité vit aujourd'hui dans un milieu qui n'est pas exclusivement le sien et qui n'y a point formé société à part. » Une grande partie des Maures, auxquels leur fortune l'ont permis, ont émigré, lors de notre arrivée en Algérie : à Alexandrie, au Kaire, à Constantinople, et moins loin, en Tunisie ou au Maroc; la misère tend à faire disparaître de jour en jour ceux qui n'ont pu suivre les premiers, qui s'assimilant plus ou moins nos mœurs et nos institutions, se sont généralement adonnés au commerce.

Les Maures sont d'une taille au-dessus de la moyenne, leur visage est ovale, la peau est plutôt blanche que brune, le nez est aquilin, la bouche est moyenne et épaisse, les yeux sont grands et assez vifs, la barbe et les cheveux sont noirs et abondants.

Le costume des Maures se rapproche beaucoup de celui des Orientaux : ils portent une culotte fort large, *seroual*, qui leur laisse les jambes nues; une veste, *djabadoli*, et deux gilets brodés en or ou en soie, *sedria*; ils ont pour coiffure un turban ou pièce de mousseline enroulée autour d'une calotte ou *chachia*, ils portent rarement des bas et ils ont pour chaussures de larges souliers, *sebabath*, dans lesquels ils mettent quelquefois d'autres chaussures, c'est-à-dire des pantoufles de maroquin jaune ou rouge, *babouches*.

Les Kouloughis.

Les Kouloughis, fils de Turcs et de femmes mauresques, disparaissent de jour en jour. Rien, du reste, ne les distingue des Maures : ils en ont le costume et les mœurs. Voulant jouir des droits qu'avaient leurs frères, fils de Turcs et d'esclaves chrétiennes, ils furent souvent un embarras pour les pachas, qui les firent massacrer ou exiler à plusieurs reprises.

Les Nègres.

Les nègres qu'on trouve disséminés dans l'Algérie sont originaires du centre de l'Afrique. Depuis un temps immémorial, les Arabes et les Maures avaient des esclaves nègres, dont la plupart étaient affranchis, soit parce qu'ils rachetaient leur liberté, soit parce qu'au lit de mort leurs maîtres la leur rendaient. Un décret du gouvernement provisoire a, en 1848, rendu la liberté à tous les nègres de l'Algérie.

Les nègres, sans avoir de monopole, exercent les métiers de marchands de chaux, de blanchisseurs de maisons, de fabricants de sparterie ; puis, à l'occasion, ils sont manœuvres, terrassiers, portefaix.

Les nègres, en dehors de leurs occupations habituelles, ont l'attribution du tapage. Aux fêtes musulmanes et à nos fêtes publiques, ils parcourent les rues, gambadant, gesticulant au son assourdissant de la grosse caisse, du tamtam et des *karakob* (castagnettes en fer) ; puis ils stationnent sur les places publiques pour y exécuter des rondes sans fin, dont ils marquent la mesure avec des bâtonnets qu'ils lèvent et frappent en cadence au-dessus de leurs têtes.

Les Juifs.

Les Juifs, qui furent nos premiers médiateurs, nos premiers interprètes en Algérie, y avaient obtenu dès longtemps droit de cité, malgré la répugnance prononcée que les Musulmans et les Maures leur ont toujours témoignée. Il n'est pas une seule ville de l'intérieur qui ne compte des Israélites parmi ses habitants. Il y en a dans toutes les cités éparses du Sahara, à Tuggurt, à Bou-Saada, dans l'Ouad-Mzab et jusqu'à Ouargla.

Leur costume, taillé comme celui des Maures, est de couleur sombre ; le turban est noir, des bas et des souliers remplacent les chaussettes et les babouches des musulmans. Les élégants de la jeune génération s'habillent à l'européenne ; mais ils ont beau chausser des souliers vernis et faire briller des bagues à tous leurs doigts, on les reconnaît facilement : ils ont toujours le même aspect vulgaire.

Les Berranis.

Au milieu des *Hadars* ou citadins indigènes de l'Algérie, vivent les *Berranis* ou gens du dehors, gens d'origine et de races diverses dont nous ignorons souvent les antécédents, la moralité, ainsi que la langue, qui échappe même quelquefois au savoir de nos interprètes.

Ces étrangers, ou Berranis, sont les Biskris, les Kabyles, les Mzitis, les nègres, les Mzabis et les Laghouatis; puis les gens de Tunis ou du Maroc, connus plus particulièrement sous la désignation de *Berranis*. Tous viennent momentanément exercer leur industrie dans les principaux centres de population du Tell.

Les *Biskris* sont originaires du Zab, dont Biskra est la capitale. Ils se font canotiers, portefaix, porteurs d'eau, cureurs de puits.

Les *Kabyles* exercent dans les villes les métiers de manœuvres, de terrassiers, de maçons, de boulangers; ils se livrent dans les fermes à tous les travaux de l'agriculture.

Les *Mzitis*, réunis aux Kabyles, viennent de Mansoura, non loin de Bordj-bou-Areridj. Ils sont à Alger marchands et mesureurs de blé. Quelques-uns sont baigneurs et portefaix.

Les *Mzabis* ou Mozabites appartiennent au Mzab, contrée située sous le méridien et à 200 lieues d'Alger.

Les Mzabis, blonds ou bruns, ont le front haut, plutôt étroit que large, les yeux obliques et impénétrables, le nez long, busqué comme celui des juifs, la lèvre mince, dédaigneuse, estompée d'une légère moustache, le menton pointu et couvert de quelques poils. Les Mzabis sont d'une taille plutôt moyenne que grande, leurs membres sont grêles et cependent robustes. Il est bien entendu que cette physiologie est générale et qu'elle comporte ses exceptions.

Les Mzabis, reconnaissables par le signalement que nous venons de donner, le sont encore par leur costume, qui se compose du burnous blanc et du baïk, laissant le front à découvert, et dont la partie inférieure cache presque toujours le menton et la bouche, par suite de l'habitude que les Mzabis ont au pays pour se garantir des vents étouffants du simoun. Quand ils ne portent point ce costume, ils le remplacent par une espèce de gandoura ou épaisse chemise de laine rayée, bleue, rouge et jaune.

Les Mzabis sont schismatiques; ils appartiennent à la secte de l'assassin d'Ali, gendre du prophète; ils ont leur cimetière à part, près de la koubba de Sidi ben-Nour, sur un des mamelons de Bou-Zaréa et au-dessus de l'hôpital du dey.

Les Mzabis qui viennent à Alger, exercent les professions de baigneurs, d'entrepreneurs de charrois, de bouchers, de meuniers, de traiteurs, de fruitiers, de marchands de charbon, et enfin de négociants et de banquiers au besoin.

Les *Laghouatis*, réunis aux Mzabis, comme les Mzitis l'ont été aux Kabyles, exercent généralement dans la ville la profession de mesureurs et porteurs d'huile; ils sont assez reconnaissables à leurs costumes graissés par l'huile.

Les *Berranis* proprement dits sont : les *Mar'rarba* ou *Marocains*, *Riflens* et *Cheleuh*, exerçant le métier de charbonniers et de manœuvres; les *Gharaba*, ou Arabes de la province d'Oran, tous muletiers ou bouviers; et les *Tunisiens*, portefaix et manœuvres.

LES FEMMES INDIGÈNES.

Les femmes arabes sont les esclaves de leurs maris : tour-à-tour meunières et cuisinières, blanchisseuses et tailleuses, on les voit chargées de toutes les occupations manuelles.

Constamment dans un état d'infériorité vis-à-vis de son mari, la femme arabe ne mange pas avec lui et encore moins avec ses hôtes ; mais, en revanche, elle le sert à table et demeure debout en sa présence. Uniquement préposée aux soins de la tente, elle prépare la nourriture de son seigneur, prend soin de son cheval, et tient l'étrier lorsqu'il en descend. Elle est occupée pendant tout le jour à tisser des étoffes ou à moudre le blé ; car généralement on moud, dans chaque famille, le blé dont on a besoin, et ce sont les femmes qui font ce travail, dont elles s'acquittent en chantant. Il faut encore que le soir elles aillent, à une distance assez

---

Nous recommandons à nos lecteurs une brochure dans laquelle nous avons puisés de nombreux renseignements : *De l'Emancipation de la femme arabe*, par M. le commandant RICHARD.

considérable, et toujours chargées de leurs enfants, faire la provision d'eau dans des outres de peau de bouc, appelées *guerbas*, qu'elles emplissent avec un petit chaudron de fer. Ce sont elles, enfin, qui tissent cette étoffe épaisse et solide, formée de laine et de barbe de palmier nain, qui constitue la tente, c'est-à-dire la maison mobile de la famille.

La femme arabe assure à l'homme les trois choses essentielles de la vie matérielle : aliment, vêtement, abri. Aussi, si l'on demande à un fils d'Ismaël pourquoi il se marie, il vous répond naïvement : « C'est la faim qui me presse ; je ne sais plus où aller manger. » Ce premier besoin satisfait, il songe aux autres, et si sa fortune le permet, prend successivement autant de femmes qu'il lui en faut pour s'assurer un grand train de maison et le confort intérieur auquel il peut prétendre. Le dernier degré hiérarchique de la tente arabe est représenté par une femme maladive et maladroite ; le premier par quatre vigoureuses luronnes capables de bâcler dans un instant le repas de vingt hôtes, et de faire ainsi honneur à leur mari.

La femme arabe ne peut paraître aux réunions où se trouvent des hommes et garde toujours son voile. Elle n'est jamais réputée libre de ses actions, et, sortie de la tutelle paternelle pour passer sous celle de son mari, elle rentre, en cas de divorce, sous la dépendance de son père.

Le plus souvent, l'Arabe qui se marie ne connaît pas sa femme ; s'il l'a aperçue, ce n'est que par hasard, à la dérobée, à l'aide de l'indiscrétion souvent volontaire du voile qui la couvre. Au rebours de ce qui se pratique dans les pays civilisés, là c'est le mari qui dote la femme, et il lui doit de plus un entretien honnête et proportionné à ses moyens et à la naissance de l'épouse. Les actes peuvent comporter certaines conditions de l'exécution desquelles dépend la validité de l'union ; ce sont généralement : de ne pas faire partager à une autre le lit conjugal ; de ne pas éloigner la femme de son pays ; de ne pas en prendre une seconde; de ne pas lui associer une concubine. Mais la femme use rarement de ce privilége qui lui est donné, d'établir, pour ainsi dire, la charte de ses libertés conjugales, et la raison de cette inconséquence apparente est facile à trouver. La femme est la propriété de son père ou de son plus proche parent, qui ne la considère que comme une marchandise dont il se débarrasse quand le besoin d'argent le presse trop vivement. Or, si la fille pose des conditions au mari, elle perd sensiblement de son prix, et il y a telle condition qui, mise dans un acte, fait baisser sa valeur de 10, 30, 50 douros (50, 150, 250 fr.). Le fils d'Ismaël se garde donc bien d'assurer à sa fille des garanties quelconques, et celle-ci est livrée sans défense à son maître.

L'habillement de la femme arabe se compose d'une chemise de laine blanche appelée *habaya*, fort large et à manches courtes, qui est liée avec une corde au milieu du corps, et d'un burnous. Ses jambes nues sont ornées de *khrolkhrall*, anneaux de pieds en argent ou en cuivre ; à ses oreilles, pendent deux grands anneaux, autour desquels s'enroulent les boucles de sa chevelure, tandis que sur son sein descendent une profusion de colliers de verroterie. Elle se rougit les lèvres, la paume de la main et les ongles avec du *henné*, et se parfume avec du *souak*. Ses grands yeux, noircis de *koheul*, brillent d'un éclat d'autant plus vif, que la teinture bleue des paupières et des cils le fait mieux ressortir. La plupart des femmes arabes se tatouent : elles tracent sur leurs joues et sur leur poitrine des lignes, des losanges et des arabesques, et dessinent sur leurs jambes des serpents ou des feuilles de palmier.

Dans la famille kabyle, la femme jouit de plus de

considération et de liberté ; elle ne se voile pas la figure et est souvent admise aux réunions avec les hommes. Prenant habituellement ses repas avec sa famille, elle peut même y figurer quand il y a des étrangers. Les femmes kabyles recherchent les occasions de se montrer, paraissent à toutes les fêtes et y prennent part avec les hommes, dont elles suivent les exercices. Elles y jouent même un rôle actif par les chants et les danses auxquelles elles se livrent. Leur danse favorite s'appelle *sgara* ; elles l'exécutent au son de la *zerna*, espèce de hautbois, en brandissant un yatagan ou un fusil.

Quand un individu veut se marier, il fait part de son désir à l'un de ses amis. Celui-ci va trouver le père de la jeune fille et lui transmet la demande. On fixe la dot qui sera payée par le mari ; cette dot est, en moyenne, d'une centaine de douros (500 fr.). Si le futur ne possède pas cette somme tout entière, on lui accorde, pour la réunir, un ou deux mois. Pendant ce temps, il peut fréquenter la maison de celle qui doit être sa femme. La dot une fois réunie et payée, il emmène sa fiancée, la promène dans le village, puis la conduit sous son toit. Cette cérémonie se fait en grande pompe, au son de la clarinette turque et du tambourin. Tandis que les femmes et les enfants font retentir l'air de leur cri joyeux de *you ! you ! you ! you !* les hommes tirent des coups de fusil, et la fête se termine, enfin, comme dans tous les pays, par un repas.

La vie des femmes kabyles se partage entre les soins du ménage et les travaux agricoles, auxquels elles se livrent avec leur mari. Pendant l'hiver, elles s'occupent de la fabrication des haïks et des burnous.

Les femmes kabyles surpassent généralement en beauté les femmes arabes. Dans les villes surtout, elles ont une blancheur éclatante ; mais celles de la montagne, sans cesse brûlées par le soleil, ont, dès l'enfance, le teint rès-bronzé. Toutes sont surtout remarquables par leurs beaux yeux noirs, ornés de cils très longs, et leurs dents dont l'émail est aussi blanc que l'ivoire.

Leur costume est le même que celui de leurs maris, à l'exception toutefois du burnous, qu'elles ne portent jamais, et avec cette différence aussi qu'elles n'attachent pas le haïk à la tête. Elles se ceignent les reins d'un long morceau de toile blanche ou à larges raies, qui se noue par devant et retombe autour d'elles jusqu'à terre. Leurs jambes et leurs pieds sont constamment nus.

Les femmes kabyles se montrent souvent peu soucieuses de leur réputation, et l'on s'accorde à leur reprocher une facilité de mœurs que, dans certains cas, la dépravation des hommes autorise et provoque.

Le divorce est aussi facile et aussi fréquent que chez les Arabes, et c'est surtout dans la classe des femmes divorcées que le dérèglement est le plus commun.

Les femmes, malgré les dérèglements auxquels se livrent un grand nombre d'entr'elles, n'en sont pas moins, chez les Kabyles, entourées d'une vénération toute particulière. Ils supposent à leur sexe une puissance d'inspiration toute spéciale et suivent religieusement leurs avis. Ce respect pour les femmes se manifeste par les honneurs rendus à la mémoire de plusieurs d'entr'elles que la voix populaire a proclamées saintes.

La condition des Mauresques est de beaucoup supérieure à celle des femmes arabes. Loin d'avoir à souffrir de mauvais traitements dans leurs intérieur, elles sont impérieuses et exigeantes, et conduisent despotiquement leurs maris. Leur coquetterie dispendieuse dépasse peut-être même celle des dames européennes, ce qui n'est pas peu dire.

Une mauresque en négligé, chez elle, est à peine vêtue. Une petite chemise à manches courtes, et un caleçon fixé sur les reins, couvrent la moitié du corps ; un fichu de couleur et ordinairement en soie, noué par devant, de manière à former un petit jupon ouvert, complète tout leur ajustement.

Le costume paré de l'intérieur est très-riche et même élégant : sur une chemise bien blanche, fixée aux poignets par des bracelets, les Mauresques ont une veste à manches courtes, richement ornée de broderies en or ; un pantalon qui descend jusqu'à mi-jambe, et qui est brodé comme la veste, passe par-dessus celle-ci, tandis qu'une riche ceinture les arrête tous deux sur les hanches ; enfin, un grand châle de soie, jeté par derrière et noué négligemment par devant, entoure le bas du corps, cache une des jambes et vient traîner à terre. A ce costume vraiment éblouissant, se joint le contraste d'une jambe nue, ornée sur le coude-pied d'un grand anneau d'argent, tandis que l'extrémité du pied est à peine engagée dans une mule de velours, brodée en or.

Quand les Mauresques sortent, elles mettent un large pantalon de toile blanche qui vient s'attacher en fronçant au-dessous de la cheville ; par dessous le pantalon, une chemise courte et un foulard qui leur sert de jupon ; et, par dessus, une ou deux vestes semblables à celles des hommes ; sur tous ces vêtements, elles jettent une pièce de gaze de laine blanche et se voilent la figure au moyen d'un bandeau de mousseline très-transparent, composé de deux pièces, dont l'une couvre la gorge et le bas du visage jusqu'à la moitié du nez, tandis que l'autre s'étend depuis les sourcils jusqu'au haut de la tête ; puis, s'enveloppant dans un grand manteau de laine, qui descend jusqu'aux genoux, elles y cachent leurs mains, ne laissant absolument voir que leurs yeux.

La parure principale des femmes mauresques consiste en une quantité innombrable de perles, de diamants, de pierres précieuses et de plaquettes d'or, dont elles se couvrent, pour ainsi dire, de la tête aux pieds ; mais ces parures, quelque riche qu'elles soient, sont d'un mauvais choix : mal montées, mal taillées et placées sans art et sans aucune espèce de goût. Les femmes qui n'ont point de bijoux à attacher, soit sur leur vêtement, soit aux tresses nombreuses de leur chevelure, y suppléent par le plus grand nombre de pièces d'or qu'elles peuvent se procurer, pour les porter ainsi suspendues ; les plus pauvres des femmes du peuple emploient les petites pièces d'argent à ce même usage : les unes et les autres semblent prendre au cliquetis que produit cette singulière parure un plaisir tout particulier.

Elles ont une manière fort extraordinaire de s'embellir, ou plutôt de se défigurer, soit en se teignant les sourcils en noir, soit en les réunissant ensemble par une large ligne tracée avec la même couleur. Quelques-unes dessinent à deux doigts au-dessus des sourcils, un demi-cercle noir, qui ressemble de loin à un fil que l'on aurait attaché à l'entour de la tête et qui passerait sur le front ; d'autres, enfin, emploient cette peinture noire à distribuer sans symétrie sur leur visage, des mouches éparses, dont l'effet diffère peu de celui du tatouage en usage chez les nègres et chez les sauvages de l'Amérique.

La plupart se frottent les gencives et les lèvres avec l'écorce du noyer, friction qui donne à toutes les parties de la bouche une teinte d'orange foncée, que les Mauresques aiment passionnément. La coutume de teindre en couleur orangée, avec le henné, l'intérieur des mains ou au moins le bout des doigts, est assez généralement adoptée, surtout par les courtisanes elles font également subir ce prétendu embellissement à la plante des pieds ainsi qu'aux ongles des orteils, aux malléoles de chevilles. La gorge, ce charme-

le plus délicieux dont la nature ait orné la femme, est tellement négligée par les Mauresques, qu'elles la laissent bientôt se flétrir et se déformer; l'abus immodéré des bains chauds doit contribuer à cette dégradation, dont souvent les jeunes filles ne sont pas exemptes; mais il faut en voir la principale cause dans l'habitude qu'ont les mères de tirer, dès le jeune âge, la gorge de leurs enfants, afin de leur donner le plus d'ampleur possible, ce qui aux yeux des Maures est considéré comme un des caractères de la plus parfaite beauté.

Dès qu'une jeune fille est mariée, elle ne peut, sous quelque prétexte que ce soit, sortir de sa demeure pendant le cours de la première année, et cette prohibition n'a que de bien rares exceptions dans les années suivante. Les seules mauresques qu'on rencontre dans les rues ou sur les marchés, appartiennent ou à la classe du peuple ou à celle des femmes de mauvaise vie.

Les *juives* sont belles; à l'inverse des mauresques, on les voit partout, aux fontaines, sur le seuil des portes, devant les boutiques ou réunies devant les boulangeries banales à l'heure où les galettes sont tirées du four. Elles s'en vont alors, soit avec leur cruche remplie, soit avec leur planche au pain, traînant leurs pieds nus dans des sandales sans quartiers, leur long corps serré dans des fourreaux de soie de couleur sombre, et portant toutes, comme des veuves, un bandeau noir sur leurs cheveux. Elles marchent le visage au vent; et ces femmes en robe collante, aux joues découvertes, aux beaux yeux fixes, accoutumées aux hardiesses du regard, semblent toutes singulières dans ce monde universellement voilé. Grandes et bien faites, elles ont le port languissant, les traits réguliers, peut-être un peu fades, les bras gros et rouges, assez propres d'ailleurs, mais avec des talons sales.

La juive d'Alger, dit Mᵐᵉ Louise Valory, a une belle tête, des traits réguliers, un teint éclatant, mais ses attaches sont engorgées, communes ; sa jambe est affreuse, on la dirait atteinte de l'éléphantiasis. Sa marche n'a aucun des balancements harmonieux de la mauresque, de la femme arabe surtout. Elle traîne nonchalamment ses sandales pointues, trop étroites pour son large pied.

Les *négresses*, quoique réduites généralement à une condition misérable, sont loin d'avoir renoncé à la coquetterie et au désir de plaire. Leurs lèvres épaisses, leurs cheveux crépus, leurs narines élargies ne les rendent pas, il est vrai, très-attrayantes au premier aspect ; mais elles ont les yeux très-vifs, les dents blanches comme l'ivoire, la taille souple et bien cambrée, et, généralement, elles sont grandes et bien conformées. Leur costume est le même que celui des mauresques ; toutefois, tant qu'elles sont esclaves, elles peuvent aller dans les rues à visage découvert ; mais dès qu'elle sont devenues libres, l'usage veut qu'elles se couvrent d'un voile.

MŒURS INDIGÈNES

L'hospitalité.

Au premier rang des qualités du peuple indigène de l'Algérie, il faut placer l'hospitalité. Elle est chez ce peuple une vertu générale, sans exception. Rien de touchant comme la manière dont elle est exercée, ainsi qu'on en jugera par l'esquisse suivante, empruntée aux *Souvenirs d'un chef de bureau arabe* [1].

Un étranger, riche ou pauvre, bien ou mal vêtu, se présente à l'entrée d'une tente, quelle qu'elle soit, et dit simplement ces mots :

« O le maître de l'habitation ! je suis hôte de Dieu. »

Et toujours on lui répond :

« Que le salut soit sur toi, sois le bienvenu. »

L'étranger entre; on lui indique une place sur les matelas, les tapis, les nattes en sparterie, selon que la tente est pourvue des uns ou des autres; et aussitôt toute la famille prend un air de fête; on nettoie l'intérieur de l'habitation, on augmente le feu si le temps est froid, on offre immédiatement ce qu'il y a de prêt; il faut que la tente soit bien pauvre pour qu'elle n'ait

---

(1) *Souvenirs d'un chef de bureau arabe*, par M. Hugonnet, aujourd'hui chef du bureau arabe départemental d'Oran.

pas au moins une poule à ajouter au cousscouss de la journée ; si peu qu'elle soit dans l'aisance c'est un mouton qu'elle sacrifiera en l'honneur de l'hôte de Dieu.

Quant à l'étranger, on lui laisse pleine liberté ; point de questions indirectes ; il dira ce qu'il voudra, à la conversation du soir ; on cherchera à le distraire, on l'écoutera avec plaisir, s'il veut raconter quelque chose de sa vie, de ses voyages ; mais souvent il quittera la tente sans avoir prononcé son nom, sans avoir dit de quel pays il vient, vers quel autre il se dirige.

Et cette prévoyance de la famille qui oublie quelquefois ses besoins, mais pense toujours à l'hôte à venir, comment ne pas l'admirer ; elle tient en réserve quelques poules, la farine la meilleure, les fruits secs, etc. : « Ceci, dit-on, il ne faut pas y toucher, c'est pour les hôtes, si Dieu nous en envoie. »

L'hospitalité est un usage tellement général, obligatoire pour tous, qu'il n'est pas de termes de mépris plus outrageants pour une famille, que de dire d'elle : « Elle donne mal l'hospitalité. »

L'aumône.

Après le sentiment hospitalier, nous trouvons chez les Indigènes une qualité bien méritoire aussi, la charité.

La charité est prêchée à chaque page du Coran. Dans maints passages, elle est indiquée comme le moyen de racheter des fautes, de se purifier des mauvaises actions.

« Le Prophète, et, comme lui, tous les amis fidèles
« de Dieu ont été les amis du pauvre.

« L'aumône, c'est le réveil de ceux qui sommeil-
« lent ; celui qui l'aura faite reposera sous son om-
« brage, lorsqu'au jour du jugement Dieu réglera le
« compte des hommes.

« Il passera le *sirate*, ce pont tranchant comme un
« sabre qui s'étend de l'enfer au paradis.

« L'aumône faite avec foi, sans ostentation, en
« secret, éteint la colère de Dieu et préserve des
« morts violentes.

« Elle éteint le péché comme l'eau éteint le feu.

« Elle ferme soixante-dix portes du mal.

« Dieu n'accordera sa miséricorde qu'aux miséri-
« cordieux ; faites l'aumône, ne fût-ce que de la moitié
« d'une datte.

« Abstenez-vous de mal faire, c'est une aumône
« que vous ferez à vous-même.

« Un ange est constamment debout à la porte du
« paradis.

« Il crie :

« Qui fait l'aumône aujourd'hui, sera rassasié
demain. »

Dans les tribus, lorsqu'une famille a été éprouvée
par des malheurs, on lui vient généralment en aide ;
l'assistance des amis ne fait jamais défaut et si, malgré
leur concours, la tente ne peut se relever de ses
désastres, il suffit à son chef de se rendre auprès de
quelque grand personnage du pays, et de lui dire ces
simples mots : « O Seigneur, je suis ruiné, je n'ai
plus d'espoir qu'en toi et en Dieu ; je suis dans ta
main, je suis ton serviteur. »

« Louange à Dieu ! que Dieu te bénisse ! » lui est-il
répondu. »

Dès ce moment, il peut venir fixer sa tente ou son
gourbi dans le douar de son nouveau protecteur, à qui
il n'aura pas d'autre service à rendre que de lui faire
un compliment respectueux de temps à autre. Mais
aussi vienne l'occasion où le chef a besoin de quelqu'un pour une corvée pénible, une commission à
remplir dans les pays lointains, et le serviteur sera
tout à la disposition de celui qui lui a donné assistance.

Il n'y aura pas là un compte estimatif en francs et en centimes, mais secours et protection d'un côté, dévoûment de l'autre.

Dans les diverses parties du Tell algérien on voit aussi, au milieu des tribus, des établissements où des secours sont distribués à quiconque se présente. Ces asiles, dirigés généralement par des marabouts, reçoivent les dons des fidèles en provisions diverses et quelquefois en argent, à la charge de les transmettre aux malheureux. Habituellement ce sont des voyageurs pauvres qui parcourent le pays à la recherche d'une occupation qui les fasse vivre, et qui sont hébergés pendant quelques jours seulement. Cependant il y a aussi des indigents qui se fixent auprès de ces établissements et en tirent leur nourriture journalière ; et tout cela se fait avec une simplicité, une grandeur qui contrastent avec nos habitudes. Il n'y a ni formalités à remplir, ni paperasses visées, paraphées, approuvées à exhiber, ni règlements à suivre ; il n'y a pas ce dédale de prescriptions qui rend souvent nos établissements hospitaliers inaccessibles aux plus nécessiteux.

En Kabylie, au moment où les fruits commencent à mûrir, les chefs font publier que, pendant quinze jours, nul ne pourra, sous peine d'amende, enlever aucun fruit des arbres. A l'expiration du temps fixé, les chefs se réunissent dans la mosquée et jurent sur le Coran que l'ordre n'a pas été violé ; celui qui ne jure pas paie l'amende. On compte ensuite les pauvres de la tribu, et chaque propriétaire nourrit, à son tour, un certain nombre de pauvres, pendant un nombre de jours proportionné à l'importance de sa récolte, jusqu'à ce que la saison des fruits soit passée.

Le Ramadan.

Un jeûne sévère est prescrit pendant toute la durée du mois de Ramadan, sixième mois de l'année musulmane. Le *Ramadan*, disent les docteurs, *est un mois plein de bénédictions; les portes du Paradis sont alors constamment ouvertes, de sorte que c'est un bonheur de mourir à cette époque. Chacun est purifié par la sainteté du temps, et personne ne va en enfer.* Son nom vient d'un verbe qui signifie *pleuvoir*, parce qu'il lave les péchés du corps et nettoie les impuretés du cœur. La même racine verbale signifie aussi *brûler*, et, selon ce sens primitif, le mot Ramadan veut dire qu'il purifie les fidèles de leurs péchés, de la même manière que par le feu ; c'est-à-dire complètement, puisque le feu purifie tout.

Le jeûne fut établi par Mahomet, la deuxième année de l'Hégire, pour consacrer, par une pratique religieuse, le souvenir de ce qui arriva au premier homme lorsqu'il eut mangé le fruit défendu. Adam, chassé de l'Eden, pleura alors amèrement ; mais son repentir ne fut accepté de Dieu que trente jours après sa faute, lorsque son corps eut été purifié des impuretés dont sa désobéissance l'avait souillé, et sa postérité fut condamné à un jeûne consécutif de trente jours chaque année.

L'observation du jeûne de Ramadan est de rigueur pour tous les fidèles, et les malades, comme les voyageurs, n'en sont dispensés qu'à la condition de jeûner un égal nombre de jours quand ils auront fini leur route ou recouvré la santé. Celui qui, pouvant supporter l'abstinence, y a manqué un certain nombre de jours, a pour peine expiatoire de donner à soixante pauvres une mesure de grains ou de fruits, ou de jeûner soixante jours consécutifs.

Pendant le mois de Ramadan, les musulmans ne doivent prendre aucune nourriture, ni boire, ni même fumer, depuis le lever de l'aurore jusqu'au coucher du soleil. « *Le manger et le boire vous sont permis jusqu'à l'instant où vous pourrez, à la clarté du jour, distinguer un fil noir d'un fil blanc.*

Pagination incorrecte — date incorrecte

NF Z 43-120-12

Vers la fin du mois de *Chaban*, qui précède le Ramadan, plusieurs musulmans se tiennent en observation sur des points élevés, et, dès que deux d'entre eux affirment par serment avoir vu la nouvelle lune, le jeûne est obligatoire.

En Algérie, comme dans tout pays où l'islamisme est la religion dominante, une salve d'artillerie annonce au fidèle l'ouverture du Ramadan ; c'est notre artillerie qui, sur tous les points occupés, donne à la population le signal de la pénitence. Pendant toute la durée du mois, un coup de canon, tiré au coucher du soleil, annonce chaque soir la cessation du jeûne.

Les huit premiers jours sont les plus rudes à supporter ; ceux qui peuvent se livrer au sommeil pendant une partie de la journée s'habituent vite au jeûne ; mais les ouvriers, qui attendent de leur travail le repas du soir, ont beaucoup à souffrir, surtout lorsque le Ramadan tombe en été. Ces longues journées de quinze heures, pendant lesquelles il est défendu de boire et de manger, les accablent et altèrent souvent leur santé. Vers quatre heures, les Musulmans viennent s'asseoir sur le seuil de leurs portes, recourant chacun à un stratagème particulier pour tromper les instances de la faim : l'un égrène son chapelet, un autre s'enveloppe le visage dans son haïck, un troisième resserre les plis de sa ceinture, quelques-uns essayent de dormir ; tandis que le marchand, accroupi dans son étroite boutique, récite des versets du Coran. A mesure que le soleil s'abaisse vers l'horizon, le mouvement et la vie augmentent ; on dirait que la population se réveille.

L'attente et l'impatience se peignent sur toutes les physionomies. Enfin le coup de canon retentit ; la ville entière répond par un murmure de joie ; tous les minarets s'illuminent ; sur les galeries les plus élevées apparaît le Muezzin, qui, de sa voix puissante et lente, appelle les croyants à la prière du soir. Chacun s'arrête, récite quelques versets du Coran, et rompt le jeûne Les plus pauvres, surpris à cette heure solennelle, demandent au premier passant qu'ils rencontrent une datte, une tranche d'orange ; jamais cette charité ne se refuse ; c'est un instant de communion religieuse pour tous les Musulmans. Le soir, les boutiques restent ouvertes et illuminées jusqu'à une heure avancée. Par compensation aux privations du jour, presque toute la nuit s'écoule dans les fêtes et les festins. On passe alternativement du café à la collation et de la collation au café ; cela dure jusqu'aux approches du jour.

Le *Ramadan* se termine par trois jours de fête que l'on nomme *Aïd-es-Srir*, la petite fête, pour la distinguer de la grande fête *Aïd-el-Kebir*, qui se célèbre soixante-dix jours plus tard, et qui est le *Beiram* turc la Pâque musulmane.

Prières et Ablutions.

La prière est de rigueur cinq fois par jour : au lever de l'aurore, *salat-el-fedjer* ; à midi, *salat-el-dohor* ; à trois heures, *salat-el-âaseur* ; au coucher du soleil, *salat-el-moghreb* ; et enfin, deux heures après, *salat-el-eucha* ; mais celle de midi est la plus importante. Le retour de chacune de ces heures est indiquée aux fidèles par la voix sonore du *marabout-muezzin*, qui, du haut du minaret, annonce la prière en répétant cet appel, *Aden* : « Dieu seul est grand. J'atteste qu'il n'y « a qu'un Dieu. J'atteste que Mahomet est son apôtre. « Venez à la prière. Venez à l'adoration. Dieu est « grand. Il est unique. » Tous les Arabes tombent alors à genoux à l'endroit où ils se trouvent, et, les yeux tournés vers l'Orient, semblent y chercher l'inspiration du Prophète ; conformément à un usage pieux, en effet, on doit se tourner en priant vers le temple de La Mecque.

La prière est toujours accompagnée de plusieurs

génuflexions dans lesquelles l'Arabe se prosterne de manière à ce que sept parties de son corps : la tête, les mains, les pieds et les genoux touchent la terre, qu'il embrasse par trois fois. Chaque prière commence invariablement par le premier chapitre du Coran, assez court pour que nous puissions le rapporter en entier :
« Louange au Dieu souverain des mondes ! La misé-
« ricorde est son partage. Il est le roi du jour du juge-
« ment. Nous t'adorons, Seigneur, et nous implorons
« ton assistance. Dirige-nous dans le sentier du salut,
« dans le sentier de ceux que tu as comblés de tes
« bienfaits, de ceux qui n'ont point mérité ta colère et
« se sont préservés de l'erreur. »

L'ablution est ordonnée avant toutes les oraisons pieuses : « Celui qui implore le Seigneur ne saurait
« être trop pur,, » dit encore le Coran.

La religion musulmane distingue deux espèces d'ablutions : *el-oudou-el-kebir*, la grande ablution ; *el-oudou-el-seghir*, l'ablution partielle.

Cette dernière, qui doit être faite avant chacune des cinq prières que tout musulman doit offrir à Dieu, dans les vingt-quatre heures, consiste à se laver les pieds, la tête, le visage.

Pour la grande ablution, *oudou-el-kebir*, qu'on appelle aussi *el-oudou-el-djenaba*, l'ablution des flancs, on doit se laver tout le corps, ou, si l'on manque d'eau, se le frotter avec de l'herbe ou de la poussière.

Les Courses.

On a conservé en Algérie la coutume des courses qui existait déjà chez les Arabes avant Mahomet. Les courses sont, pour ainsi dire, un moyen de gouvernement dans un pays où le cheval joue un si grand rôle et est l'objet de la plus vive sollicitude de la part de son maître. Le paradis de la terre, dit l'Arabe, se trouve sur le dos des chevaux, ou bien sur le sein d'une femme, « djennet-el-ard ala dohor el kreil ou » beine Guerabeus enneça ! »

Les courses d'Alger ne rappellent nullement la monotonie des courses du Champ-de-Mars, à Paris, et ont un cachet spécial qui en fait le spectacle le plus pittoresque que l'on puisse imaginer. On ne saurait dire tout ce qu'il y a d'animation et d'intéressantes originalités dans ces fêtes indigènes, célébrées au milieu d'une population habituellement si sévère et si silencieuse.

C'est là que toutes les classes de la nation arabe se confondent dans une passion irrésistible et commune, dans un sentiment unique et endémique, dans ce délire-cheval, si l'on peut s'exprimer ainsi, qui, à un moment donné, emporte tout un peuple dans le même vertige. En ce jour il ne reste pas un cavalier aux tentes, et beaucoup de chefs amènent leurs femmes à cette solennité vraiment nationale. Tous revêtent leurs plus beaux costumes et descendent de leur camp, qui domine l'embranchement des deux routes de Mustapha-Inférieur et de Mustapha-Supérieur, au grand galop de leurs incomparables coursiers.

L'emplacement de l'hippodrome est préparé au centre du vaste champ de manœuvres qui s'étend dans la plaine du Hamma, à l'est d'Alger, au fond de la baie qui peut rivaliser de beauté avec le golfe de Naples si vanté. Une tribune, pavoisée de drapeaux tricolores et d'oriflammes, est réservée au Gouverneur général, aux autorités militaires et civiles et aux états-majors. Autour se dressent de nombreuses estrades pour les spectateurs. On ne peut rien voir de plus original que cette alliance, sur une même estrade, des éléments si divers empruntés à plusieurs races et venus là des quatre coins du monde. A côté des belles Juives aux brillants *sermats* (espèce de cône en fil d'argent sur lequel les femmes juives disposent leur coiffure), aux riches dalmatiques brodées d'or, et aux longues robes de soie tissées du même métal, nos dames françaises étalent leurs toilettes tapageuses et leurs riches écharpes de dentelles.

Quel singulier contraste que celui présenté par la vue des brunes Espagnoles au teint bistré, aux beaux yeux noirs et à la taille svelte et souple, à côté des femmes mauresques, véritables fantômes blancs, qui ne laissent voir que leurs yeux de velours noir admirablement fendus, mais sans autre expression qu'une hardiesse de mauvais ton, et leurs sourcils accentués dont les arcs très-purs sont réunis par une ligne de peinture noire ! Quel curieux coup-d'œil que celui qu'offre nos officiers en brillants uniformes de toutes armes et de tous grades, à côté des Européens emprisonnés dans leurs tristes habits noirs, et que coudoie le chef arabe vêtu de son riche burnous rouge ou noir, tout couvert d'arabesques en or !

La promesse d'un tel spectacle suffirait pour déterminer tout Paris à se porter au champ de Mars.

Pour bien se faire une idée de ce que sont nos chevaux barbes, il faut les avoir vus, aux courses d'Alger, se précipitant dans l'arène avec une rapidité qui ferait envie aux héros pur sang de la Marche et de Chantilly. L'amour-propre, plus encore que la récompense promise, excite chez les cavaliers une noble ardeur, et tous luttent avec courage jusqu'au moment où le cheval vainqueur, nommé *Modjalla* (ôtant) parce qu'il ôte les soucis du cœur de son maître, vient s'arrêter devant la tente du Gouverneur, au bruit des applaudissements unanimes des spectateurs.

Les courses se terminent par le défilé des goums de la province. Les cavaliers indigènes, rivalisant de luxe par le costume, l'éclat des armes et des harnachements, la beauté des chevaux, suivent, en caracolant, les chefs des bureaux arabes sous les ordres desquels ils sont placés. Dans leurs rangs figurent des détachements de dromadaires, caparaçonnés d'or, portant sur leurs gibbosités, dans de riches palanquins, les femmes du douar, qui font retentir l'air de leurs you ! you ! monotones, mais aigus.

La *fantasia* commence : les chevaux s'enlèvent des quatre pieds, les fusils volent en l'air, les amples plis des burnous se déroulent et flottent au vent. Les uns, lançant à fond de train leurs jolis chevaux, si dociles, si alertes et répondant si généreusement aux efforts de leurs cavaliers, font d'une main tournoyer leurs fusils au-dessus de leurs têtes et viennent, en poussant des cris de guerre, décharger leurs armes devant la tribune du Gouverneur ; d'autres, donnant la plus saisissante image des combats entre tribus arabes, exécutent un brillant tournoi, se ruent les uns sur les autres au milieu d'une mêlée furieuse, déchargent leurs fusils, les jettent en l'air et les rattrapent sans être désarçonnés ; puis ils se retournent, rechargent leurs armes sans ralentir la vitesse de leurs chevaux et tirent en fuyant. Ces exercices se prolongent souvent pendant deux ou trois heures, sans que, grâce à l'adresse des cavaliers et à la vigueur des chevaux, aucun accident vienne les attrister.

Les Cafés.

Le genre de vie des Arabes leur crée moins d'occupations qu'il ne leur laisse de loisirs ; aussi les habitants des villes sont-ils les hôtes assidus des cafés et des bains maures. C'est dans les cafés que les Arabes se réunissent pour jouer, fumer, se raser et traiter d'affaires ; ces établissements étant tout à la fois café, hôtellerie et salon de barbier. Pendant le jeûne du Ramadan, ils se transforment même en véritables salles de spectacle, égayées par les chants et les danses des troupes nomades des *Aïssaouas*, des *Almées* et des *Gouzana*.

Rien n'est pittoresque comme l'intérieur d'un café maure : Figurez-vous une grande salle longue et étroite, aux murailles enduites de stuc, autour de laquelle règne un banc recouvert de tapis sur lesquels sont accroupis les consommateurs arabes. Une énorme cafetière, véritable percolateur, placée dans un coin de la salle devant un feu toujours ardent, est destinée à la préparation du café qui est servi aux clients avec le marc, dans de petites tasses ovoïdes, moyennant la rétribution de dix et même de cinq centimes. N'en prennent-ils qu'une seule tasse, ils ont le droit d'y passer leur journée. Ceux-ci jouent aux *damah* (dames) ou aux *strondj* (échecs); ceux-là se rasent tour à tour la tête avec leur petit couteau ; d'autres, enfin, s'abandonnant aux douceurs du *far niente*, ne songent qu'à humer leur café et à fumer leur chibouck. Mais qu'une troupe d'*aïssaouas* vienne à pénétrer dans la salle, aussitôt les groupes se resserrent, les fumeurs tirent de leurs pipes quelques bouffées plus rapides, et tous dirigent un regard avide sur ces bohémiens arabes, dont les périlleux exercices excitent la joie des spectateurs et les you! you! répétés des femmes.

Aïssaouas et Almées.

Cette association profane, aux membres de laquelle les indigènes croient le pouvoir de guérir les malades, tire son nom d'Aïssa, saint musulman, qui a la réputation d'avoir accompli de son vivant des actions extraordinaires.

Comme les almées du Sahara, les aïssaouas sont chaleureusement accueillis par les Arabes et largement rétribués. Les uns ne le cèdent en rien aux psylles de l'antiquité, et jouent avec des serpents qu'ils placent sur leur poitrine, dans leur bouche ou dont ils se font un turban ; d'autres se percent la main avec un glaive bien effilé ou saisissent avec les dents un fer rouge sur lequel ils passent la langue ; quelques-uns vocifèrent leurs mélodies sauvages au bruit de la flute de roseau et du tambourin *derbouka*, espèce de vase en bois, dont le fond évidé est revêtu d'un parchemin sur lequel ils frappent avec les doigts. Bientôt, ils entrent tous en danse, tournent sur eux-mêmes comme des derviches, grimacent, se contorsionnent et s'animent graduellement, au son de la musique qui joue *crescendo*, jusqu'à tomber en épilepsie et se rouler sur le sol, l'écume à la bouche et les membres tordus d'une façon effrayante.

On voit parmi eux de jeunes négresses d'une beauté saisissante, sveltes, élancées, musculeuses, à la chevelure noire, aux yeux ardents, qui se mêlent aux danses de leurs compagnons, et de vieilles gouzana à la machoire édentée, au menton pointu, aux mains amaigries, sombres reines du Sahara, qui parcourent les groupes en disant à chacun sa bonne aventure.

Les *almées* (filles savantes) sont des espèces de bayadères, qui font profession de chanter et de danser pour réveiller les désirs blasés du maître, ou charmer les heures monotones des riches mauresques ; car les musulmans, si sévères pour les mœurs de leurs femmes, leur donnent souvent des fêtes dont les almées sont tout l'ornement. Elles appartiennent ordinairement à la tribu des Ouled-Nayl, près de Bousaada, dont la triste spécialité est de fournir toutes les danseuses et vierges folles du Sahara. Les enfants sont destinés par leurs parents à ce vil métier et l'exercent dès la plus tendre jeunesse. Généralement fort belles, les almées sont des courtisanes plus ou moins faciles, suivant leur beauté ou leurs besoins. Elles finissent presque toujours par épouser quelque habitant de Bousaada, de Toggurt ou de Laghonat, qui n'attache pas d'importance à cette union honteuse, la loi musulmane n'exigeant dans ce cas qu'une formalité : que la femme vive pendant trois mois dans le célibat le plus complet.

Le costume des almées est bizarre, surchargé d'ornements en argent et en corail. Non-seulement, à l'instar de toutes les femmes arabes, les bayadères se teignent les pieds et les ongles des mains en rouge avec du henné et le bord des paupières avec du koheul, mais encore elles se barbouillent la figure avec du goudron et du safran, et se graissent les cheveux avec de l'huile d'olive, leur bandoline habituelle.

Des joueurs de derbouka accompagnent les almées, qui, les mains armées de petites cymbales, ou crotales de métal sonore, règlent la mesure, tout en exécutant une danse voluptueuse, ou plutôt une pantomime érotique. Cette danse tient beaucoup, par sa hardiesse et sa provocante lasciveté, du boléro espagnol : les pieds n'y jouent qu'un rôle très-secondaire, tandis que les yeux, le buste et les mains en sont les vrais acteurs. Les cheveux épars en longues tresses, l'œil ardent, la bouche entr'ouverte, les joues enflammées, la bayadère algérienne tourne lentement sur elle-même ; sa tête, penchée en arrière, reste fixe et comme plongée dans un rêve céleste, tandis que son sein est agité par un frémissement nerveux et continu ; de ses lèvres s'échappent des chants entrecoupés dont les intonations languissantes vont en s'éteignant peu à peu jusqu'au moment où elle-même tombe évanouie, aux grandes acclamations de l'assemblée.

Quelquefois, la danseuse détache un foulard de sa tête, et, après l'avoir longtemps balancé dans ses mains, elle le jette à celui dont elle veut obtenir quelque cadeau. Les balancements de son corps autour de sa taille souple et élancée sont d'une grâce et d'une aisance parfaites, et le délire amoureux, si énergiquement et si naïvement exprimé par ses gestes, ne tarde pas à gagner les spectateurs, dont l'enthousiasme ne connaît alors plus de bornes, surtout si la scène se passe dans un club de consommateurs de *hachisch*.

Bains maures.

Les établissements de bains sont, après les cafés maures, les lieux de réunion qu'affectionnent le plus les Arabes. Ces bains sont disposés dans des caveaux pratiqués au rez-de-chaussée d'une maison mauresque. Le baigneur est introduit dans la cour intérieure, qui occupe le centre de l'édifice, et qu'entoure une colonnade, le long de laquelle sont étendues, sur une petite estrade, des nattes en paille. C'est là que chacun se déshabille et peut déposer ses vêtements et ses bijoux, sans avoir à redouter le moindre vol.

On est ensuite conduit, par une galerie doucement chauffée, dans une grande pièce souterraine, où règne continuellement une température de 30 à 40 degrés, entretenue par une vapeur d'eau tellement dense, que l'on pense étouffer en y pénétrant.

Les dalles qui revêtent le sol de ce caveau sont polies à tel point par l'humidité, que les plus grands efforts d'équilibre sont nécessaires pour arriver sans chute à une grande table ronde en pierre qui occupe le centre de l'étuve. Dès que vous êtes étendu, un des Arabes du bain procède à l'opération du massage, qui consiste à presser et à frictionner en tous sens les membres du patient, à lui faire craquer toutes les articulations des bras, des jambes, des mains, et jusqu'à celles des côtes et de la colonne vertébrale.

Après une demi-heure de cet exercice, pendant lequel votre baigneur vous tourne et vous retourne, le masseur s'arme la main droite d'un gant de poil de chameau, et vous en frictionne vigoureusement pendant cinq minutes. Vous êtes ensuite soumis à un savonnage complet, et une dernière ablution d'eau tiède termine la cérémonie.

On sort alors de l'étuve ; on est couvert de linges chauds, essuyé avec les soins les plus minutieux et vêtu d'un ample burnous, puis on s'étend sur une espèce de lit de camp, en s'enveloppant de plusieurs couvertures, et un jeune Arabe, car le service des bains maures est ordinairement fait par de jeunes adolescents, vous apporte une pipe d'excellent tabac et une tasse de café.

Une étuve spéciale pour les femmes existe dans quelques-uns des principaux établissements d'Alger, et le service du massage y est fait par de jeunes négresses.

Un feu continu alimente et renouvelle sans cesse la masse de vapeur d'eau nécessaire pour le bain ; aussi le public y est-il admis à toutes les heures du jour et de la nuit, et cette circonstance ne contribue pas peu à augmenter le nombre des clients.

Marchés et quartiers arabes.

Nous avons, dans un chapitre précédent, consacré un paragraphe spécial aux marchés établis dans l'intérieur des tribus ; il nous reste à dire quelques mots de ceux installés dans les villes, et à donner une idée de ce que l'on appelle un *Quartier arabe*.

C'est sur la place publique que s'opèrent toutes les transactions ; c'est là que les parents, les amis, de différentes tribus, se rencontrent et se témoignent la plus vive sympathie par des démonstrations sans nombre. Ils s'abordent, s'embrassent la tête à la hauteur des tempes, et touchent mutuellement leur burnous, d'une main empressée, qu'ils portent ensuite à leurs lèvres. Les vieillards sont l'objet de l'attention universelle ; chacun court à l'envie au devant d'eux pour baiser leurs vêtements, déférences auxquelles ils répondent invariablement, comme les cheiks et les caïds par ces mots sacramentels « qu'Allah te favorise ! » La conversation s'engage alors ; on se prend l'index et on va s'asseoir, pour deviser à l'aise, dans un des cafés maures du voisinage, ou bien on s'enfonce dans les dédales de ce inextricable labyrinthe qu'on appelle *Quartier arabe*.

Rien n'est plus curieux que ces rues étroites et raboteuses, bordées de maisons blanchies à la chaux, sans autre ouverture sur la rue que celle des portes et quelquefois une petite meurtrière percée dans la partie supérieure de l'édifice. De distance en distance, se trouvent de grandes niches pratiquées dans le mur de face et au fond duquel est accroupi un indigène enveloppé d'un burnous en lambeaux. A ses pieds sont ses balances, et de chaque côté de la niche sont établis des espèces de casiers pleins d'objets divers dont il serait impossible de reconnaître la forme, au milieu du pêlemêle qui caractérise l'emmagasinement de ces marchandises. Des écharpes de toutes couleurs, des tapis de toutes nuances, des haïks de toutes tailles y sont amoncelées sans ordre, et les gibernes de maroquin, les sabres de cuivre, les poignards d'argent, sont confondus parmi les ustensiles domestiques, les chapelets et les amulettes. Dans une enceinte contiguë au marché et près du caravansérail destiné à recevoir les voyageurs, sont renfermés les chameaux et les mulets. Leur silence contraste d'une manière assez piquante avec le tumulte qui signale la réunion de leurs maîtres; de temps à autre seulement, l'un des chameaux lève audessus de ses voisins un long col de serpent et jette un cri tellement caractéristique, qu'il n'a d'analogie avec le cri d'aucun autre animal.

Près d'eux sont assis les infirmes et les vieillards impotents, qui, la tête renversée en arrière, les yeux fixés vers l'Orient, roulent, dans une prière muette, les grains d'un chapelet arabe.

CIVILISATION DES INDIGÈNES.

« *Le Dieu des armées n'envoie aux peuples le fléau de la guerre que comme châtiment ou comme rédemption. Dans nos mains, la conquête ne peut être qu'une rédemption, et notre premier devoir est de nous occuper du bonheur des trois millions d'Arabes que le sort des armes a fait passer sous notre domination.*

« *La Providence nous a appelés à répandre sur cette terre les bienfaits de la civilisation. Or,* QU'EST-CE QUE LA CIVILISATION? *C'est de compter le bien-être pour quelque chose, la vie de l'homme pour beaucoup, son perfectionnement moral pour le plus grand bien. Ainsi, élever les Arabes à la dignité d'hommes libres, répandre sur eux l'instruction, tout en respectant leur religion, améliorer leur existence en faisant sortir de cette terre tous les trésors que la Providence y a enfouis et qu'un mauvais gouvernement laisserait stérile : telle est notre mission; nous n'y faillirons pas.* »

Ainsi s'exprimait l'Empereur, le 19 septembre 1860, au moment de quitter le sol africain, sur lequel sa présence venait de marquer une nouvelle ère pour les populations musulmanes.

Deux ans après, dans sa mémorable lettre du 7 février, l'Empereur, résumant en un mot les erreurs du passé et les nécessités de l'avenir, écrivait au maréchal duc de Malakoff : « *Les indigènes ont, comme les colons, un droit égal à ma protection, et je suis aussi bien l'Empereur des Arabes que l'Empereur des Français.* »

Civiliser les Arabes, les fondre dans notre grande nationalité, en faire des sujets et non des vaincus ; procéder, dans cette œuvre de régénération sociale, par la justice, par le respect des engagements, par des mesures progressives qui ne compromettent pas l'avenir en voulant le précipiter, par des actes qui rassurent les indigènes et nous garantissent leur fidélité ; traiter les indigènes comme les Européens, suivant les lois les plus strictes de la bonne foi et de l'équité ; rendre à chacun ce qui lui est dû, laissant aux Arabes ce qui leur appartient, attribuant à l'État ce qui lui revient légitimement : tel est le programme qu'ont tracé à grands traits le discours impérial du 19 septembre 1860 et la lettre du 3 février 1863.

Le Sénatus-Consulte, du 22 avril 1863, a assuré l'inviolabilité de la propriété arabe dans les mains qui la détiennent ; c'est le premier pas. Il faut maintenant s'engager résolument dans le chemin tracé ; il faut chercher, par tous les moyens possibles, à initier les populations de l'Algérie à la civilisation européenne. En tirant la société indigène de l'état de langueur et d'engourdissement où l'ont laissée plongée l'apathie, l'impuissance ou la tyrannie des maîtres qui l'ont dominée, la France accomplira une tache digne d'elle.

La France ne peut procéder, comme la Rome antique, par le refoulement et la transportation en masse du peuple vaincu ; ni, comme l'Amérique moderne, par l'extermination des populations indigènes. Elle doit s'efforcer de se concilier, de s'annexer les races autochtones, en les élevant à son niveau, en les civilisant ; elle doit faire de l'Algérie une annexe de la mère-patrie, vivant de son génie et de son intérêt, partie intégrante de son sol. Entre les habitants de ses colonies, elle ne doit pas distinguer des vaincus et des vainqueurs; ils sont tous ses sujets, confondus dans une même pensée de justice, de protection, de sollicitude; et c'est en ce sens, digne de la civilisation de la France, qu'il faut comprendre cette grande parole de l'Empereur : qu'en Algérie, il n'est pas seulement le souverain des Français, mais aussi celui des Arabes.

« Nous avons une grande injustice à réparer à l'égard de la population musulmane. La France, dès l'origine de l'occupation de l'Algérie, s'était imposé une mission de civilisation vis-à-vis des Arabes. Les chefs chargés de la représenter ont failli, en ce point, à leurs devoirs. Dans les villes, on a traité les indigènes en peuple conquis; en dehors, nos généraux, et je suis le premier à confesser mes torts et mon erreur, ont vu dans les tribus des ennemis à combattre, à dominer par la force, plus que des enfants nouveaux à gagner à la patrie par de bonnes institutions et par une sage administration. La législation spéciale de l'Algérie porte à un haut degré ce caractère d'oubli des intérêts arabes. Entrés en vainqueurs dans la capitale de la Régence, nous avions généreusement promis de respecter les mœurs et la religion du peuple conquis, et cependant il n'est pas une de nos mesures administratives, pas un des nombreux arrêtés de notre *Bulletin officiel*, qui témoigne de la préoccupation de sauvegarder les intérêts de cette société arabe, où la loi civile et les croyances religieuses sont pour ainsi dire confondues dans tous les détails de la vie de chaque jour.[1] »

« On peut dire avec exactitude que les Arabes ne

---

[1] Discours du général de La Moricière, dans la séance du 19 décembre 1848, à l'Assemblée Constituante.

furent organisés que dans l'intérêt égoïste de notre domination ; ils ne furent considérés que sous le rapport du parti qu'on pouvait tirer d'eux, soit relativement à l'impôt, soit relativement aux corvées de toute nature, services de guerre, etc., auxquels ils étaient plus ou moins arbitrairement soumis. Quant aux intérêts généraux de la population elle-même, intérêts dont il eût été du devoir de tout bon gouvernement de se préoccuper sérieusement, si nous excluons les formes et les idées de la conquête barbare ; ils furent complètement négligés par notre administration, comme ils l'avaient été par celles qui nous avaient précédés.[1] »

Les indigènes étant un obstacle et une difficulté pour beaucoup d'utopies, on les a déclarés barbares, ignorants, perdus de vices, fanatiques, rebelles au progrès ; on voulait les condamner à s'éloigner ou à être absorbés.

De tels principes ne pouvaient qu'être réprouvés par la conscience nationale, aussi la lettre impériale du 7 février a-t-elle été accueillie par les applaudissements de la France, essentiellement sympathique aux grands principes de justice et d'équité dont l'Empereur veut l'application dans notre France africaine.

Depuis longtemps la métropole s'interrogeait sur la lenteur des progrès réalisés en Algérie ; il y avait longtemps qu'elle suivait les expériences faites, les réformes entreprises, les essais plus ou moins habilement tentés ; il y avait longtemps qu'elle constatait l'inefficacité de bien des mesures, le danger de bien des résolutions, et ce n'était pas sans quelque tristesse qu'en voyant s'opérer si lentement la transformation sociale de notre conquête, elle déplorait l'insuffisance

---

(2) Extrait d'un remarquable ouvrage sur le *Maghzen d'Oran*, par le général Walsin-Estherazy.

de l'élément civil à poursuivre l'œuvre glorieuse de nos soldats.

La lettre de l'Empereur a expliqué les causes de notre insuffisance ; elle a indiqué les moyens de développer dans la plus favorisée des possessions françaises les ressources que lui assurent son sol, sa position et le concours d'une population intelligente, fière et laborieuse.

On a compris qu'on ne pouvait rien faire en Algérie sans le concours des indigènes ; ils sont les vrais paysans pour l'agriculture : ils sont aussi les manœuvres pour l'industrie ce sont eux qui nous vendent les céréales et le bétail expédiés en Europe ; enfin, ils offrent un marché de trois millions d'âmes à l'exportation des marchandises françaises.

Si les Arabes sont, de toute évidence, un état de civilisation en décadence, tout indique qu'ils sont intelligents et qu'ils sont susceptibles de progresser. Tant que nous n'aurons pas tenté des efforts sérieux pour leur perfectionnement moral, nous n'aurons pas le droit de dire qu'ils sont réfractaires à la civilisation française.

On a prétendu trouver dans l'histoire du peuple arabe la preuve de son imperméabilité ; on a dit qu'il repoussait nos arts, qu'il méprisait notre bien-être social, qu'il nous serait toujours systématiquement hostile ; que son abaissement moral exigeait l'anéantissement de toutes les influences auxquelles il obéit, l'asservissement de sa pensée, avant qu'on pût espérer lui faire accepter le germe de notre civilisation progressive.

Nous répondrons, en invoquant une autorité qu'on ne saurait récuser, celle du général Bedeau :

« Je ne crois pas, disait-il, à l'imperméabilité du peuple arabe, à sa haine pour nos arts et notre bien-être social, parce que je trouve dans son histoire même, dans les traces si nombreuses de ses arts importés et appliqués en Europe, la cause de ma conviction ; parce que, s'il s'est montré différent dans certaines parties de l'Afrique, c'est qu'il a toujours vécu au milieu des révolutions, d'ans l'état de violence et d'anarchie, et, quand il était dominé, dans l'état d'exploitation, qui sont tous incompatibles avec la fixité et le développement de l'intérêt social. »

« Il fut un temps où le monde musulman était un monde de libres penseurs, et ce fut de lui que le monde européen reçut la secousse intellectuelle qui le réveilla de sa longue léthargie. Il y avait alors dans l'Orient, en Afrique et en Espagne d'illustres écoles et des maîtres savants. » *(Brosselard — Revue africaine.)*

« L'illettré Mahomet partage avec le plus savant des penseurs grecs (Aristote) la gloire d'avoir marqué la voie à toute la métaphysique des temps modernes. » *(Herder — Philosophie de l'histoire.)*

« Et, plus tard, les Arabes appelèrent Aristote *le précepteur de l'intelligence humaine.* » *(B. St-Hilaire.)*

Nous pourrions multiplier les citations, les limites nécessairement restreintes de notre cadre nous obligent de les borner là. Nous nous contenterons d'ajouter que les Arabes nous ont laissé d'immenses travaux dans les lettres et l'histoire; qu'aucune des sciences abstraites ou appliquées ne leur fut étrangère ; qu'ils doivent être regardés « comme les véritables fondateurs des sciences physiques » ; que les arts et l'industrie, sans parler de l'architecture arabe qui sera admirée dans tous les siècles, leur doivent de nombreux perfectionnements ; qu'ils portèrent à un haut degré l'agriculture, cette première des sciences ; enfin, que nous leur devons la découverte et l'application du pendule comme mesure du temps, et trois autres découvertes qui ont contribué à changer la face du monde : celles du papier, de la boussole et de la poudre à canon. Ainsi, comme le faisait observer M. le professeur Frison, dans un discours prononcé dans la séance solennelle de rentrée de l'École Préparatoire de médecine d'Alger, nous retrouvons chez les Arabes la plupart des idées dont l'Europe se glorifie, et nous pouvons dire en toute justice qu'ils ont préparé et jeté les premières bases de la civilisation actuelle.

Si les Arabes de l'Algérie sont si loin aujourd'hui de 'époque brillante que rappellent à notre mémoire les noms d'Algazel, Averroés, Tabari, Nowairi, Ibn-Kaldoun, Aboulféda, Ibn-Haukal, Mohammed ben Mouça, Al-Karki, Al-Hazen, Djeber, Aldemiri, Avicenne, Abulcasis, etc. C'est que, soumis pendant trois siècles au régime oppressif et dissolvant des Turcs, ils ont subi tous les malheurs de la plus dure tyrannie. Les traditions nationales se sont effacées; une seule chose est restée: la foi. Sous le souffle libérateur de la France, les brillantes facultés qui distinguaient autrefois les populations indigènes se ranimeront, si à côté du développement matériel, qui commence déjà à se manifester partout, vient se placer le développement intellectuel, condition nécessaire, indispensable à tout progrès.

On a prétendu que la foi religieuse des indigènes était incompatible avec nos institutions et nos lois. Voyons, par un coup d'œil rapide sur le passé de trente années de l'Algérie, si la différence de religion a été un obstacle invincible à nos tentatives de réforme et si les indigènes nous ont opposé, dans les choses de la vie civile, cette résistance opiniâtre, acharnée, dont ils ont fait preuve pendant la guerre. Afin de donner à l'argument son plus haut degré de signification, nous allons passer en revue les atteintes que nous avons dû déjà porter à la loi religieuse et civile du Coran.

Nous nous étions engagés au moment de la conquête à respecter la religion et les mœurs des indigènes. On chercha de bonne foi à ne pas manquer à l'engagement pris Mais, après plusieurs tentatives pour maintenir l'indépendance de la justice musulmane, on fut amené, par la force des choses, à empiéter incessamment sur son domaine. Dès le 15 octobre 1830, la connaissance des crimes et délits commis par les indigènes au préjudice des Français ou des auxiliaires à leur solde, était attribuée aux conseils de guerre. Le 22 du même mois, on instituait une cour de justice et un tribunal de police correctionnelle ; l'article 1er de l'arrêté stipulait que toutes les causes entre musulmans, tant au civil qu'au criminel, seraient portées devant le kadhi maure pour y être jugées par lui souverainement et sans appel, d'après les règles et suivant les formes établies dans le pays. Un arrêté du 16 août 1832 attribua au tribunal de paix et de police la connaissance des délits, en matière correctionnelle, commis contre des Français ou des Étrangers et des contraventions, en matière de simple police, à quelque nation que les coupables appartiennent. Le 8 octobre de la même année, l'appel des jugements rendus par les khadis, en matière criminelle, fut déféré à la cour criminelle. Le 10 août 1834, intervint une ordonnance royale pour l'organisation du service judiciaire en Algérie. Les tribunaux indigènes furent maintenus ; mais on attribua aux tribunaux français la connaissance de toutes les affaires civiles et commerciales entre Français et indigènes, entre indigènes de religion différente, entre indigènes et étrangers et enfin entre indigènes de la même religion quand ils y consentent. L'article 31 disait : Les tribunaux français connaissent de toutes les infractions aux lois de police et de sûreté, à quelque religion ou nation qu'appartienne l'inculpé ; de tous les crimes ou délits commis par des musulmans indigènes au préjudice des Français, des Israélites ou des Étrangers. Cette disposition fut modifiée par les ordonnances royales des 28 février 1841 et 26 septembre 1842 qui réservèrent aux tribunaux français la connaissance de tous crimes, délits ou contraventions, à quelque nation ou religion qu'appartienne l'inculpé. Les kadhis ne jugèrent plus que les causes civiles et commerciales entre musulmans. On ne put prononcer même contre les indigènes d'autres peines que celles établies par les lois pénales françaises.

Ces réformes successives étaient autant de contradictions à la législation du Coran. La procédure, la répression, tout se trouvait changé par la substitution des tribunaux français aux juges musulmans. On abolissait la peine du talion, le prix du sang; un long emprisonnement remplaçait dans la plupart des cas les peines corporelles; la forme et la valeur du témoignage étaient profondément modifiées. La loi musulmane n'impose pas le serment aux témoins; elle n'admet que la déposition directe et verbale émanée d'un homme notoirement pieux et probe; elle donne au témoignage de l'homme une valeur supérieure à celle de la femme; elle permet de récuser les témoins; elle compte pour rien les inductions, les preuves morales, les probabilités, les présomptions; en aucun cas, elle ne procède en l'absence de l'accusé et ne prononce jamais de jugement par défaut; elle ne poursuit pas d'office, au nom de la vindicte publique. Tout cela est l'objet de prescriptions formelles dans le Coran.

Cette énumération, qu'il serait facile de pousser plus loin, suffit pour démontrer qu'en attribuant aux tribunaux français la connaissance de tous crimes, délits et contraventions commis par des musulmans, nous avons porté atteinte à la loi religieuse; cependant les indigènes se sont soumis, sans protestation, à ces innovations qui se traduisaient souvent par une aggravation des peines.

Un arrêté du Gouverneur général, en date du 9 juin 1848, promulgua en Algérie le décret du 27 avril 1848, portant abolition de l'esclavage. Lorsque plus tard l'Assemblée nationale fixa l'indemnité à payer aux propriétaires d'esclaves dans les colonies françaises, elle oublia de comprendre dans la loi les propriétaires musulmans, et la mesure fut appliquée en Algérie sans aucune indemnité et sans transition. C'était une grave atteinte non-seulement à la loi religieuse du Coran, mais aussi au droit de propriété ; cependant les indigènes se résignèrent sans même murmurer.

Dans une autre occasion, les croyances ne furent pas plus ménagées que les intérêts matériels. La loi du 16 juin 1851 sur la propriété et le décret du 30 octobre 1858 ont supprimé le *habous*, disposition de la loi musulmane qui permettait de substituer un immeuble à un établissement religieux, chapelle ou mosquée, afin de rendre le bien inaliénable et insaisissable et d'en assurer la transmission dans une famille jusqu'à l'extinction de toute descendance. L'abolition des habous a couvert un grand nombre de malversations et d'actes de stellionnat commis au préjudice des mineurs et des orphelins ; il a fait perdre aux édifices du culte leur dotation future et leurs biens en prévision. Cependant, pas plus que la libération gratuite des esclaves, cette mesure n'a provoqué les protestations des indigènes.

Nous ne citerons que pour mémoire les mosquées enlevées au culte musulman pour être transformées en églises ou pour être démolies, les cimetières bouleversés, la confiscation des revenus des corporations religieuses et une foule d'autres actes qui se sont attaqués aux coutumes, aux traditions, aux préjugés les plus chers à la multitude.

Ces réformes étaient utiles : elles étaient commandées par nos intérêts politiques, par la force des choses et des circonstances. On a bien fait de les mettre à exécution : les indigènes eux-mêmes en ont déjà recueilli le bénéfice à leur insu. On devra même les pousser plus loin sous la réserve, cependant, qu'on apportera dans l'application les ménagements nécessaires.

Nous croyons que le moment est venu d'appliquer dans toute l'Algérie notre législation commerciale et celle concernant la propriété. Un petit nombre de tempéraments suffisent pour rendre cette mesure sans danger ; elle sera de la plus haute importance pour les intérêts du travail et pour la règlementation des associations, des contrats, des marchés et de toutes autres conventions civiles. Les indigènes paraissent devoir conserver quelque temps encore leur législation spéciale sur les questions d'Etat, sur le mariage et sur les successions.

Notre devoir serait de modifier les dispositions de la loi musulmane relatives à ces matières, de façon qu'elles pussent être facilement appliquées par nos juges. Le Kadhi indigène deviendrait un juge de paix dont l'influence ne laisserait plus rien à craindre pour la civilisation.

Les modifications, signalées tout à l'heure, ont été introduites dans la législation musulmane, sans provoquer la moindre résistance. On voit donc combien est peu fondée l'objection qui consiste à soutenir que les préceptes de leur croyance religieuse rendent les indigènes essentiellement réfractaires à nos lois et à nos institutions.

De plus, les progrès importants déjà accomplis, sous la direction de l'autorité militaire, au triple point de vue social, politique et matériel, suffisent pour établir que les musulmans algériens peuvent parfaitement s'assimiler notre civilisation.

Nous dominons un peuple de 3,000,000 d'âmes. Que faut-il en faire? L'exterminer, le repousser dans le désert? personne n'oserait plus le proposer. Il faut donc le gouverner, l'administrer avec justice, le faire contribuer au développement des richesses que le pays renferme, en un mot le civiliser.

Dans l'intérêt de l'Algérie, dans l'intérêt de la France, dans l'intérêt des populations européennes, qui sont venues se juxta-poser à la population arabe, il est urgent de s'occuper sérieusement de la civilisation des indigènes.

La race arabe a le souffle, il lui manque l'étincelle; c'est à la France à la lui communiquer.

LES BUREAUX ARABES

Les bureaux arabes ont été créés par la force des choses. Ils n'ont pas même été une innovation dans les habitudes militaires d'une armée en campagne. Après l'occupation d'Alger, les tribus arabes ne tardèrent pas à protester contre notre domination et vinrent nous attaquer dans nos lignes. Pour résister à ces agressions, pour les déjouer, le commandant des troupes dut chercher parmi les officiers ceux qui, connaissant la langue arabe et déjà familiarisés avec les mœurs du pays, pouvaient servir d'intermédiaires pour recueillir les renseignements propres à faciliter les opérations. Voilà l'origine des bureaux arabes. Dans la campagne de Crimée, l'état-major général de l'armée comprenait une section politique, chargée de la même mission.

Plus tard, nous sortions de nos lignes pour prendre l'offensive contre les tribus. Après une lutte, longue et acharnée, les Arabes, pliant enfin devant la supériorité de nos armes, acceptèrent la domination française; il fallut les organiser et les surveiller. Cette tâche incomba naturellement au commandement militaire. La marche rapide des évènements, la nécessité de ne pas créer une administration dispendieuse déterminèrent à conserver l'organisation et les chefs arabes ; et les mêmes officiers, qui avaient servi d'auxiliaires pour faire la guerre, furent appelés à seconder le commandement militaire dans ses relations avec les chefs des tribus. Mais, pour l'administration, pas plus que pour le combat, les officiers des bureaux arabes ne furent investis d'attributions directes et indépendantes. Il n'étaient que les agents immédiats du commandant des troupes ; ils remplissaient auprès de lui, pour le gouvernement du pays, le même office que l'état-major remplit pour transmettre les ordres militaires. Tel est encore aujourd'hui le principe du fonctionnement des bureaux arabes.

Ils ne sont pas une administration indépendante avec une hiérarchie et une centralisation à part ; ils ne constituent pas une branche de service pouvant correspondre avec les autres services, pouvant donner directement des solutions aux affaires qu'ils ont à traiter. A tous les degrés, dans toutes les localités, ils ne sont que les délégués du commandant militaire et sont placés sous son autorité immédiate.

C'est en 1832, que le premier bureau arabe fut organisé à Alger. Il était chargé de centraliser les affaires arabes, de réunir les documents, de traduire la correspondance et de transmettre aux indigènes les décisions du commandant en chef. Le capitaine de Lamoricière, alors aux zouaves, fut le premier chef de ce bureau. A la fin de 1833, il renonça à ses fonctions pour pouvoir faire partie de l'expédition de Bougie. Il fut remplacé, pendant quelque temps, par un officier d'ordonnance du général Voirol, puis par M. Delaporte, chef des interprètes, et enfin, définitivement, par le capitaine d'état-major Pellissier, qui, depuis, a écrit les *Annales algériennes*.

Le 30 novembre 1835, le bureau arabe d'Alger, qui

avait déjà rendu d'importants services, cessa d'exister pour faire place à une institution renouvelée des Turcs, celle d'*Agha des Arabes*. Déjà, dans les premiers jours de la conquête, on avait essayé, à diverses reprises, de rétablir cette fonction de l'ancien gouvernement, et plusieurs aghas avaient été successivement nommés, mais sans utilité pour nous. Le maure Hamdam ben Amin Secca, qui fut envoyé en France à cause de ses intrigues, le commandant de gendarmerie Mendiri, grand prévôt de l'armée, et enfin Sidi Hadj Maïdin, avaient successivement occupé cette charge.

Le lieutenant-colonel Marey-Monge, nommé récemment chef des spahis réguliers, officier brave et instruit, parlant l'arabe et possédant de plus un goût très-prononcé pour les mœurs locales, devint agha et entra aussitôt en fonctions. Pendant dix-huit mois que durèrent ses attributions, il parcourut sans cesse la Mitidja, examinant les affaires, réglant les différents, cherchant à faire prédominer partout notre autorité. Cette organisation avait cependant ceci de défectueux, que l'agha des Arabes, qui séjournait habituellement dans la plaine de la Mitidja, ne pouvait être en même temps auprès de l'autorité supérieure pour l'éclairer sur le détail des affaires courantes. On sentit le besoin de créer une institution qui réunît à la fois le service de l'agha et celui de l'ancien bureau arabe. De là, la création de la *Direction des affaires arabes*, le 15 avril 1837. Le commandant Pellissier, que nous avons vu déjà chef du bureau arabe d'Alger, fut nommé directeur.

Après avoir rempli ces difficiles fonctions pendant près de deux ans, le commandant Pellissier crut devoir, pour des motifs des plus louables, donner sa démission de son emploi et de son grade (5 mars 1839). La direction des affaires arabes fut supprimée et ses attributions réunies à celles de l'état-major général.

Le capitaine d'Allonville, qui appartenait à ce dernier service, fut spécialement chargé de s'occuper des indigènes, et il se fit remarquer dans diverses expéditions, à la tête des gendarmes maures, troupe d'élite, composée de cavaliers du pays, qu'il conduisait fort vaillamment. Enfin, le 16 avril 1841, la direction des affaires arabes fut rétablie et le chef d'escadron Daumas nommé directeur.

Une nouvelle organisation des affaires arabes, conséquence de la soumission des indigènes, fut réglée par l'arrêté ministériel du 1er février 1844. D'après cet arrêté, il y eut une *direction centrale* des affaires arabes à Alger, une *direction divisionnaire* dans chacune des trois provinces, un *bureau arabe* au chef-lieu de chaque subdivision et de chaque cercle.

La *direction centrale* des affaires arabes qui passa, en 1847, des mains du colonel Daumas dans celles du colonel Rivet, prit plus tard le titre de *bureau politique*. Ce bureau, successivement dirigé par les colonels Durrieu, de Salignac-Fénelon, de Neveu, cessa d'exister, lorsque fut créé le Ministère de l'Algérie, mais fut reconstitué en 1860, lors du rétablissement du Gouvernement général de l'Algérie. Il a été dirigé, depuis cette époque, d'abord par M. le colonel Wolf, puis par M. le colonel Gresley, directeur actuel.

Les bureaux arabes des divisions, subdivisions et cercles sont restés ce qu'ils étaient primitivement ; seulement le nombre s'en est accru peu à peu, à mesure que notre domination s'est étendue.

Parmi les officiers qui ont appartenu au Service des affaires arabes, nous devons citer : les maréchaux Bosquet et Bazaine, les généraux Lamoricière, Duvivier, Marey-Monge, Herbillon, Daumas, d'Allonville, de Martimprey, Walsin-Esthérazy, Bourbaki, Desvaux, Durrieu, Deligny, Rivet, de Barral, Ducrot, de Salignac-Fénelon, de Neveu, etc.

L'arrêté ministériel du 1er février 1844, qui, pour

la première fois, a constitué ce service d'une manière régulière, avait déterminé ses attributions en ces termes : « Les bureaux arabes sont spécialement chargés des traductions et rédactions arabes, de la préparation et de l'expédition des ordres et autres travaux relatifs à la conduite des affaires indigènes ; de la surveillance des marchés et de l'établissement des comptes de toute nature à rendre au Gouverneur général sur la situation politique et administrative du pays. » Cette tâche s'est, depuis, singulièrement agrandie : elle embrasse aujourd'hui toutes les branches du gouvernement et de l'administration des populations musulmanes. Les bureaux arabes sont chargés de la direction et de la surveillance des agents indigènes institués par la France, du contrôle de leurs actes ; ils offrent aux administrés un moyen sûr et facile de faire parvenir leurs plaintes et leurs réclamations à l'autorité française ; ils surveillent le culte, la justice, l'instruction publique dans les tribus. C'est par leur soin que sont réglées les opérations se rattachant à l'assiette et à la répartition des impôts. Ils préparent les projets, devis et plans des travaux d'utilité publique entrepris par les tribus, et en poursuivent l'exécution ; ils réunissent et commandent les contingents de cavalerie irrégulière qui suivent nos expéditions, veillent à la police des routes, protègent les colonies européennes contre le maraudage, et étudient tout ce qui a rapport au commerce, à l'agriculture et à l'industrie.

Grâce à son dévouement infatigable et aux aptitudes multiples de son intelligence, l'armée a su s'assimiler rapidement l'œuvre de gouvernement et de civilisation. Elle a révélé des facultés qu'on ne lui soupçonnait pas pour les travaux pacifiques, pour l'organisation des populations, pour la propagande civilisatrice. Elle s'est faite *toute à tous*, selon l'expression de l'apôtre, pour inoculer la civilisation aux indigènes.

A l'éternelle gloire de notre armée d'Algérie, on dira

qu'à peine la poudre avait cessé de parler, on la vit enseigner aux tribus à bâtir des maisons, à planter des arbres, à creuser des puits, à améliorer leurs procédés agricoles, à ouvrir des chemins, à construire des ponts, à se servir de la faux et des cisailles, à perfectionner les races ovine et chevaline : admirable émulation qui entraînait l'homme de guerre à créer après avoir détruit, et à réparer au centuple, par des bienfaits, les maux occasionnés par la guerre.

Ceux-là font donc preuve d'une bien grande ignorance ou d'une bien odieuse ingratitude, qui attaquent les bureaux arabes dans lesquels l'autorité algérienne a trouvé de si précieux auxiliaires, et sans lesquels rien n'eût pu être fait dans les tribus. Ils ignorent, sans doute, que les officiers des bureaux arabes forment une classe d'élite ; que pas un n'est admis sans avoir été l'objet d'un examen attentif, au double point de vue de l'instruction et de la moralité, et qu'on leur demande à tous une année de stage avant de leur décerner un titre définitif. Ils ne comprennent pas ce qu'il y a de dévoûment et d'abnégation dans la vie de ces officiers, qui sont, le plus souvent, seuls dans leur bordj, loin des villes et de leurs plaisirs, loin de leur régiment, cette grande famille militaire qui, pour le soldat, remplace l'autre. Ils se gardent bien de dire que ces hommes de cœur et d'intelligence, qui ont été les conquérants du Sud et les vrais *pacificateurs du Tell*, passent leurs journées et souvent leurs nuits à courir le pays pour veiller à l'ordre public, à la sûreté des chemins, ouvrant aux voyageurs et au commerce les routes du Sahara, se faisant les initiateurs de l'Arabe, faisant effort, en un mot, suivant l'expression du général Ribourt, pour remettre en marche cette société qui depuis dix siècles, marque le pas.

Assez longtemps on a exploité, avec une déplorable persistance, pour attaquer l'institution des bureaux arabes, quelques faits isolés. Il est temps que la lumière se fasse et que justice soit rendue à ce personnel d'élite ; qu'on établisse le bilan des bureaux arabes, et l'on reconnaîtra facilement qu'ils ont bien mérité de la France.

En tout et partout, en Algérie, le mouvement civilisateur a été commencé par l'armée; les résultats acquis prouvent qu'elle l'a dirigé avec intelligence et avec succès ; c'est à elle qu'il appartient de le continuer.

L'ARMÉE

Nos soldats.

Aujourd'hui que l'Algérie est conquise, il est de mode de diminuer les difficultés de l'entreprise et de rapetisser les services de l'armée d'Afrique. On n'est pas seulement oublieux pour les généraux, on est injuste pour les soldats.

Aucune nation, cependant, ne peut montrer de soldats semblables à ceux de l'armée d'Afrique. La Russie a ses rapides escadrons et ses colossales armées ; l'Angleterre a ses magnifiques gardes à cheval ; la Prusse et l'Autriche ont leur infanterie si merveilleusement habile : tout cela est très-beau et mérite certainement d'être examiné avec attention ; les habits sont brillants, bien taillés ; les canons, les sabres et les fusils sont éclatants ; c'est un spectacle splendide à voir. Mais nulle part vous ne trouverez ces soldats sublimes d'abnégation et de dévoûment qui, dans les marches les plus pénibles au milieu des précipices, des sables, des torrents et des neiges, conservent toujours leur joyeuse insouciance. Accablés sous le poids de leurs armes, les pieds ensanglantés, mourant de soif, de faim, de chaleur ou de froid, nos braves soldats vont toujours et trouvent le courage, non pas seulement de se battre, ce n'est rien, mais de chanter et de rire.

Venez en Afrique, assistez à une des dernières journées de marche d'une longue expédition dans l'intérieur. Ces soldats ont passé leur journée à descendre verticalement dans le lit des torrents, à escalader des murs de rochers, à franchir de tristes monticules de pierres, des landes de roches tranchantes, des broussailles épineuses ; les habits n'ont plus ni forme ni couleur ; les visages sont amaigris ; au lieu du feu flambant du bivac, c'est la terre humide ; c'est le cri aigu du chacal et le lugubre sanglot de la hyène qui rôlent autour des sentinelles ; qu'importe ! à peine arrivés, à peine le fantassin a-t-il essuyé le canon de son fusil, à peine le cavalier a-t-il partagé son pain noir avec le brave cheval qui partage ses fatigues et ses périls, vous croyez qu'ils vont se coucher mornes et résignés... Mon Dieu, non ! ils vont se réunir pour causer et rire ensemble ; qui sait même s'ils ne vont pas jouer la comédie ! En 1836, la première garnison de Tlemcen, commandée par le capitaine Cavaignac, n'avait plus rien à manger ; mais elle avait une troupe d'artistes qui ne fit jamais relâche au plus fort de la disette et du danger.

Notre soldat de l'armée d'Afrique, c'est ce soldat, paysan par le bras, chevalier par le cœur, poète par la tête ; ce soldat capable de tous les dévoûments, comme le trompette Escoffier se sacrifiant pour donner à son capitaine, le brave de Cotte, les moyens de sauver un escadron ; ce soldat qui ne prie guère au régiment et qui, s'il jeûne, jeûne bien malgré lui, mais qui, martyr sans le savoir et saint sans s'en douter, suivant l'expression de M. Paul d'Ivoi, aimera mieux mourir que renier sa religion ou abandonner son drapeau ; c'est le paysan gaulois, obéissant quoique raisonneur, robuste, content de peu, sachant souffrir gaîment, qui a marqué de son pied, au nom de la civilisation, une terre inculte et barbare.

En campagne, tout soldat français, qu'il ait appris un métier ou qu'il n'en ait pas, les sait tous. Il est, selon la nécessité, terrassier, bûcheron, charpentier, tisseur, filateur, tailleur, cordonnier même; rien ne l'embarrasse. A Médéah, les zouaves se tirent des matelas, du fil, et préparèrent des peaux pour leurs chaussures. A Tlemcen, ils se fabriquèrent jusqu'à du tabac.

L'Armée et la Colonisation.

Il suffit de jeter un regard sur le passé pour reconnaître les immenses services rendus par notre brave armée d'Afrique dans la colonisation du pays. On a dit souvent que l'épée et la charrue étaient sœurs; mais c'est surtout en Algérie que cette fraternité s'est manifestée avec le plus de force. Si l'on a vu les premiers colons de la Mitidja, supportant héroïquement les fatigues, les privations, les maladies, la ruine et la misère, faire eux-mêmes la police de la plaine et transformer leurs fermes en de véritables petites forteresses que les bandes arabes assiégèrent plus d'une fois en vain; on vit bientôt aussi nos soldats jeter les premiers jalons de la colonisation et relever les ruines que la guerre avait accumulées.

Les officiers du *Génie* se sont faits architectes, agents-voyers, conducteurs des ponts-et-chaussées. Ils ont ouvert les premières carrières, construit des fours à chaux, des plâtrières, des briqueteries. C'est à eux que l'on doit la première exploitation des belles forêts de l'Algérie. Par leurs soins, toutes les anciennes fontaines ont été réparées sur les débris des aqueducs romains; les réservoirs et les grandes citernes, oubliés depuis des siècles, sous des décombres, ont été ouverts et restaurés ; des canaux d'irrigation et de dessèchement ont été creusés. Un simple sergent du génie, Henry Lardy, a relevé les ruines de Tebessa, suivant les expressions du savant Letronne, de façon à désespérer nos meilleurs architectes et à rendre fiers nos officiers les plus instruits.

L'*artillerie* a rivalisé de zèle avec les *équipages du train* pour faciliter tous les transports. Les voitures et les mulets qui ont porté partout les munitions de guerre ont aussi amené nos colons et ont souvent charrié tous les matériaux et tous les objets dont ils pouvaient avoir besoin.

La *cavalerie* s'est la première répandue dans la plaine pour y faire des récoltes. Elle ne s'est pas bornée à couper des foins, elle a souvent ensemencé de grands espaces et assuré des vivres dans les postes avancés, alors que la guerre et la difficulté des transports restreignaient le plus les ressources de ces établissements.

On sait tout ce qu'ont fait nos soldats *d'infanterie* pour les défrichements et l'entretien des routes. On leur a mis la pioche en main, et, les premiers, ils ont révélé les ressources du sol africain. Pendant que de vigilantes sentinelles gardaient les murs et les remparts, ils faisaient reverdir tous les potagers et les vergers d'alentour, et leurs jardins d'essai rivalisent aujourd'hui avec les plus beaux jardins botaniques des premières cités de l'Europe.

Toutes les armes ont prêté leur utile concours pour aider les premières tentatives de colonisation, et plus d'une ville enregistre avec reconnaissance le nom de quelqu'un de nos généraux en tête de ses bienfaiteurs. C'est le maréchal de St-Arnaud qui a créé Orléansville ; c'est le maréchal Bosquet qui a tracé les larges rues de Sétif, dans l'espérance que cette cité reprendrait un jour son ancien rang ; c'est le maréchal duc de Malakoff qui a présidé aux constructions de la jolie ville de

Mostaganem, dont beaucoup de départements français pourraient être jaloux ; c'est le maréchal Randon qui a desséché les marais de Bône et donné l'impulsion aux premières entreprises industrielles dans cette subdivision ; c'est le général Marey-Monge qui a relevé les ruines de Médéah et fait de son territoire le premier vignoble africain.

Nos officiers d'*état-major* manient alternativement l'épée et le compas. Ils parcourent le pays, mesurent, arpentent, dessinent, calculent, décrivent et préparent ces cartes justement célèbres qui s'achèvent au dépôt de la guerre et dont on sait toute l'exactitude et l'admirable exécution.

Toutes nos illustrations militaires contemporaines ont appartenu à l'armée d'Afrique. Parmi les officiers généraux qui furent les premiers lieutenants du maréchal Bugeaud, et parmi ceux qui se formèrent à son école et se sont fait un renom plus tard, il faut citer : les maréchaux Baraguay-d'Illiers, Saint-Arnaud, Randon, Pélissier, Canrobert, Bosquet, de Mac Mahon, Bazaine, les princes d'Orléans, les généraux Lamoricière, Bedeau, Négrier, Cavaignac, Marey-Monge, Changarnier, d'Arbouville, Charon, de la Rüe, Renault, de Bourjolly, Morris, d'Allonville, de Montauban, Korte, Ladmirault, Ubrich, Tartas, d'Autemarre d'Ervillé, Bourbaki, Camou, Mellinet, Herbillon, Bouscarin, Vinoy, Cassaignolles, Espinasse, Wimpffen, Manèque, Vergé, Bisson, Rivet, Desvaux, Yusuf, Durrieu, Trochu, Deligny, Périgot, Decaen, de Forton, de Champeron, Desmarets.

Les Zouaves.

Un arrêté du 1er octobre 1830, approuvé par ordonnance royale du 21 mars 1831, créa deux bataillons d'infanterie indigène. On appela les soldats de ces bataillons, *zouaves*, du nom de la célèbre tribu des

Zouaoua, qui, dans certaines circonstances, avait fourni des fantassins aux troupes du dey. Les commandants Maumet et Duvivier furent mis à la tête de ces deux bataillons. Comme le recrutement des indigènes n'était pas très-actif, on enrôla dans les zouaves des Européens. C'est à la première expédition de Médéah, au col de Mouzaïa, que les zouaves reçurent le baptême du feu.

En 1832, les deux bataillons furent réunis en un seul, sous le commandement de Duvivier qui, appelé bientôt après à Bougie, légua les zouaves d'abord au commandant Kall, puis au capitaine de Lamoricière. Après l'expédition de Mascara, une ordonnance du roi organisa les zouaves en un régiment de deux bataillons, dont M. de Lamoricière conserva le commandement, avec le grade de lieutenant-colonel.

Le col de Mouzaïa, théâtre des premiers exploits des zouaves, les revit, en 1836, enlevant toutes les crêtes et défendant contre les Kabyles les positions qu'ils leur avaient vaillamment arrachées. Le siége de Constantine, en 1837, est un des plus beaux fleurons de la couronne guerrière des zouaves. Nous les retrouvons ensuite dans tous les combats qui marquèrent la sanglante campagne de 1840; dans la Mitidja, au col de Mouzaïa, au pied du Chenoua, dans la vallée du Cheliff, sur l'Oaamri, au Fondas. L'état-major fut alors renouvelé. Au colonel de Lamoricière nommé général, à ses dignes seconds, les chefs de bataillon Regnauld et Renault, également promus, succédèrent le lieutenant-colonel Cavaignac, les commandants Leflô et Saint-Arnaud.

Les zouaves concoururent à la plupart des actions remarquables de la campagne de 1841, à la fin de laquelle une ordonnance royale du 8 septembre porta le régiment à trois bataillons. Une seule compagnie par bataillon pouvait recevoir les indigènes, encore ceux-ci y figuraient-ils en petit nombre, et n'y étaient-ils conservés, en quelque sorte, que pour justifier le nom et l'uniforme du corps. Les trois bataillons se séparèrent alors pour aller servir dans chacune des trois provinces.

Au mois de septembre 1842, les zouaves prirent une part glorieuse au combat de l'Oued-Foddah, une des luttes les plus longues et les plus difficiles qu'aient enregistrées nos annales d'Afrique. Les zouaves furent représentés par un ou deux de leurs bataillons dans la plupart des actions importantes des campagnes de 1843 et 1844 : combats acharnés contre les Kabyles, longues marches dans le désert; au Jurjura, dans l'Ouarsenis, chez les Beni-Menasser, à la prise de la Smalah, dans les beaux combats livrés par le général Bedeau à la cavalerie marocaine, et, enfin, à Isly. Le colonel Cavaignac, ayant quitté le corps par avancement, au mois d'octobre 1844, fut remplacé par un des survivants de l'assaut de Constantine, le colonel Ladmirault.

En 1845, tandis qu'un bataillon soutenait, près des frontières du Maroc, le premier effort de la lutte, les deux autres parcouraient la province d'Alger en tout sens. 1846 et 1847 ne laissèrent guère de repos aux zouaves. A la fin de 1847, le colonel Canrobert remplaça le général de Ladmirault. Le régiment fut établi dans un poste important et de création assez récente, appelé Aumale, au milieu d'une région où la soumission était loin d'être complète ; aussi les zouaves avaient-ils eu de nombreuses courses à faire dans les montagnes, et plusieurs combats à livrer, lorsque, vers la fin de 1849, des évènements importants qui s'accomplissaient dans le Sud de la province de Constantine, les y firent appeler en toute hâte. L'oasis de Zaatcha tenait depuis quelque temps en échec toute une division de l'armée. La prise de Zaatcha, succès cruellement acheté, ne fut pas encore le signal du repos pour les zouaves ; ils allèrent terminer brillamment la campagne, au cœur de l'hiver, par la prise de Narah, sur les pentes de l'Aurès.

Rentrés à Aumale, placés sous les ordres d'un nouveau colonel, M. d'Aurelle de Paladines, les zouaves furent deux ans aux prises avec la confédération kabyle, qui leur avait donné leur nom, et prirent part à toutes les opérations dirigées dans la vallée de l'Oued-Sahel et dans le pâté montagneux connu sous le nom de Grande-Kabylie.

Un décret du 15 février 1852 donna une nouvelle organisation au corps des zouaves. Il y eut trois régiments, dont chacun eut pour noyau un des trois bataillons existants. Vers la fin de l'année, les 1er et 2e régiments eurent la plus grande part dans l'honneur et dans les pertes de l'assaut qui termina le siége de Laghouat.

D'autres épreuves bien plus décisives attendaient les zouaves en Orient et en Italie. Ils eurent à lutter contre des armées qui nous disputèrent chaudement plus d'un champ de bataille ; mais, partout et toujours, sur la falaise de l'Alma, dans les broussailles d'Inkermann, sous les murs de Sébastopol, à Montebello, à Palestro, à Marignan, à Magenta, à Solferino, les zouaves soutinrent leur vieille renommée, et l'ennemi vaincu salua en eux les premiers soldats du monde.

Voici les noms de quelques-uns de nos généraux qui ont été officiers de compagnie et même sous-officiers dans les zouaves : Renault, Levaillant, Bouat, Ladmirault, Maissiat, Bourbaki, Vergé, de Chasseloup-Laubat, Espinasse (tué en Italie), d'Autemarre d'Erville, Barral (tué en Afrique), Drolenvaux, Leflô, Blangini (mort en Afrique), Mollière, Repond, Bosc, Bisson, Garderens de Boisse, Cler (tué en Italie), de Polhes, de Chabron, Guignard, Brincourt.

Les Tirailleurs indigènes.

L'ordonnance royale du 8 septembre 1841, qui décida qu'une seule compagnie par bataillon de zouaves pourrait recevoir des indigènes, organisa, sous le nom de tirailleurs indigènes, trois bataillons d'infanterie où les Français n'occupèrent qu'une partie des emplois d'officiers et de sous-officiers. Déjà des arrêtés du Gouverneur général, datés du 8 novembre 1840, avaient prescrit la création d'un bataillon de tirailleurs à Constantine et de deux demi-bataillons à Bône et Alger.

Les bataillons de tirailleurs, commandés par des chefs habiles, intrépides, tels que Bosquet, de Wimpffen, Vergé, Bourbaki, Rose, Liébert, ont prouvé en Algérie, en Crimée et en Italie, qu'ils sont les frères cadets des zouaves.

Partout et toujours, où se sont trouvés les *turcos*, ils se sont montrés dignes d'appartenir à l'armée française.

Tout le monde se souvient des turcos du colonel de Wimpffen, à l'Alma et à Inkerman. Le *Moniteur universel* a eu plus d'une fois à enregistrer leurs glorieux faits d'armes pendant la guerre d'Italie, et le maréchal Forey les a cités plus d'une fois dans les bulletins du corps expéditionnaire du Mexique. Quant à la fidélité du turco, elle est incontestable ; il y a eu dans le corps, comme partout, quelques désertions, mais jamais la moindre trahison.

Eh bien ! ces braves turcos, on semble trop souvent l'oublier, sortent de cette forte population arabe, à laquelle certains esprits exaltés n'accordent aucune qualité, aucun sens moral, à laquelle ils dénient même la bravoure.

Le peuple qui produit de pareils soldats est un grand peuple. Le sauvage sait massacrer; mais le dévoûment jusqu'à la mort, l'abnégation, la fidélité au drapeau ne se rencontrent que chez l'homme policé. L'Arabe, dit M. Florian Pharaon, dans son intéressante étude : *Spahis et turcos*, a une civilisation à lui ; celle-ci a été la mère de la nôtre, qui n'est déjà pas si parfaite, puisqu'elle nous conduirait, si l'on en croyait quelques publicistes, à repousser sans raison une population à laquelle notre devoir est de tendre la main.

Il y a aujourd'hui trois régiments de tirailleurs *(organisation du 40 octobre 1855)*, qui sont essentiellement formés d'indigènes. Les officiers supérieurs et les capitaines sont tous Français ; quant aux officiers subalternes et aux sous-officiers, ils sont choisis, moitié parmi les français, moitié parmi les indigènes.

La Légion étrangère.

Créée par la loi du 9 mars 1831, pour être employée hors du continent, la légion étrangère a subi, à différentes époques, plusieurs modifications qui, sans jamais altérer sa constitution primitive, ne portèrent le plus fréquemment que sur des détails secondaires d'organisation ou d'administration intérieure.

Comme sa dénomination officielle l'indique, elle réunit toutes les nationalités : Allemands, Hollandais, Belges, Italiens, Espagnols, Polonais et Grecs viennent se fondre dans cette galerie originale, pleine de contrastes, riche d'individualités excentriques ; mais, ce qui mérite surtout, comme le remarque M. Antoine Camus dans ses *Bohêmes du drapeau*, de frapper l'observateur attentif, c'est l'unité de ces hommes en face du danger, à l'heure de suivre ou de défendre le drapeau auquel ils ont juré fidélité.

L'armée française jouit d'un prestige universel ; elle subjugue les indifférents, enthousiasme les sceptiques et provoque, hors de la France, chez les hommes à l'imagination vive, à l'humeur vagabonde, le secret désir de recevoir le baptême du feu au milieu des premiers soldats du monde.

Réorganisée à Pau, à la fin de 1835, la légion arriva en Algérie dans les premiers jours de janvier 1837. Ce baptême du feu qu'elle était venue y chercher, elle le reçut dans les journées des 29 et 30 avril, dans les combats livrés aux environs de Blidah, et elle prit glorieusement son rang dans l'armée d'Afrique. Le général Bedeau commandait alors la légion dans laquelle le maréchal de Saint-Arnaud était lieutenant.

L'histoire de la légion se confond à chaque page avec celle de l'armée d'Afrique ; elle est écrite en lettres d'or dans les plis du drapeau qu'elle a reçu des mains de la France et qu'elle a défendu en tous lieux, en Crimée, en Italie et au Mexique, comme une relique sacrée.

L'Infanterie légère d'Afrique.

Les bataillons d'infanterie légère d'Afrique, dont les deux premiers ont été créés par ordonnance royale du 3 juin 1832, et le troisième par ordonnance du 20 juin 1853, se composent de militaires sortant des établissements pénitentiaires et ayant encore un temps de service à achever avant d'être libérés. Les *zéphyrs* se sont acquis une réputation méritée de valeur et d'énergie ; ils ont eu à leur tête plusieurs des officiers les plus brillants de l'armée d'Afrique et notamment Cavaignac et Ladmirault. El-Arrouch, Djemila, Bougie, Cherchell, Mazagran ont été, à diverses époques, témoins de leurs glorieux services.

Les Chasseurs d'Afrique.

Ce fut un régiment de chasseurs de France, le 17e (depuis 2e de l'arme), qui faisait partie de l'expédition de 1830, qui fournit les premiers éléments de la formation des chasseurs d'Afrique. On les appela d'abord *chasseurs algériens* ou *zouaves à cheval*. Un des escadrons sous les ordres de M. Marey-Monge fut composé de cavaliers indigènes. C'est dans ce corps arabe qu'apparut pour la première fois le capitaine Yusuf.

Aux chasseurs algériens succéda le 1er régiment de chasseurs d'Afrique, créé en vertu d'une ordonnance royale du 17 novembre 1831. Ce régiment prit immédiatement le service des avant-postes, et sans vêtements, sans chaussures, au milieu de la pluie et de la boue, nos braves chasseurs, que commandait un vieux soldat de l'empire, le colonel de Schauenburg, montrèrent une bonne volonté et une discipline dignes de vieilles bandes.

Le régiment débuta d'une manière brillante à l'affaire d'El-Ouffia, le 6 avril 1832, cinq mois après sa formation. Une plus belle occasion devait donner la mesure de ce que l'on pouvait attendre de cette troupe : c'est le combat de Boufarik, livré le 1er octobre 1832. Dans la liste des noms cités honorablement, on trouve ceux de quatre généraux futurs : Marey-Monge, Marion, de Drée et de Prémonville.

En 1832, un second régiment fut créé à Oran ; en février 1833, le 3e régiment s'organisa à Bône avec les 7e et 8e escadrons du 1er chasseurs, comme noyau ; enfin, dans l'année 1840, un 4e régiment de chasseurs fut formé à Bône, mais envoyé presque immédiatement dans la province d'Oran. Au moment de la formation du régiment des chasseurs à cheval de la Garde, le 4e chasseurs d'Afrique a été licencié et il n'y a plus aujourd'hui que trois régiments, un par province.

Les chasseurs d'Afrique ont été mêlés à tous les évènements importants de notre histoire militaire depuis 1830. Nous devons citer : en Afrique, les glorieux combats d'Oued-Laleg, de l'Afroun, de Médéah, de Milianah, de la Sikkak, d'El-Amria, de Sidi-Rached, le combat de Temda, les deux expéditions de Constantine, les combats sous Sétif, chez les Beni-Salah, les ravitaillements de Médéah et de Miliahah, les combats de l'Oued-Foddah, la prise de la Smalah à Taguin, le combat de l'Oued-Malah, la bataille d'Isly, l'héroïque défense du marabout de Sidi-Brahim, etc.

En Crimée, en Italie, les chasseurs d'Afrique ont fourni plusieurs charges heureuses ; et, plus récemment encore, au Mexique, ils ont exécuté une série de coups de main qui rappellent la journée de Taguin.

Parmi les officiers qui ont commandé nos régiments de chasseurs d'Afrique, il faut citer : le maréchal Randon, les généraux de division Korte, de Bourjolly, Létang, Boyer, de Bourgon, Tartas, Morris, Cassaignolles.

Les Spahis.

Réunis d'abord en un petit groupe, sous le nom de chasseurs algériens, puis compris dans les cadres des régiments de chasseurs d'Afrique, les cavaliers indigènes ne tardèrent pas à former de nouveau des corps à part. Des spahis réguliers furent organisés à Alger, à Bône, à Oran, et en même temps des spahis irréguliers ou auxiliaires, soldés, étaient mis à la disposition de quelques chefs arabes et commandants militaires. Puis, sous l'administration du maréchal Valée, qui se souciait peu des troupes indigènes, la suppression des spahis fut de nouveau demandée, ainsi que celle des zouaves eux-mêmes. Les spahis d'Alger furent seuls licenciés et adjoints au 1er chasseurs d'Afrique ; ceux de Bône et d'Oran furent maintenus. On en organisa même un nouveau groupe à Sétif. Les spahis auxiliaires reçurent un accroissement en nombre, et, dans la province d'Alger, un détachement de cavaliers d'élite, pris parmi les indigènes, fut organisé sous la dénomination de gendarmes maures.

Durant les années suivantes, on forma de nouveaux escadrons de spahis réguliers sur divers points du territoire, et enfin, en 1845, toutes ces fractions réunies devinrent trois régiments, fixés chacun dans une de nos provinces algériennes.

La cavalerie indigène a accompagné les chasseurs d'Afrique dans la plupart des expéditions ; comme eux, elle a assisté à tous les combats livrés en Algérie.

L'ensemble des escadrons de spahis a eu longtemps pour chef, avant la division en trois régiments, le lieutenant-colonel, puis colonel Yusuf, qui a conduit dans le Sahara algérien, de 1843 à 1847 notamment, de longues et pénibles excursions, pour lesquelles les indigènes entraient en proportion importante dans les colonnes qu'il commandait.

Les trois régiments de spahis sont partagés en autant de *smalas* qu'il y a d'escadrons ou de fractions d'escadron stationnés autour des postes avancés. Les smalas, établies sur des possessions domaniales, sont entourées de murs, flanquées de tourelles, et peuvent, en cas d'attaque, servir de refuge et d'abri. Chaque cavalier reçoit, en usufruit, un lot de quatre à cinq hectares de terres labourables qu'il exploite à sa convenance ; il perçoit, en outre, une solde fixe. Il est à la disposition du commandement militaire, porte les correspondances d'un point à un autre, escorte les voyageurs, surveille les routes et, en temps de guerre, marche avec les colonnes.

La création des smalas date de 1853 : les résultats ont pleinement justifié les espérances que le maréchal Randon avait conçues. Chaque smala est, en effet, une véritable ferme modèle au milieu du pays arabe.

Les spahis ont eu à leur tête, à diverses reprises, plusieurs officiers distingués, parmi lesquels les généraux Montauban, d'Allonville, Walsin Esterhazy, Daumas, Yusuf, Durrieu, Bouscarin.

Chasseurs à pied.

Une décision royale du 14 novembre 1838 créa, à titre d'essai, un bataillon de tirailleurs qui fut organisé à Vincennes, d'où le surnom populaire de *tirailleurs de Vincennes*, donné encore aujourd'hui aux chasseurs à pied. Ce fut le duc d'Orléans qui fit décider la formation de ce nouveau corps, qui reçut un équipement particulier, une instruction spéciale et fût armé de la carabine *Delvigne-Poncharra*.

Dix mois après la décision du 14 novembre 1838, les résultats obtenus parurent assez satisfaisants, pour que la formation provisoire du bataillon fût rendue définitive, et on ne tarda pas à le soumettre à l'expérience de la guerre. Envoyé en Afrique en 1840, il fut embrigadé avec les zouaves et, conduit par des officiers ardents et intrépides en tête desquels nous devons nommer son digne chef le commandant Grobon, il paya largement sa dette de sang et eut bientôt une excellente réputation.

Tandis que les tirailleurs faisaient noblement leurs premières armes en Afrique, la guerre menaçant d'éclater en Europe, le duc d'Orléans fut chargé d'organiser dix bataillons de *chasseurs à pied*. Cette création était un legs fait à la France. Un an plus tard, le duc d'Orléans mourait, de la manière la plus déplorable, tout près du château de Neuilly, en s'élançant de sa voiture dont les chevaux s'étaient emportés. C'est alors seulement que, par un pieux souvenir, les chasseurs reçurent le nom d'*Orléans* que la modestie de leur fondateur n'eût jamais permis de leur donner de son vivant.

La tombe du duc d'Orléans était à peine fermée, que la belle conduite du sixième bataillon, dans les sanglants combats de l'Oued-Fodda, plaçait les chasseurs au rang des meilleures troupes d'Afrique. Nous ne les suivrons pas dans tant d'actions auxquelles ils prirent une part brillante, de 1842 à 1864 ; nous rappellerons seulement, parmi les bataillons qui ont le plus souvent été cités dans les bulletins officiels, le 1er, le 3e, le 5e (bataillon de Canrobert), le 6e, le 8e héros de Sidi-Brahim), le 9e, le 10e (bataillon de Mac-Mahon.)

Depuis le 22 novembre 1853, le nombre des bataillons de chasseurs a été porté à 21, dont 1 faisant partie de la garde impériale. Plusieurs de ces nouveaux bataillons, le 11e, le 12e, le 13e, le 14e, le 16e, le 18e ont pris part, de 1853 à 1864, à diverses expéditions en Algérie.

Un grand nombre d'officiers généraux ont commandé des bataillons de chasseurs à pied. La liste en serait trop longue, s'il fallait les citer tous ; c'est pourquoi nous nous contenterons de nommer les maréchaux de Mac-Mahon et Forey, les généraux Camou, Mellinet, Faivre et Repond, qui furent choisis par le duc d'Orléans, lors de l'organisation de l'arme.

L'Infanterie de ligne.

Quelque grand que soit leur mérite, les corps indigènes n'ont point fait pâlir le renom de nos vieux régiments d'infanterie. Parmi ceux qui sont le plus souvent cités dans l'histoire de nos guerres d'Afrique, soit à cause de leur long séjour, soit à cause des nombreuses affaires auxquelles ils ont pris part, nous devons mentionner : les 1er, 2e, 4e, 5e, 9e, 11e, 13e, 20e, 23e, 24e, 26e, 31e, 32e, 33e, 37e, 38e, 41e, 44e, 47e, 48e, 49e, 50e, 53e, 55e, 56e, 58e, 59e, 60e, 62e, 63e, 64e, 66e, 67e, 77e (2e léger), 78e (3e léger), 81e (6e léger), 85e (10e léger), 87e (12e léger), 88e (13e léger), 90e (15e léger), 92e (17e léger), 94e (19e léger), 99e (24e léger).

Les régiments qui faisaient partie de l'expédition

d'Alger en 1830 étaient: les 3°, 6°, 14°, 15°, 17°, 20°, 21°, 23°, 28°, 29°, 30°, 34°, 35°, 37°, 48°, 49° de ligne; les 1er, 2°, 4° et 9° léger.

La Cavalerie légère.

Presque tous nos régiments de cavalerie légère sont venus, à tour de rôle, passer quelques années en Algérie. Nous devons une mention spéciale aux 1er, 2°, 4°, 5°, 9° régiments de chasseurs; aux 2°, 3°, 5°, 6° régiments de hussards, qui ont eu une part brillante dans nos plus éclatants faits d'armes et se sont signalés dans diverses expéditions longues et pénibles.

Les Armes spéciales.

Le génie et l'artillerie ont fourni leur contingent dans toutes les expéditions, et les états de services de ces corps sont remplis de faits glorieux, en tête desquels nous citerons les sièges du Fort-l'Empereur, de Constantine, de Zaatcha et de Laghouat. C'est en Algérie qu'ont commencé leur brillante fortune militaire nos officiers les plus distingués de l'artillerie et du génie, les maréchaux Vaillant et Niel, les généraux Charon, Le Bœuf, Chabaud-Latour, Bizot et Frossard.

Le Train des équipages.

N'oublions pas les escadrons du train des équipages, qui rendent chaque jour d'obscurs mais importants services. Ce sont eux qui sont chargés de l'entretien et de la conduite des nombreuses bêtes de somme qui suivent les colonnes, transportant les vivres et les munitions, les malades et les blessés. L'expérience prouve journellement que l'on doit attribuer à la bonne organisation de ce corps une grande part dans le succès de nos expéditions.

La Gendarmerie d'Afrique.

La légion de gendarmerie d'Afrique a été créée par ordonnance royale du 30 septembre 1839. Elle a eu pour noyau le détachement de 127 gendarmes composant, en 1830, la force publique du corps expéditionnaire.

Comme l'héroïque armée dans les rangs de laquelle elle s'est toujours recrutée, elle a versé sa part de sang dans les premières expéditions; mais elle a, de plus que les autres corps, exercé une mission d'une influence toute particulière, en représentant la magistrature armée pour donner, partout, force à la justice et à la loi, sur ce sol où régnaient, depuis longtemps, en souveraines maîtresses, la barbarie et la violence.

La Légion est formée de quatre compagnies dont les chefs-lieux sont à Alger, à Blidah, à Constantine et à Oran.

GOUVERNEMENT

« Je crains plus pour notre colonie les conflits que les Kabyles, » disait, en 1832, le général Lamarque. Le temps avait justifié ses craintes. L'Algérie était devenue la terre classique des rivalités de pouvoir. Celles-ci avaient rendu impossible toute décision, toute entreprise considérable et arrêté l'exécution des meilleurs projets ; elle avait amené la distinction de deux territoires, de deux intérêts, de deux Algérie.

On peut dire que, si l'Algérie n'a pas succombé au milieu des tiraillements et des hésitations, elle le doit à l'énergie des éléments de vitalité qui lui sont propres. En dépit des insuccès multipliés qui ont marqué chacun des essais tentés; malgré les ruines et les souffrances nombreuses qui jalonnent le chemin parcouru, elle sent que rien n'est perdu ; l'espérance lui demeure fidèle. On a tourné autour de la question, on est tombé, on s'est relevé; mais les chutes et les échecs dans des difficultés accessoires, sur un terrain où les vrais principes et les vrais intérêts demeuraient écartés, n'ont pu compromettre l'avenir. Les déceptions se sont multipliées sans ébranler les courages.

On avait entassé ordonnances, arrêtés, règlements,

les uns sur les autres ; les décrets, les lois elles-mêmes étaient intervenus ; on avait ajouté sans cesse de nouvelles dépenses à celles déjà effectuées ; on s'était montré ingénieux à chercher des causes merveilleuses pour expliquer les insuccès ; mais on n'avait jamais voulu mettre le doigt sur la véritable plaie et faire cesser le regrettable dualisme qui avait pris naissance, dès le mois de décembre 1831, par suite de la division des pouvoirs entre deux autorités, l'une civile et l'autre militaire, et avait survécu à toutes les modifications successives apportées à l'organisation des pouvoirs publics en Algérie.

Nous avions tous les inconvénients d'une centralisation excessive sans posséder les deux seuls avantages de la centralisation : l'unité de direction et l'unité d'impulsion, si nécessaires dans un pays qui, plus que tout autre, doit être considéré dans son ensemble, et où les détails de l'administration ont besoin d'être coordonnés vers un but commun. L'urgence d'une réforme radicale était incontestable.

Tout le monde reconnaissait qu'il était indispensable de *constituer dans chaque province*, ainsi que nous l'écrivions au mois d'avril dernier, *un pouvoir unique étendant son action sur le territoire tout entier* [1]

Le décret du 7 juillet 1864, qui a réorganisé l'administration de l'Algérie, a établi cette unité de pouvoir, en chargeant les généraux commandants des provinces de la haute direction des services civils, en augmentant leurs pouvoirs et leurs responsabilité et en leur subordonnant les préfets.

« L'Algérie, avec ses deux millions et demi de musulmans, à moins qu'on ne les extermine, est et

---

[1] *La liberté de la presse, ce qu'elle est en Algérie. — Lettre à M. le baron David*, par A. Debaghel.

sera toujours un pays exceptionnel : la logique veut donc qu'on la gouverne exceptionnellement. Ce ne sera qu'en se plaçant régulièrement dans l'exception qu'on sortira rationnellement du provisoire et de l'arbitraire, de l'inconséquence et de l'impuissance contre lesquelles on se débat depuis trente ans [1] »

Quand on compare le chiffre de la population européenne à celui de la population indigène, on ne peut douter un seul instant que ce ne soit cette dernière population qui doive faire pencher la balance ; et qu'il ne faille donner à l'Algérie le gouvernement le plus favorable à la fois à sa domination et à sa civilisation.

Or, le seul gouvernement qui convienne aux indigènes, est le gouvernement militaire. Le commandement que l'armée exerce sur les tribus est dans la tradition des pouvoirs orientaux. L'autorité militaire a une forme autocratique qui lui donne la vigueur, l'unité, l'instantanéité, si chères aux musulmans ; le bras est toujours levé, prêt à frapper ; le chef facilement accessible, entend, juge et punit sur place. Sans doute, cette organisation est plus rapprochée de la loi vivante que des règles savamment équilibrées sur lesquelles sont basées les constitutions européennes ; mais, au moins, sous son influence, la population travaille, produit librement, et progresse ; les indigènes commencent à recueillir les bienfaits de la paix, ils prennent confiance dans la justice et dans la bienveillance de ceux qui dirigent l'administration de leurs intérêts.

Pour l'œuvre à accomplir, qui a été définie par l'Empereur « la rédemption des populations indigènes, » la vigoureuse hiérarchie de l'armée est un instrument plus puissant que la bureaucratie. Après

---

(1) *Émile de Girardin. Civilisation de l'Algérie.*

avoir fait la conquête du peuple arabe, l'armée est encore aujourd'hui le tuteur de ce peuple. Elle doit faire son éducation jusqu'au jour où elle pourra demander son émancipation, en le déclarant majeur et capable de gouverner lui-même ses intérêts. C'est un enfant dont l'avenir lui est confié et dont elle répondra devant l'histoire.

Il est de mode, dans une certaine presse, de faire de l'autorité militaire l'adversaire né de la liberté. Mais, n'avons-nous pas été bien des fois à même de constater que « dans ce pays, lorsque le pouvoir discrétionnaire était abandonné à des fonctionnaires civils, ces derniers se jetaient dans des écarts bien plus grands que ne le feraient des hommes d'épée? » *(Lettre de M. le baron de Vialar au maréchal Bugeaud, 1846.)*

Peu importe aux vrais colons, aux colons sérieux, que l'autorité supérieure soit exercée par un haut fonctionnaire militaire ou par un haut fonctionnaire civil. Ce qu'ils demandent, ce sont des institutions libérales. Il ne faut pas que l'homme, qui abandonne les foyers paternels pour aller demander à un travail lointain des chances de bien-être plus favorables, trouve dans sa nouvelle résidence les empêchements et les entraves du sol natal. Ce qu'il désire, ce n'est pas tant une administration semblable à celle de la mère-patrie (hélas! on n'en est pas à ce point idolâtre), que des conditions plus propices à l'exercice de son initiative. Les vieilles sociétés qui traînent après elles un long héritage de fautes de tous genres, de préjugés et de compromis avec le passé, sont nécessairement soumises à une règlementation plus étroite que la société qui se fonde dans des circonstances en quelque sorte imprévues. Ce n'est pas au nouveau né à ajuster à ses membres délicats les vêtements des ancêtres; il lui faut des langes qui ne gênent pas sa croissance, qui suivent son âge, en se modifiant sans cesse pour répondre à ses besoins. A ce jeune travailleur, il faut surtout beaucoup de liberté, une sécurité complète, un entier affranchissement de la tutelle administrative. Or, tout le monde sait qu'il n'a pas dépendu de l'autorité militaire qu'une plus large part soit faite à l'initiative individuelle, et qu'elle a demandé plus d'une fois que l'action administrative soit enfin dégagée des nombreux détails qui, trop souvent, font oublier l'ensemble.

L'Empereur a reconnu, dans sa lettre du 6 février, la nécessité de *supprimer les règlementations inutiles,* et de laisser aux transactions la plus entière liberté. Ce qu'il faut, en effet, à l'Algérie, ce n'est pas cette multitude de décrets « *qui ont fait de la législation algérienne une indéfrichable broussaille ;* » ce dont elle a besoin, c'est de mouvement et de liberté. Il faut lui donner les institutions municipales dans toute leur vérité ; c'est-à-dire transformer en municipalités réelles les pseudo-communes administratives. La commune est la véritable alvéole de toute association, la première assise de toute société et une excellente école de *self-government*. C'est là que l'homme s'initie à la solidarité sociale, qu'il fait le plus fructueux apprentissage de la vie publique et qu'il devient citoyen. Il n'y a pas d'Etat réellement puissant, si ses communes ne sont pas bien organisées et bien administrées par les citoyens eux-mêmes.

Exploitation de toutes les richesses naturelles du pays, suppression des règlementations inutiles, régime municipal très-vigoureusement et très-libéralement constitué : telles sont les seules bases rationelles et solides sur lesquelles on puisse s'appuyer pour arriver à implanter en Algérie une nombreuse population française.

Pour produire des effet salutaires, le système inauguré par le Sénatus-Consulte du 22 avril et continué par le décret du 7 juillet, demande à être appliqué avec discernement et à propos.

Les gouvernements qui se sont succédés depuis quelques années en Algérie, malgré tout ce qu'ils ont produit de bon et d'utile, ont légué au nouveau gouvernement bien des fautes, bien des erreurs qu'il sera long et difficile de réparer. A une certaine époque, les autorités chargées de gouverner l'Algérie ont cru devoir adopter vis-à-vis des indigènes une ligne de conduite tout-à-fait en opposition avec le système adopté aujourd'hui. Il en est résulté des froissements, des rancunes, des haines, que l'Algérie expie peut-être en ce moment.

Les affaires n'ont peut-être pas eu une direction assez homogène; le principe de l'autorité n'a pas été suffisamment soutenu. On a laissé l'influence des confréries religieuses se développer trop aisément ; on ne s'est pas montré aux tribus ; on a cru, en un mot, que les indigènes étaient à jamais subjugués et soumis parce que la poudre ne parlait plus.

Ces fautes successives ont amené un état de choses qu'il est urgent de modifier profondément. C'est un édifice tout entier à reprendre depuis ses fondations jusqu'au faîte. Certes, il y a là un champ vaste et fécond ouvert à l'activité et au dévoûment de l'illustre maréchal que la confiance de l'Empereur a appelé au poste éminent de Gouverneur général, et M. le Maréchal de Mac-Mahon ne pourra être qu'admirablement secondé par M. le général Desvaux, appelé aux fonctions de Sous-Gouverneur.

Gouvernement et administration

GOUVERNEUR GÉNÉRAL. — Le Gouverneur général exerce les attributions administratives qui lui sont conférées par la législation de l'Algérie et notamment par le décret du 10 décembre 1860.

Aux termes de ce décret, « Le Gouvernement et la
« haute Administration de la colonie sont centralisés
« à Alger sous l'autorité d'un GOUVERNEUR GÉNÉRAL
« qui rend compte directement à l'Empereur de la
« situation politique et administrative du pays.

» Le Gouverneur général commande les forces de
« terre et de mer ; toutefois, le Ministre de la guerre
« et le Ministre de la marine conservent sur l'armée
« et sur la marine l'autorité qu'ils exercent sur les
« armées en campagne et les stations. »

Sous-Gouverneur. — Un Sous-Gouverneur, général de division, remplit les fonctions de chef d'Etat-Major général et supplée le Gouverneur général en cas d'absence. Il exerce les attributions civiles qui lui sont déléguées par le Gouverneur général.

Secrétaire général du Gouvernement. — Le Secrétaire général du Gouvernement est chargé de l'expédition générale des affaires civiles.

Conseil du Gouvernement. — Placé auprès du Gouverneur et sous sa présidence, ce Conseil, dont les attributions ont été définies par un décret spécial, est, en principe, appelé à donner son avis sur les affaires qui intéressent le domaine de l'Etat, les concessions de mines, de forêts, les créations de centres de population, etc., et, en outre, sur toutes les affaires renvoyées à son examen par le Gouverneur général.

Conseil supérieur. — Ce Conseil, qui se réunit une fois par an, après la session du Conseil général, est ainsi composé :

1° Du Gouverneur général, président ;
2° Du Sous-Gouverneur ;
3° Des membres du Conseil consultatif ;
4° Des trois Généraux commandant les divisions militaires ;

5° Du Premier Président de la Cour impériale d'Alger ;

6° Des trois Préfets des départements :

7° De l'Evêque ;

8° Du Recteur de l'Académie ;

9° De six membres des Conseils généraux (deux choisis par le Conseil général de chaque province).

Il se réunit annuellement aux époques déterminées par un décret impérial, pour délibérer sur le budget général de l'Algérie.

Le projet du budget général, arrêté provisoirement par le Gouverneur général, après délibération du Conseil supérieur, est transmis au Ministre de la guerre, qui est chargé d'en soutenir la discussion au Conseil d'État et d'en suivre l'exécution comme budget annexe de celui de son ministère.

ADMINISTRATION PROVINCIALE. — L'administration générale du territoire civil et du territoire militaire de chaque province est confiée au général commandant la division qui prend le titre de *général commandant la province*.

Le général commandant la province est chargé, sous l'autorité du Gouverneur général, de la haute direction et du contrôle des services civils de la province. Il rend compte périodiquement au Gouverneur général de la situation du territoire soumis à son autorité. Il reçoit les instructions du Gouverneur général pour toutes les mesures qui touchent à la colonisation ou aux affaires arabes. Il propose l'avancement ou la révocation des fonctionnaires ou agents civils de la province dont la nomination appartient à l'Empereur ou au Gouverneur général. Il pourvoit aux emplois dont la nomination lui est déférée par les délégations du Gouverneur général. Il statue sur toutes les affaires d'intérêt provincial dont la décision, réservée au pouvoir central, lui est déléguée par le Gouverneur général. Dans les circonstances urgentes et imprévues, il peut prendre, sous sa responsabilité, et sauf à en référer immédiatement au Gouverneur général, des mesures d'ordre et de sécurité publique.

Le général commandant la province est spécialement chargé, sous l'autorité du Gouverneur général, de la police de la presse. Il donne les autorisations de publier les journaux et révoque ces autorisations en cas d'abus. Il donne les avertissements aux journaux, en prononce la suspension temporaire, et provoque, lorsqu'il y a lieu, les poursuites judiciaires.

Division du territoire. — Chaque province est divisée en territoire civil et en territoire militaire.

Le territoire civil de chaque province conserve son titre de *département*, ainsi que ses subdivisions en arrondissements, districts et communes dont les limites sont également déterminées par des décrets.

Le territoire militaire est divisé en circonscriptions déterminées par des arrêtés du Gouverneur général.

Les Français, les étrangers, les indigènes habitant d'une manière permanente les circonscriptions des communes constituées, sont régis, dans les deux territoires, par les institutions civiles actuellement en vigueur et qui seront successivement développées.

Les indigènes vivant soit isolément, soit à l'état de tribus, et qui ne sont pas rattachés à des communes constituées, sont soumis à l'autorité militaire dont la mission est de les préparer à passer sous le régime du droit commun.

Territoire civil. — Le territoire civil de chaque province est administré par le préfet, sous l'autorité du général commandant la province.

Le préfet adresse périodiquement au général commandant la province des rapports d'ensemble sur la situation du territoire civil. Il reçoit ses instructions pour toutes les affaires qui intéressent la colonisation et lui rend compte de leur exécution. Il transmet au Gouverneur général, par l'intermédiaire du général commandant la province, qui les revêt de son avis, toutes ses propositions concernant les affaires réservées à la décision du pouvoir central.

Il y a neuf sous-préfectures, dont les chefs-lieux sont : *dans la province d'Alger* : Blidah et Milianah ; *dans la province d'Oran* : Mostaganem, Mascara et Tlemcem ; *dans la province de Constantine* : Bône, Guelma, Philippeville et Sétif.

Quelques sous-préfectures comprennent des *districts* dont l'administration est confiée à des *commissaires civils*, qui joignent à leurs fonctions celles de maire et quelquefois celles de juge de paix.

Les chefs-lieux de ces commissariats civils sont : *dans la province d'Alger* : Aumale, Dellys, Ténès, Cherchell, Marengo, Orléansville ; *dans la province d'Oran* : Aïn-Temouchent, Saint-Denis-du-Sig, Sidi-Bel-Abbès, Nemours ; *dans la province de Constantine* : Bathna, La Calle, Souk-Ahrras, Jemmapes et Djijelli.

Territoire militaire. — Le général commandant la province a sous ses ordres, pour l'administration du territoire militaire, les officiers généraux et les officiers supérieurs commandant les subdivisions militaires et les cercles, qui exercent leur autorité sur les populations indigènes par l'intermédiaire des bureaux arabes.

En ce qui concerne les Français et les étrangers établis dans ce territoire, le général peut déléguer ses attributions administratives au préfet.

La province d'Alger comprend six subdivisions : Alger, Dellys, Aumale, Médéah, Milianah, Orléansville ; quinze cercles ou annexes : Dellys, Dra-el-Mizan, Fort-Napoléon, Tizi-Ouzou, les Beni-Mansour, Aumale, Médéah, Boghar, Laghouat, Djelfa, Milianah, Cherchell, Teniet-el-Hâad, Orléansville, Ténès.

La province d'Oran a cinq subdivisions : Oran, Mostaganem, Sidi-Bel-Abbès, Mascara, Tlemcem; quinze cercles ou annexes : Oran, Aïn-Temouchent, Mostaganem, Ammi-Moussa, Zamorah, Aïn-Bel-Abbès, Daya, Mascara, Tiaret, Saïda, Géryville, Tlemcem, Nemours, Lala-Maghnia et Sebdou.

La province de Constantine compte quatre subdivisions : Constantine, Bône, Batnah et Sétif; seize cercles ou annexes : Constantine, Collo, Aïn-Beida, Tebessa, El-Miliah, Bône, La Calle, Souk-Ahrras, Bathna, Biskra, Sétif, Bordj-bou-Areridj, Bougie, Boucada, Takitount.

Justice.

L'organisation judiciaire comprend :

Une *Cour impériale* siégeant à Alger et composée de quatre chambres; des *Tribunaux de première instance*, à Alger, Blidah, Oran, Mostaganem, Tlemcem, Constantine, Bône, Philippeville, Sétif; des *Justices de paix*, à Alger, Aumale, Blidah, Boufarik, Cherchell, Koléah, Douéra, Médéah, Milianah, Orléansville, Ténès, Oran, Aïn-Temouchent, Mascara, Mostaganem, Nemours, Saint-Cloud, Saint-Denis du Sig, Sidi-bel-Abbès, Tlemcem, Constantine, Bathna, Bône, Bougie, Djijelli, Guelma, Jemmapes, La Calle, Mondovi, Philippeville, Sétif, Souk-Ahrras.

Services financiers.

Les services financiers organisés en Algérie sont les suivants :

1° L'Enregistrement et les Domaines;
2° Les Contributions diverses;
3° Les Postes;
4° Les Douanes;
5° Les Forêts;
6° Le Trésor.

Ces services ont, à peu de choses près, les mêmes attributions qu'en France. Toutefois, le service des Contributions diverses, tout spécial à la colonie, réunit une partie des fonctions partagées dans la métropole, entre les administrations des Contributions directes et indirectes et les percepteurs ; — D'un autre côté, le service du Trésor cumule les attributions dévolues, en France, aux receveurs généraux et particuliers des finances et aux payeurs. — Comme sur le continent, les services financiers sont l'objet de vérifications générales accomplies par l'Inspection des finances, laquelle se compose d'un inspecteur général, chef de la mission, et de trois inspecteurs.

Instruction publique.

L'instruction publique est placée dans les attributions et sous l'autorité du Ministre de l'Instruction publique, à l'exception des écoles musulmanes qui restent dans les attributions exclusives du Gouverneur général.

L'Académie d'Alger, dont le ressort embrasse les trois provinces, a été créée en 1848.

Le Recteur, chef du service pour toute l'Algérie, correspond directement et exclusivement avec le Ministre de l'Instruction publique pour tout ce qui concerne les *Ecoles françaises et israélites*. Il adresse au Gouverneur général une copie de ses rapports périodiques.

ÉCOLES FRANÇAISES. — L'enseignement se divise, comme en France, en trois branches : l'enseignement supérieur ; l'enseignement secondaire ; l'enseignement primaire.

Enseignement supérieur — Il comprend :

1° Une école préparatoire de médecine et de pharmacie, dont le siége est à Alger, et qui est placée, quant aux sessions d'examens, dans la circonscription de la Faculté de Médecine de Montpellier ;

2° Les cours publics de langue arabe, qui sont faits au chef-lieu de chaque province, c'est-à-dire à Alger, à Constantine et à Oran.

Enseignement secondaire. — Il comprend :

Le Lycée impérial d'Alger ;

Quatre colléges communaux, institués à Bône, Constantine, Philippeville et Oran ;

Une institution secondaire et primaire à Mostaganem ;

Un établissement privé tenu, à Oran, par les Jésuites.

Enseignement primaire. — Cet enseignement n'a pas encore pu recevoir tout le développement désirable.

On ne compte encore que 424 écoles primaires, publiques ou privées, où sont instruits : 12,779 garçons et 13,900 filles, — ensemble 26,708 enfants. L'instruction primaire est donnée par 669 instituteurs ou institutrices, savoir : 327 laïques et 342 congréganistes.

Cultes.

Culte catholique. — La religion catholique a ses ministres dans les trois provinces ; un évêque institué par bulle papale (1838), est à la tête du diocèse d'Alger.

Culte protestant. — Un Consistoire central siége à Alger ; il dirige les intérêts de toutes les églises protestantes de l'Algérie. Ces églises appartiennent soit au culte réformé, soit à la confession d'Augsbourg. — Les pasteurs réformés relèvent directement du Consistoire central : ceux de la confession d'Augsbourg sont sous la direction du Directoire général, siégeant à Strasbourg.

Culte israélite. — Il a été institué en Algérie un consistoire *algérien* et des consistoires *provinciaux*. Le consistoire algérien siége à Alger ; les consistoires provinciaux, siégent à Oran, et à Constantine.

Culte musulman. — La religion musulmane a quatre rites différents : El-Maleki, El-Hanéfi, El-Chefaï, El-Hambeli. Les Arabes de l'Algérie suivent les deux premiers rites, mais le rite Maleki domine.

FIN.

TABLE

PAGES

HISTOIRE. — Populations primitives. — Les Carthaginois. — Les Romains. — Caractère de l'occupation romaine. — Les Vandales. — Les Byzantins. — Les Arabes. — Premières expéditions des Puissances chrétiennes. — Les Turcs. — Relations de la Régence avec les Puissances chrétiennes. — Les Concessions françaises en Afrique. — Causes de l'expédition de 1830. — La Conquête. — La Lettre de l'Empereur du 6 février 1863. — Le Sénatus-Consulte du 13 avril.. 1 - 40
ANNALES DE LA CONQUÊTE.................... 41 - 56
OPÉRATIONS MILITAIRES de 1857 à 1863 .... 57 - 59
INSURRECTION D'AVRIL 1864 .... 60 - 82
LISTE CHRONOLOGIQUE des Gouverneurs généraux, Commandants supérieurs des forces de terre et de mer et Commandants de province.......... 83 - 86
GÉOGRAPHIE. — Situation. — Étendue. — Limites. — Aspect général. — Division naturelle. — Configuration du sol. — Orographie. — Hydrographie. — Description topographique. — Villes principales et postes militaires............... 87 - 136
CLIMATOLOGIE... .... 137 - 152
HYGIÈNE....................................... 153 - 161
AGRICULTURE. — Divisions culturales. — Céréales. — Vigne. — Fourrages. — Légumes — Tabac. Plantes textiles. — Plantes tinctoriales. — Plantes oléagineuses. — Plantes à essences. — Plantes à alcool. — Plantes tropicales. — Plantes industrielles diverses....................... 162 - 189
CULTURE INDIGÈNE...... .... 190 - 201
LA DIVISION DU TRAVAIL et la lettre de l'Empereur. 202 - 221
FORÊTS. — Classification des essences forestières. — Principales essences. — Exploitation. — Arbres à fruits......................... 22

	PAGES
RICHESSES MINÉRALES. — Carrières. — Mines. — Eaux thermales et minérales. — Salines, Sources salées, Sel gemme............................	243 - 248
ANIMAUX DOMESTIQUES............................	249 - 263
ANIMAUX SAUVAGES ET CHASSE	264 - 274
OISEAUX, Insectes, Reptiles et Mollusques.	275 - 282
POISSONS ET CORAIL..............................	283 - 286
COMMERCE.— Importation. — Exportation. — Commerce du Sud. — Relations de l'Algérie avec l'Afrique centrale. — Voies de communication : — Routes, Caravansérails, Puits artésiens, Chemins de fer. — Télégraphes......................	286 - 314
MARINE. — Ports. — Navigation entre la France et l'Algérie. — Navigation entre l'Algérie et les pays étrangers. — Cabotage entre les ports de l'Algérie. — Constructions navales. — Marine indigène. — Communications entre la France et l'Algérie. — Service de la côte.................	312 - 320
INDUSTRIE. — Industrie européenne. — Industrie indigène..	321 - 329
LE CRÉDIT. — Banque de l'Algérie. — Crédit foncier..	330 - 334
POPULATION. — Européens. — Indigènes. — Kabyles — Arabes. — Maures. — Koulouglis. — Turcs. — Juifs. — Berranis.	335 - 343
LES FEMMES INDIGÈNES............................	344 - 352
MŒURS INDIGÈNES — L'Hospitalité.— L'Aumône.— Le Ramadan. — Prières et ablutions. — Les Courses. — Le Café. — Aïssaouas et Almées. — Bains Maures. — Marchés et Quartiers arabes.	352 - 369
CIVILISATION DES INDIGÈNES......................	370 - 381
LES BUREAUX ARABES.............................	382 - 388
L'ARMÉE. — Nos Soldats. — L'Armée et la Colonisation. — Les Zouaves. — Les Tirailleurs indigènes. — La Légion étrangère. — L'Infanterie légère d'Afrique. — Les Spahis. — Les Chasseurs à pied. — L'Infanterie de ligne. — La Cavalerie légère. — Les Armes spéciales. — Le Train des équipages. — La Gendarmerie d'Afrique........	389 - 406
GOUVERNEMENT. — Gouvernement et Administration. — Justice. — Services financiers. — Instruction publique. — Cultes...................	407 - 420

Additions et rectifications.

Insurrection d'Avril 1864. — Pages 60 à 82 : La relation des évènements survenus depuis le retour offensif des contingents non soumis des Oulad-sidi-Cheikh, paraîtra dans les premiers jours de 1865 dans l'*Année algérienne*, qui fera suite au présent volume.

Liste chronologique des Gouverneurs généraux. — Page 85, ajouter :

M. le Général de Martimprey (intérim), 25 juillet.
M. le Maréchal de Mac-Mahon duc de Magenta, 25 septembre.

Liste des Généraux commandant la province de Constantine. — Page 86, ajouter :

M. le Général Périgot (Commandant actuel), nommé en remplacement de M. le Général Desveaux, appelé aux fonctions de Sous-Gouverneur

Sous presse
Pour paraître en janvier prochain
L'ANNÉE ALGÉRIENNE,

L'*Année algérienne* fera suite à l'*Algérie*. Il paraîtra un volume au mois de janvier de chaque année. Dans chaque volume seront mentionnés tous les faits intéressants survenus dans l'année : événements militaires; modifications administratives; faits agricoles, commerciaux et industriels. Des chapitres spéciaux seront consacrés aux découvertes scientifiques, aux arts, à la bibliographie, aux théâtres et à la nécrologie.

www.ingramcontent.com/pod-product-compliance
Lightning Source LLC
Chambersburg PA
CBHW050905230426
43666CB00010B/2027